大桂林

寻找桂林文化的力量

挖掘桂林文化的价值

方言板路

○○○
桂林市非物质文化遗产丛书

○○○
梁福根　张秀珍　彭强民　莫珊珊
刘　萍　宋红军　文　佳　徐　颖　著
蒋艳锋　李生英　南北渠　黄兆林

GUANGXI NORMAL UNIVERSITY PRESS
广西师范大学出版社
·桂林·

图书在版编目（CIP）数据

大桂林方言板路 / 梁福根等著. — 桂林：广西师范
大学出版社，2020.5
　　（桂林市非物质文化遗产丛书）
　　ISBN 978-7-5598-0585-0

　　Ⅰ．①大… Ⅱ．①梁… Ⅲ．①西南官话－方言研究－
桂林 Ⅳ．①H172.3

　　中国版本图书馆 CIP 数据核字（2018）第 002718 号

广西师范大学出版社出版发行

（广西桂林市五里店路 9 号　邮政编码：541004）
网址：http://www.bbtpress.com
出版人：黄轩庄
全国新华书店经销
广西广大印务有限责任公司印刷
（桂林市临桂区秧塘工业园西城大道北侧广西师范大学出版社
集团有限公司创意产业园内　邮政编码：541199）
开本：720 mm × 1 000 mm　1/16
印张：28.5　　　字数：406 千
2020 年 5 月第 1 版　　2020 年 5 月第 1 次印刷
定价：78.00 元

如发现印装质量问题，影响阅读，请与出版社发行部门联系调换。

桂林市非物质文化遗产丛书

总　序

李　滨

　　"桂林山水甲天下"，桂林是国家首批历史文化名城，地处湘桂走廊南端，是中原文化与岭南文化的交汇处。这里历史源远流长，文人骚客络绎不绝，民族融合交流不断，孕育出多姿多彩的文化：有以甑皮岩为代表的史前人类文化，以灵渠为代表的古代军事水利文化，以桂海碑林为代表的碑刻文化，以明代靖江王府王陵为代表的古代藩王文化，以湘山寺为代表的宗教历史文化，以西南剧展为代表的抗战文化，以八路军桂林办事处和红军长征过桂北为代表的红色文化，以苗、瑶、侗、壮等民族为代表的民族民俗文化。丰富多彩的文化和钟灵毓秀的山水和谐相融，构筑了桂林特有的文化魅力，形成了珍贵的文化遗产和文化传统。

　　非物质文化遗产是指各民族人民世代相传并视其为文化遗产组成部分的各种传统文化表现形式，以及与传统文化表现形式相关的实物和场所。非物质文化遗产作为社会文明的历史见证，是我们的民族文脉和精神家园，是人类共同的宝贵财富。千百年来，桂林市非物质文化笔墨相承、口耳相传，根系民间而不衰，流芳百世而长青，弥足珍贵。加快桂林非物质文化遗产的保护和利用，加大民族优秀文化的传承和弘扬，意义重大，影响深远。然而，随着时代的发展变迁，城市化步伐的加快，生活方式的嬗变，那些与我们息息相关的文化记忆和民族传统，正在离我们远去，非物质文化遗产日渐萎缩和消失。近年来，在桂林市委、市政府的领导下，桂林市文化新闻出版广电局加大非物质文化遗产保护力度，全面抢救和保护非物质文化遗产，目前，已有广西文场、桂林渔鼓、瑶族服饰等 99 个项目分别列入自治区级和市级非物质文化遗产代表性项目名录，全市初步建立起县、市、自治区、国家四级保护体系。

为进一步"寻找桂林文化的力量，挖掘桂林文化的价值"，激发全民文化自觉，提升文化自信，桂林市文化新闻出版广电局编辑出版一套《桂林市非物质文化遗产丛书》，收录了一批有代表性的项目及传承人口述史。《丛书》集学术性、知识性、普及性于一体。让我们一起走入非物质文化遗产的艺术海洋，将承载我们祖先智慧和情感的非物质文化遗产融入我们的生活、融入社区发展、融入城市文化，充分发挥非物质文化遗产多方面的作用，为桂林国际旅游胜地建设，为桂林新一轮大发展提供宝贵的精神动力和智力支持。

2017年6月

序

刘村汉

桂林话以"板路"称著,说什么都可以叫"扯板路",除了大会报告、念讲稿之类不算,连吵架、哭丧都可以弄出板路来。"板路"一词比湖北的"板眼"的含义更加宽泛,概而言之,大抵是故事、典故和知识性的趣谈,引申为"名堂",则属于泛化的用法。桂林板路是谈桂林方言、民俗和地方风物绕不开的话题,可以说,板路就是桂林方言文化的一张靓丽名片。

谈桂林板路的书,此前有《桂林老板路》和《桂林板路十不料》,梁福根等作者还要谈,又能扯出什么新板路呢?从书名《大桂林方言板路》就可以知道,一是涉及地域范围广,涵盖了桂林市区和属县,故谓之"大桂林"。二是着眼于方言,由方言词语引出相关的事象、故事、典故、来由,揭示桂林话的文化内涵。把这几本书配合起来读,互相补充,对桂林市六区十一县的文化会有比较全面的认识。

桂林方言里面蕴藏着极其丰富的文化宝藏。

稑禾是一种早种晚熟的水稻。《周礼·天官·内宰》:"上春,诏王后帅六宫之人而生稑稑之种,而献之于王。"郑玄引郑司农的话说:"先种后熟谓之稑,后种先熟谓之稑。"稑禾米口感好,味香俱佳,是上古先民培育的优良稻种,许多地方都没有传下来,唯独桂林有种,"古调独弹",桂林话传承了稑作文化。

垃圾，老桂林叫"粪草"，这是典型的农家语言。家庭垃圾，无论是六畜粪便、厨房废料，还是室内外的灰尘、草屑，都是沤制农家肥的原料。肥是农家宝，城里人仍然使用这个词，说明他们没有忘记来路，反映出城市是由农村发展而来的历史轨迹。

古代汉语有个当"接近"讲的"迩"。《尚书·仲虺之诰》："惟王不迩声色，不殖货利。"古书又作"尔"，《周礼·地官·肆长》："实相近者相尔也。"郑玄注："尔，亦近也。"桂林话把接近引申为理睬，不迩就是不理睬。这是微观层面的文化传承和发展，也就是中华文脉的延伸。

绽开的意思，桂林话说"开坼"，"坼"也是相当古老的词。《诗经·大雅·生民》："不坼不副，无菑无害。"孔颖达疏："坼、副（堛），皆裂也。"《淮南子·本经》："天旱地坼。"这个字后来写作"拆"，普通话不用它的本义，桂林话保存了古语化石，是化石的活体——活化石。

䍐，桂林读馋，指鲇鱼、泥鳅、塘角鱼等身上的黏液。《集韵·山韵》栈山切："䍐，鱼龙身濡滑者。"桂林又把涎沫喊做"口䍐"。《国语·郑语》："夏之衰，有二神龙止于王庭。夏后……卜请其䍐而藏之，吉。"韦昭注："䍐，龙所吐沫，龙之精气也。"成语"相濡以沫"，说的是干涸处鱼类互相用吐沫沾湿彼此的身体以维持性命，比喻同在困难的处境里，用微薄的力量互相扶持。在这里，䍐沫就是生命之液。尽管受"正统史观"和"女人亡国论"的影响，把夏后化身的神龙妖魔化，古人仍然反复引述，说明他们感觉到了里面的文化意蕴，实际上是将中华民族的龙图腾具象化："龙"的"传人"。

䍐，《广韵·山韵》栈山切，现在很多地方都用读馋的"䍐"这个说法。但是，凡是收录这个字的工具书都不收"栈山切"折合的今音，我们的方言读音可以补救权威工具书的缺失，填补文化空白。

桂林的"儿"有三个读音，单就韵母说，按新老顺序依次为 i-ei-e。王力《汉语语音史》对"儿"字的拟音，隋至宋为 i，元代为翘舌的 ï，明代下来为 er。桂林目前最老的"儿"字读音跟宋代（及隋唐）的一样，元代的翘舌音对桂林没有影响，明清的北方音 er 把桂林的 i 拉近了一些，变成 ei，后来更加接近，只是舌尖不翘起来，就读成 e 了。桂林"儿"的三个读音，反映的是历史。元朝九十年，尽管有北方驻屯军和移民来桂，在文化方面却对桂林和整个广西的影响不大。

这些，在本书中都有生动的描述。

方言文章撰述不易。只从它本体的语音、词汇、语法几个部类来写，太过专业，枯燥乏味，一般读者不耐看。从文化角度写吧，方言本身的语言学属性支离破碎，几近淹没，变成别的品类。本书以方言词语为主，分成若干文化事类，两者结合，既有方言特点，又有板路可扯；既有方言学理，又有人们共同的生活体验，可读性强，利于流传。把化石、遗产变为活体，实在是方言与文化传承的最好办法。

要把方言形成文字，转换为读物，存在着有形和无形的诸多困难。1951年，广西某乡村供销社打出广告说，为了给国家赚外汇，本社大量收购"女青年鸡"，一时传为笑谈。这种鸡是两广人的最爱，当地人自然晓得该怎么说——"鸡栈""栈鸡"或"鸡项""项鸡"。当时人们的文化水平不高，"栈"也好，"项"也好，都不会写，于是发明了这么个称谓。这种鸡是刚成年将下蛋的小母鸡，比拟人类，刚成年未结婚的女性称"女青年"，北方称"鸡娘"——"鸡姑娘"，意思差不多。桂林叫"鸡栈"。据《现代汉语词典》和《汉语大词典》的相关解释，豢养六畜的竹木栅栏叫栈，放在栈内加料精养也叫栈，加料精养的禽畜也叫栈。看京剧和桂剧的《拾玉镯》，对孙玉娇家"雄鸡专业户"很不理解，因为南方没有专门饲养雄鸡的。《拾玉镯》的故事发生在陕西郿坞县（今眉县），我曾在豫鄂陕一带调查过，高度一致的答案是：一、小母鸡刚成年，要留着下蛋，那是油盐、头绳等零星开销的经济来源。母鸡下不了蛋时才拿去换钱。二、雄鸡比老母鸡的肉好吃，作菜肴有料有广阔的市场。南方人口味清淡，喜欢食材本身的味道，用鸡栈做白切鸡差不多是荤菜的首选，"鸡栈"一词的使用频率自然很高。语言是文化的镜像，在这个词上得到深刻反映。要弄清这个词的含义及写法，必须熟悉当地的民俗习惯，考查前人的相关说法。也就是说，必须从现实的物质文化、精神文化以及过往的历史文化几个层面进行研究。

本书作者正是遵循这个规律进行研究的。

从取材的广泛可以看出作者们的辛劳。书中用了大量的民间谚语和民谣，那不是坐在工作室里能够"想"得出来的，必须放下身段，融入群众，像朋友般无拘无束地扯板路才能得到。这就是时下说的"接地气"。书中还用了不少彩调的材料。彩调是桂林群众喜闻乐见的地方戏，许多人会唱，闲暇时甚至粉墨登场过把瘾。这也是作者与民同乐的收获，用在书里，呈现出一片亮色。

此外，作者的叙述也尽量使用桂林方言，读来感到地方风味十足，很是亲切。

许多人认为方言不就是方言区人们说的话吗？稀松平常，有什么可写的！方言著述不等于口语的简单记录，做方言文章也需要学养。怎么辨别方言，音怎么记，字怎么写，意思怎么解释，句子的构造层次怎么分辨，修辞隐秘怎么破解，从哪些方面挖掘，每一步都要有学理支撑。即使写通俗文章，也要讲出一点道道，让人信服。本书作者没有忘记自己的专业责任，适当的时候也普及一点理论。

每种方言都有一些特殊的字音，特殊之中也有规律可循。本书把这些字集中起来解说，既讲了道理，又避免了处处注音。下列字跟普通话读音对照，规律明显。这里只写基本音节，箭头前面是普通话，后面是桂林读法：

jiao → go 角桷 // jie → gai 街阶皆介戒诫芥届玠界疥 // jian → gan 减鉴舰

xie → hai 鞋谐偕蟹懈 // xian → han 闲娴衔苋馅陷限 // xiang → hang 项巷

ya → nga 桠閖 // yao → ngao 咬 // yan → ngan 岩眼雁晏 // ying → ngen 硬

简单地说，普通话读 j、q、x 声母的一些字，桂林读 g、k、h，同时，普通话有 i 韵头而桂林话没有。普通话的零声母，桂林读 ng 声母。这个规律只管一部分字，用专业术语来说，就是古代的部分见系开口二等字，今音颚化为舌面前音。上表 q 对 k 缺常用字，但在规律之内。这个规律上面有一个更大的规律：今天的 j、q、x 声母，一部分来自古代的 g、k、h。由此可见，桂林的这些字的读法是保存了古音。这里说的只是部分老桂林人群的读音，现在很多人已经按普通话的基本音节来读了。

前几年某些风景点兴起一股方言热，把当地一些方言词语刷在墙壁、石崖或石板路上，桂林所见就有：

淫（人）｜腋（热）｜妹得（没有）｜上该（上街）｜改放桥（解放桥）｜阔实（确实）〔确实〕｜窝芭芭（拉屎）〔屙屄〕

这是旅游部门搞的噱头，也许有人觉得好笑，实际上是在糟蹋方言，让外地人说我们桂林人没文化。小学一年级学汉语拼音，有五十多年的历史了，为什么不用汉语拼音字母注音呢？这不是恶搞吗！

语言是约定俗成的产物，字形、字音、词义、语法，只有遵循这个社会性的法则，"有共同语言"，才能进行人际交流。有一本很有影响的词典，对"岩"不收"洞穴"义项，还把我们的七星岩作为石头山峰的例子："岩，……去岩石突起而成的山峰：七星岩（在广西）。"桂林人都知道，那里的山叫普陀山，四个山头；连同月牙山的三个山头才叫七星山，七星岩指的是普陀山的山洞。且看明代地理学家徐宏祖的描述："其左即为佛庐，当岩之口，入其内不知其为岩也。询寺僧岩所何在，僧推后扉导余入。历级而上约三丈，洞口为庐掩黑暗，忽转而西北，豁然中开，上穹下平，中多列笋悬柱，〔爽朗通漏〕，此上洞也，是为七星岩。"（《徐霞客游记·粤西游日记四》）后来词典编者接受桂林人的意见，增加了洞穴义项，写成"岩……山中的洞穴：芦笛岩（在广西）。"名从主人，用约定俗成的字形和字音、字义，这就对了。

本书讲"身"字，讲"凤"字，都摹写出古文字形，指出最早的构造属六书的象形；讲"崴"字，指出是会意兼形声，"咸山"的意思是"都是山"。这些地方都通过字的六书构造说明字形与字义的关系，普及了文字学知识。

词语，就是事物的名称，万事万物都有它的得名之由，例如"榨菜"。四川榨菜全国闻名，"榨"字也不难认，桂林人却读成"拃菜"，为什么呢？原来两种说法的构词理据不同。榨菜因加工过程中要经过三清三榨，因压榨而得名。"拃菜"的"拃"用的是"鲊"字。《释名·释饮食》："鲊，菹也，以盐、米酿鱼以为菹，熟而食之也。"《晋书·列女传·陶侃母湛氏》："侃少为浔阳县吏，尝监鱼梁，以一坩鲊遗母。"后来词义范围扩大，泛指腌制食品。桂林的"鲊菜"取义于此，还可以说"肉鲊""鱼鲊""豆角鲊""茄子鲊"等。"鲊菜"的说法比"榨菜"古老，"榨菜"风行以后仍说"鲊菜"，再次证明语言稳固性的普适规律，同时，也是桂林人对地方文化自信的一种表达，而文化自信是守护精神家园的根本保证。

在讲"鱼攒"的时候，作者说："汉语有个特点，有时候，读音相同或者相近，意思也相近。比如，攒、纂、纂、篡、攥、揝、钻、赚等字，它们的声母、韵母都近似 zuan，虽然声调不同，可是意思却有近似的地方，就是它们都有集中的意思。"这就是同源词的概念。把读"标"的"瀌（水飞溅）、熛（火飞迸）、趭（飞奔）、穮（植物快长）"排在一起，也是同源词观念的体现。

同源词或称词族，指的是在语言的发展过程中，由一个音义源头分化成若干音义相关而不完全相同的词，字形也往往随之分化。认识同源词，就是把握词汇的系统性，可以将一些音义相关的词贯串起来理解，从中体会语义的引申发展关系。一般读者不需要这些知识，点到即可；而对于有兴趣的人来说，就是一眼窥视堂奥的窗户。

语言和方言具有物质的属性，语音就是一种物质。但是，语音这种物质，摸不着，看不见，在发明录音技术之前，也是留不住的，总体看，语言是非物质文化。非物质形态的文化具有变异性和耗散性。民间口头文学无定本，同一首民歌也是各有各的词，各唱各的调。就是有定本的传统戏曲，同一剧目也有不同的处理。口头上的语言和方言，尤其是其中的词语，几乎时刻处于变动之中，新旧替换是个普遍规律。这与语言的稳固性相辅相成。变异和耗散，对于传承历史文化，追寻前人的生活足迹，保存乡音乡愁，很是不利。当今，伴随现代化和城镇化的速度，方言的蜕变与消散也越来越快。现在家庭能源已经更新几次，许多人不知道"煤炉""透火""火钳""火柴"，更不要说"洋火""松明"和"火镰"了。"司机""驾驶员""飞行员"这些当前很普通的词，在无人机、无人车流行的将来，也会退出流通。

语言的耗散和销蚀不以人的意志为转移。语言资源危机是一个世界性问题，保护和发展语言文化的多样性，已成为联合国和各国各地区普遍重视的问题。2015年我国启动了中国语保工程，目标是利用现代化技术手段，收集记录汉语方言、少数民族语言和口头语言文化的实态语料，通过科学整理和加工，建成大规模、可持续增长的多媒体语言资源库，并开展语言资源保护研究工作。

这项由政府直接领导的宏大工程，可以从根本上解决语言和方言的传承问题，并且必然会产生许多新的研究成果，无疑是一种高瞻远瞩的战略安排。但是，第一、调查和记录的内容不可能很多，提纲范围之外的材料无法收录；第二、调查对象很有限，他们个人的语言库存不足以反映群体的语言情况；第三、调查点基本上在县级单位的政治中心，广大农村难以兼顾，而农村尤其是山区的语言稳固性更好；第四、合格的发音人越来越难物色。七十岁的老者，出生即当社会大变，语词成批更换，他们成年之前的家庭母语也淘汰得差不多了，近年甚至有人把网络语言当作方言。调查记录的速度赶不上销蚀的速度，因此，单位、团体和个人的收集记录就显得很有必要。本书的作者做了一件大好事，对国家语言保护工程作出了有益的补充。本书也给对方言有兴趣的人一种启发，更多方言论著的面世，可以使地方文脉更加丰满，增强乡情纽带的力度和乡愁触媒的分量。这是地方文化建设的重要内容，也是文化人应有的担当。

大桂林地域宽阔，方言复杂，本书调查广泛，材料富集，又兼跨学术门类，做成这个样子，实属不易。其中有些不足、不明之处，相信作者在定稿的时候能够处理妥帖。即使存在一些毛糙处，也是瑕不掩瑜，不失为一本雅俗共赏的好书。

2017 年 12 月 17 日

谈"板路"（代自序）

梁福根

"板路"是桂林人扯常（桂林话指经常）用的一个方言词。"板路"和"扯、谈"捞拢在一起，那就是"扯板路、谈板路"了，这是桂林人的最爱哎！自然"扯板路、谈板路"有时免不了是"扯谈"。

"扯板路、谈板路"就是所谓的讲古啊（讲故事）、甩古啊、聊天啊、闲聊啊、拉家常啊等等意思，和四川人讲的"摆龙门阵（或院坝龙门阵）"、东北人讲的"唠嗑"、北京人讲的"侃大山"、广东人讲的"倾计"、柳州人讲的"板古"、南片桂北平话讲的"哨聊天"等等意思接近。那些特别会"扯板路"的人甚至会得个"雅号"喊做"扯扯"，因为桂林"扯扯"蛮多的，所以要加上他们的姓氏，以示此"扯扯"非彼"扯扯"，比如讲嘛，"梁扯扯"不是"吴扯扯"。

当然，"板路"也还有办法、能耐、途径等意思。

讲起扯板路确实是好乐然的一件事情，不过也好浪费时间，蹉跎岁月。

那为什么桂林人会有"板路"这个讲法呢？那我们就来扯一扯这个"板路"吧。

桂林地处越头楚尾，是广西接触中原文化最早、接受中原文化开化最早的地方，直到民国时期都一直是广西政治、经济、文化、军事的中心。在这方水土上产生了现在列入了国家级"非遗"的桂剧、彩调、广西文场、桂林渔鼓。

据汤祖发的《桂林板路溯源》分析，"板路"这个方言词主要来自桂剧。在过去没有电影、电视，更没有网络的时代，桂剧就是最综合、最高大上的艺术，它有音乐（歌唱和器乐），有舞蹈，有杂技，有武术，有相声，有杂耍，有故事，有漂亮的戏服等等，所以是桂林人最喜欢的艺术。这个在白崇禧的儿子、出生在桂林并且在桂林生活多年的美籍著名作家白先勇的《花桥荣记》等小说和散文中，都有写到的啵。

大致从清代后期到 20 世纪 50 年代以前的百多年的桂林人，不论男女老少，大多数都能够唱上几句桂剧的啵。各种会馆、庙宇的会期、庙会，常常演出桂剧。有钱的商人、官员，甚至有自己的戏班子。富商、官员人家，在红白喜事的时候，常常有桂剧演出，一演就演几天，喊做"唱堂会"。

所以桂林的桂剧票友很多，还有民间的票友组织，他们的票戏活动喊做"耍坐场"。和广西文场相对来讲，桂剧被称为"武场"，一文一武，风格不同。票文场则喊做"耍万字""耍万子"。

桂剧的唱腔里头是分"板"和"路"的，要唱桂剧就要懂得"板"和"路"，不管你是戏班子的，还是票友。"板"就是指"板眼"，也就是节拍。而桂剧的唱腔是分路数的，就是南路和北路，南路京剧喊二黄，北路京剧喊西皮。唱桂剧不能唱走了"板"，就是不能乱了节奏；也不可以唱错了"路"数，大致相当于走了调、乱了腔，总的来讲就是不能荒腔走板唱黄了，要不然就揞人家笑话。（参见《桂林老板路》下，366 页）

作为国家级非遗的、土生土长的桂剧、彩调、文场，都使用云板打节奏，打出"板眼"。所谓板眼其实就是节奏，强拍是板，弱拍是眼。比如，文场有"一板三眼""一板一眼""垛板"（四拍一）"散板"等。桂林渔鼓用竹板敲击渔鼓（竹筒）打出"板眼"，桂林零零落用"扎板"（两块寸许宽、约两寸长竹板）打出"板眼"。

产生于桂林的桂林渔鼓，唱腔也有南路、北路的路数区别，南路低沉、婉约，北路高亢、雄壮。

可见，桂林本土的众多艺术门类都有板、有路，加之桂剧、彩调、文场、桂林渔鼓、桂林零零落等，它们唱的主要内容是历史演义、神话传说、世态人情故事等等，很有故事性，成为以前的桂林人生活和教育的主要内容。人们看了演出，不免在码头水井、街头巷尾、酒店茶楼、村头村尾、桂花树下，回味、谈论，争论一番。这样这些文化形式既有音乐上的"板""路"，又有内容上的"板路"，演出者必须懂这些板路，观看者久而久之也懂得了这些板路。这样，年深月久，"板路"一词就成了桂林人拿来表示"讲古、甩古、聊天、拉家常"等意思的使用频率最高的词语了。

　　"板路"这个词在整个大桂林都使用。不过呢，不同的地方还是有不同的方言词。比如讲，阳朔官话还讲"板经""板板经"，意思和板路差不多。南片桂北平话还有"路经"一词，意思有差别，它是"事情""活儿"的意思，比如讲："你在搞什么路经？"意思是"你在做什么事情"。

　　应该讲板路、板经、板板经、路经，它们的构词方式和来源是类似的。

凡　例

　　尊敬的读者们在阅读本书正文之前，如果能够先阅读本凡例，则有助于顺利解读和准确理解书中内容。

　　本书写到的"大桂林方言"，包含桂林市内的桂林话和桂林下属多个县的桂柳官话，以及全国独有并主要分布在大桂林各地的"桂北平话"（桂北平话参阅本书的《说说大桂林方言的一块活化石——桂北平话》）。

　　所谓"板路"是大桂林各地方言普遍用的一个名词，在不同语境中，分别有话题、问题、道理、能耐、名堂、故事、事情、事儿等意思。所谓"方言板路"，和这些意思都有或多或少的联系。

　　方言是一种"非遗"，而且是联系和表达各种文化遗产和"非遗"的重要载体。本书以大桂林方言为主线，并且有意识地联系大桂林各种"非遗"展开融合介绍，体现方言中的文化，以及地方文化背景下的方言。

　　学术无禁区。本书介绍的语言现象，不论是雅驯，还是低俗，都是大桂林特有的语言现象，都酌情讨论。书中介绍大桂林一些以前的语言现象，在今天看来也许存在对弱势群体的歧视等问题，为了保存方言史料，我们也酌情收入。就我们而言，不存在对弱势群体的歧视等问题，只考虑记录和解释方言特点的学术意义。

　　书中的方言语例有一些重复出现的现象，但是绝大多数是来自不同方言，或者不同地点的共有的语言现象，能够体现各地方言在某些方面的类似之处。

为了便于读者阅读，我们对本书在阅读中要预先了解的问题，谨交代如下，希望有助于读者阅读本书。

一、本书用字

本书介绍大桂林方言尽可能地采用方言本字，所谓本字就是老祖宗在表达一个意思时所创造的那个一对一的、原本的字。实在写不出本字的，用同音字替代，就是同音替代字（借音字），如：生柿子的涩味大桂林方言叫作"夹"，这个"夹"字就是同音替代字，因为写不出本字。没有完全同音的字时，如果有声母、韵母相同而声调不同的近音字，就用近音字代替，注明读第几调，如："满咚咚（读"冬"的第二声）：满当当"，"醒里醒捯（dao 第二声，读到的第二声；捯是同音替代字）：傻里傻气，很蠢。"

没有同音字的用同义字来替代（就是"训读字"），比如，大桂林人讲傻是讲"ang 第四声"或者"ŋang 第四声"的，没有同音字，就用意思一样的"戆（普通话读杠，桂林话读盎）"字代替。

二、本书注音

讲方言难免遇上生字词，我们都注音、释义，力求帮助广大读者能够读懂本书。所以，对于一般读者可能不认识的字，我们作了注音。

书中除了特别说明注的是普通话音的地方之外，其余地方的注音都是大桂林方言音。

本书的注音有几种形式：

（一）直音法

直音法，就是用完全同音的字来注音，比如："踔（音同瓣）"，或者"藻（读瓢）"。

（二）汉语拼音和国际音标注音法

主要是用汉语拼音。实际上凡是在桂林话里头有同音字的生字词，都用同音字注音了，只有那些实在找不到同音字的，才用汉语拼音。

少量用国际音标，国际音标注音都加方括号，右上角的阿拉伯数字是用"五度标记法"标的调值。如"面［mie²¹］""崴［tuo³³］"等。

（三）近音字注音法

实在找不到完全的同音字的，只好用近音字注音法。比如，"荔浦官话的语音是蛮有特色的。打比讲，……'官'读音接近'锅'，……'盘'读音接近'婆'……'碗'读音接近普通话的'沃'"。

近音字注音法还有这样一种情况，就是找不到声母、韵母、声调完全相同的同音字的，只是声母、韵母完全相同，但是声调不同。这种情况，我们采用选择一个声母、韵母完全相同，只是声调不同的浅易的字，标明读该字的第几声（即第几调）。比如讲：

1．"糜（桂林话读梅的第一声）"

2．"嘎（音同尬的第三声）嘎（音同尬的第二声）"

3．"跛（音同波的第三声）""嗲（读得的第三声）玻珠"

要根据上面三个例子中的文字表达，准确读出生字的读音，首先要晓得桂林话的声调。桂林话和普通话一样的有阴平、阳平、上声、去声四个调。但是，调值不一样（阿拉伯数字表示调值，即实际读出来的音高以及读音的升降曲折变化）：

桂林话：第一声（阴平）33　第二声（阳平）21　第三声（上声）53第四声（去声）24

普通话：第一声（阴平）55　第二声（阳平）35　第三声（上声）214第四声（去声）51

那就拿例字来讲：

桂林话：

第一声（阴平）33　妈、瓜、西、鸡、书、都、灰、姑、枪、音、低、锅、呼

第二声（阳平）21　麻、刮、习、及、叔、独、回、谷、强、银、笛、郭、糊

第三声（上声）53　马、寡、洗、挤、署、赌、悔、古、抢、引、底、果、虎

第四声（去声）24　骂、挂、戏、记、树、度、会、故、样、印、弟、过、户

如果讲"读妈的第二声"，那就是读成"麻"的声调；"读妈的第三声"，那就是读成"马"的声调；"读妈的第四声"，那就是读成"骂"的声调。

如果讲"读烂的第一声"，那就是读成"篮"的声调；"读懒的第二声"，那就是读成"兰"的声调；"读篮的第三声"，那就是读成"懒"的声调；"读篮的第四声"，那就是读成"烂"的声调。

以此类推。

现在一些书在给桂林话的词语注音时，采用模糊的、不科学、不准确的注音方法，只有桂林市内从小讲桂林话的人貌似看得懂，其实很容易给外地读者造成误读和误会，不利于准确地传播桂林文化。打比讲，拿普通话的第一声来给桂林话的第一声的字注音，拿普通话的第二声来给桂林话的第四声的字注音，拿普通话的第三声来给桂林话的第二声的字注音，拿普通话的第四声来给桂林话的第三声的字注音，从调值和调型上讲，这是很不严谨的。

拿普通话的第一声来给桂林话的第一声的字注音，普通话的第一声调值是55，桂林话第一声的调值是33，音高不同。

拿普通话的第二声来给桂林话的第四声的字注音，普通话的第二声调值是35，桂林话第四声的调值是24，音高不同。都是升调，但是起调高度不同，升到的高度也不同。

拿普通话的第三声来给桂林话的第二声的字注音，普通话第三声的调值是214，是个曲折的降升调；桂林话的第二声的调值是21，是个低降调。

拿普通话的第四声来给桂林话的第三声的字注音，普通话的第四声调值是51，桂林话第三声的调值是53，虽然都是降调，但是音高不同，降的幅度不同。

所以，我们还是采用准确的注音法。目的是给无论是桂林的读者还是全世界的华文读者一种精确的注音，准确传达桂林方言和桂林文化的信息。

因此，有必要请读者先了解一下桂林话的声调问题。

（四）类似古代反切的注音法

本书还有一种注音，类似古代的反切。如"挬：勒娃合音。"表示"挬"的读音是用"勒"的声母和"娃"的韵母、声调拼起来的，即"lua 第二声"。再如："喒（额南合音）"因为"额"是零声母（没有声母），所以，直接用"南"的韵母、声调做"喒"的读音，即 an 第二声。而老桂林人和大桂林官话，"额"的声母是 ŋ，所以，喒读"额南合音"就是"ŋan 第二声"。

以上注音法目的就是给全世界华文读者提供每个字词的唯一的、精确的读音。

三、本书的符号

（一）括号使用的意思

本书使用括号比较多，意思有以下几种：

1. 括号内表示注音，比如："糟了（读如'了结'的'了'）""水凼（读如荡）古"；

2. 表示解释意思，如："该去算一下八字（算命）""爹爹（爷爷）今年种了好多小菜（青菜）"等；

3. 括号内的字表示把意思补充完整或补充内容，如："逗弄（小孩）""南片桂北平话讲'人熊婆'（还有人熊公）""搏底：拼命地、彻底地（捞取好处）""甩脱：撇脱。（做事）爽快、洒脱；简便省事"等；

4. 表示可以两说，如"搂（酸坛）"，表示可以讲"搂"，也可以讲"搂酸坛"，"光板（头）"，表示可以讲"光板"，也可以讲"光板头"等。

（二）"/"号使用的意思

1. "/"表示同一个意思可以有前后的不同讲法，比如"嘣箍 / 穿煲"，既可以讲"嘣箍"，也可以讲"穿煲"，再如"打麻癫 / 耍麻赖 / 打赖死 / 赖死 / 打赖豪"，则有 5 种讲法。

2. "/"表示同一个字可以有另外的读音，比如"哑（读额哪合音，ya/ŋa，第三声）"，表示有人读 ya 第三声，有人读 ŋa 第三声。

（三）"□"号（方围号）使用的意思

表示写不出字，有音有词义但是无字。如："穿洋绳衣（即毛线衣）的喜欢□（lia 第三声，敞开的意思）衣扣"；"矮□□（daodao 第二声，刀的第二声）"。

最后要说明的是，本书采用的桂林话的声韵调体系，是《桂林市志·方言志》的第一章《官话》的音系（编委会.桂林市志［M］.北京：中华书局，1997.3290—3291）。

目　录

$$\diamond\diamond\diamond\diamond$$　第一部分　趣味词汇板路　$$\diamond\diamond\diamond\diamond$$

一、与把爷有关的趣味词　　　　　　　　　　　001

　　（一）生日类　　　　　　　　　　　　　　001

　　（二）"儿语"词　　　　　　　　　　　　　008

　　（三）和把爷有关的大桂林方言词　　　　　011

二、与人有关的方言词　　　　　　　　　　　　023

　　（一）用于讲人的特色词　　　　　　　　　023

　　（二）人身体部位的特色词　　　　　　　　026

　　（三）桂林话的称谓特色词　　　　　　　　027

三、关于过年的方言词　　　　　　　　　　　　030

四、与动植物有关的特色方言名词　　　　　　　032

　　（一）与植物有关的特色方言名词　　　　　032

　　（二）与蚂蜾有关的特色专有名词　　　　　036

　　（三）鱼类的特色方言词　　　　　　　　　038

　　（四）其他动物的特色方言词　　　　　　　041

五、地方独特节候的特色词　　　　　　　　　　043

六、桂林字牌中的特色词 044

七、桂林儿童游戏中的方言词汇 046

八、桂林方言的几个特别的货币量词 055

九、用"水"组成的特色词 055

十、桂林"新三宝" 057

十一、桂林话的一组特色方言词 058

十二、系列特色词 059

十三、桂林各县特色词 076

（一）灵川方言特色词 076

（二）兴安官话特色词 080

（三）灌阳特色词 089

（四）平乐及恭城官话的特色词 104

（五）临桂方言特色词 109

◆◆◆◆ 第二部分　趣味方言故事 ◆◆◆◆

一、桃舅娘（桃金娘） 115

二、逃军粮 116

三、挤老米 117

四、夜路走多了遇着鬼 117

五、老实 117

六、冇乃极 118

七、放屁也来钱 118

八、毛秀才 118

九、大虫进城 119

十、方言对子难倒私塾先生 120

十一、两把烟 121

十二、要错就是苏山庙错 123

十三、卖了蚂蚁买田鸡 125

◆◆◆◆ 第三部分 趣味熟语板路 ◆◆◆◆

一、歇后语 127

（一）从一个有意思的歇后语讲到大桂林一个方言字"觋" 127

（二）与"茅厕坑"有关的歇后语 128

（三）利用桂林话谐音形成的歇后语 129

（四）与桂林特产有关的歇后语 129

（五）与人有关的歇后语 130

（六）与社公菩萨有关的歇后语 131

（七）其他的特色歇后语 134

（八）一个有板路的歇后语：两分钱的糊（读户）辣——有得搞 146

二、桂林方言特色谚语、俗语 148

（一）与天气相关的谚语 148

（二）有故事和典故的俗语 149

（三）由字面意思引申出来的俗语 151

（四）习俗物候中的灵川方言俗语 152

（五）几个特色桂林话俗语 153

（六）兴安方言里的民谚俗语 154

三、桂林话里的一组熟语   160

四、灌阳下乡话谜语里的方言词语   162

五、兴安方言熟语   164

    （一）兴安"水谈白"中的熟语   164

    （二）从兴安瑶族地区传播出来的熟语：帮年个工——白打工   165

    （三）礼仪礼节里的兴安方言熟语   166

◆◆◆◆ 第四部分　专有名词板路 ◆◆◆◆

一、趣味人名板路   170

    （一）漓江船家的特色人名   170

    （二）大桂林人名字为什么喜欢带个"桂"字？   171

    （三）为什么名字中带个"玺"字   174

    （四）为什么名字中带个"寄"字   175

    （五）名字和亲属称谓里头为什么带"佬"（屁）字   178

    （六）大桂林人的名字为什么带"桥"字   179

    （七）大桂林人的名字为什么带树、木和带水、井？   184

二、趣味地名板路   186

    （一）桂林以"塘"命名的特色地名   186

    （二）岜：大桂林一个独有的方言字   189

    （三）说"崴"   191

    （四）崴：桂林一个独特的地名用字   194

    （五）地名里的兴安方言特色词语   195

    （六）矮子·分路碑·将军箭·挡箭碑   197

◆◆◆◆ **第五部分　趣味语音板路** ◆◆◆◆

一、大桂林官话与普通话语音的粗略比较　　205

　　（一）声母方面　　206

　　（二）韵母方面　　209

　　（三）声调方面　　213

　　（四）其他方面　　215

二、吃出来的桂林话语音和词语趣谈　　216

三、漫话兴安话中的同音字　　220

四、能读书念报的五通方言　　220

五、一夜大了三百斤　　222

六、从"船上下来一个官"的故事谈到荔浦话　　222

七、载膏的盐斗，还是再高的盐斗？　　225

八、炉铫不是六吊　　227

◆◆◆◆ **第六部分　桂林地方戏曲的趣味方言板路** ◆◆◆◆

一、彩调桂戏里头的有趣词语　　229

二、桂戏、彩调中的桂林话语音和京剧相似　　233

三、从桂剧讲到桂林的一种修辞手法产生的方言词　　233

◆◆◆◆ **第七部分　舌尖上的方言板路** ◆◆◆◆

一、桂林的祝寿词与桃的语言文化　　236

　　（一）桃的语言文化的起源　　237

（二）有关桃的词语的丰富内涵　　　　　238

（三）有桃就不怕鬼：一些和桃有关的词语的神奇"功能"　　　238

（四）桃花运：一个诱人的词语　　　　　240

（五）和桃有关的仙境词语　　　　　241

二、亦食亦友讲"狗肉"　　　　　242

三、灵川方言高（狗）友（肉）　　　　　247

（一）语音解读　　　　　247

（二）灵川人爱吃狗肉　　　　　247

（三）灵川人爱养狗　　　　　249

（四）灵川方言中人名和狗的关系　　　　　250

四、舌尖上的桂林方言　　　　　250

五、吃出来的桂林方言词语　　　　　258

（一）酸咪咪　　　　　258

（二）八棱瓜、蕹菜、芫荽　　　　　259

六、餐桌上的灵川方言　　　　　259

（一）一颗螺蛳煮一锅汤　　　　　259

（二）冬笋越挖，春笋越发　　　　　260

（三）炮馃　　　　　260

第八部分　即将消失和
◆◆◆◆　难以写出的大桂林方言词汇　◆◆◆◆

一、一杆秤"称"出的方言板路　　　　　262

二、大桂林清明习俗的特色词语　　　　　267

三、桂林话里的两个特殊量词　　　　　270

四、正在消失的大桂林方言中的农家用具   271

五、说说传统渔具在大桂林方言里头的讲法   282

六、两个逐渐消失的大桂林方言词：稇和穇   291

七、讲一讲"聊校"   293

◆◆◆◆ **第九部分　桂林童谣、山歌里的方言词** ◆◆◆◆

一、桂林童谣中的方言词   296

二、桂林童谣和游戏中的特色方言词语   297

三、谣子里面用的方言词语   303

四、临桂山歌里的方言土语   307

◆◆◆◆ **第十部分　桂北平话板路** ◆◆◆◆

一、大桂林方言的一块活化石——桂北平话   310

二、桂北平话的称谓词   317

  （一）南片桂北平话对父母的有趣称谓   317

  （二）南片桂北平话的几个特别的亲属称谓   320

  （三）"尥（税）"字带来的亲属称谓   323

三、桂北平话的特殊量词   324

四、临桂两江平话   327

  （一）有趣的歇后语   327

  （二）日常用语特色词   329

  （三）特色熟语   331

◆◆◆◆ 第十一部分　大桂林方言字、词一览表 ◆◆◆◆

一、大桂林方言的特殊读音字、独特字和不容易写出来的字　333

二、桂林话的民间版四六级词汇　365
　　（一）桂林话的民间版四六级词汇（上）　365
　　（二）桂林话的民间版四六级词汇（中）　374
　　（三）桂林话的民间版四六级词汇（下）　398

参考文献　424

后　记　425

趣味词汇板路

一、与把爷有关的趣味词

（一）生日类

出花园门

一个关于生日的桂林话特色词语。

走在大街上，有时候你可以看到（读倒）饭店门口用大红纸写起或者用现代水牌喷绘出这样子的祝福话头：

> 恭贺某（姓氏）府某某人出花园门！
>
> 恭贺某某人出花园门大吉！
>
> 恭贺某（姓氏）府某某人及笄大吉！

哦？什么喊做"出花园门"咧？

这是桂林话的一个特色词语，是桂林一种特有的女孩子的成人礼俗，可以讲是桂林式的女把爷成年仪式，用于 16 岁生日的女把爷。这在桂林以前的有钱人家那是好隆重的啵，这也是好合乎古制的。

虽然讲我们今天的法律规定，男女平等，不管男生女生，都是 18 周岁才算成年，但是，在古代确实是女把爷到了十五六岁就是成年了，喊做是"及笄之年"。"笄"读音同"机"，古代的一种簪子，用来插住挽起的头发，或者是插住帽子，所以有"发笄"这个词。"及笄之年"专门指女子到了 15 岁的时候，可以把头发盘起来，插上笄固定，就算成年了，简称"及笄"，或者"笄年"。这个啊表示可以出嫁了。如果已经许配了人家，那更加要把头发盘起来，插上笄固定。

在此之前呢，两三岁的小把爷喊做"孩提"时代。三四岁到七八岁喊做"垂髫（音同条）"，八九岁到十四岁喊做"总角"（把头发分成左右两半，在头上左右两侧各扎成一个结，就像两个羊角，所以喊做总角）。十三四岁到十五六岁就称为"豆蔻年华"了。

桂林这个"出花园门"的特色方言词语，还真的是蛮有诗意的啵！不枉桂林曾经是靖江王的王者之城，也不枉是广西引进中原文化最早、文化最发达的地方。为什么阵子（这样子）讲？讲来话长。在 1949 年以前，有钱人家那真是有自己的后花园的啵。上到皇帝的御花园，中到像《红楼梦》里头的大观园，下到富贵人家的私家园林。像雁山公园，本来是清代桂林大户唐岳的私家园林，后来是清代两广总督岑春煊的私家园林，而王城独秀峰后面其实当初就是靖江王的后花园。

后花园往往是公子王孙、小姐少爷的娱乐之地，尤其是小姐，没有出嫁以前，轻易不见外人，喊做是"养在深闺人未识"，待字闺中。到了十五六岁了，女大当嫁，先有个成年仪式，即举行"及笄之礼"。表示女孩子已经长大成人，可以走出后花园，进入社交界，谈婚论嫁了。

从桂林人用这个词来讲女把爷的 16 岁生日，可以看出桂林对于传统文化的传承，对于女孩子的看中，都把女把爷看成金枝玉叶。

从根子上讲咧，在广西的传统文化里，还有一个传统慢慢被大家淡忘了，那就是广西各地以前普遍存在的花神（花婆）崇拜。（见图 1.01、1.02、1.03、1.04）

在古代，大家看到花开了就结子（籽），觉得花很神奇，如有神助。这样慢慢就演变成花神（花婆）崇拜。以前各地还有花神庙，供奉花神（花婆），

1.01　融水三防镇花婆庙

1.02　融水三防镇花婆庙

1.03　融水三防镇花婆庙

1.04　罗城龙岸镇下珠屯花婆庙

保佑生子。人们认为每个孩子本是花神送的一朵花，女把爷是红花，男把爷是白花。把爷出生后还要祈求花婆保佑健康成长。

其实，民国时代在今天桂林市中心工人文化宫一带也有花神庙，可惜现在没有了。

不过呢，桂林的娘娘庙往往兼有花婆庙和妈祖庙的两大功能，这样，单一功能的花婆庙可能就因此慢慢消失了。这个娘娘庙，传说中娘娘有十姐妹，大多数都有庙祭祀。

先看在漓江边净瓶山附近下坪村等地老人家嘴里流传的一首歌谣：

大娘坐在青州怀山府，

二娘坐在衡山白面山，

三娘坐在相思河口，

四娘住在凤凰山，

五娘住在阳朔鸡冠岭，

六娘得胜住茶山，

七娘住在董家巷，

八娘崖头坐高山，

九娘强梁坐两庙，

坐在穿山、下水东，

十娘无份随水流，

流到阳朔燕沙洲，

春天又怕水来冒，

冬天又怕火烧洲。

据文献可知，五娘庙在桂林原华侨农场背后、麒麟村附近的鸡冠山（麒麟山）。笔者实地考察了八娘、九娘等娘娘庙。八娘庙在电厂路净瓶山上，所以讲"八娘崖头坐高山"。八娘庙仅有遗址，现有重建的不在原址。

现存九娘庙在穿山南的九娘庙自然村，是八个自然村共同祭祀的庙宇。所谓"九娘强梁坐两庙，坐在穿山、下水东"，"强梁"就是强大、厉害的意思。九娘庙原来确实有两处，一处在穿山南的九娘庙自然村，一处在解放桥东南侧原临江下里的下水东街。在公元 2000 年前，庙就没有了，但是岸边还刻有大大的"九娘庙"三个字，后来重建解放桥也没有了。

笔者去穿山南的九娘庙考察了两次。九娘庙始建于 1856 年，里面供奉九子娘娘，这是全国很多地方都供奉的，保佑多育多子的。和其他娘娘庙一样，九娘庙大多建在河边，以前南来北往的船只都来进香。九娘庙的大门对联是："九九仙姑赐福八村弟子出俊杰，娘娘圣母灵佑万户儿孙享康宁。"（见图 1.05、1.06）

1.05　九娘庙

1.06　九娘庙

所以，桂林的娘娘庙兼职做妈祖和花婆。

在桂林民间还有"看花"的习俗，有点类似给孩子、已婚妇女占卜算命。"看花"也是桂林方言的一个特色词语。

那找哪个帮"看花"咧？这样子又产生了桂林方言的另外一个特色词语"看花婆"。看花婆是什么人？就是所谓会"看花"算命的人，有点像巫婆、仙婆子、神婆子。

出了花园门，等于讲是长大了，一条命没得那么险火了。你看，又来了个桂林话的特色词语"险火"。险火就是危险的意思。

这个"出花园门"的特色词语，真的说明桂林这个地方是文化之城、诗意之城啦。

在国内咧，潮汕和海南也有出花园门的讲法。有的地方女把爷、男把爷都可以讲出花园门，但那是少男少女们 15 岁的时候做的。他们一般在阴历七月初七乞巧节和七月十五中元节，通过求神占卜，选择没有"忌讳""冲撞"的黄道吉日举行仪式。他们的仪式那就复杂了，内容也很丰富。可惜桂林的各种仪式都被简化了。要不然，桂林可以举办全国性的"出花园门"

大典，邀请全国甚至是全世界的少男少女们来桂林参加出花园门仪式，做成世界性、全球化的出花园门狂欢节（嘉年华），那不是顶好？

男把爷一般就不喊出花园门了，喊"加冠大吉"，因为古代男子成年要举行加冠仪式，成年了就称"弱冠之年"。当然，也有把男把爷 16 岁生日喊"出花园门"的。

（梁福根）

长尾巴

小把爷过生日的桂林方言特色词语。

现代社会使得语言和文化越来越趋同化，地方特点在慢慢淡化、消失。打比讲过生日嘛，全世界都在唱同一首百年老歌——《祝你生日快乐》。据"美国作曲家协会"组织投票选出的 20 世纪 25 首最强流行金曲，第一名出人意外是这首《祝你生日快乐》，硬是想不到。

在文化趋同化的时代，保留方言的特色是件困难的事情。就像人嘛，满一岁的那天，大家喊做"生日"。但是，以前大桂林各地不管什么话，不论城镇农村，都喜欢把小把爷的"生日"喊做"长（读掌）尾巴"。

那过生日为什么桂林方言喊做"长尾巴"咧？大概和民间信俗有关。以前吧，不管哪垱的中国人，都认为小把爷贱养才不容易让阎王盯上，才容易平平安安养大。所以，名字要贱，身份要贱，搞得男把爷当女把爷养，因为男尊女卑，女把爷贱，男把爷也取名字喊做什么"妹"的，比如：土妹、木妹、狗妹、水妹等。阳朔县葡萄镇八塘村清末民初就有个武林高手周日琇，小名喊做"周妹妹"，他的大名很少有人晓得，但是，你到临桂、雁山、兴坪一些地方，和 70 岁以上的老人提起"周妹妹"，他们都晓得这个武林高手周师傅。

所以，生日喊做"长尾巴"，实际上是拿把爷崽当做低贱的动物看待，如小狗、小猫、小牛等。中国人都讲猫有九条命，命大得很。狗啊牛啊都贱嘛，所以，大桂林民间好多人的大名、小名都带个狗啊牛啊的字眼。拿把爷崽当做动物看待既贱，又好养，也可爱，像父母的"萌宠"。小把爷也常常被看成父母的"小尾巴"。这样子一来，就把生日喊做"长尾巴"了。小把爷岁数长

（读掌）了，尾巴自然就长（读掌）了咯。

如果你再心（留心）观察，你会看到一些小男把爷后脑壳留着一条小辫子，我的一个同事的儿子，甚至留到了高中毕业。这大概算是"长尾巴"的铁证了！（见图1.07）

1.07 长尾巴

当然，其实在桂林以外的中国其他地方，也还有一些方言拿小把爷生日喊做"长尾巴"的，也有一些小男把爷后脑壳留着一条小辫子的。

在小把爷成长的过程中，一般一岁以内，桂林人看重三朝、十日、满月、百日、对岁。足岁以后咧，在生日里头，最看重3岁、6岁、9岁和16岁的生日。

为什么看重3岁、6岁、9岁？

3、6、9是3的倍数，3是单数。在中国传统文化里面的阴阳哲学里头，单数是阳，双数是阴。阳代表太阳、热力、光明、生长、生命力、勃勃生机、向上、成长、旺盛、发达、欣欣向荣、生生不息等。所以，隆重庆贺3、6、9岁。

另外的讲法相反，认为3岁、6岁、9岁，逢单数不吉利，多灾难，多关煞，所以要过生日，一者庆贺，二者消除关煞。广西文场《双下山》（用桂柳话唱的）里头唱到："恨只恨算命子良心太狠，平白的与奴家算什么年庚，他算奴难过这三六九岁。"从唱词看，小把爷难过三、六、九岁。顺便讲讲，"三六九"在阳朔是傻瓜、笨蛋、蠢才等意思，和三八、二百五、十三点意思差不多。有人说这是来自逢三六九赶墟，谐音"虚"，虚假、虚浮不实。

从这些你可以看得出，桂林人为什么看重在小把爷3岁、6岁、9岁长尾巴时给把爷崴过生日了。

（梁福根）

（二）"儿语"词

几岁的小把爷讲话和大人家是不一样的，他们有特别的"儿语"词汇。桂林话里头的儿语词汇有它的特点。

嘎

"嘎"，代字，是桂林小把爷的最爱，桂林话读 ga（第三声）。什么意思？就是"肉"，比如讲"嘎嘎""嘎嘎肉""肉嘎嘎""吃嘎嘎"。有的地方讲肉也这样讲，有人写成"膈"字。

常言道"吃喝拉撒"，有吃喝就有拉撒，这样就有了另外一个小把爷讲的字"屃"。

屃

屃，桂林话读 ba（第三声），和"打靶"的"靶"同音。讲出读音你可能就晓得它的意思了。对了，就是"便便""臭臭"，大便。桂林小把爷讲：屃屃、屃屃屎、屎屃屃、拉屃屃、屙屃屃，大人讲嘘屃屃。本字就是这个字。

屙

"屙屃屃"，屙？哪样子读？普通话读 ē，桂林话读"窝"。就是吃喝拉撒的"拉"的意思。桂林话就有这样的词：屙尿、屙屎、屙夜屎。这个词大人和小把爷都讲，对小把爷就讲：屙尿尿、屙屃屃。"屙尿尿"的两个"尿"字中的第一个读音发生改变，读第二声。

各位读者，你发现没有？前面讲到的"屃、屙、屎、尿"这些字有个共同的特点，是什么？对了，是尸字头的字。这是为什么呢？这是因为，在古代"尸"字本义并不是尸体的意思，而是古代祭祀时，躺下来代表死者受祭的人，所以"尸"字实际上是指人体。在简化汉字以前，死者的身体叫"屍"（这是个会意字：死的人体），和代表身体的"尸"字，本来是两个不同的字（尸 屍），汉字简化后，取消"屍"字，由"尸"取代，"尸""屍"合一，本来是"屍体"却用"尸体"替代，造成了一些误会。

因为"尸"字本来是代表身体的，所以，凡是和人的身体有关的字，常常是尸字头的，像屃、屙、屎、尿、屁、尾、屌、屟（读松的第二声）、屈、局……屈和局本义是与身体弯曲有关，屄是精液，引申为窝囊、蠢笨。

嘘

"嘘屎""嘘尿"，就是嘴巴纂（普通话读 zuǎn，桂林话读"钻营"的"钻"的第三声）起，发出吹口哨的声音，给婴幼儿把屎、把尿，训练婴幼儿学会按时屙屄、屙尿。婴幼儿器官发育不够健全，控制力差，有时屙屄、屙尿在裤子里、被窝里。所以，以前讲母亲的恩情就讲"推干就湿"，意思是妈妈为了小崽崽的健康，宁可自己睡尿湿的地方，给小崽崽睡干的地方。

"嘘"还组了个词喊做"嘘蚴"，是找女朋友的低俗讲法。

来尿

简单讲就是小把爷尿床、尿裤子。打比讲：这个崽，昨天晚上又来尿在床高头；"来，宝宝崽，嘘泡尿尿先，要不然你来尿在裤子里头。"

宝宝崽、宝崽

这是桂林的家长称呼小把爷的惯用喊法，可以当面喊（面称），也可以背后喊（背称）。"宝宝崽"咧，年纪更小的时候喊，比如讲婴幼儿和小学生。"宝崽"可以喊到小把爷读中学的时候。

骑马嘟嘟

骑马嘟嘟，"嘟嘟"桂林话读做"睹睹"。就是大人心痛小把爷，给小把爷骑坐在自己的后颈上面，小把爷的两条腿放在大人的胸前。大人一般是站着的，也可以是在地面爬行的。骑马嘟嘟有时是为了好耍，有时是看演出，小把爷看不到，大人给他骑马嘟嘟看。有时是到街上，人多，拥挤，为了小把爷不挨踩到，或者走丢了。有时是走路远了，到后面小把爷走不动了，骑马嘟嘟代步。

这个一般是父亲做的工作，像鲁迅讲的"俯首甘为孺子牛"。中国父亲乐于做"孺子牛"那是由来已久了的。根据《左传·哀公六年》记载，早在2500多年前的春秋时候，齐景公和儿子耍的时候，齐景公就嘴巴咬到（读倒）绳子扮演牛，给儿子牵着走。

桂林父亲是"孺子马"。传说从前有个小把爷好有才，小小年纪就懂得吟诗作对，就竭参加科举考试。因为年纪小，他爷老子就给他做"孺子马"，他

1.08　歪吩

骑马嘟嘟朅考试。路上有人讽刺他，也是想试试他的才能，就讲："子将父作马。"这个小把爷好灵，马上回了一句："父望子成龙。"这样就是一副很好的对联啵。骑马嘟嘟这个词，应了鲁迅的一句诗："无情未必真豪杰，怜子如何不丈夫？"（《答客诮》）。

㖿歪吩

㖿读得的第三声。歪吩是一种小的淡水贝类。小时候有一种游戏，叫"斗歪吩"，用一种喊作歪吩的小型河蚌的壳赌斗。一方匍伏，另一方二指执一歪吩凌空放下，顶部撞击顶部，将匍伏的歪吩打个翻身为赢。（见图1.08）

塞红塞

猜拳的游戏，也叫"塞（读sei，读第一或者第三声）龙泵"，出掌定胜负。手心为白板，手背为黑板。猜之前定规则，是黑板胜还是白板胜，或是多胜少，或是少胜多。一人发口令："塞红塞！"大家一起出掌，淘汰不同的人，或按规定淘汰少数人或多数人。比如5个人一起玩，约定少数胜，大家一起塞红塞，3个出黑板，2个出白板，那么2个出白板的胜出，3个出黑板的被淘汰。

叮叮糖

桂林街头的一种麦芽糖，是儿童的最爱。卖糖的人挑着竹筐，竹筐上放着竹匾或者木盘，铺着一层洁白的叮叮糖。最特别的是卖糖的人不叫卖，用小铁锤打着铁板刀面，发出类似"叮叮糖"的三个音节，沿街走揭。顾客叫住他，他就用小铁锤敲击铁板刀顶，在大块的叮叮糖上敲打下一小片长方条的糖来。不秤斤卖，20世纪七八十年代时2分钱一点，现在2元钱。糖很粘牙。

（梁福根　彭强民）

（三）和把爷有关的大桂林方言词

1. 对"孩子"的称呼

大桂林以桂林城为界，分为桂林南、桂林北。桂林南北的方言是有差异的，尤其是灵川以北的兴安、全州、灌阳、资源、龙胜和灵川、临桂、永福、阳朔、荔浦、平乐、恭城，不论是语音还是词汇方面，南北两片的差别都比较大。兴安、全州、灌阳、资源受湘方言（湖南话）影响，带湖南口音。南片的，越接近桂林城就越受桂林话的影响，但是，越往南，像荔浦，有一点带柳州话的口音。

词汇的差别也一样。

现在放开生二孩了，确实是件大好事。我们在这垲（读凯）也谈谈有关把爷的方言词语板路。

整个大桂林，讲"孩子"，还是讲"娃崽""娃崽家""崽女"讲得多。崽和仔在大桂林通用。男孩就是娃崽、娃崽家，或者男娃崽。女孩咧，也讲娃崽，多半讲女娃崽、妹崽、妹崽家。

到了兴安、全州、灌阳，就讲"奶崽"了。

当然，最有特色的还是桂林市内讲的"把爷"，把爷崽，男把爷、女把爷，可能这是全国独有的喊法。这个咧，前人谈论得好多了，我们就不深究了。对婴幼儿，桂林人一般又喊作"毛芋头"。

对婴幼儿咧，都可以喊"崽崽"。

喊分当面称呼，就是面称；还有背后和别人谈论到时的称呼，喊做背称。像崽、崽崽、女儿、儿子，这些是可以面称的。但是，像娃崽、娃崽家、女娃崽、妹崽家、把爷、把爷崽、男把爷、女把爷……这些咧，就只能背称了，没有人当面这样喊对方的。

面称把爷大桂林都可以称毛毛、小毛、宝崽。"宝崽"男女都可以称，大概高中以前还可以喊"宝宝崽"，表现了父母对子女的心痛。"心痛"也是桂林方言，等于普通话的心疼、疼爱。我还见过父亲喊40岁的女儿为"宝崽"的。

小把爷喊"毛毛"，其实全国都差不多。首都师范大学的于丹教授说，她读小学时，她姥姥就喊她"毛毛"。这毛毛、小毛喊久了，就变成了奶名，好多长到四五十岁的人，老人家和朋友们还在喊，红黑是习惯了。

在大桂林还有一种喊法，既可以面称，也可以背称。这种喊法就是取孩子名字中一个意思好又好听的字，再加一个"崽"字来喊——即"某崽"。比如讲：连崽、根崽、成崽、福崽（崽常写为仔）等，因为被喊的人名字里头有连、根、成、福这些字。广西文场国家级非遗传承人何红玉儿时长辈喊她诚仔，因为她小名喊阿诚。也有拿来喊成年人的，清代同治年间桂林桂戏名家有个喜仔、奶仔，清代光绪年间桂戏名家有个冬仔。现代彩调著名演员、郎当师傅刘大荐，人称"日仔"。广东、香港等白话地区也有这种喊法，字则一律作"仔"。比如讲，刘德华人称华仔，李连杰人称杰仔等，这个喊法被引进到大陆，连小沈阳也被喊做"阳仔"了，不追星的西北牧区老羊倌不晓得其中奥秘，听起来可能还以为是"羊崽"咧，那就是羊羔了！

等到了青少年以后，长辈、老人家背称把爷，以前多半称后生（崽、崽崽）、后生家、年轻人等。

2. 怀孕和生产哪样子讲

我们试到（读倒）从怀孕开始讲。

大桂林各县讲生了崽女，喊做"有生养"，不育喊做"没得生养"。那么，有生养的怀孕和生产又哪样子讲?

怀孕,在大桂林的城镇里已经普遍这样讲了。不过,在乡镇、村子里,还有各种各样的讲法。

阳朔县葡萄镇,临桂六塘、南边山和雁山区的平声话不讲怀孕,讲"有身啊","囊起身啊"。这个"身"字倒是用了它的本义啵。"身"字的本义就是怀孕。普通话也有"身孕"这个词。在上古的甲骨文、金文、小篆里头,"身"字是个会意字,夸张描绘一个人体隆起的腹部,表示有身孕了(𧘌 𠂤 𨈐)。

孕妇生产,在大桂林普遍就是讲"生""生崽"。要区别宝宝的性别才讲"生崽""生女"。

以前医疗条件差,直到1995年之前,在大桂林,有的农村离乡镇卫生院远,大多数农村妈妈生崽,都在家里生。哪样子生?讲起来可怕、可怜!准妈妈双手扶着床边,两腿趴开,地面垫层干的禾秆草(干稻草,阳朔、临桂也喊麸草),卧室就是产房,几个过来人、大妈就是医生、护士、助产师,也有请村里上了年纪的、富有经验的女人做接生婆。崽女一生下来就是"落草"。

无独有偶,大作家老舍的自传体长篇小说《正红旗下》第一章里头讲到"我"出生就是讲"落草儿"。

3. 桂林式的"洗礼"——洗柚子水

崽崽一生下来,一身血水,哪样子办?洗柚子水!这是大桂林把爷崽人生第一次洗澡。

给新生儿洗柚子水可以称得上是桂林式的"标准配置"的"洗礼"。

因为不在医院,老百姓采用的传统方法,因地制宜,拿柚子叶煮水给妈妈和崽崽洗身。柚子叶在大桂林到处都是。你莫讲啵,这绝对不是迷信,柚子叶是有杀菌、消毒作用的。岭南医籍《本草求原》认为,柚子叶有消风肿,辟秽的作用。(见图1.09)

柚子叶含"类黄酮"之类有效成分,通经络,有助于血气运行,有防病、抗衰老、抗发炎的作用。以前还认为柚子叶可以驱邪、去秽、驱晦气(解晦

1.09 柚子叶

气）、祈福、行好运等。在日本，人们会在某些节日洗柚子皮浴，其功效类似于柚子叶。

20 世纪 60 年代前，乡镇连医院都没有，或者虽然有医院，但是离家远，或者因为思想封建、保守、迷信，或者因为为了省钱，人们多选择在家生产。妈妈和宝宝难免发生意外，甚至死亡，所以，柚子叶给妈妈和宝宝带来了医学上的保护作用，还有心理学上的安慰作用。

耶，想起大作家老舍《正红旗下》第四章也写到晚清时候的北京式洗礼，也和我们桂林有类似的地方。不过咧，北京没有柚子，北京是用槐枝和艾叶熬水洗，而且是在"三朝"（生下第三天）时候洗，喊做"洗三"。北京毕竟是帝王之都，所以更加讲究。洗三也为了求得吉祥，祝福宝宝将来成为一个聪明伶俐、有吃有穿、不受饥寒、有出息的人物。

老北京有一种喊做"姥姥"的接生婆，讲究的人家，就请"姥姥"来帮洗三。熬好槐枝和艾叶混合的苦水后，用宽沿的大铜盆装好，端上炕，"姥姥"

在炕上盘腿坐好，"姥姥"边洗边口中念念有词："先洗头，作王侯；后洗腰，一辈倒比一辈高；洗洗蛋，作知县；洗洗沟，作知州！"不过咧，"洗洗蛋"只能祝福男婴了，"蛋"就是他的小鸡鸡蛋。

洗完槐枝和艾叶苦水，"姥姥"还用姜片艾团灸一灸宝宝的脑门和身上的各重要关节。据说这样可以一辈子不得关节炎。之后"姥姥"再用一块新青布，沾了些清茶，用力擦婴儿的牙床。要是宝宝就在这时哭起来，就是大吉大利的征兆。这叫做"响盆"。最后，"姥姥"拿起一根大葱打婴儿三下，口中又念念有词："一打聪明，二打伶俐！"因为葱和聪同音，大葱就是大聪（明），不是小聪明啵！"姥姥"给宝宝梳好头，这"洗三"就完美收官了。当然，主家少不了得给"姥姥"打赏了。

那根大葱呢，就由宝宝的父亲甩到房子高头去，意思可能是聪明到顶？可能是聪明上了天？

洗三时，"参加典礼的老太太们、媳妇们，都先'添盆'，把一些铜钱放入盆中，并说着吉祥话儿。几个花生，几个红、白鸡蛋，也随着'连生贵子'等祝词放入水中。这些钱与东西，在最后，都归'姥姥'拿走"。

不晓得民国时候，桂林的有钱人是不是这么讲究，那时的桂林式洗礼可能也蛮多板路的吧。

因为这种桂林式的洗礼，在阳朔葡萄、杨堤、临桂六塘、南边山、雁山区等南部的平声话地区，就产生了一个方言习惯用语："你（或者他）那盆柚子水是泼在那垲的？"什么意思？哦，那是在遇上不讲亲情、没有故土乡情的人时，质问对方的一句习惯问语。语气是比较严重的，有时甚至是生气、愤怒地反问、质问：你是生在哪里的？你是哪里人？

讲起柚子树，确实全身都是宝啵，因此也产生了蛮多方言词语。大桂林人认为，柚子叶去秽气。所以，在神像、神位和神龛旁边也会放柚子叶，一些庙宇也会摆放柚子叶水给信众参拜前洗手。

扒龙船离不开柚子叶，龙王庙放柚子叶，龙船上放柚子叶，桡丁头巾上插柚子叶。（见图 1.10）

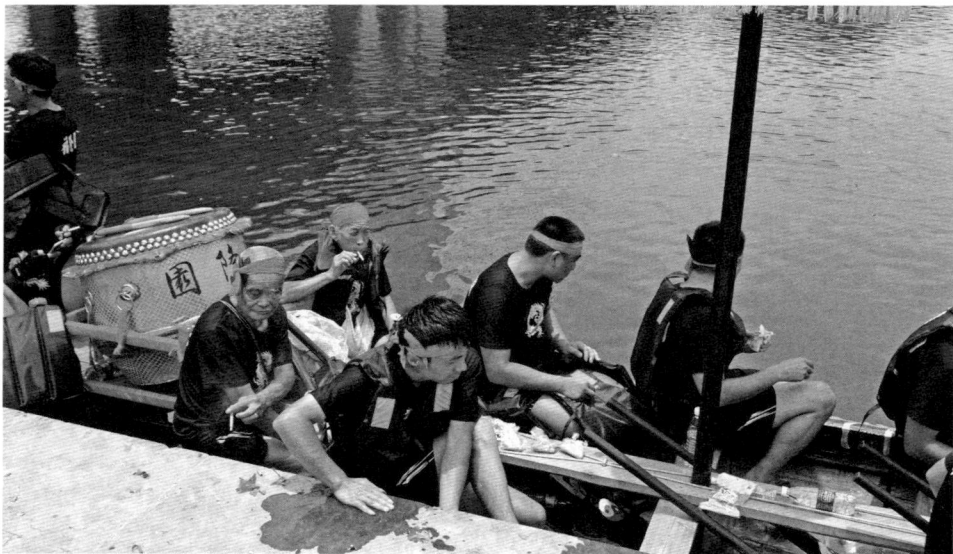

1.10　桡丁头巾上插柚子叶

平乐、阳朔福利等地，给妈祖庙进香、供奉妈祖，或者在"会期"时，都在供台上放柚子叶。这些都是为了祛除秽气。

"会期"也是平乐、阳朔、恭城、荔浦的一些地方特有的民俗方言词语，是一个隆重的节庆。往往每年习惯过一次小会期，每3年习惯过一次大会期。平乐方言讲"每年一惯，三年一大惯"。会期有点像"庙会"。

会期是在某个固定的日子，比如讲，平乐张家镇蛮多村落，过了中秋有会期；农历三月二十二日是平乐同安镇、榕津的会期。恭城、阳朔福利镇的降（读犟）村是农历五月十二日。阳朔福利镇上是农历五月八日。农历五月十三日是平乐沙子镇的会期。阳朔兴坪的螺蛳岩是农历九月十九日的会期，是纯粹的庙会。各地会期民俗内容有些差异。

过会期时出嫁的姑娘姐妹都回家（有的地方过年出嫁的姑娘姐妹反而不回家，像平乐张家镇一些村落），亲戚朋友也来。儿媳妇还喊娘家人来。哪家来的人多，就最荣耀，说明那家朋友三四多，做得碣（ke第四声，读刻的第四声）。所以，在这一天，不管你和主人是不是认识，只要主人的客人带你揭，主家都真心欢迎。反正"见者有份"，人越多越闹热。所以，有"会期"的地方有俗语讲"会期要会吃""会期会期，就看你会吃不会吃"。而在这些地方，"会期"和"会吃"在方言语音上是一模一样的。

　　柚子树的刺，在大桂林当医生的针用。在民间，眼皮生挑针（麦粒肿，南片桂北平话讲"偷针"），身上生疖子，化脓以后拿柚子树的刺挑破，挤出脓头就好了。这是有道理的，柚子树的刺本身含有的药用成分是可以杀菌消毒的。

　　柚子可以吃就不消讲了。柚子皮咧，削去表面绿色、黄色的一层，剩下像白色的海绵那样的柚子瓤，用清水泡几十个钟头，期间多换几次水，然后洗干净，下汤，或者酿（读样或读酿）进馅（就是柚子皮酿），是不错的菜。也可以潦一下水（焯水）就煮，甚至用盐腌一下，再洗干净盐，即可煮来吃。以前还有用柚子皮做扣肉的，喊"柚皮扣"。

　　在大桂林，做蒸的糯米粑（水印粑）时，常常拿柚子叶来垫在粑粑下面，不给粑粑黏连。柚子叶也起到杀菌消毒作用，还有一股清香味道。（见图1.11）

　　柚子壳还有浪漫的用法。那是以前过八月十五的时候，人们小心地把柚子肉搂（读第一声）出来，给柚子壳保存比较完整。然后在柚子壳上镂空雕刻各种图案，拿两根或者三根细绳子把柚子壳串起，再绑上一根小棍子、竹枝，提起，柚子壳里点上蜡烛，就是一个个小灯笼了。这就是大桂林方言普遍讲的"柚子灯"，价廉物美。以前城乡普遍都有这个习俗，是小把爷的最爱。

　　八月十五这天晚上，以前还拿柚子供奉月亮呢！可惜这些风俗都没有了。

　　大桂林盛产柚子，尤其阳朔、平乐、恭城。柚子也伴随大桂林人

1.11　柚子叶艾叶粑

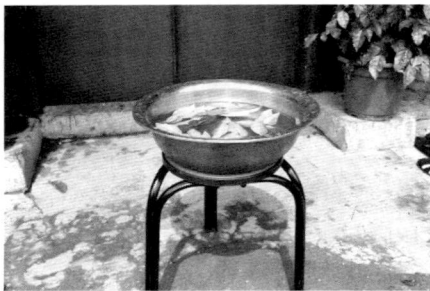
1.12 九娘庙前用于净手的柚子叶清水

的一生，生生死死都离不开。以前大桂林人出生是用柚子叶水洗浴，而直到今天，不管城乡，老人去世，都还离不开柚子水。乡村老人去世，用柚子水洗身。有老人灵柩抬过谁家大门，则在大门口用老糠加柚子叶烧一小堆火，灵柩过时，把这堆火扫向门外，以祛除晦气，把可能带来的晦气扫地出门。

即使是桂林城内，老人去世，现在仍然煮一盆柚子叶水，烧一盆炭火，给送葬的亲友用柚子叶水洗手、擦脸，用盆里的柚子叶擦眼睛等，然后在火盆上烤干手。

笔者在桂林九娘庙看到了用于净手的柚子叶清水，其作用类似古人祭祀前的斋戒沐浴。（见图 1.12）划龙船的进庙前也用来象征性地洗手、脸。

你看看，一棵柚子树有那么多的方言词语和非遗文化在里头，不简单啵！

4．"你小时候没有绑手啊？"

"你小时候没有绑手啊？"这也是在阳朔、临桂、雁山区南部的平声话地区流行的一个方言习惯用语。

什么意思咧？又是和小宝宝有关联的一句话。

原来，在这些地方，以前宝宝生下以后，要在宝宝右上臂或者双上臂上面，隔着衣服绑上细布条或者绒线，至少绑 20 天，或者绑到满月。一是为了不让宝宝的小手缩进衣服里面，搞得小手都不在袖子里头了；二是因为一种民间信俗，认为绑了手的娃崽，以后手脚会老实，不会"手多"、多动，这垱摸一摸，那垱动一动。甚至讲，可以防止长大后偷鸡摸狗。

就是因为这样子的风俗习惯，所以，遇上人"手多"，手脚多动时，人常常骂："你小时候没有绑手啊？"

5．三朝·满月·百日

生了宝宝咧，自然就要办酒，三朝酒啊、满月酒啊、百日酒啊，都是本地习俗。

所谓"三朝"就是宝宝生下的第三天。现在在城里已经不兴办三朝酒了，但是，在大桂林各地的乡间还是有三朝酒的。在阳朔、临桂、灵川等地，喊做"当三朝"，或者"当三朝酒"。"当"念"当铺"的"当"这个音，是动词，办酒席在大桂林各地多半喊做"当酒"，这也是大桂林各地一个特色方言词语。

"当三朝"就是宝宝生下的第三天，娘家等至亲带活鸡、鸡蛋、鸭蛋来看望产妇和宝宝，产妇家操办酒席招待，一般两桌到三桌人。

"当三朝酒"以后还有"满月酒"，"三朝酒"不能替代"满月酒"。满月酒一般在宝宝满月时办，也考虑各地的圩日，好购买食材，时间可以灵活一点，比如适当推迟或者提前。

满月酒那日可以称得上大宴宾客了。如果是头胎宝宝，那是很隆重的，特别头胎生的是男把爷的。亲友多的可以几十桌。第二胎以后，当不当酒，当酒的规模有好大，就看主家经济条件了。产妇娘家的、老公的舅舅家、舅公家、姑娘姐妹家、村方邻居、朋友三四等，都来贺喜。娘家、舅舅家、舅公家这些至亲要挑大松糕（甑子糕）、糖糕来，还要带鸡来。外婆还要送儿童衣服、首饰，比如长命锁什么的。送得多又值钱的，摆在堂屋里，脸上好"光辉"。

这"光辉"又是一个方言词了，用法和普通话有差别，是"光彩"、有面子的意思。这样的外婆喊做"肥外婆"，在阳朔、临桂方言里头意思是有钱又大方的外婆。

其他的客人送的是水印糍粑、儿童衣服、布料、狗头帽、虎头帽、口水围、活鸡、鸡蛋、鸭蛋等。

这个里头又产生了水印糍粑、狗头帽、虎头帽和口水围这几个方言词。

水印糍粑（简称水印粑）是和油炸糍粑（简称油炸粑）相对而言的。它们都要用木印板印上"囍"字或者其他吉祥文字和图案。水印粑是蒸熟的，油炸粑是过油锅炸熟的。油炸粑比水印粑来得礼信重，因为做工复杂、麻烦，又耗油，在贫困时代尤其是重礼。

"礼信"那是大桂林各地都讲的方言词，指的是礼物、礼节、礼数。

狗头帽是狗头造型的婴幼儿帽子，虎头帽是虎头造型的婴幼儿帽子。狗头帽和虎头帽戴起来都显得宝宝好萌，可爱极了。

狗头帽咧，因为狗贱，给宝宝戴上，宝宝好养大。中国民间不论长城内外，大江南北，贵贱古今，都认为孩子贱才好养大。所以，起名字要贱。文豪老舍的小说《正红旗下》第四章写道，母亲在生"我"之前，"生过两个男娃娃，都没有养住，虽然第一个起名叫'黑妞'，还扎了耳朵眼，女贱男贵，贱者易活，可是他竟自没活许久"。另外，狗也辟邪。

虎头帽咧，老虎健壮威猛，可以辟邪、镇邪。宝宝戴上虎头帽虎头虎脑的，可以平安健康成长，大概就像大门上贴了门神那样。

口水围咧，就是因为把爷崽在出齐牙齿之前都会流口水，口水围做成八卦圈那样的，用七八片绣花的莲花瓣似的布拼起来的，拿来围在宝宝的颈额（读嗓）上面挡口水用的。一块布湿了，就转一下，换一块干的地方。你看，又来个"颈额"，是桂林方言词，也讲颈子，就是普通话讲的脖子。

这些是和满月酒有关的大桂林方言词语。

不过咧，现在生活节奏快了，慢慢的，桂林市里开始更重视做"百日酒"。因为宝宝满 100 天，比满月时长大不少，妈妈也恢复好了，这时做酒对大人和宝宝更好。

在阳朔和临桂、雁山相邻的乡镇，满月酒喊做"当十日"。为什么这样喊？因为一般在宝宝出生后十天或者十来天就办酒，就是相当于其他地方的满月酒。

做三朝酒、当十日、满月酒、百日酒，常常少不了甜酒蛋。甜酒嘛，滋补、温暖、甜蜜、祝福。连百年前的老北京人"洗三"也少不了蛋。

蛋咧，讲起来板路就多了啵！

民俗学专家喊做"生殖崇拜"。我们的祖先崇拜鸟。在中国最古老的神话里头，太阳里头的神灵喊做"鵔"，是一只三只脚的"金乌"，即太阳鸟。所以，太阳也喊做金乌。人类没有房子以前，住树上，模仿鸟类在树上搭"窝"，传说中这种"窝居"的发明人是"有巢氏"，又喊作"大巢氏"。《韩非子·五蠹》里头讲："上古之世，人民少而禽兽众，人民不胜禽兽虫蛇。有圣人作，构木为巢以避群害，而民悦之，使王天下，号曰有巢氏。"

所以，鸟是人类的师傅、崇拜的对象，人类是鸟类的"粉丝"。人类繁衍后代和鸟类下蛋繁衍后代有相同的地方。所以，客人来祝贺，也送鸡鸭蛋，既是给孕妇滋补身子，同时也表示祝贺，又祝愿产妇以后多多地生几个"小乖蛋"。做三朝酒、满月酒、百日酒，主家常常少不了也给你吃甜酒蛋，开个玩笑：以前的满月酒，蛋反正是客人送的，羊毛出在羊身上，哈哈哈哈……

在桂林市内咧，满月酒、百日酒以后，给客人送上水炸（桂林话读"扎"。油炸时读"诈"，本字是"煠"，桂林话读"扎"）的熟鸡蛋，把蛋壳染成红色。讲到送蛋，又是男女有别。生了崽，送三个，生女送两个。什么意思嘛？可能是重男轻女，生男咧，更高兴，多送一个蛋。

另外咧，如果往高大上的意义上讲，关系到中国传统文化里面的阴阳哲学。按照阴阳哲学，男是阳，女是阴；单数是阳，双数是阴。所以，五月五又喊"端阳"，九月九喊做"重阳"（两个阳数相重叠）。生了崽，送三个，生女送两个，符合阴阳之数。那你揭吃酒可能讲，生男的主家为什么不送9个蛋？9也是阳数啊？那你就想得太美了！你想把主家吃垮是不是？

再展开一点，崇拜蛋这种生殖崇拜，在我们整个广西各个兄弟民族里头很盛行。打比讲，广西一些兄弟民族过年时上坟、过三月三，都要用到红鸡蛋。平乐的"会期"和阳朔福利供奉妈祖（太婆、天后）时，头年生过把爷崽的家庭，要给妈祖供奉几十个红鸡蛋。

6. 你麻直还记到外婆炸鸡蛋

这又是一句讲小把爷的惯用语。是什么意思咧？就是翻老黄历、好事不可能再出现的意思。在阳朔、临桂、雁山区的平声话区，则是讲"默默还记到（读倒）外婆炸（读扎）鸡蛋"。

为什么这样讲咧？原来，在大桂林民间和广西好多地方，出嫁的女儿生崽以后，过年过节背宝宝回娘家，返回婆家时，外婆都会有染红的水煮鸡蛋送给外孙。但是，一般15岁以后，便不再有了。所以，不能指望一辈子有外婆的红鸡蛋。

这句话是拿来讽刺哪些"猪崽好卖街街来"的人，得了好处还想不断得到同样的好处的人。

你看看，讲到（读倒）讲到（读倒），又冒出个大桂林惯用语来："猪崽好卖街街来。"这句话广西很多地方也讲。街街即墟墟，每个墟日。赶墟又说"赶街"。本来是指有的卖猪的人，头一墟（上一个集市）猪崽的价钱好，以为第二墟还是好价钱，又竭卖，结果价钱便宜了。后来引申为刻舟求剑、守株待兔、贪得无厌、不知足的意思。

7. "七坐八爬九生牙"、隔奶和换牙齿

"七坐八爬九生牙"又讲回把爷崽的话题来了。这句俗语是讲宝宝一般7个月可以坐起来，8个月可以爬动，9个月长牙齿。"七坐八爬"倒是蛮多地方都讲。

一般咧，把爷崽在两岁之内是要断奶的。不过，我也见过读小学还吃奶的，一放学就不要命地跑回家，找老妈要奶吃。大桂林以前很少讲断奶，一般讲隔奶、隔奶汁、隔奶奶。

小把爷到了六七岁，乳牙慢慢脱落，恒牙慢慢长出来，大桂林各种方言一般都讲是"换牙齿"。

记得小时候，大人告诉讲，要是下牙齿脱了就抛到屋顶，上牙齿脱了就丢下床底，这样新长出的牙齿才会长得好。大人讲的道理是下牙齿是向上长的，所以向上抛到屋顶；上牙齿是向下长的，所以向下丢下床底。

好吧，有关小把爷的方言词语板路就扯到这垱吧。真是：

板路越扯越有味，

扯到半夜不想睡。

北门扯到南门桥，

尧山扯到侯山背。

（梁福根）

二、与人有关的方言词

（一）用于讲人的特色词

二八车，一脚踩到底

形容人的身材高大。二八车，指的是二十八寸的自行车，能够坐在车鞍上双脚落地，非要有双大长腿不可。大宋的对象对他最满意的地方就是："二八车，一脚踩到底。"大宋身高一米八。

块

壮实，块头大。有个农民称赞他的儿子："手也大，脚也大，长得块，拿起锄头能干活。"老太婆赞道："好块，一餐要吃几碗饭。"卖衣服的阿姨道："长得那么块，要加加大的才得。"

硬项

就是硬脖子，引申为死脑筋，脾气犟，不懂变通。就如同东汉光武帝时的强项令董宣。老婆埋怨丈夫："你太硬项，跟牛一样犟，有什么好处？"妈妈在管教儿子失利后对孩子爸爸说："你的崽好硬项，打都教不变，你来。"

耍死狗

意为偷懒。妈妈对孩子呵斥道："莫再耍死狗，快点做，做完作业才能吃饭。"

三六九，吵死狗

形容小孩子调皮捣蛋。三六九，指的是小把爷 3 岁、6 岁、9 岁左右，生长过程中比较叛逆，在父母眼中他们不听话、爱质疑。他们的顽皮甚至于狗都经受不住。老人往往口念"三六九，吵死狗"，表现出一种隔代亲的溺爱。

老考

意为小孩子显得很成熟。"老"和"考"在《说文解字》里意思一样："老者，考也。""考者，老也。"阿姨表扬小兑有礼貌："这个小把爷好老考，一进门就喊人，叔叔伯伯、爷爷奶奶全都喊完，哪个人不喜欢他？"

牛鬼

能干，厉害。桂林话称赞一个人："好牛鬼！"或"好牛辫（读掰）！""牛鬼"是"能人"和"有本事"的代称。小伙伴劝同伴不要动手："那个人好牛鬼的，我们打不过他。"表达羡慕："他那件衣服好牛鬼，我也想要一件。"

窄船短马矮女人

意为矮女人能生养。窄船的船，身狭长，阻力小、速度快。短马是指身体矮小的马，繁殖后代的能力强，后代的成活率高。以窄船、短马作类比，矮女人虽个头矮小，但生育力强，可以生很多孩子。此语像是在为矮个子的女人辩护，其实是指做人要有容人之量，不要看不起人，每个人都有优点和长处。

好狠

意为很厉害，非常好。学生家长在路上相遇，表扬别家的孩子："读书好狠，次次 100 分，我那个崽坐都坐不稳，朗子都读不竭。"也讲"好捞"，一个老太婆夸她的同学："你好捞，身体好，穿得那么少。"妈妈表扬隔壁家的孩子："学习好捞。"

嚼牙巴

瞎说，讲别人坏话。这是桂林话中一句责怪人的话。最经典的一句是："哪个嚼牙巴的在背后讲老子的坏（怪）话？"桂林有句老话讲："嚼牙巴，烂舌根。"

厚脸皮

死皮赖脸的人，纠缠不休的人。小胖妹不想跟隔壁的小孩子玩，就骂他："你这个厚脸皮，脸皮比城墙还厚，讲了不和你要啦，你还跟到（读倒）我们做什么？"

顺过来

船上人家吃鱼时，吃完一面后，不能说"翻过来"，只能说"顺过来"，忌讳翻船，连"帆"也讲成"篷"。

扠（读叉的第三声）五

低俗的讲法，指谈女朋友、情人约会、野合等。

敲卯哥

黑话，敲诈顾客。桂林人称呼有点傻气又喜欢出风头的而且很容易上女人当的男人叫做"卯哥"。

没得脉

意指没有兴趣，不感兴趣。中医把脉治病，没有脉的情况，要么是摸不到脉，要么是人重病不治。

鬥

鬥（读豆）：拼凑，拼接（装）。木工师傅讲："鬥这个柜子要 3 个工。"数学老师批评小学生："他做这道题，答案不是算出来的，是鬥出来的。"

默到（读倒）做

估摸着做。"默"读"墨"的第三声。小李有事不知怎么办才好，向单位领导请教，领导也没有做过，就教他："你默到做，先做出来先，得不得再讲。"

要得

"要得"是"不错""可以""行"的意思。老兵讲故事："那时候我们也没得办法，硬冲上碣，不是你死，就是我活。后来首长表扬我们'硬是要得'。"再比如，"我今天和你一起回家可以没有？""要得！"

破疳积

小孩子不肯吃东西，大人就说得了疳积，小儿积食，要破疳积。用锋利的小刀，在手掌中指与无名指之间一挑，挤出一点脓浆，再擦上生姜消毒。被破疳积的孩子哇哇大哭，旁边观看的孩子被家长趁机教育："这就是不好好吃饭的后果！"下一餐孩子们以饱满的热情抢着吃饭，家长的目的达到了。

鸡蒙眼

营养不良导致的夜盲症，也称"鸡毛眼"。夜晚鸡进笼子的时候就看不见东西了。鸡被蒙住了眼睛当然看不见了。另外，南片桂北平话说躲迷藏为"蒱蒙鸡"，就是不给人看见。治鸡蒙眼的偏方：二两猪肝，与从锅底刮下来的锅抹烟拌起，再用生荷叶包好，放到灶火里煨熟，趁热食用。

揭米

桂林话讲："那个人揭米了。"就是说那个人死了。丧礼中，前往葬地时，家人跟在棺材后面撒稻米。

硬考

死了。桂林话讲："人都硬考了。"就是说那人已经死了。人死后身体僵硬。

（彭强民）

（二）人身体部位的特色词

磕膝盖

是桂林方言讲的膝盖。

关于膝盖，全国各地叫法好多，如：玻璃盖、菠萝盖、胳败子、克秀包儿、壳起头子……桂林话叫做"磕膝（桂林话读七）盖"，它可能是个外来词，它和陕西方言里的"磕膝盖"、汉中话"壳膝包"、湖北恩施土话里的"壳膝板儿"类似，有趣的是，陕西方言和山西大同方言里膝也都读作 qi，而不是 xi。

牙巴骨

就是颌骨。由此还产生另外一个特色词语"嚼牙巴"。讲闲话，讲别人坏话就叫"嚼牙巴"，"咬牙巴骨"就是咬牙，"咬起牙巴骨打！"

指妈

大拇指、食指、中指、无名指、小指在桂林话里变音成大指（zi 第二声，读直，平舌音）妈、二指妈、三指妈、四指妈、小指妈。

脚趾

喊"脚趾妈"，"脚趾妈"读成"昨直妈"。

耳朵

在老桂林话里头读"ei（桂林话读第三声）多"。

脑壳

就是脑袋。壳读扩。

眼鼓

就是眼睛。眼读"俺"。

鼻嘚

就是鼻子。嘚，读"得"的第三声。

奶

桂林话里有两个读音。读第一声，"奶"或"奶奶"，这是叫爸爸的妈妈；发第三声，指的是乳房或乳汁。

（徐　颖）

（三）桂林话的称谓特色词

马噶

小的时候常听见有人"马噶（噶读嘎，ga 第二声）""马噶"的喊，常常是拿来开人玩笑、讽刺戏谑时用。其实"马噶"一词并无贬义，它与湖南有着密切的关系。桂林地处广西北部，与湖南省相邻，很多湖南人来桂林谋生，尤其以湖南南部邵阳、祁阳、衡阳地区的人居多。在抗战胜利之后来桂林的湘南人更是达到了鼎盛。两地人在交流的过程中，难免会有交流不顺通、不明白的地方，于是湘南人就会问"你讲马噶？"就是你在说什么，"马噶"就是"什么"的意思。久而久之，桂林人就从"马噶"这个词生发，将马噶指代成湖南人了。"做马噶"又指打工，做打工仔。

（莫珊珊）

醒橄榄

一般用来指做了傻事的、或犯傻的人，不通事理且智商有问题，会被调笑道："你这个醒橄榄。"如王某鼓动赵某揭做一件事，赵某掂量了一下，觉得这样做对自己有害无益，便撇撇嘴说："你'醒'我！"这"醒"字，就有唆使、挑唆、哄骗等意思，由此派生出"'醒'二叔下水"这句俗语。桂林话也有将小屁孩叫"小橄榄"的。

四九

指癫子，精神病人。四九是桂林知名度最高的癫子，本名不详。20世纪60年代后期时不时在大街上游荡，穿一件老式旧军衣，发起癫来就大喊："敌人上来了，同志们冲啊！"冲锋、卧倒、射击，动作像模像样。以至于说谁"四九"，大家都知道是指癫子。

龙哥

黑话，龙头老大。

野马

指没有导游证的黑导游。语出"脱缰的野马"。马与旅游关系密切。20世纪70年代，做官方不认可的职业喊作野马副业。

骚精

骂人家狐狸精，风骚。妇女对骂，看不惯别人穿得花枝招展："你这个骚精，成天舞来舞羯，好骚！"有时撩拨小女孩："你讲你骚不骚？"

狗肉

朋友的低俗讲法。在草根的桂林话中"狗肉"无贬意，指的是朋友，也指"友好"。小何介绍他的朋友给聚会的人认识："这是我的狗肉，从小耍到大的，扛起刀可以帮我打架。"

老卡

关系很铁的朋友。有人讲语出白话、客家话的"老契"，结拜兄弟，一起斩过鸡头，烧过黄纸，焚香祭过天地，誓言不求同年同月同日生，但求同年同月同日死。阳阳攀着红仔的肩膀，说道："我们好老卡的。"奶奶做旁证："他们一颗糖两个人分，一根冰棒两个人吃。"

老解

解读改，指解放军，不是很恭敬的说法。"那个老解好沙。"意思是："那个解放军好威风。"好沙，语出白话"好晒"，好家伙。20世纪80年代电视剧《上海滩》播放后，其中黑老大冯老板的声音沙哑，很有《教父》的味道，被一些待业青年学了，流行一时。

农伯

农民，含贬意。说"你这个农伯"，意思与"你这个土包子"一样。

抠姈（读掰）

吝啬的人，小气的人，与铁公鸡、吝啬鬼同义。俗话讲："抠姈（读掰）屙痢疾。"诅咒吝啬的人吃东西拉肚子，占不了便宜。

老油条

老手，从事某一职业的老资格、资历深的人，混日子。含贬意。某人自诩自己是"老油条"。

老屁眼

粗俗词语，是对老人贬义或者歧视的称呼。

（彭强民）

母吩、胖吩、老吩、头吩

"母吩（读"改"的第二声）、胖吩、老吩、头吩"，这四个词分别代表：女人、胖子和爸爸、为头的人。吩就是"的"，可能来自桂北平话。对女人和胖子是一种不礼貌的称呼，有歧视的意思，一般不用。

"老吩"现在生活中还在使用，但一般不是自己对爸爸的直接称呼（面称），通常是对话中提及某人的爸爸时使用（背称）。比如，老王是小明爸爸的朋友，他到小明家拜访小明的爸爸，在门口遇到了小明，他问："小明，你老吩在不在家？"小明指指屋里说："在，我老吩在里头。"

"头吩"指头目、领导、老大。

嬢嬢

在桂林话里爸爸的妹妹或妈妈的妹妹都可以叫"嬢"。桂林话里"n""l"不分，嬢读"liang"第一声。另外，爸爸的妹妹也可以叫"小姑"，妈妈的妹妹也可以叫"小姨"。

婆婆、外婆

妈妈的妈妈。喊外婆显得见外，一般更喜欢喊"婆婆"。婆婆两个音都发桂林话的第三声，读音同"叵"，第三声。

㑋

㑋有两种用法：一是读"蛮"，称呼爸爸的弟弟，比如二叔、三叔叫二㑋、三㑋；二是读"满"，指家里最小的孩子。说谁是㑋崽、㑋女，有一种在家最受宠的味道。"㑋"是大桂林的方言字。

（徐　颖）

三、关于过年的方言词

"过年"在大桂林各地方言里面怎么讲？这里头还真是有蛮多板路的啵。不管是官话、土话，老百姓最普遍的讲法还是讲"过年"。要是书面和官方口径当然还是"春节"。

要是讲到不同，那大桂林各地方言里头对"过年"的讲法，那确实是千差万别。

比如讲"除夕"吧。大桂林各地官话多半讲"大年三十""三十晚上""三十晚夜""三十夜晚"等，差别不大。

要是到了桂北平话和大桂林各地土话里头，朗子讲"除夕"，那就有意思了。

阳朔县葡萄镇的平声话、临桂县五通镇的义宁话、兴安县高尚乡的软土话，以及永福县一些地方的土话，这些话在方言学界被称为"桂北平话"。这几种话都把除夕喊做"三十晡夜"。他们的方言发音不仔细听，听起来好像"三十包药"。所以，有时会被一些讲官话的人引为笑谈。葡萄镇的平声话把腊月二十四称为"小年晡"，即小年。

有些地方的讲法和这个类似，像临桂县两江是讲"三日晡夜""年晡夜"，灌阳县的观音阁乡是讲"三十夜子"，资源县的延东乡的"直话"是讲"三十日""三十夜日"，兴安县高尚乡的软土话讲"三十晚夜"，永福县塘堡乡是讲"三日夜"等。

讲起这个"晡"字，也有蛮多板路，它是属于古代汉语的用词，是很古老的啵。

我们的老祖宗在计算和记录时间方面有自己的一套，有所谓的"地支计时法"和"天色计时法"。"地支计时法"是用十二地支对应今天的24小时，"天色计时法"是根据一天一夜的天色变化，拿12个词来对应今天的24小时。

这两种计时法朗子对应，又朗子换算成今天的钟点咧？我列个表来换算和对应，你一看就晓得了：

地支计时法	子	丑	寅	卯	辰	巳	午	未	申	酉	戌	亥
天色计时法	夜半	鸡鸣	平旦	日出	食时	隅(yú)中	日中	日昳(dié)	晡(bū)时	日入	黄昏	人定
24小时制	23-1点	1-3点	3-5点	5-7点	7-9点	9-11点	11-13点	13-15点	15-17点	17-19点	19-21点	21-23点

"晡"字普通话读音 bū，是个形声字，"日"为形旁，代表和太阳、时间有关，"甫"为声旁，表示和读音有关。本来指十二时辰的"申"时，即下午3点到5点。"晡时"是天色计时法的十二时辰之一，又喊做"日晡""夕食"，是太阳接近下山了，接近晚饭了的时候。还有古人讲的"晡食"意思就是晚餐。

在阳朔县葡萄镇、临桂县六塘镇、南边山乡和雁山区的平声话里头，在正月十五以前都称作是"新年大头"，或者"新年瞳瞳"。这期间老辈人有好多忌讳，不能讲什么话，不能做什么事，规矩好多。

"新年瞳瞳"的"瞳"普通话读"童"，也是好古老的讲法。不信你看，有诗为证：

爆竹声中一岁除，春风送暖入屠苏。

千门万户曈曈日，总把新桃换旧符。

这首王安石的《元日》诗好多人都读过。"曈曈"是阳光灿烂的意思。过年后，一元复始，春暖花开，又逢佳节，阳光灿烂，代表大家一种美好的感情；一年之计在于春，万物生长靠太阳，所以"新年大头"如果"新年曈曈"，代表一年的希望，前途光明。

你看看，桂北平话好古老，简直就是古汉语的活化石。

在阳朔、临桂、雁山的好多地方，不管官话、土话，讲月份喜欢带个"朝"字，比如讲，正月朝、二月朝……一直数到十月朝。十一月、十二月一般就不带"朝"字了。这也是大桂林很有特色的时间名词。

再讲一句，其实"元旦"这个词，在公元纪年进入中国以前，指的是大年初一，也叫"元日"。有了新历，元旦的意思才变了。

（梁福根）

四、与动植物有关的特色方言名词

（一）与植物有关的特色方言名词

桂林的河多山也多，在缺少像样玩具的年代，孩子们爬山爬树玩的时候，还可以采摘到各种野果野货，这些大自然的野味会让很多人自得其乐、心满意足。这些野生的植物在桂林方言里有着一些特殊的叫法，从而形成特色的方言名词，下面列举一些。

秀秀（读朽）

春天，田边路旁的野蔷薇长得很好，特别是它的嫩芽肥壮肥壮的，将最肥最嫩那一截摘下，剥皮后可以直接食用。野蔷薇以及一些带刺（或绒刺）的植物嫩茎在桂林话里称为"刺秀"，桂林方言中一般将植物的嫩茎叫做"秀

（读朽）"秀秀"，比如萝卜长出的嫩茎叫"萝卜秀"，其他菜的菜心、嫩茎，通称菜秀、菜秀秀。春天时，在萝卜地里摘一大把新长的萝卜秀秀，剥去外面的皮，里面的茎肉清翠欲滴，口感脆生生的，将其切成小段小段，放在碗里用酱油一拌，就成了一碟很开胃的小菜。

雷公屎

春天的雨后，特别是在打了春雷之后，桂林的山上、草丛湿地间，随处可见一种叫"雷公屎"的东西，大人们说这是雷公打雷时屙的屎，是老天爷赐给的，所以就叫"雷公屎"，有的地方也叫雷公菌。它与木耳长得非常相似，青黄色，呈半透明状，因此也把它叫作"地木耳""地耳""地衣"。

下雨后拿个竹筐或提桶去捡雷公屎，很容易就能找到一大片一大片的，发现者的心情那叫一个欢快雀跃，不一会儿就能将竹筐和提桶捡满。很多时候，得野货、野味的过程不在于吃，而在于寻觅和收获的快乐。

雷公屎的做法很多，可以将雷公屎炒蛋、炒豆腐，最常见的就是雷公屎炒肉。将葱姜蒜、辣椒、肉沫爆炒一下，下入雷公菌煮熟，起锅前撒点青翠的小葱末，一盘美味的雷公屎炒肉就做好了。

雷公菌好吃，但是清洗起来很麻烦，由于它直接贴着地面长在地上或草丛里，包裹着很多泥沙、草根等杂物，需要清洗多次才能洗干净。大人们有时候叫孩子去洗，不认真的孩子随便对付洗一下，吃的时候就会吃出沙子，又免不了被大人屌杠（批评、数落的意思）一番。雷公屎是个好东西，不仅可以当菜吃，还有一定的药用价值，对于益气明目、清热解火有一定的功效，但由于其性凉，大人也会嘱咐孩子们不能食用过多："莫吃多，不然打澽（读标）枪（拉肚子腹泻之意）的哦。"

鸡爪梨（也有喊鸡爪莲的）

"鸡爪梨"（爪读找）在南方很多地区都有生长，也叫拐枣、拐子、金钩、万寿果等，学名叫枳椇。因为这种果实形状奇异，像变形的鸡爪的样子，所以叫鸡爪梨。鸡爪梨在秋天成熟，不成熟的鸡爪梨是土青色，长熟的呈现出红褐色。它吃起来味道清甜，有点枣子的清香味，没熟透的在味觉上会夹带些苦涩味，"夹夹的（涩的意思），不好哟（吃的意思）"，大人们常常会将它放在大米缸里沤几天，或者放在屋顶瓦背上打几夜霜，再拿来吃，此时涩味会褪去一些，口感会变甜，蔫了的鸡爪梨通常会比较甜。吃的时候从中间掰开，将皮吐掉，吃里面的果肉。小的时候，学校门口卖小零食的摊子上有时候会有一把一把捆绑着的鸡爪梨卖，几分钱、毛把钱可以买一大把，能吃好久。摘鸡爪梨的时候，由于鸡爪梨树往往很高，有的人直接爬到树上去摘，有的人拿长竿钩，也有的人拿石头砸。一些桂林人还会拿鸡爪梨来泡酒，这酒对风湿有一定的功效。

地地菜

桂林方言中的"地地菜"就是荠菜，这是一种非常常见的野菜，很多地方称为"地菜"，桂林人将其称为"地地菜"显得更亲切、生活化一些。地地菜在阳朔平话里叫做"甑箅菜"，因为它的荚像甑箅。甑箅读音是"赠币"，甑是蒸松糕（甑子糕）用的无底、上大下小的木桶。甑箅是竹编的圆锥体竹器，有点像斗笠扣在头上的部分，桂林有些地方喊"甑皮"，著名的"甑皮岩"，国家级考古遗址公园，可能岩洞口像甑箅（甑皮）。甑箅（甑皮）蒸松糕时放在甑（也喊甑桶）里，并铺上一层棉布。（见图1.13）

每年的年底到来年春天，是采摘地地菜的最佳时间，野地里、田埂上、路边随处可见，这个时候新长出的荠菜很是鲜嫩的。地地菜一般是平着地面生长，摘的时候最好拿一把小刀，横着在地地菜的根茎处贴着一削就可以了，比

1.13 甑与甑箅

用手从地里将它整株拔起要容易得多。很多桂林人拿地地菜来"打汤"吃，不需要过多的烹饪。此外，现在蛮多桂林人也喜欢拿地地菜和肉和成馅儿来包饺子，再加点新炸（读扎）出的猪油渣末，吃起来既有荠菜特有的清香，又有肉的荤香，口感很不错。

巴麻果

桂林方言里的"巴麻果"并不是一种可以吃的水果，而是一种学名叫苍耳的植物结出的果实，即"苍耳子"。巴麻果浑身带刺，像刺猬一样，小孩特别喜欢摘巴麻果来搞恶作剧，把巴麻果扔在别人的衣服特别是毛衣上，或者是偷偷扔到别人的头发上，再将头发搅乱，头发绞在巴麻果的针刺里，好半天都拿不下来，还会把头发扯得痛痛的。由于女孩子的头发长，所以男孩子常常拿这种野果去欺负女孩子，到头来又遭一顿责骂："你朗子那闷贱啦。"

"巴麻果"的叫法很好地诠释了苍耳子的特征，它全身覆满了针刺，麻麻刺刺的，同时它很容易依附在纤维多的物体上，用桂林话表述就是"好巴得""巴到（读倒）巴到（读倒）的"，"巴"就是粘贴、附着、缠绕、纠缠等意思，因而"巴麻果"这种叫法既形象又直观。

此外，桂林方言里还有一种叫"巴麻油"的东西，巴麻油既不是植物油也不是动物油，而是沥青（柏油），由于其黏度极高，所以桂林人称之为巴麻油。

桂林方言里有关植物的特色专有名词还有很多，比如桂林话说的"蒜苗"不是指通常的青蒜叶，而是蒜薹，词义发生了转移。桂林野外有一种常见的野菜叫做"百花菜"，学名叫少花龙葵、乌点规，它与"白花菜"是两种植物。白花菜是南方人喜欢的一种野菜，桂林人喜欢将嫩叶芽摘下来打汤吃，具有清火散热的功效。桂林人说的"白头翁"，也叫"水牛花"，学名叫鼠曲草，与学名为"白头翁"的是两种植物，一般是和糯米做成粑粑吃。"苦马菜"就是苦荬菜，是一种野生蔬菜，又称野莴苣菜，以前农村常种来喂鱼、兔子、鸡鸭鹅，后来人们也开始逐渐食用它。桂林人把莴苣、莴笋叫做"莴基笋"，莴基笋的叶子和桂林一种叫"油麻菜（油麦菜）"的叶子非常相似，两者其实都是莴苣属，油麻菜叶比莴基笋叶要光滑一些、长一些。除此之外，常见的一种蔬菜八棱瓜在桂林话里是叫"八连瓜"，车前草叫做"蚂蚁草"，可作蔬菜也可作水果的凉薯叫做"葛（葛读"国"的桂林话音）薯（薯读出）"，一种野果金樱子叫做"刺糖果"。

（莫珊珊　梁福根）

（二）与蚂蚁有关的特色专有名词

桂林方言中对一些动物也有约定俗成的表达，是桂林方言中有关动物的特色方言名词，这些词汇既体现出桂林民众的智慧，又具有生活化的特点，使用起来相当亲切，颇具地方方言特色。

蚂蚁

"蚂蚁"在桂林方言里指的是蛙类，青蛙、田鸡、石蛙、牛蛙、癞蛤蟆等都可以叫"蚂蚁"。蛙在壮族文化里有很重要的地位，对蛙的崇拜实际上是壮族人民对女性崇拜和生殖崇拜的体现，在壮族的稻作文明中是个核心的文化符号。而据不久前的《自然》科学杂志发表的文章说，广西可能是全世界最早进行人工栽培水稻的地方，也可以看做是稻作文明的发源地。蛙其实在整个稻作文明的地区都有其特别的文化和相关的词汇。

当然，一些特别的蛙另有名称，比如一种大型的蛙喊"顶顶广"。

有蚂蚁的地方也往往有蛇，蛇喜欢吃蚂蚁，所以钓蚂蚁的时候很容易碰到蛇，甚至有时候钓起一只蚂蚁还可能一起扯出一条咬着蚂蚁的蛇。桂林方言里有"蛇死蚂蚁烂"的讲法，是说当蛇咬住一只山蚂蚁后，其他山蚂蚁也会聚集过来，纷纷趴到蛇身上不松开，使蛇动弹不得，有同归于尽的意思。另外，有"死蛇烂蚂蚁"的讲法，指某种事物或状态意义不大，或者比喻糟糕的食物，比如："这个崽，什么死蛇烂蚂蚁都吃得下。"

桂林方言里还有一些含有"蚂蚁"这个词的特色词汇，比如动物里有"蚂蚁蛇（石龙子）""蚂蚁鱼"，桂林人把蝌蚪叫做"蚂蚁鱼"，蝌蚪在转变为青蛙的过程中，既有尾巴又有脚，于是就形象地被称之为蚂蚁鱼。

桂林的一些地名中也有"蚂蚁"。比如叠彩山东侧靠近漓江岸边的木龙古渡的木龙塔下有蚂蚂石，形状很像一只张口的蚂蚂（见图 1.14）在西山公园立交桥的东北侧、桂林市第三人民医院后面，丽君园南巷一带，有个属于九岗岭社区的、喊做丽君园的小区，以前喊蚂蚂桥村（丁字街），因为以前在它南面有座石板小桥喊蚂蚂桥，西山公园东南侧方、隐山东面有块《重修西湖庙碑记》，是乾隆二十八年的，就刻有"蟆蚂桥"，是笔者所见最早的"蚂"字，距今已 255 年。（见图 1.15、1.16）此外，灵川县大境有蚂蚂塘村，桂林至阳朔的漓江边有蚂蚂崀，平乐县沙子古镇有蚂蚂古渡口等。

1.14 蚂拐石

1.15 重修西湖庙碑记

1.16 重修西湖庙碑记局部

桂林方言里有一种食物叫做"蚂蚁跳塘"，就是北方方言里的"面疙瘩"，制作的时候将面粉加水调成糊状，用调羹一勺一勺将面糊放入开水中，就像一个一个的蚂蚁咕咚咕咚跳进水塘里一样，于是这种食物被形象地称为蚂蚁跳塘。

阳朔等地的话里讲"蚂蚁闹塘"，意思是太吵闹了。春季是蚂蚁繁殖的季节，大量蚂蚁聚集在水田或者水塘里同时叫，声音嘈杂，就叫做蚂蚁闹塘。此外，在灵川及阳朔葡萄镇平话里，还把小背心喊做"蚂蚁皮"。

甚至人名也有喊蚂蚁的，清代光绪年间一个桂戏名角喊蚂蚁仔，真名为汤宝善。

蚂蚁蛇

"蚂蚁蛇"，桂林方言里叫四脚（脚读捉）蛇，农村里常叫做狗爬蛇，阳朔喊狗婆蛇，学名石龙子。但它并不是蛇，是蜥蜴，因为它有四只脚，长得有点像拉长版的蚂蚁，所以就叫蚂蚁蛇。蚂蚁蛇被抓的时候，它常常会借人力弄断尾巴，乘机逃走，这是它保护自我的一种方法，即"残身护体"，是壮士断腕式的求生法。

在春夏交替的时节里，男孩子会抓蚂蚁蛇放在书包里带到学校，常常把女孩子吓得"嚜吗鬼叫（嚜读决的第一声，尖叫的意思）"的。还有不少男孩子将抓到的蚂蚁蛇用树枝串起来，或者放在瓦片上在火上烤，吃的时候加点盐，这也成为缺衣少食的年代里一些人的童年美食记忆。

（莫珊珊　梁福根）

（三）鱼类的特色方言词

哈巴狗

桂林的河里有一种鱼，方言叫做"哈巴狗"，也有叫它为猪鱼、火柴头、"肉沱沱"（读夺，坨的意思）的，它的学名叫沙塘鳢。

以前的夏天，小孩没有什么玩具，大人工作或干活去了，一帮孩子就凑在一块，打着郎当（光着身子的意思）到河里去摸鱼摸螺蛳，经常可以摸到哈巴狗。农村里还可以砍一根几节长的、直径如拳头大的毛竹，在每节上横砍出竹子直径一半深度的槽，再由上斜削到竹子的节口处的槽，形成小开口，并把竹节打通，但两头保持封闭，做成鱼筒，然后在竹筒的前后两头都绑上石头放到河里，第二天捞起，就有躲在里面产鱼子的哈巴狗了。

哈巴狗的样子长得有点丑，常常平平地趴在水里，不像其他的鱼那样灵活，被抓住后一不注意滋溜一下就跑了。这种鱼游得慢慢的，很容易被抓住，被抓到后又不怎么跑，所以用桂林话来形容说就是很"哈"，于是就叫做"哈巴狗"。桂林方言里"哈"就是傻、笨、脑袋不灵光的意思，桂林人也经常拿这个词来教训、贬低别人，比如"这个你都不懂啊，真是个哈巴狗啦"。哈巴狗的肉厚刺少很好吃。有很多种吃法，桂林人喜欢将哈巴狗裹点面粉来油炸，香香酥酥的；或者过一下油，然后用酸萝卜、土辣椒、毛秀才（桂林话指番茄）等焖起，就是一碟很地道的桂林下饭菜。也可以拿哈巴狗来打汤，亦是鲜美无比。有的小孩在漓江里得到了哈巴狗后，直接在水里将鱼的肠子挤出来，找根树枝将鱼穿起来，在河边点起一堆火就可以烤着吃了。

脚鱼

"脚鱼（脚读捉）"就是水鱼、甲鱼，也叫"沙鳖子"，是人们喜爱的水产滋补佳品，"老母鸡炖脚鱼，鲜得你——莫讲揣（讲揣：说白的意思，揣读崩第三声），补起你出鼻血"。桂林方言里说的"老脚鱼"，还有特殊的意义，一般指的是经验丰富、老练且小心谨慎的人，略带些贬义。以前的漓江里有不少野生的脚鱼，由于脚鱼是用肺呼吸的，它们时不时需要将头露出水面进行呼吸，这也给它们带来了危机。不少人在漓江边"刷钓（一种钓鱼方法，朝水中快速抛出带多钓的鱼线，又快速拉回）"脚鱼，他们看到哪里有脚鱼浮出水面，就朝着那个方向甩出钓砣，钩住脚鱼后快速收线拉回，就能钩到脚鱼。那些小脚鱼由于缺乏经验通常容易被钓起，而那些老脚鱼在求生经验上略胜一筹，往往得以免去灾祸，于是桂林人就将"老脚鱼"引申为社会中的世故之人。

桃花片（苦扁屎）

经常钓鱼的人在河里常常可以钓到一种非常漂亮的鱼，桂林方言里叫做

"桃花片"，也叫"苦瘪屎""扁扁鱼"，它的大名叫鳑鲏。桃花片是淡水鱼，常常成群结队在小河里游动，但出不了大江大河。它的体色非常特别，比一般的鱼颜色要丰富艳丽，尤其是在阳光照耀下一闪一闪的，折射出五彩斑斓的色彩，有如桃花般美丽，加之它个头小而扁平，像一片片的桃花花瓣一样，所以叫"桃花片"。桃花片的体长约 5 厘米，个头较小，破肚子时很容易把鱼胆弄破，那吃起来就很苦了，所以也叫"苦扁屎"。有时候桂林人也会用"苦扁屎"来形容较小的物体。桃花片虽小，但是将其用油炸透之后，酥脆喷香，一口一个吃起来也很过瘾。

穿条子

桂林方言里的"穿条子"是一种鱼，非常常见，几乎有水的地方都能见到穿条子，穿条子的学名叫"餐条""鲦鱼"。在桂林的一些周边县区还有不同的叫法，比如阳朔将穿条子叫做"蓝刀"，因为这种鱼的体形细长，像一把手术刀的形状，全身大部分是白色，在水中游时背部隐约可见青蓝色，所以叫蓝刀；此外，荔浦和阳朔葡萄镇喊做丰鱼、丰鱼崽。

穿条子个头也较小，一般有成人一个手指那么宽，常成群在水区上层活动。钓穿条子非常好玩，将鱼竿系上串钩，不用钩饵料，把鱼钩沉入水的底部再向上拉动，穿条子会咬在钩上被钓起来，一竿提起会钓着好几条。桂林人喜欢吃穿条子，做法与哈巴狗、桃花片一样，腌制后来油炸，香酥可口，或者下点毛秀才（西红柿）、辣椒一焖，味道也是鲜鲜的。

黄颡骨

黄颡鱼在全国各地有很多种不同的叫法，比如在常州喊"昂（读桂林话的第一声）公鱼"，河池叫"黄蜂鱼"等。桂林方言将黄颡鱼叫做"黄鳝骨""黄骨钉"，也许是"颡"字在语言传播过程中发音发生了一些变化，将"颡"发成了"鳝"。黄鳝骨体色以黑黄色为主，它的背上和嘴两侧共有突起的三根大骨刺，有些桂林人也叫它为"黄三骨"。它身上的这三根刺不仅尖锐还有微毒，如果不小心被刺劐（劐读伙，被刺和尖利物扎着）着了，会很长一段时间都感到胀痛，像是被蜂蜇到的感觉。黄鳝骨长得虽然比较狰狞，但是其肉质鲜嫩，尤其美味。傍晚的时候，拿蚯蚓做饵来钓，很容易就上钩。

大眼鼓

"大眼鼓"是漓江里一种觅食青苔和绒丝草的鱼，学名叫中华大眼鳊，因为眼睛特别大，所以本地人叫它"大眼鼓"，它和"穿条子"和"翘嘴鱼"长得有点像。大眼鼓对水质的要求较高，水库里多一些。此外，桂林方言里把眼珠外突的男性称作"大眼牯"，"牯"是指雄性动物，比如牛、狗等。

除了上面提到的那些，桂林方言里还有好多关于小鱼小虾的词汇，喜欢钓鱼的人更熟悉一些，比如"枯吝子"，这是一种小鱼，一般两三厘米长，"枯"字指榨油后的渣滓，"吝"指抠门、小气，枯吝子就是指这种鱼体型微小，吃起来根本没货，用桂林方言形容就是鱼肉只有"点屎嘎嘎（第二声，小、微、少的意思）"大。"老撇渣"，也叫"老皮渣"，学名叫斗鱼，颜色鲜艳，小孩经常捉来养着当观赏鱼玩。"塘角（角读国）鱼"，也叫"过山鳅"，学名叫塘鲺，由于它的生长环境太脏，吃很多腐食垃圾，有很多人嫌它太邋遢，觉得这种鱼"恶里恶俗的（恶读雾，俗读素，恶俗是脏、恶心之意）"，对它拒之千里。据老桂林人说，在以前桂林一些坟地周围不通河沟的水里常常能捞出好多塘角鱼。另外还有"鳅鱼"，就是泥鳅，"螃蟹"（蟹读海）等。

桂林方言关于鱼类还有这么两种现象，给鱼起名时经常分为"××"和"××骨"两类。叫"××"的鱼有"穿条""蓝刀""鲫鱼""大眼""鲇"（鲇鱼）等，起名为"××骨"的鱼有"黄刺骨""马尾骨""齈（读弄）水骨"等，后者基本都是指一些无鳞的鱼。

（四）其他动物的特色方言词

骚甲

桂林方言里讲的"骚甲"也叫"骚甲子"，就是人见人恨的害虫蟑螂——"小强"。

由"骚甲"延伸出的"骚甲肚"，倒是个褒义词，由于骚甲的肚子是比较平展的，所以也指男子腹部健美，不是大腹便便的。桂林有一个歇后语是"骚甲子跌下油锅——一身都酥了"，常常拿来形容很高兴，桂林人讲高兴极了喊做"乐（读勒的第四声）酥了"；这个歇后语还指有一些男的见了女人心动，甚至色眯眯的样子，"你看看这个卵崽，看到（读倒）女把爷硬是骚甲子跌下油锅——一身都酥了"。

扭扭螺

在桂林甑皮岩国家级考古遗址中就发掘出了大量的吃过的螺蛳壳，桂林人喜欢吃螺蛳有上万年的历史，这也产生了一些有特色的桂林方言词语。

桂林的漓江里、河塘里、田里生长着大量的螺蛳，每到夏秋之际，人们下水可以摸到很多螺蛳，将螺蛳与葱姜蒜、紫苏、辣椒、酸笋配起煮，就是一道味道鲜美的菜肴。桂林菜里有著名的田螺馓、炒田螺，很多外地人来桂林都会点上一盘。吃炒田螺时还可以喝其美味的汤汁，所以也喊"喝螺"。

桂林人吃螺蛳时会将螺壳的屁股尖部用钳子夹掉，便于入味，吃的时候也方便将螺肉直接用嘴吸出，这在桂林方言里称为"嘬螺"，"嘬"就是吸的意思。

桂林人最常吃的是石螺和田螺，以及一种方言叫"扭扭螺"的。"扭扭螺"的学名叫天坑螺，体形比石螺要尖长一些，长成圆锥形，外表一扭一扭的似螺纹状，所以叫"扭扭螺"。桂林的漓江里，以及水质干净的山溪间，都可以看到扭扭螺的踪影。

打屁虫

"打屁虫"的学名叫做椿象，它遇到敌人攻击时，会从体后放出臭气，很多人对其避之不及。现在桂林人也将某一类摩托车称为"打屁虫"，具体是指那些排量较大、外形花哨炫酷，发动起来有巨大响声的踏板摩托车，也指那些擅自改装的声响很大的三轮摩托车。这些摩托车的驾驶者一般都是些非主流的小青年，他们开着"打屁虫"肆意穿梭在各类车辆和行人间，由于常常是无牌无照违规驾驶，所以很容易发生交通事故，是被交警整顿处理的重点对象，因而桂林人提到"打屁虫"车通常有一些贬义在其中。

嘶咴呀

"嘶咴（咴读灰）呀"在桂林方言里也叫做"石灰呀""嘶叽呀"，就是在夏天里常见的知了。炎热的夏季，嘶咴呀在树上"嘶——""叽——""呀——""喳——"地叫个不停，于是桂林人就根据它的叫声把它称为嘶咴呀。

其他的一些小动物也有桂林地方特色的方言叫法，比如蜘蛛叫"波斯"，蚂蚁叫"蚂蚁子"，"子"突出了蚂蚁的个小。天牛叫"牛角虫"，"鸭虫"是指蚯蚓，由于常常给小鸭子吃，所以叫鸭虫。孩子们常玩一种叫"东南西北"的虫蛹，也叫地老虎，用手指捏它，它的尾巴会像指针一样转动，它经常会对农作物的根苗造成危害。桂林方言里的"线鸡"，有人讲旋鸡，并不是生物学上鸡的种类，而是指被阉割的鸡，规范写法是镟（镟读线）鸡，也许是发生了语音的谐音变化，就出现了"旋鸡"。"咕咕（咕读古）鸡"在桂林话里就是鸡的代称。"赖菢（菢读抱，孵的意思）鸡"指孵空窝的母鸡，在桂林方言里也引申为赖着不动、晕头晕脑等意思，比方说"还不起来，在这塏（塏读凯，这里的意思）赖菢啊"。"猫咿"就是"猫儿"，指代猫，"儿"字读音为"咿"，接近古音，这种叫法更显出对猫的宠爱。

（莫珊珊　梁福根）

五、地方独特节候的特色词

独特的地域节候往往带来独特的方言词语。比如下面这些词语。

玉帝嫁女

"玉帝嫁女"这个俗语来源于一种桂林的民俗讲法。桂林的天气有一个独特现象，在夏天特别热的农历六月天，会有几天特别冷；而到了特别冷的十二月天，会有几天特别热。按老人家的讲法，这是"玉帝嫁女"。玉帝的女儿六月要出嫁，大宴宾朋，但六月天食物容易坏，怎么办，星君们一商量，让玉帝从冬天里借七天，天一凉，吃吃喝喝七天食物都不会坏。等冬天的时候，再把这七天还回朅，数对了就行。于是每年天气最热时有七天让人感觉特别冷，十二月天最冷时，有七天感觉特别热。

将军扫墓

桂林清明前后，往往会有大风天气。传说是将军从北方回桂林扫墓，因为事务繁忙，他回程的时间定不下来，有时早，有时晚。将军过境，带着人马，威风八面，狂风大作，夹风带雨。这个有点像汉代开国皇帝刘邦的诗歌讲的："大风起兮云飞扬，威加海内兮归故乡。"但问及将军姓名，却没有人知晓。

龙船水

端午前后，桂林正值雨季，必下暴雨，桂林人称为"龙船水"，漓江涨水，是为了端午节赛龙舟准备的。因为时值桂林"扒龙船"的时候涨的水，所以桂林话称为"龙船水"。

冷西西

以前桂林的天气要比现在冷得多，人们衣服不多，条件差的一条单裤过冬，有件卫生衣就很不错了。桂林人讲冷，最常挂在嘴边的是——冷得卵都跌！上一辈人常唱"冷西西（冷兮兮），床上无被盖蓑衣……"

（彭强民）

六、桂林字牌中的特色词

桂林人有一项特别普及的娱乐活动，就是打（大）字牌，桂林话喊"扫（扫，桂林话读扫把的扫）撇（桂林话读 dia，即"嗲"的第二声）"。现在桂林人甚至开发出了网上的字牌，在互联网上"扫撇"。打字牌也喊"扫大贰"，"扫撇"可能是扫大贰快读的合音。也有写成"韶大贰"的，读"扫"的第二声，读韶，是吃的意思。阳朔还喊"扯大贰"，还有喊"学81号文件"的，因为一般是81张牌。这个里头有蛮多方言板路的哦。（见图1.17）

在桂林，逢年过节亲戚朋友聚在一起，最喜欢的就是"扫撇"。哪怕平常走在街上或者公园里，你都会看到一些老爷爷、老奶奶或者伯伯、伯娘三五成群的在"扫撇"。可以讲，十个桂林人里面，有五六个就会"扫撇"。讲起"扫撋"，好多桂林人可以扯出好多板路，其中有蛮多就是跟我们桂林方言有关的词语板路，下面我们就跟大家来扯一下。

桂林人"扫撋"，一般是三个人或者四个人坐一桌。三个人就是各打各的，四个人就是两个两个对着坐，相对的两个人喊"对门"。每扫一盘，都要有一个人当庄，第一盘的庄家是翻大小决定的，后面就是哪个胡牌哪个当庄。四个人扫撋的时候，庄家的对门就要负责"数醒"，就是负责数牌。数醒的人没有牌打，只能在一边看，闲得无事。所以，"数醒"在桂林话里有闲着没事做，在一旁发呆的意思，比如："你在干什么？""闲到（读倒）没得事做，数醒咯。"

在扫撋的过程中，也有一些特别的桂林方言，比如，庄家抓 21 张，其余 2 家抓 20 张，最后一张牌亮出，喊作"亮张"，剩余的牌就在打牌的过程中由三家轮流抓起，这喊作"舵子"。自己手里有一对牌，再摸起一张一样的牌，就要把三张牌扑在自己面前，喊作"扫起"；自己手里有三张一样的牌，就喊作"一砍"，再摸起一张一样的牌，把四张牌扑在自己面前，这个喊作"扫穿了"。如果是别人打出来或者摸出来的就喊作"开招""开舵"，如果手里拿着四张一样的牌就喊作"聋起了"。再比如，如果某家（包括自己家）打出一张牌，本人能吃而未吃，则这张牌就成了你的"臭牌"，第二次他家再打出同张牌时，本人就不能再吃了。任何人也不能吃自己曾经打出过的牌，不管这张牌后来有人打出还是自己摸到都不能吃，这样的牌喊作"过张"。吃牌必须吃顺子牌，就是在凑齐数字连在一起三张牌才喊作"吃"，而且数字要分大小，比如"一二三""肆伍陆"这样的牌就是顺子。除了这样的顺子以外，桂林字牌还有一个特殊的顺子就是大"贰柒拾"和"二七十"，因为这六张牌和其他牌不同，是红色的，所

1.17　桂林字牌

以也可以凑成顺子。在吃顺子牌的时候，如果你所吃的那张牌，在你手里有一样的，就必须再组成一个顺子放下来，有几张组成几个顺子，但是"砍起"和"聋起"的不行，这喊作"下伙"。

桂林字牌一共80或者81张，牌面都是中国汉字的数字，分别是：

小写的：一、二、三、四、五、六、七、八、九、十，各四张；

大写的：壹、贰、叁、肆、伍、陆、柒、捌、玖、拾，各四张。

有的再加一张"换底"。

字牌中字体的颜色分为红黑两种，二、七、十和贰、柒、拾为红色，其余为黑色。如果有人和（读胡）牌了，数醒的人就要负责"翻醒"。"翻醒"的意思就是翻起"舵字"的第一张，看胡牌的人手里的牌有没有跟着一张一样的，有几张就是几醒。"翻醒"除了"中醒"，还有"上下醒"，"上醒"就是比所翻的牌小一个数，"下醒"就是比所翻的牌大一个数。

关于桂林字牌的板路还有很多，今天我们先扯到这儿。可以阵子（这样子）讲，桂林字牌在桂林人的业余生活中扮演着一个十分重要的角色，"扫撒"也成为了桂林文化的一个特有的现象，我们桂林方言也产生了很多关于字牌的专门的词语板路。

（刘　萍）

七、桂林儿童游戏中的方言词汇

"蒙蒙凉枪""扮姑姑娘""耍酸咪咪""打啪啪"……这些词语是什么意思？现在这些词语连好多桂林人都不懂了，逐渐消失了，再过些年可能就消失了。它们中每个词都代表着一种游戏，游戏中又有着相应的一套方言词语，也可以算是桂林的"非遗"了。

随着社会的发展，很多游戏已经消失在当下孩子们的生活中，但有一些仍然保留着。因此，现在很有必要记下这些表述和记载桂林游戏的特色方言词语。

蒙蒙凉枪

桂林方言里的"蒙蒙（蒙读蒙第一声）凉枪"就是捉迷藏，或躲蒙蒙凉枪、捉凉枪，这不光是桂林特有的游戏，也是很多地方孩子都玩过的游戏，只是表述的词语不同。

蒙蒙凉枪可以多人参与的，每到寒暑假或周末的时候，尤其是以前由于电力供应不足忽然停电的夜晚，孩子们就欢呼雀跃地聚集在一起，开始玩起来。大家首先一起划定躲藏的范围，比如是几间屋子周围、两条街附近、一片地和几棵树之间，等等，不能超越划定的范围，否则视为违规，作为惩罚要当下一个找人者，桂林话就是要"蒙（蒙住眼睛的意思）"的人。谁来做蒙的人呢？一般通过"眸跦（bou 第一声，是跦的 mōu 音之外的又读音）眸"的形式找出来。眸普通话读侯（桂林话读侯的第一声），是半盲之意。"眸跦眸"的形式就是所有人同时一起伸开手掌或手背，可以分出两拨人，同时出某一种多的那一组可以顺利过关，成为躲的人，而人少那一组再继续"眸跦眸"，直到最后"眸"到剩下一个人或两个人。如果是一个人，那么他（她）就是蒙的人；如果是两个人，他们就通过最终的"sei（第一声或者第三声）红 sei"的形式来裁决胜负。桂林方言的"sei 红 sei"，也喊做"锤龙泵（同音代字）"，就是猜拳的意思，也就是石头剪刀布。淘汰下来的最后这个人就是蒙的人，他（她）要在树上或墙壁上"蒙"着，大声数几十个数，其他躲的人在这个时间里赶快找各种地方来隐藏自己。被蒙的人第一个找到的就是下一轮的找人者，如果同时找到几个人，那么他们又通过"眸跦眸"和"sei 红 sei"的形式决出由谁来蒙。眸也可以借堠字代替。

在蒙的过程中，有些蒙的家伙会假装蒙着，然后偷偷地去看躲的人往什么地方藏。但是这种作弊行为也是有风险的，一旦被发现后果也很严重，他（她）可能会被罚蒙好几轮，或者直接被出局禁止参加游戏。躲的人要想尽办法藏在尽可能隐蔽的地方，比如柱子后面、树丛后面、角落里、大树干后面。更有技术含量高一点的，有的爬到树上，有的爬到窗户屋檐上，也有的在昏暗处假扮树干，还有的平躺在较高的草丛里，与遮挡物融为一起，让人不易察觉。这些巧妙的躲法也要注意技术保密，如果把躲藏的方式和地点告诉了别人，说不定等到他（她）成了蒙的人，那就一下把这些据点里躲着的人一网打尽了。孩子们在玩的过程中，还会唱一些童谣，"耗子耗子莫出来，猫儿（本字为"儿"，老桂林音，读"咿"）来了；耗子耗子莫出来，猫儿来了"，以此来提醒躲着的人小心，别让蒙的人发现。

歇凉

"歇凉"是一种游戏，同时也有乘凉的意思。

"歇凉"的游戏，在玩法上基本与蒙蒙凉枪差不多，不同的是，躲的人要趁着蒙的去找人的时候，看准时机，快速跑到蒙的人数数的地方，然后大喊一声"歇凉"，意思就是我没有被找到，安全顺利过关了。躲的人要想尽办法去"歇凉"，而蒙的人要尽快找到还没有"歇凉"的人。如果所有人都已经"歇凉"了，那蒙的人就只能继续做下一轮的找人者。可以感受得到每一个躲的人在喊"歇凉"时的得意劲，以及蒙的人在听到"歇凉"时的内心压力。这个游戏比蒙蒙凉枪更刺激，蒙躲双方的对弈互动性更强。

无论是孩子们的歇凉游戏，还是大人们的歇凉避暑，都是空余时间的放松活动，给桂林人的生活增添了不少的乐趣。

扮姑姑娘

在桂林方言里，把过家家喊做"扮姑姑（读古谷）娘（娘读第一声）"，这是角色情境扮演类游戏。"扮姑姑娘"是一个很形象的方言词语，一般女孩子玩得较多一些，也有男孩女孩一起参与的。无论是厂里的、院里的还是村里的一大帮小孩，凑在一块，模仿影视情节，扮演各种角色。古装片有的扮演家长，有的扮演佣人，女孩子都想扮演小姐、少奶奶。那个年代的男孩子往往比较害羞，抢着扮演佣人。然后会扮一些婚嫁、家庭吃饭、逛街等活动，各人有各人的定位，角色清晰，分工明确，大家都正儿八经地按照各个环节进行，仪式性也很强。桂林的山、河较多，随便在哪个山边、漓江边、山洞旁，都可以扮起来。桂林的菜地也很多，孩子们在上学放学的路上，捡两块砖瓦，摘几片树叶当碗碟，再偷点萝卜辣椒茄子，摘点韭菜菠菜小白菜，"姑姑娘"就可以有滋有味地扮起来了。

耍酸咪咪

酸咪咪的学名是酢酱草，它的茎叶含有草酸，吃起来酸酸的，于是在桂林方言中很形象地称之为"酸咪咪"。在吃到较酸的东西的时候，桂林人会说："喔喉！这个东西酸咪咪的"。酸咪咪在桂林非常常见，田间地头、树下河边都有。酸咪咪的叶柄里有一根较有韧劲的筋，小孩子喜欢把这根筋拨出来，筋与叶片之间不能扯断，拨出筋的酸咪咪倒挂着像一把小伞一样。孩子们每人手拿一个拨好的酸咪咪，然后两两对绞在一起拉扯，看谁的酸咪咪筋扎实，把另一个的筋绞断，这个游戏叫"打酸咪咪"，或者耍酸咪咪。

在春夏之际酸咪咪生长强健，孩子们先一起去采摘一把来，然后再一起打。摘酸咪咪也叫"得酸咪咪"，这个过程也充满了探险发现的野趣，谁如果在别人没注意的地方发现了很肥壮的酸咪咪，会高兴好一会儿。打酸咪咪的时候，也有些人耍滑头搞鬼（即搞"阴谋诡计"）的，他们在拨的时候故意不把叶干掐干净，留着一小截，这样在对打的时候很容易把别人打赢，这就是"耍赖豪（作弊、耍赖）"了，当被发现之后，下场就是"你打赖豪（耍赖），没和你要了"，被扫地出局，或者把那根作弊的酸咪咪当场扯断。

酸咪咪在土里也会结出果实，称之为"地萝卜"或"水萝卜"。春夏之季，孩子们也会去挖地萝卜。先找到一丛大的酸咪咪，顺着它的根部用小铲子、小树枝把地萝卜撬出来，或直接用手揪着叶柄将地萝卜"抝"（拔，读块）出来。地萝卜较之普通白萝卜要透明些，用水洗干净之后往嘴里一塞，还有点"屁甜屁甜（淡甜的意思）"的。

斗铲马蛐蛐

"斗铲马蛐蛐"什么意思？这是一种游戏，是桂林很多中年男性小的时候爱玩的一种游戏。蛐蛐有方头和圆头两种，桂林方言中把圆头蛐蛐叫做"噶喇（噶读咭的第四声；喇读旯的第四声）""圐（圆状，读孪）头噶"。"铲马蛐蛐"是方头（或尖头）蛐蛐，属于蟋蟀的一种。铲马蛐蛐非常凶猛好斗，弹跳有力，头部很像棺材头的样子，又好像一把铲子，桂林方言就叫它为"铲马""棺材头"。腿部纯黑色、头部翘起的，尤其是头部红色带颈圈的，是打架打得厉害的。还有一种金翅红头带颈圈的更是蛐蛐中的精品。斗蛐蛐时会使用一些动作术语，比如"过笼""赶须""抛两抛""摇两摇"等，这些都是斗蛐蛐时的桂林方言行话。"抛两抛"是指斗输的人把蛐蛐放在手上抛几下，据说是把它抛昏就会忘记刚才的失败，又可以继续打；"摇两摇"是小孩子怕抛丢了捉不回来，于是就只能把它握在手里摇几下。平时可以给蛐蛐喂南瓜花、丝瓜花、指甲花，临战前可以喂点辣椒籽，进斗笼前再抛两下，可以有效地提高蛐蛐的兴奋度和战斗力。20世纪50年代，在王城正阳门附近，一到星期天，正阳门路口到广西师大门口，内外几十米长的街道上，曾出现过有好几百人玩蛐蛐的壮观场面，有斗蛐蛐的、卖蛐蛐的，有卖蛐蛐笼子、玻璃条、"赶须"的，参战者和围观者的喊声、蛐蛐的叫声交织在一起好不热闹，中午十一二点是人最多的时候，直到三四点才人群才慢慢散去。这种情况延续了好几年，直到20世纪60年代初才结束。

斗蛐蛐是在一个面上镶着玻璃片的竹子笼里斗的，两只铲马蛐蛐打架时头顶着头，叫做"打顶板"，力气大的会把对方顶得步步后退，斗胜的振翅高歌，斗败的如缩头乌龟落荒而逃。桂林的儿歌童谣里有关于斗蛐蛐的描写："红头铲马带颈圈，拿揭皇城打半天。终于酾了（酾钱就是赢钱的意思）五毛钱，父母赏我鳅鱼面（鳅鱼面就是鳅鱼下面，被打、挨揍的意思）。""我的蛐蛐嘎啦嘎啦叫，拿揭王城打要要（"打要要"指斗蛐蛐输了，可以用钱赎回来）。输了钱，我不给，赢了钱，我就要。"

铲马蛐蛐以前经常能在桂林的山边、河边、菜园里找到，像老人山、骝马山、老桂林附中、五中、金鸡岭、黑山苗圃、张楚墓、七星后岩、南溪山一带都有，但是现在已经很少见了。捉铲马蛐蛐是一个考验听力与眼力，同时惊喜与惊悚相伴、收获与玩命并存的过程。捉蛐蛐一般都是在晚上，走在山边树下有蛐蛐的地方，听到有蛐蛐叫了就要轻轻地围上去，趁着蛐蛐看到光亮一下没反应过来时赶紧捉起来。捉蛐蛐的同时也是有危险的，经常会碰到蛇，尤其是吹风蛇等毒蛇，"吓（念黑）得我该勒（极顶之意），鸡痱子（鸡皮疙瘩之意）都出来了"，真的是拿生命在捉蛐蛐，所以也有"极品蛐蛐伴蛇眠""蛇蛐蛐打架最牛婶"的讲法。

打啪啪子

"打啪（pia，第三声）啪子"是桂林男孩子常玩的一种射击类游戏，啪啪枪是模仿手枪做出的可以打出声响的土玩具枪。首先要用竹管做出枪筒，然后将一根筷子削得大小合适，能放进枪筒内，使之能顺利抽拉做活塞运动。玩的时候要快速地用筷子捅枪筒推动子弹，利用空气压力，将啪啪子射出，会发出"啪啪"的脆响，故名。更有高手者，能做出双管的、四管的玩具枪。

打啪啪的子弹可以有两种，一种是"啪啪树"（朴树）结出的树籽，俗称叫啪啪子，树籽大小一般与竹筒的直径一样。啪啪树通常都比较高大，采摘起来不容易，必须要爬到树上才能采获，有的人也会用樟树籽来打。另一种是将纸泡软后，揉捻成小团状，当做子弹来用，也可以打出很脆响的声音。有些孩子在大人的技术帮助下，在枪筒上挖出一个洞，再插进一根竖着的竹筒，做成机关枪的样子，将一把啪啪子放进去可以进行连续发射，"啪啪啪"追着别人打，生怕人家不知道他拥有"重量级武器"，被吓着的人往往会嗔怪一下："搞驷马鬼啊（搞什么鬼的意思）！吓着我哦！讨卵嫌得很。""戕人（戕读枪，戕人即欺负人）是不是！趄开朅（走开的意思）！不然我一骨擂（擂读雷，手掌握拳，食指屈第一二指节成勾状，用骨节在对方脑袋上敲打，桂林方言中称为骨擂）拐（打的意思）死你。"

男孩子天生就喜欢舞刀弄枪，谁都希望能有一把啪啪枪打啪啪子，特别是那些有连续发弹有如机关枪功能的啪啪枪，哪个孩子有，脸上都挂着点小傲娇，一副唯我独尊、舍我其谁的范儿，大人看到孩子玩的时候，总会特别交代不能去打别人的眼睛。

跰子捉疯子

这是一种可以由多人参与的运动类游戏，里头也有几个特色方言词语。"跰（读掰）"在桂林方言中就是瘸的意思，跰子就是瘸子。在这个游戏里指模仿跰子去追赶捉拿疯子，疯子的意思和普通话一样，在这个游戏里是被跰子追赶捉拿的对象。

孩子们通过"瞇跐瞇"和"sei 红 sei"选出谁来当踮子，他（她）必须提起来一只脚来走跑跳跃，去追赶其他的人，其他人就是"疯子"（他们可以用双脚正常行走奔跑）。如果在划定的范围内，疯子被踮子抓住了，就换被抓住的人来做踮子，继续抓别人，原来的踮子则摇身一变为"疯子"中的一个。千万别小看单脚跳跃的速度，很多人单脚追赶的灵活性和速度不比双脚奔跑的要慢。当疯子被踮子抓到了，就会说："挨遭（桂林话是哎呀、坏了，表示遇到不顺心事的感叹）！我挨给撵到（读倒，被追到了之意）了！"

掷子

桂林方言里的"掷子"就是抓小石子儿，也叫"抛斤""抛子"，里头的特色词语也蛮多。课间休息时最适合玩这个游戏。掷子分为掷五颗子和掷多颗子，以最常玩的掷五子为例。掷的时候，手里拿着一颗石子往上一抛，在石子落下之前必须快速拾起地面的石子，然后将抛起的石子和地上拾起的石子同时抓在手掌里，不能掉落，如有掉落则游戏结束，游戏者就"死了"，就要换下一位玩。游戏者必须分别依次捡起一颗、两颗、三颗、四颗，通过这四关后就可以"抛斤"了。抛斤时用手掌把五颗石子往上抛，然后用同一只手的手背接住，接着再抛起用手掌握拳抓住，最后抓住几颗石子就是得到了几斤，游戏以最终斤数的多少取胜。抛斤的时候还有一个高级技能，叫做"打子"，即最后抛抓的那一刹那，先眼疾手快地抓住一颗，然后手掌快速翻转接住剩下的几颗，通过"打子"抛出来的斤数，可以乘以十的倍数计。好多孩子为了增加斤数，专门苦练"打子"，提高技能。以前桂林的路边石子随处可见，孩子们找五颗形状规整点的石子，就可以凑齐一副"子"。由于对时间和场地的要求不高，很受孩子们欢迎，可以在课间教室前后地面上玩，也可以直接在课桌上面玩。以前随便一个孩子的衣服口袋里都会兜着一副石子，但是玩掷子的孩子，指甲一般都是磨损比较严重，这是指甲与地面频繁摩擦造成的。

跨步

桂林方言中的"跨（ka 第二声，读卡的第二声）步"是一种益智运动类游戏，"跨步"就是大脚跨步的意思。孩子们分成两拨，由推选出的两个孩子头分别通过挑选队员组成"跑队"和"摸队"。游戏时，跑队先跨步，然后摸队才跨步，摸队总要比跑队少跨一步，摸队要把跑队的全部人摸到才算赢。这个游戏挑选队员非常重要，腿长的、长得高的、跳得远的就成了香饽饽，年纪小的、跳不远的就成了被嫌弃对象。为了跨得更远，游戏者跑之前要冲一下锋起跑，叫"起锋"。

玩这个游戏时，各队之间要讲究一些游戏策略，尤其是跑队。跑队要考虑将跨步跨得远的优势队员分多个头，不要集中在一个方位点，跨得不远也要在后面分散来，形成多个阵点，要像一棵大树的枝丫一样多方位辐射开去，如果摸队有一个人摸不到，那么跑队就赢了，这是游戏中常用的分散战术。但通常情况下，游戏就是在两队跨得最远的几个核心队员间分出胜负。游戏允许搭伙拉人墙，摸队要全力配合他们的最远队员，拉着他（她）的脚，扯着他（她）的衣服，让其尽可能靠近摸到跑队队员。而跑队队员的腿部和脚部是最常被摸到的部位，因为身体可以前倾，但是腿脚却前倾不了。摸的过程中，有时候因为角度太向前倾，也会出现拉不住往前扑倒的情况，每当这时大家都会哈哈大笑，跑队就更得意了，"我就在你前面一点点，你就是摸不到我"；有的时候摸的人故意假装闲聊转移视线，趁着跑队队员不注意，身体没有前倾时，猛地朝前一伸手，就可能会触碰到跑的队员，虽然这可能会被鄙视，但也不失为一种战术。

嘚玻珠

"嘚（读得的第三声）玻珠"就是滚玻珠，也叫打弹珠，以前很多女孩的口袋里随身都揣着一副石子，很多男孩的口袋里则都会装着几颗玻珠，下课放学后两三个男孩子凑在一块就开始嘚玻珠耍了。嘚就是"大指妈"（大拇指）和"贰指妈"（食指）团成圈（圆）状，然后将二指妈"嘚"出弹到玻珠上。嘚玻珠有不同的耍法，一种耍法是在泥地上挖几个小洞，用一颗玻珠嘚另一颗，嘚进洞里面，谁先嘚完谁就赢了，这与台球里的九球和高尔夫球有点相似。另一种耍法是在地上画出一个区域范围，谁的玻珠被打出去谁就输了，这与冰壶运动又有点相似。这个游戏很要技巧，特别讲求嗍的角度、力度和准度，输方的玻珠会被赢方赢掉，男孩之间会经常比谁赢的玻珠更多，这既是一笔客观的财富，同时又是在炫耀自己的嗍技高超。由于输赢的是实物，因此有争议摩擦的、耍赖豪不认账的情况，就时有发生。

扳板板

扳（读板）板板，扳字是动词，桂林话里有摔、打、掷的意思，"板板"一词，指的是片状的、不大的板片，扳板板就是扔板片的游戏。桂林小孩玩的板片，有铁板板，有烟盒纸折成的板板，还有就是经常用作业本折的三角板或"棺材板"（上小下大的梯形状板片）。这个游戏既考验眼力和手法，又要有策略。玩的时候地上画一条线，玩的人不能超越线，先由一人扔出去，另一人再用自己的板板向对方的瞄准扔去，如果扔中了，对方的板板就成了自己的；如果没扔准，落在对方的附近，那对方就能很容易扔中而将对手的板板收入囊中，所以这个游戏必须攻守得当。

捣窑

有些游戏只能玩，而有些游戏既有吃又能玩，比如"捣窑"，也叫打红薯窑、窑红薯。秋冬的季节，在收获过的地里继续翻找，总是还能找到红薯、芋头、花生之类的。小伙伴们找一块空地（一般都是在红薯地附近），然后分工找土块、柴火，起土窑，各司其职。起土窑是关键的一步，需要些技术，这活一般都是男孩子来干。先在地上挖个坑，用硬实一点的大块硬土块垒起一个土窑，在里面烧上大火。在将土窑的土块烧烫之后，把红薯之类的食物扔到窑里，将土块朝中间推倒，将烧红的土块敲打碎，使这些土块完全覆盖并与红薯紧密接触。过半把个钟头将窑扒开，焐熟了的红薯的甜香味就会扑鼻而来。大家你一个我一个地马上抢起来，生怕慢一点就没了，手脚慢的只能捡那些半熟的残次货。烤熟的红薯吃得那个香喷喷，尽管经常有人会被烫着，但还是高兴得笑哈哈的，真是既好玩又好吃。

此外，桂林方言里的游戏还有"打拐"（用一节长棍击打另一节短棍）、赌笔马壳（壳读桂林话的"阔"的音，第二声，这里是子弹壳的意思）、挤油餶（餶读堆，也叫挤老米）、滚擂背（擂读雷的第一声，也叫滚擂）、蹂蹂脚（脚读昨，就是斗鸡）、解股（解读改，翻花绳的意思）、拍公仔（就是用手掌来拍击画片）、骑马嘟嘟（小孩跨坐在大人双肩上）、打水飘等。

这其中的很多游戏即便是在条件很简陋的情况下也能开展，给桂林人的童年带来满满的乐趣，这些游戏里也承载着很多代桂林人儿时的记忆。无论城里还是乡村，大大小小的孩子们都在玩，大的教小的，一学就会，就这样代代相传下来。而如今，孩子们更多的是独门闭户，各自待在家里，不再玩这些游戏与此同时，与之相伴相生的一系列方言词语使用得也越来越少了。

（莫珊珊）

八、桂林方言的几个特别的货币量词

一篙（读 gao 第二声，高的第二声）水

100 元。打牌的人常用。取"百"的下半部分，像一堆、一团，桂林话讲"一篙"。比如一团屎，就叫"一篙屎"。

一撇水

1000 元。打牌的人常用。取"千"字开始的"丿"之意。

一方水

10000 元。大概因为"万"字与"方"字形近。

（彭强民）

九、用"水"组成的特色词

在桂林话中，与"水"组成的特色方言词主要有：醒水、点水、寡水、瘰水、肥水、脑水、水货、水饭等。

桂林是亚热带季风气候，雨量充沛，加上境内河流密布，主要有漓江、湘江、洛清江、浔江、资江流过，集雨面积在100平方千米以上的支流就有65

条，水资源非常丰富，当汛期发洪水时，水肆意乱流，因为水太多，在桂林人看来，水也就具有了平庸、一般、低贱等意思。所以这类词含有贬义，甚至连"水"字本身也有贬义，如："水他（她）"就是戏弄、耍弄他（她）之意。

在普通话中，"醒"有"秧苗插下后复苏存活；形容一个人警觉性高、反应快"之意。在桂林话中，"醒水"大概是从"用水去浇醒"这个角度入手，引申为"聪明、开窍、性格好"之意，如"你好醒水"，这句话的意思是"你好聪明"，"这个人醒水啵"，意思是"这个人明白啊"。

在桂林话中，"点水"是"告密""乱讲"之意，如："今天这件事莫到处乱点水啵"，这句话的意思是"今天这件事不要到处告密乱讲啊"。

在普通话中，"寡"的意思之一是"少、缺少"，"水"的意思之一是"指附加的费用或额外的收入"，所以"寡水"就是"少费用、少收入、少钱"之意。而在桂林话中，取其中"少钱"之意，再引申为"因钱少而不舍得花钱、小气"之意，如"她好寡水啵"，意思是"她很小气啊"。这个词还有刻薄寡情的意思。

在普通话中，"瘰"和"疬"构成一个词"瘰疬"，中医指疾病名，多发生在颈部，由于结核杆菌侵入颈部或腋窝的淋巴结而引起的。症状是患处发生硬块，溃烂后流脓，不易愈合，俗称"疬子颈"，有些地区也称"老鼠疮"。"瘰水"本意是老鼠疮流脓水。而桂林话中，"水"具有"平庸、一般、低贱"之意。因此，"瘰水"就表达了"不整洁、邋遢、难堪、不雅观、穿着打扮不讲究，为人有问题"等意思，如"她好瘰水"的意思是"她穿着不整洁、不讲究打扮"。

在普通话中，"肥"的意思之一是"含脂肪多的，与'瘦'相对"；在桂林话中，"肥水"就表达了"丰满、胖"之意。如"她好肥水啵"，意思是"她很丰满、很胖"。

"脑水"指的是智商，"水货"是指不好的东西和不怎么样的人。"水饭"本是亲人亡故后，到坟头和路上祭祀时供的饭，要掺水，最后泼洒掉，又叫"泼水饭"，其引申喻义是"贿赂"。

（张秀珍　梁福根）

十、桂林"新三宝"

在桂林的土特产当中，除了与桂林市市花——桂花相关的桂花糖、桂花糕和桂花香水以外，最有名的就算是桂林三宝——三花酒、辣椒酱、豆腐乳。这个是外地人都知道的桂林传统三宝。

桂林还有一种社会现象，即所谓"新三宝"，就是"卯哥、卯妹、夜屎佬"，指的是社会当中那些游手好闲、不务正业、好管闲事的人。

"卯哥、卯妹"这一类人是指那些好逸恶劳的、暗地里专门做一些不好勾当的青年男女。关于"卯妹"，有的人认为是这样的女把爷，她们总是晚上不睡，早上不起，每天差不多睡到天麻麻黑了才出来活动，经常成群结伙，逛街买东西、吃饭上酒吧。她们的家庭条件也不是很好，自己没得正当工作，那她们花的钱从哪垲（读凯）来咧。这就需要找个男人来帮她们给钱了，意思就是这些"卯妹"的花费全靠"敲"，这个还不同于一般的敲竹杠，而是有些哥哥愿意当冤大头。"卯"有可能本字是"铆"，但是现在桂林人一般都用这个"卯"字，这个字在桂林方言中，有踣（桂林话喊 mou，"某"的第一声）在一个地方，伺机而动的意思，就像铆钉一样紧紧地钉在一个地方。"踣"有人写做猫或者踩。比如桂林大街小巷经常可以看到的"摩的"师傅，他们在街头等客人就喊作"卯摩的"或者"卯单"。所以，"卯妹"也就是天天守到（读倒）想敲人家一笔的那些女把爷。后来，这个词又慢慢发生了一些演变，变成了拉客住店，甚至是哄骗客人到不法场所消费的茶托、酒托等。

而"卯哥"咧，跟"卯妹"的性质差不多，一般是指那种"耍崽"，没有正式工作，只能啃老或者跟"卯妹"一起去"敲"别人的钱，后来也演变成以介绍别人去不法场所而获取好处的人。

四川话、重庆话有"莽哥""莽妹"的讲法，猛然听起来好像"卯哥""卯妹"，不过意思有差别，四川话、重庆话里"莽哥""莽妹"的意思，一是身材和相貌，身高体胖，面带佛相；二是性格和处事，乐观搞笑，大智若愚。女性可适当放宽，就是长得可爱和言行搞笑。

至于桂林话里"夜屎佬"这个名称，相信桂林人都不陌生，这类人就是指那种喜欢张家长李家短的闲事佬。

那为什么桂林人把这些有话就喜欢聊一聊（"聊"桂林话读"了结"的"了"。意思就是闲聊，扯一扯）、凡事都喜欢插一脚的人喊作"夜屎佬"咧？拉夜屎本身就是多事的意思，引申为夜间耳闻目睹的事情，作为谈资，向少见闻者炫耀。更有甚者根本没听到看到也生编乱造。但是，他们搬弄是非的时候一般有这样的开场白："昨天晚上我上茅屎，路过哪垲（读凯）哪垲，看到什么什么……"或者是："我跟你讲，昨天晚上我起来屙夜屎的时候，听到人家讲的一个新鲜板路……"总而言之，这些背后嚼的牙巴（桂林话，"嚼牙巴"的意思就是说闲话，背后说人是非），都是和这些人半夜出来屙屎有关，所以，善于观察生活的人们就把这一种喜欢多管闲事、说人是非的行为形象地喊作"屙夜屎"，而这些半夜出来拉屎的闲事佬自然就喊作"夜屎佬"了。

从这些桂林方言的板路里面可以看出，这个桂林"新三宝"是不好的社会现象，不仅不能像传统三宝一样给桂林甲天下的山水锦上添花，反而会给桂林抹黑，是不好的"活宝"。所以我们希望桂林这个"新三宝"销声匿迹。

（刘　萍）

十一、桂林话的一组特色方言词

红黑

红与黑是两种对比鲜明的颜色，也是正反两级的颜色。所以，在桂林话里"红黑"就有"反正""不管怎么说"的意思。比如："不管你朗子讲，我红黑觉得我是对的。"

红总

红是"红黑"的简称，意思是反正，"总"呢，就是"总是"的意思，"红总"是"红黑总是"的简称。所以，桂林话里的"红总"，指的就是"横竖""反正"。比如："没管朗子讲，红总就是要先板卤（给钱）再做事。"

懵（音同猛）屎屎（代字，桂林话读音"裳"，读桑的第二声。屎普通话读 sóng）

在桂林方言里，"懵屎屎"就是懵里懵懂、不清楚的意思。有时候也说成"懵嚓嚓（音同擦）"。比如："你今天朗子回事啦，朗子懵屎屎的。"

雷堆

"雷"有累赘的意思，可以引申为太多了、很麻烦。"雷"的异体字很多，都有堆起来的样子，如"畾、靁。"而"堆"就是很多东西放在一起，堆积给人的感觉很繁杂，桂林话就借用了这层意思，把它引申为"罗嗦""麻烦""不干脆"。比如："你哪那么雷堆啦？"

跛（读波的第三声）瘰（读裸）

"跛"就是瘸子，而"瘰"就是一种病，二字叠加起来用在一起就是"很糟糕""很差火""很无能""下三滥"的意思，比如："你莫看到那个家伙人五人六的，其实是个跛瘰货来的。"在粤方言当中，也有类似读音的词，表示的也是差火的意思。

夹

"夹"是动词。在桂林话里，"夹"（同音替代）的意思是指果实味涩，比如："这个柿子吃起来好夹哦。"所以，进一步引申，"夹"就变成了一个人"很难说话""很难交往"。比如："那个人好夹的。"

（刘　萍）

十二、系列特色词

克哪凯？碣哪垲？

"诶，老五，你克哪凯嘞？"

"克乌龟石！"

"什么什么？什么乌龟石嘞？"

"你不懂的，乌龟石是以前老人家讲的三里店。"

"克哪凯"是桂林人扯常（经常）讲的，就是普通话的去哪儿、去哪里的意思。

诶，你莫讲啵，把"去"讲做"克"，不是桂林人才阵子（这样子）讲的啵，广西桂柳话地区、湖南南部，甚至贵州、云南也讲的啵。要是你看过《追凶者也》这部电影，你就晓得了，云南也把"去"讲做"克"的。

最不可思议的是，明末清初的老北京人也把"去"讲做"克"的。

不信你看看现代大作家老舍先生，在他的自传体长篇小说《正红旗下》第四章写到的情节嘛，里头写到"我"一出生，"我"的已经出嫁的大姐就很想回娘家来看"我"：

> 想到这里，她恨不能马上到娘家去，抱一抱小弟弟！
> 不管她怎样想回娘家，她可也不敢向婆婆去请假。假若她大胆地去请假，她知道，婆婆必定点头，连声地说：克吧！克吧！（"克"者"去"也）她是子爵的女儿，不能毫无道理地拒绝儿媳回娘家。可是，大姐知道，假若她依实地"克"了，哼，婆婆的毒气口袋就会垂到胸口上来。不，她须等待婆婆的命令。

讲起这个婆婆啊，还不是普通老百姓啵！这个婆婆是子爵女儿、佐领太太、骁骑校的妈妈，正宗满族旗人！来头不小。中国古代有五等爵位：公爵、侯爵、伯爵、子爵、男爵。有爵位的都是世袭的贵族。子爵是第四等。而清代子爵又分一二三等，是比较小的世袭爵位，但是大小是贵族啵。那佐领咧？是那时满族八旗的兵制，以三百人为一"牛录"（后增至四百人），统领"牛录"的军官，满语叫做"牛录额真"，汉语翻译叫做"佐领"，是武官。骁骑校又是佐领下面的小军官。这段话里的"婆婆的毒气口袋"，指的是这个恶婆婆，两个脸股松弛下垂，凶起来的时候，像两个装满毒气的"毒气口袋"。"婆婆的毒气口袋就会垂到胸口上来"，是讲婆婆生气，拉长她的棺材脸，长到胸口上！

你看看嘛，百几年前，连贵族太太嘴巴里头，也把"去"讲做"克"的啵！想不到吧？

不过咧，"克哪凯"真正的写法应该是写成"朅哪垲"啵。"克"和"凯"是借字（借音字）。其实"克"这个字的几个意思里头都和脚的动作没有任何关系。

朅普通话有一个读音是 qiè（窃），许慎《说文解字》解释朅是"去也"。清代段玉裁《说文解字注》讲："朅，去也……按古人文章多云'朅来'，犹往来也。"古人讲"朅来"就相当于讲往来，就是来来往往。

你看看"朅"字，左右结构，左边是个"去"字，右边是个"曷"字。这是一个形声字。

那什么喊做形声字？形声字是由两部分构成的，一部分是表示意义范畴的意符（形旁），另一部分是表示声音类别的声符（声旁）。意符（形旁）表示这个字和什么事物、什么意思有关系，声符（声旁）表示字的读音范围。比如讲：三点水的字的意思都和水有关系，因为三点水是这些字的意符（形旁）。木字旁的字的意思都和树木、木质品有关，因为木字旁是这些字的意符（形旁）。

但是，同样是三点水的字，读音千差万别，为什么？因为它们的声符（声旁）不同。打比讲：江、河、湖、泊、泽、泳、渭、淙、洲等字，意思都和水有关系，但是读音很不同。那么"朅"字，左边的"去"字是意符（形旁），表示这个字的意思和"去"有关系；右边的"曷"字是声符（声旁），表示和读音有关。因为"曷"有 hé（何）、è（饿、遏）、xiē（些）三个读音，所以，凡是声符（声旁）是"曷"的字，读音都有点近似于 hé、è、xiē 这三个读音，比如讲：喝、葛、遏、褐、歇、蝎、竭等。

我们再回来讲"朅"这个字的意思。从古人的解释来看，朅有这些意思：离去、去、到、往来。这个字现在在普通话里很少用了，但是在古代是常用的。比如："富贵弗就而贫贱弗朅。"（《吕氏春秋·士容论第六》）意思是士这类人不趋炎附势，贫贱时也不离不弃。再比如讲屈原时代的宋玉，他的楚辞《九辩》里头讲："车既驾兮朅而归，不得见兮心伤悲。"洪兴祖补注："朅，去也。"意思是马车已经套好就离开往回走，再也见不到了啊心里头伤感。桂林话里头就保留了古代的这个文物级的词，好牛鬼吧？

"客"普通话音念"窃"，那桂林话里头为什么念"克"咧？这主要是语音的古今变化的缘故。北方老人日常口语习惯上"客"字不读"克"，而是读"切"（一切的切的音），或者读"且"。为什么咧？因为"骒"字也读 kè（克），和普通话的"客"同音。而"骒"字的意思是成年的母马、母骡。老人家认为把客人的"客"读 kè（克），等于把客人当作了母马、母骡。所以，忌讳读 kè（克），要读"切"（一切的切的音），或者读"且"，也是读"客"的较古的音。可见，"窃"和"克"这两个音是变通的。

2007 年春晚，赵本山、宋丹丹、牛群演出的小品《策划》，有"下蛋公鸡，公鸡中的战斗机"一句。一开头，宋丹丹就说："儿媳妇，整俩硬菜，家来客来了，啊！"宋丹丹就把"客"读为"且"。

再讲"垲"。"垲"普通话和桂林话都和"凯"同音。这个字很古老，至少在《左传》里头就有了。"垲"本来的意思是地势高而且干燥。古代有个词"垲壤"，指的是大地。"垲"在桂林话里是"地方"的意思。"揭哪垲"就是揭哪个地方。这样子的话，就有了这些桂林特有的词语：这垲、那垲、哪垲。

这是有道理的。你看嘛，垲是地势高而且干燥，"垲壤"是大地。"地方"也有个"地"字。不管哪垲，红黑都离不开大地支撑。

所以，桂林市内讲"揭哪垲"，大桂林周边县讲"揭哪块"。"块"又是什么意思？"块"字本来的意思就是土块。你看看，垲、块、地，这三个字都是提土旁的字，都和土有关。"土"是干的，"泥"是有水的土，所以，才有"拖泥带水"的讲法，不会有"拖土带水"的讲法。桂林多雨，清明时节雨纷纷，连下十天半月的雨，你就晓得了，地势高而且干燥的"垲"有几好！

北京人不会问"揭哪垲"，他们会问："去哪儿？""去哪个地儿？""地儿"就是地方的意思。看看，还是少不了和土地有关。除非你揭天上，腾云驾雾的。云雾也还是从地上的水分蒸发上去的。你讲我到海里，那海底又是什么呢？还不是大地。

而"凯"咧，它的几个意思都没有和"地方"有关系。

所以，"克哪凯"应该写做"碣哪垲"才对啵！

好！

焌桶

焌？什么字？普通话读 qū（蛆），桂林话读趣。焌是代字。《现代汉语词典》解释：把燃烧物放入水中使熄灭；"焌油"是把油加热后浇在菜肴上。

焌桶？是什么东西？绝大部分年轻人都没有见过了。1990 年以前，桂林的东江、穿山、建干路、甲山等地方的菜农，哪个不用焌桶？现在城市化了，很难看到了。所以，后生就基本看不到了。（见图 1.18）

焌桶是一种拿来喷淋用的木桶（当然现在改成塑料的了），样子大概有点像拿来淋花的喷壶，只是放大八倍、十倍。道理上讲，应该是先有焌桶，后有喷壶，喷壶是受老百姓的焌桶的启发而发明的。

为什么喊做焌桶？那要先从老桂林话的"焌"字讲起。因为不敢肯定"焌"这个字是本字，我们暂时用这个字来替代，所以"焌"是代字。

"焌"是什么意思？"焌"是喷淋、液体喷射、用液体浇淋的意思。所以，焌桶就是拿来喷淋的桶。

1.18 焌桶

焌桶是在桶底板的上下沿挖一个圆孔，再斜到（读倒）向上装一根100多厘米长的竹筒（现在也改成塑料的了），竹筒的各个竹节是打通了的，竹筒的最高头基本上和桶口一样高，并且高头还用锯子锯出了一个横的口子，口子宽约半厘米，长约三四厘米，用来做喷淋的出水口。箍桶的木板里头有两块对称的板，要比其他的桶板长出大约10厘米，像两个"耳朵"。"耳朵"凿出方孔，再用一条方木条贯穿两个"耳朵"，一头连到（读倒）竹筒的差不多到喷水口的地方，这样相当于是焌桶的提梁。在桶口正中（即圆心）的提梁高头，还绑起一根扎实的索子。

　　焌桶一般是成对使用的，一根扁担，两头各挑起一个焌桶，双手各提起一担焌桶的提梁，再到河里、塘里、沟里、池里……把焌桶口向内侧一撅倒，装满水，再手提提梁，肩挑焌桶，用双手控制住提梁和竹筒向下的倾斜度，来控制喷淋的出水量，这样就可以喷淋庄稼和花草树木了。

　　你莫看这个焌桶好像简单，用起来蛮累的啵！不过咧，比起一般的桶，用水瓢一瓢一瓢地淋，那效率是大大地提高了，而且咧，喷淋得还很均匀。

　　讲起"焌"这个字啊，在阳朔、临桂、雁山等地的话里面，也都是有的。炒菜时，往扒锅里稍许淋点水，也喊做"焌点水"，爛（读赖，热的意思）天日子想让饭快点凉，往鼎锅上淋点水，也喊做"焌点水"。甚至拉尿也喊做"焌尿"！

　　"焌"这个词还真的蛮有趣。

一大"㪛"

　　一点一横长，

　　二字口上梁，

　　两边丝扭扭，

　　中间马大王，

　　左一长，

　　右一长，

心在底，

月在旁，

打个钩钩挂衣裳。

这是童谣还是什么民谣？

都不是，是一个字谜，或者说是一个大桂林方言中一个词的书写笔顺。

讲起来就蛮久远了，差不多半个世纪前的 20 世纪 70 年代前期，听小学语文老师林少建讲的这首歌谣，至今仍然记忆深刻。林老师说，他 20 世纪 60 年代读初中时就听人说过这个字和它的书写口诀，后来高中时又多次听人说过。

今年又听到桂林师专退休几十年、年逾八旬的莫伦老师，还有刚刚退休的桂林师专潘玉华老师讲起这首歌谣和那个神秘的字。他们都是阳朔籍的，莫伦老师说这首歌谣是他小时候听老师讲的，可见这首歌谣流传应该有百年以上的历史。

那按照歌谣写出的字是什么字咧？

那就是大桂林广泛使用的一个字，读音为"泵"，是个量词，意思相当于北方话的"嘟噜""把"。一大"泵"就是一大嘟噜、一大把。（见图 1.19）

笔者特意请书法家潘玉华书写如下（见图 1.20）：

桂林市区、阳朔、临桂、灵川等地，经常讲一泵、一大泵，是一把、一

1.19 一大"泵"

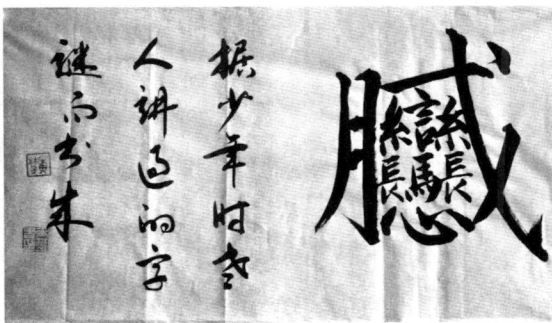

1.20 "bòng"

大把的意思。"泵"字在民间认为就是这样写的。从造字法看，似乎是一个会意字，真是笔画"一大泵"啊！"泵"还是动词，有围观、动物栖落等意思。如："好多人泵在那塈看"；"苍蝇泵在饭上"等。

从词义上面来讲，在大桂林"泵"和"串"是有区别的，"串"多半指的是纵向的，用一根索子状的东西把物品贯穿起来。"泵"的量更大，往往多串的东西才构成"一泵"。比如讲：一泵腊肉，那至少是好几块腊肉。一泵葡萄要比一串葡萄多，几串葡萄才能称为一泵葡萄。

歌谣在流传中产生不同的版本，但是大同小异。比如，还有这样讲法的：

一点一横长，

二字口四方，

两边丝扭扭，

中间马大王，

左也长，

右也长

心字底，

月字旁，

打个金钩挂衣裳。

包括在写法上也有不同的版本，但也是大同小异。

比如林少建老师说右边的"戈"字是和左边的月字旁的"月"一样，是独立书写的，且"一点一横长"是独立的，像"言"字的前两笔，"戈"也独立写，不借用"一点一横长"的一点和下面的一横。

令人想不到的是，北京、陕西和桂林相去几千公里，竟然也有类似的字！真是无巧不成书啵。

你看看北京的写法（见图1.21）：

这也是北京延庆人最常用、最具特色的方言字，读作"shuànr"，发音类

1.21 "bòng"

1.22 biangbiang 面

似于"涮儿",意为"什么""啥"。北京延庆永宁镇的人念"wa（袜）儿"。延庆民间风俗陈列馆陈列着这个奇怪的字。

延庆的书写口诀是：

一点一横长，

言字顶房梁，

你扭我也扭，

你长我也长，

心字底，

月字旁，

中央坐个马大娘，

金钩挂衣裳。

你再看看陕西的写法（见图 1.22）：

陕西人讲一种面条"biǎngbiǎng 面"，他们写的字就是这个。

至于讲到书写的口诀，那就大不相同了：

一点戳上天，

黄河两头弯。

八字大张口，

言官朝上走。

你一扭，

我一扭，

一下扭了六点六。

左一长，

右一长，

中间夹了个马大王。

心字底，月字旁，

拴钩搭挂麻糖，

推着车车走咸阳。

你看看，蛮有意思的吧，字形相近，"biǎng"和"朋"连读音都相近。

到底是桂林人先发明这个字，还是北京、陕西人先发明这个字，讲不清楚了。管他三七二十一，晓得就得了。河池、柳州人吃的"龙朋"（血肠），桂林儿童游戏的"sei龙朋"，估计也是这个字。

也有学者考证讲，这个"一大朋"的"朋"字，写字就是"朋"字。那好像读音不对啊？"朋"是送气音，声母是"p"。那是因为古今读音的发展变化造成的。其实"朋"字在古代是不送气音，它的反切是"步崩"，语言学大师王力先生构拟的古音是〔bəŋ〕，不送气。今天全州人读"朋"字也不送气，还读"甭"。

为什么"朋"是"一大朋"的"朋"的意思？古代曾经拿贝壳做货币，五个贝壳为一串，两串为一"朋"。"朋"的甲骨文、金文的样子是会意字，看起来就是"一大朋"贝壳。王国维有一篇《说珏朋》的文章，对朋字进行了详尽的考释，认为："所系之贝、玉，于玉谓之珏，于贝则谓之朋……盖缘古者五贝一系，二系一朋。"

自古有学者认为古凤、朋、鹏本为一字，后来分为三字，这是古今字的

1.23　甲骨文、金文、　　　　1.24　小篆的鹏字
篆体的凤字

差异，朋、鹏是凤的古字。按这样看来，"一大泵"的"泵"字又是凤、鹏这个字。为什么？按汉代许慎的《说文解字》中所讲的："凤飞，群鸟从以万数，故以为朋党字。"百鸟朝凤，凤凰一飞，鸟群成千上万地跟着飞，确实是"一大泵"鸟的样子。（见图1.23）

至于讲鹏，按庄子《逍遥游》的讲法："北冥有鱼，其名为鲲。鲲之大，不知其几千里也；化而为鸟，其名为鹏。鹏之背，不知其几千里也；怒而飞，其翼若垂天之云……鹏之徙于南冥也，水击三千里，抟扶摇而上者九万里……"，毫无疑问，大鹏鸟确实是一种"一大泵"的鸟！（见图1.24）

至于到底是哪个字，由读者自己去判断吧。

（梁福根）

麻直

如果您到了桂林市区，或是到了桂林下属的县区，您需要问路，恰好您所问的路是一直往前走，不用拐到别的岔路，这时桂林当地人就会热情地对您说："麻直麻直走下垲，莫拐弯。"这句话表达的意思是"一直往前走，不要拐弯"，"你麻直麻直走就到那垲了"意思是"你一直走就到那里了"。

这个词在桂林话中表达的是"一直、坚持"的意思，这个词不仅仅用于问路，还可用在其他方面，只要是表达"一直"的意思，都可以运用"麻直"这个词，如"你就麻直耍手机得了"意思是"你就一直玩手机吧"。又如"小鸟麻直叫"这句话表达的意思是"小鸟一直叫"，"我麻直点头"这句话的意思是"我一直点头"。"麻直"还有"尽管"的意思，比如"你麻直这样子做下去，不用担心的，没怕的，又没有做错"，意思是"你尽管这样做下去，不用担心，没什么可怕的，又没有做错"。

1.25 黄麻（络麻）

"麻直"为什么会和"一直、坚持、尽管"这个意思联系在一起呢？

如果是上了年纪并且在农村生活的桂林人，一定会记得当年在大桂林几乎是每家每户种植的一种植物——苎麻，大桂林也喊青麻。桂林市位于广西东北部，属中亚热带季风气候，适合苎麻生长，因此桂林市的苎麻生产历史悠久。而苎麻的梗是笔直笔直的。再一个，大桂林各地以前也广泛种植黄麻（也喊络麻）。络麻的杆杆也是笔直笔直的。（见图1.25）

先秦的《荀子·劝学》中写道："蓬生麻中，不扶而直。"为什么？因为麻直，近朱者赤嘛。因此，桂林人就用比喻构词的方式，把"直"比喻为像苎麻、络麻的梗一样。加上苎麻、络麻这种植物在桂林所有的县区都有种植，因此"麻直"这个词流行的范围很广，在桂林市区及下属县区都通用。

高头

桂林话"高头"这个词相当于普通话的"上面""上级"，凡是在普通话中用上面、上级之处，在桂林话中基本都能用"高头"来代替。如"我在公交车高头"意思是"我在公交车上面","太阳光照到漓江边的马卵股高头"意思是"太阳照到漓江边的鹅卵石上","小广告巴到电线杆高头"意思是"小广告贴在电线杆上","他在高头有人"意思是"他在上级有人"。

"高头"是怎么和上面、上级联系起来的呢？在古代，"高头"这个词就有宫廷，上级；上面，高处；这边、那边、里边；册页上端所留的空白之意，桂林人选择其中的上面、上级之意保存了下来。

要表达"上面"之意时，都会用"高头"来表达。如："马路高头"就是"马路上面"之意，"你把糖全部呖（读 lia，"他俩"的"俩"的第四声）到（读倒）衣服高头了"就是"你把糖全部漏到衣服上了"，"一个老奶坐在马卵腹石高头"就是"一个老奶奶坐在鹅卵石上面"。

要表达"上级"之意时，也用"高头"来表达。如："高头有人来了"就是"上级有人来了"，"这是高头的意思"就是"这是上级（领导）的意思"。

醒

在桂林话中，"醒"是一个较常用的方言词。

第一种用法：单用一个"醒"字。普通话中"醒"的本意是"酒醒"，后指"梦觉、清楚、明显、醒悟"之意。而在桂林话中，"醒"在单用时，其意义除了与普通话有一致的地方之外，还有与普通话的"醒"完全不一样的意思，侧重于指"醒前的迷糊状态"，所以其含义基本都是贬义，主要指傻，蠢，脑子不灵光；三八货；唆使，引诱；骗、坑、糊弄、耍等。如："你是不是有点醒哦"是指"你是不是有点傻呀"，"小丽好醒的啵"是指"小丽好三八货的"，"你莫醒我揭"是指"你不要唆使（骗）我去"，"他醒你的"是指"他骗（糊弄、耍）你的"。有时指一个人笨、傻，笨蛋、傻瓜也用"醒起拐""醒橄榄""醒昂醒昂"等表达，指一个人发呆、无聊、无所事事也用"数醒"表达。

第二种用法："醒"与"水"组成"醒水"一词。在普通话中，醒水一词指"秧苗插下后复苏存活"的意思。但在桂林话中，醒水一词原本有这样的意思：稀饭、米糊糊、糊辣、糯糊等放久了，会渗水出来，变成水是水，渣是渣，不再是"一锅粥"，这就是所谓的"醒水"。我们形容一个人脑子糊涂时，常常讲他的脑子像一锅粥、脑子里尽是糨糊。所以"醒水"主要是指机灵、明白、醒悟、清醒等意思，如："你醒水了吧"是指"你明白了吧"，"我都那么讲了，他还没醒水"是指"我都那么说了，他还没明白"。有时说一个人"清醒"也用"醒龙"表达，指一个人"明白"也用"醒瞌"表达。

矮山塘

在桂林，经常会听到有人说"矮山塘"这个词，如："你从矮山塘出来的吧""送你揭矮山塘"。外地人听到"矮山塘"这个词，会觉得莫名其妙的，还可能会误解为"矮山塘"是指一个塘，其实桂林人都明白"矮山塘"是地名，这个地名是癫子、精神病、神经、三八的代称。

矮山塘原来只是桂林秀峰区甲山乡的一个普通村子，秀峰区是桂林市的中心区域，矮山塘村就是其中的一个美丽小山村，位于秀峰区甲山街委会的北郊，名不见经传。但在 1959 年 9 月，桂林市社会福利医院（桂林市精神卫生中心）建于矮山塘村附近，慢慢地，在治疗精神病方面，这所医院在桂林当地及周边的名气逐渐大起来了。这个医院是桂林市当时唯一的一所国家二级精神病专科医院，综合实力在广西精神专科医院中位于前列。因为桂林市社会福利医院以精神病专科为特色，所以桂林人都习惯称这所医院为精神病院。桂林人也和其他地方人一样，具有趋吉心理，避讳"精神病院"这个不吉利字眼，选择了这所医院的所在地"矮山塘"来称呼这所医院，也用"矮山塘"来代指精神病，经过引申，也用"矮山塘"这个地名来调侃那些言行过激、过偏的人，或指一些言行与众不同的人。如："你从矮山塘出来的吧"就是指"你从矮山塘精神病院出来的吧"，"送你揭矮山塘"是指"送你去矮山塘精神病院"，"你该揭矮山塘了"是指"你该去矮山塘精神病院了"，其实以上三个句子表达的并不是你真的有精神病，而是带有开玩笑之意。如果有一群人同时表现出疯疯癫癫的状态，桂林人就会调侃道："矮山塘的围墙倒了。"

（张秀珍）

嗍

在桂林，"嗍"经常会与"粉"或"米粉"搭配使用，于是，嗍粉、嗍米粉就成为桂林人几乎每天都要做的事。嗍粉、嗍米粉就是吃粉、吃米粉的意思。

"嗍"是形声字，从口朔声。桂林人选用"嗍"与粉、米粉搭配，不但取其意"吸吮"，似乎还取其声"朔"，"嗍"在"嗍米粉"里仿佛让人听到了声音。

究其原因，嗍字与桂林米粉有着密切的关系，桂林米粉是历史悠久的特色小吃，桂林米粉以洁白、细嫩、软滑、爽口、香浓等特点吸引了八方食客，远近闻名。桂林人在"嗍米粉"时，一般都是采用干捞的吃法，即浇上卤水来拌匀后食用，吃完米粉后再喝一碗汤，然后就满足地离开。在吃干捞米粉时，因为米粉细嫩、软滑、爽口，所以人们就直接把米粉嗍到嘴里，发出了"嗍嗍"的声音。嗍粉、嗍米粉形象地再现了桂林人吃米粉时的状态和声音。"嗍"形容夹着细长米粉吸入嘴时的动作，既形象又生动，而且还巧妙地突显了桂林米粉的滑溜。

因为桂林米粉是桂林的名小吃，所以嗍粉、嗍米粉的表达在桂林很盛行。"走，嗍粉揭""带你揭嗍桂林米粉""米粉，我都嗍过了""今天嗍米粉""嗍碗米粉"这些话在桂林经常能听到。在公开场合，嗍粉、嗍米粉也成为热门词，如：在桂林也曾举办过"桂林首届三祺'嗦粉节'"。可惜"嗍"字错写成了"嗦"字。

哈

"哈"是一个形声字，从口，合声，在普通话中是一个多音多义字，读"hā"时表示"张口呼气、形容笑声的象声词、身子略弯"之意；读"hǎ"时表示"蠢、傻、斥责（方言）、姓"之意，读"hà"时表示"蛤的一种"。"哈"表示傻的意思时，其实本字可能就是"傻"，只是发音发生变化。

桂林话选择了普通话中"哈"第三声的读音和蠢、傻的意义，形成了一个特色词。在桂林话中，"哈"这个词有三个基本意思：

1. "哈"是贬义词，主要表达傻、蠢、笨之意。如果说话人的语气含有责怪、批评、恼怒的口吻，如你好哈、你哈的、一路哈笑，表达的就是你很傻、你很蠢、你很笨，或你傻的、你蠢的、你笨的、一路傻笑。

2. "哈"是中性词，是桂林人开玩笑时常用的一句口头禅。如果说话人的语气是轻松、愉快的，那么说你好哈、你哈的，表达的就是在玩笑，嗔怪对方，这是桂林人常用的一句口头禅。

3.“哈”是中性词，有“傻傻地”之意，如：“我等哈揭”意思是我等傻了，“今天哈吃哈胀的”意思是今天暴饮暴食的。

在桂林话中，“哈”一般不单用，而是与别的词组合起来使用。其中最常用的就是“哈崽”，这个词与“哈”的用法一样，同样表达了傻、蠢、笨和玩笑之意，如：“你个哈崽”表达的是你这个傻子，你这个笨蛋，如果说话人的语气是责怪、批评、恼怒的，那么，这个句子就是骂对方是个傻子或笨蛋；如果说话人的语气是轻松的，那么这个句子并不是真的在骂人，而是在开玩笑，是一句口头禅。其次是“哈卵”，表达的是你真是个傻子，你真是个笨蛋。再次是“哈狗”“哈猪”，因为狗、猪是畜生，狗爱仗人势，猪又好吃懒做，所以狗、猪在人们的认知中，含有低贱、下贱之意，所以“哈狗”除了表达“哈卵”之意外，还含有看低对方、看贱对方、轻蔑对方之意。此外，还有“哈子”“哈脓包”等，意思都差不多，要看语境揭理解。

脑壳

“壳”在普通话中表达“物的坚硬外皮”，如：外壳、躯壳、脑壳。而“脑壳”这个词则是指“头、脑袋或头部的脑盖骨”之意。

在桂林话中，也会经常用脑壳这个词，主要是表达“脑子、头脑、脑门、脑筋”之意。如：“我满脑壳想的都是你”的意思是“我满脑子想的都是你”，“满脑壳都是家”意思是“满脑子都是家”，“你这个智商，都不是没得脑壳，是没得脑水”，意思是“你的智商，都不是没脑子，而是没脑浆”，“手指嘚脑壳”意思是“手指弹脑门”。

（张秀珍）

秫冬瓜、醒橄榄

当一个人做事笨手笨脚或者表现得不太聪明不太灵光的时候，普通话就称为笨蛋、傻瓜、笨瓜，北方方言里一般把傻瓜、笨蛋喊作“二百五”，上海方言里喊作“十三点”“戆（普通话读抬杠的杠）头”，这些是全国各地很多人都知道的喊法。而在我们桂林方言里，对于傻瓜、笨蛋却有两个更有意思的喊法，即"糙（读猫）冬瓜"和"醒橄榄"。

"糙冬瓜"是指那种脑子有些不太好使、傻傻的、笨笨的人。冬瓜在很多地方都用来形容人笨、不灵活，比如笨冬瓜、矮冬瓜，那桂林方言里"糙冬瓜"是什么意思呢？"糙"在桂林话当中指的就是冬瓜、丝瓜这些瓜类蔬菜，长老了或者摘下来放久了，里面的水分就慢慢变少，整个瓜都变轻，吃起来否否（读"蔑"，桂林话，意思是瓜果等果实中间空了，吃上去干瘪没有水分）的，不水嫩了。糙了的冬瓜里面空空，不能拿来吃了，没什么用只能丢掉，所以就把那些没用的笨笨傻傻的人，喊作"糙冬瓜"。比如："那么简单你都不懂，真是个糙冬瓜。"桂林话里，"糙"也经常用来形容人傻和笨，比如"你朗子那么糙啦"，意思就是"你怎么那么笨"。

跟"糙冬瓜"不同，"醒橄榄"指的不是那种蠢笨的人，而是指那种言行举止没有分寸，不看场合的人。"醒"这个字在桂林话里本意是固状或者膏状物体变成了糜状或者液体渗出，变得水是水，渣是渣。"醒"字用来形容人就是指人犯傻或者说话做事不分场合，比如"你莫醒了"。"醒"字用作动词就有哄骗、唆使或者是戏弄的意思，比如"你莫醒我了，我才没信你咧"。而"橄榄"在桂林话里有时候是指人，比如"小橄榄"。所以，"醒橄榄"看字面意思是中间已经糜烂化水了的橄榄，实际上是指那种说话做事不得体、疯疯傻傻的人。

在船上话里，也有一个形容人傻的词，叫"三三得（音同达）九（音同揪）"。这个表面上看是一句乘法口诀，实际上是骂人的话，其中的"三"就是骂人傻的意思。因为，船上话把"三"念成跟桂林话里唆这个字的发音是一样的，意思就是哄骗挑唆别人。我们桂林人经常说"你莫唆我了"就是说"你不要骗我了"。

其实用瓜果蔬菜来形容人在桂林话里还有其他的例子，比方讲"燎（音同聊）菜"。有的小把爷不听话，为了教训他们，打一顿就喊"燎菜"。"燎"就是把青菜放在水里过一道水，煮一煮再捞起来，也就是通常说的"焯水"。

因为青菜燎过以后，就没有了臭青味，就像小孩子挨打过一顿就会收敛臭脾气乖乖听话一样。所以，桂林人就把打小把爷喊作"燎菜"。

（刘　萍）

十三、桂林各县特色词

（一）灵川方言特色词

1.特色词汇现象

灵川人讲的汉语方言主要有两种，一种是灵川官话（西南官话的分支，大多数情况下和桂林话同字不同音），还有一种是桂北平话。两个灵川人见面，如果一个人说灵川官话，一个人说平话，讲平话的那个人就会讲："讲什么官话辣（即呢），我们讲点平话嘛。"

灵川人管平话也叫作"土话"，大部分词汇和桂林话差不多，但是因为发音不一样，和官话的听觉效果比较起来，总是有点土土的感觉，所以讲它是"土话"是名副其实。

下面，我们就讲点土话词语，给大家感受一下。

（1）用"细"这个词来形容"小"

汉语里面形容什么东西小的时候，灵川土话一般用"细"来表达。比如：细路（小路）、细雨（小雨）、细石块（小石块）、细米（小米）、细狗（小狗）、细个里（小孩子）、细声点（小声点）。

（2）用"里"（有音无字，li，第一声）来表示名词词尾"子"

灵川土话"里"的用法比较复杂，但大部分时候表达的都是"子"的意思。比如：雹里（雹子）、筛里（筛子）、朝阳瓜子里（葵花子）、担里（担子）、柑里（柑子）、蚊里（蚊子）、凳里（凳子）、辫里（辫子）、帽里（帽子）、扣里（扣子）、茄里（茄子）。

（3）用"爹"（有音无字，die，第四声）来表示"了"的部分意义主要作助词，用在动词或形容词后，表示发生、完成或实现，如：

肚子饿了：肚（同字不同音，音同"倒"）饥爹。

人老了：人老爹。

吃撑了：吃（同字不同音，音同"切"）胀到爹。

吵什么吵，走了：吵什咯（同字不同音，guo，接近第三声）吵，行爹。

（4）一天都与"日"有关

今日（今天）、昨日（昨天）、明日（明天）、后边日（后天）

每日（每天）、十多日（十几天）、日里白（白天）

上边日（上午）、下边日（下午）、半日（半天）、大半日（大半天）

（5）用"棒"（有音无字，bang，接近第三声）表示"打"的意思

天天打小孩不好：整日数棒细个里不好咯。

天天在外面打牌：整日数在外面棒牌。

打水：棒水。

（6）"行"（同字不同音，ha，接近第三声）表示"走"的意思

灵川人讲土话的时候，"行"字仍然保留古代汉语中"行"的意义，表示"走"。如：

好好走，别跑：好生行，别跑。

走过头了：行过头爹。

走亲戚：行亲戚。

另外，老人去世，也用"行"表示。比如"死了"，说"行爹"。

（7）"面"表示"脸"的意思

灵川平话的"面"意思与"脸"相同。如：洗面（洗脸）、洗面水（洗脸水）、面盆（脸盆）、面盆架（脸盆架）等。

灵川官话受到平话的影响，讲"面"字的时候，也不带鼻音。前面讲灵川官话和桂林话大同小异，发音稍有不同。这个不同，明显地也体现在这个"面"字上。讲官话的灵川人，只要一讲"面"字，桂林人就会讲他（她）灵川味道好重！

（8）其他有意思的词

热头：指太阳。"热"，同字不同音，音同 ye，近第二声。

冻冻：指柿子。

落生：同字不同音。落，音同 lao，接近第三声。生，音同 xiang，第一声。指花生。花生米就叫落生子。

猛里：指苍蝇。

狗蚤：指跳蚤。

物件：指东西。

侻侻：mangmang，指叔叔。侻有字是厖，侻是大桂林方言字。

膊头：指胳膊。"膊"同字不同音，音同 bao，接近第一声。

点心：指午饭。吃午饭，就说"吃点心"。

蚜叮："叮"同字不同音，音同 ding，接近第三声，指蚜虫。

默到（读倒）点："默"同字不同音，音同 me，接近第二声，指做事情或者行动时要提前估计一下，尝试一下，以免意外发生。

俩过来俩过朅（去）："俩"是有音无字（有可能是练地摊的练字）。指睡得不安稳，喜欢翻身打滚。

缲簰（读锹牌）：如果有人去参加朋友聚会吃饭了，灵川人就讲他（她）去"缲簰"了。

开叫：细个里（婴儿）百日的时候，大人到山上打鸟给细个里吃，就是"开叫"。

2.农事活动中的灵川方言特色词句

洗手不干

过去，农民下地做事，累了，不想做了，就洗手收工，灵川方言喊洗手不干。

现在，多了几个引申义。一是甩手不干，就是做过的事情不想做了，或者不想做这件事情了，也可以叫洗手不干。二是那些喜欢赌钱的人，输了点

1.26　碓

钱，输不起了，或者不想再输了，就不揭赌了，也叫洗手不干。

春米碓

灵川方言中，把过去的一种靠人工带动打米的农具喊作"春米碓"。用它春米的时候，人站在碓尾端，用力把它踩下来以后马上松劲，碓头端就会跟到马上下落，打在石臼里面的谷子上面，从而把谷皮打碎。用春米碓打米效率不高，经常打了一下，就要把糠筛出来，再春，再筛，反复几轮，打出来的米也就够煮一顿饭。一直到 20 世纪 70 年代初期，才有了真正机械化的打米机。（见图 1.26）

揎（犁）田

灵川方言把犁田叫作"揎田"。揎表示翻土的意思。灵川乡下过去揎田的时候用牛车。用灵川方言指挥牛车也蛮有味道的，完全找不到字来描述，只能讲"kei dao""ye dao"。

（文　佳）

（二）兴安官话特色词

1. 兴安"水谈白"面面观

兴安话讲的"水谈白"原意为讲空（读音"控"）话，没得实际意义。久而久之，水谈白就成了兴安人"刮琅天""谈板路""讲故事"的代名词了。兴安人对各种词汇都有自己特定的讲法，也就是传统的兴安话在用词造句方面有独到之处，这里列出个大概，分享给大家。

（1）对行为、感受的特别表达

称聊天为"水谈白"。

称晒衣服为"晾（读音近"琅"）衣服"。

称拿起为"撝（读哆第二声）起"。

称张开为"閄（读啊）开"。

称起哄为"喊哦曤"。

称丢失为"失（读蛇）果了"。

称看扁人为"谅死你揭"。

称怕冷为"打摆子"。

称你想哪样为"你想廊（"哪样"的合音）的（读低）"。

称拿不出钱为"瓦血"。

称无奈为"扛石头打天"。

称倒运气为"背时"。

称看不惯某某为"劳耐不得某某"。

称好厉害为"好很崽"。

称主意多为"板路多"。

称办法好为"名堂多"。

称吵闹为"闹伤疤""吵疤子"。

称人笨为"脑壳梆硬"。

称不好的样子为"进台生息"。

称讨厌为"看到饱过"。

称惹事为"撩事"。

称人是傻子为"脑壳进水"。

称水开了为"水开泡泡了"。

称太烫为"好爤""滚爤"。

称钻草丛为"拱蓬窝"。

称邋遢为"奶（读赖）屎"。

对某人或某事感叹为"也嘿，有擢（读桌）了！"。

把没有头脑称为"醒（读沈）气蚜"或"散把脑壳"。

把不懂称为"尿懂尿懂"。

把不懂盘算称为"晓得进架家，何必烂架家"。

把威胁人称为"撩（读音近廖）你两耳梗子（即耳光）给你吃，你试
道哈"。

称插入为"塳（读局）进去"。

称水满了为"水溢（读盆）出来了"。

称滴水为"滴（读音近哆）水"。

称匆忙为"赶鬼"。

称踢毽子为"斟（读陡）燕子"。

称单脚跳为"打踔踔（读掰）脚"。

称潜水为"打沕（读密）子"。

称乘凉为"敨（读音近透）凉"。

称赶集为"赶闹子"。

称做动作为"探拐子"。

称磨蹭为"摸摆子""捱摆子"。

称感冒了为"寒倒了"。

称腹泻为"肚屙（读窝）""屙（读窝）肚"。

称冰冷为"冰清（读庆）""冰更（读更加的更）"。

骂人好吃懒做为"收食"。

把上街说成"街上"。

（2）对用具、时间、性状、方位等的表达

称竹制水筒为"瓱瓱（读当）"。

称用瓢、勺、瓱等打水为"用子掫（读瓦）水"。

称凉鞋为"凉草鞋（读孩）"。

称杯子为"口盅（读宗）""把（读罢）杯"。

称开裆裤为"撬（读 bong 的第三声）裆裤"。

称斗笠为"叶筐帽"。

称厕所为"茅司"。

称那时候为"那哈"。

称这个时候为"这哈"。

称傍晚为"夜边前崽"。

称偶尔为"闯把"或"闯七闯八"。

称硬币为"毫子"。

称石头为"马路股"。

把这个地方说成"这个垱（读荡）崽"。

讲下面为"脚底"。

讲哪里为"哪垛（读音近夺）崽""哪垱（读荡）崽"。

讲那里为"那垱（读荡）崽"。

将半圆半张的形状说成"窝起"。

2. 兴安话对人、动植物、食物称谓的特色语词

兴安水谈白在人物称谓（含人体）上与普通话也大不一样。称曾曾祖父母以上辈老人为祖公老子；统称曾曾祖父母为扒扒；统称曾祖父母为太太；称叔叔为税税（有字是虎，读满）；称叔叔的老婆为婶娘，称为孃孃；妹妹的读音近似"秘秘"，但是写字是妹妹；称厨师为厨扒师父；称多嘴男女人为呱

（读瓜）啦婆；称愚蠢的人为哈屌（读音近吊）巴；称小孩为小嘎崽；称肚子为肚蜥；称脑门凸出为爆（读爆）脑壳；称脑袋为脑壳当当；称膝盖为磕膝头；称腋窝为咯肢窝。

兴安水谈白在动物、植物、食物称谓上也有其特点。称一种淡水小鱼崽（桂林人讲的哈巴狗）为哈巴佬、梦古佬、白古佬、豽（尼鸦合音，lia 或者 nia 第一声）屎蜥、清水公；称眼镜蛇为笋壳板、乌梢（读捎）公；称青蛙为蚂蜥；称蝌蚪为秧蚂蜥；称蚯蚓为鸭崽虫；称毛毛虫为毛火虫、瓦蛆；称蟑螂为骚甲（读音近嘎）婆；称山上一种野果子"老鼠拉冬瓜"为黄狗卵、羊卵考（考指考子：睾丸）、猴子屁股、冷饭坨坨、羊奶奶、鼻涕枣、字考子、碾米子、钓竿葡葡、毛冬瓜；称西红柿为洋海椒、毛秀才；称红薯干为猫崽薯；称剁辣椒为烂海椒；称蕨巴粉为贴吧佬；在小奶崽（小孩）面前说鸡肉、牛肉，说成鸡粑粑、牛肉粑粑；称饭为"芒芒"；称肉为菜；称猪下水为小肠胴；称猪头壳为龙头壳；称水酒为水牯（读鼓）冲；称干豆角叫懒干豆角。

3. 兴安话中俚俗色彩的表达

兴安人大都是正人君子，但是表达上和各地方言一样，不免有俚俗的表达，凡涉及这方面，均动嘴不动手，彼此心照不宣，从中寻找出水淡白的笑料。例如下面的表达：

称吹牛为"扯卵弹"。

称发气为"卵火烫""卵火毛"。

称讨厌为"讨卵嫌"。

称见到怪事、少见多怪为"小人看到大人卵"。

称不给看为"捞卵给你看"。

称挨批评、遭殃为"挨卵"。

称无所谓为"无卵所谓"。

称黑暗为"墨卵黑"。

称硬为"梆卵硬"。

称杂种为"狗食的""贼食的"。

称乱讲话为"瞎姝（读骈）"。

称吊儿郎当为"屌（音近吊）巴拉沙"。

称不懂叫"半夜码到根黄瓜"。

称蛮厉害为"蛮卵牛姝"。

讽刺人不如自己为"你夹我的""你含我的""你撮（音近哆）我的""你把我的"。

从上面例子可见，生殖器成了俚俗表达的主角。在兴安话中加一个卵字，可加重语气，如"吹牛"实际上指扯谈，但加上卵字，成了"扯卵谈"。

再如"牛姝"，将母牛的生殖器喻为对高大上的赞美，孰褒孰贬，尽在不言中。

此外，"小人看到大人卵"，"半夜码到根黄瓜"等表达，都含有俚俗色彩，但只在口头禅中会意。

（南北渠）

4. 日常生活中的特色兴安方言语词

在大桂林的方言中，每个县的地方话都有它独特的标签，你如果在菜市或者街头任何一个垛崽（兴安话：地方的意思），听到自己县的土话，都能很敏感地辨认出来。

兴安话也有着它独特的地方，很多的称呼、地名、俗语等等只有兴安人才能意会得到。听到讲兴安有个景区，里头的保安验票，不看你的门票，不看你的身份证，就听你讲话，是不是兴安人很快就揭晓了，好像讲识别度还蛮高。再比如，你听到有人对一个奶仔（兴安话男孩子）喊"兴安老老"，你就要晓得他是把这个"奶仔"划为兴安人了，因为在兴安话里头，"老老"就是老弟、弟弟、兄弟，用于长辈称呼年轻人。

老老

这是兴安话里头的标志性名称，它和普通话里我们讲的"姥姥"不一样，普通话里面的"姥姥"一般是年长一些的女性，是外婆；在兴安，你听到的总是年纪大点的把年纪小点的男子喊作"老老"，这是老弟、弟弟、兄弟的意思。后来呢，凡是兴安籍男子，在外面都被人戏称为"兴安老老"，这就像讲到江西人，你都会喊他"江西老表"一样。

很

这个字眼可以讲是兴安话标签性的字眼。很多人到兴安时，听到兴安人讲的"很"和外面的人讲的"很"很不一样。比如你家里头正在吃饭，一个兴安人前来造访，你邀请他一起吃饭，他讲"很吃"，你邀请他坐下谈，他也讲"很坐"。那么他是什么意思呢？答案是"不坐""不吃"。在兴安话里头，"很"如果和动词连在一起，就是"不"的意思。这个"很"在兴安话里头，有时候还有"厉害"的意思，比如有人讲"你那崽读书蛮很哦"，就是讲他的儿子读书"蛮厉害"。"很"也可以写成"佷"，古时候同"很"，意思是"违背，不顺从"，在兴安方言里头引申出"不"的意思。这样讲来，兴安话还蛮有历史啵。

糟了（读如"了结"的"了"）

普通话里有个字眼叫"糟了"，意思是"糟糕""完蛋了"的意思，但如果你听到兴安人语气平和地跟你讲"糟了"，不用着急，他也许是在讲衣服、被子等东西干了。兴安话里的"糟了"是干了的意思，表示衣服晒干了，可以穿了、可以用了。别的什么东西干了，基本上都可以喊作糟了，比如花生晒干了，也讲糟了，可以吃了，或者收藏了。它的读音是把"干燥"的"燥"的声调变了一下而已。

水凼（读如荡）股

水坑，也有的喊作"水凼凼"，就是一些不那么大、不那么深的小水坑。后来水坑都喊作"凼"。关于这个"凼"字，流沙河做了很详细的讲述：

> 凼是蜀人造字，音 dang，专指水坑。水坑大者，炎夏供水牛浴，曰牛滚凼。更大者仍音 dang 而字作荡，如黄天荡、芦花荡，则指浅

水湖泊。荡之原义本为倾荡动荡，以音近塘而被借用。凼不过是塘之微型罢了。不过者写成塘易致误会，何况又太小了，所以特造凼字供用。"[①]

这个"牛滚凼"，我们这边也是有的，以前放牛的时候也是常见的，这恐怕也表示了兴安话和四川话等西南方言的共同渊源吧。"吊旮（读如嘎，近似轻声）"——不方便，也有讲成"吊吊旮旮"，意思是"做事不方便"，或者"相互之间来往不方便"，比如一个地方到另外一个地方不能直接到达，像现在很多高校都有几个校区，而校务办公室却只能在其中一个校区，那么别的校区的人员要去办公室办事就"吊旮"了。

能干

普通话里"能干"是会干事的意思，兴安话就单纯些，就是讲这个妹崽家（家读成"嘎"，轻声）漂亮，所以在兴安如果听到有人讲"你老婆蛮能干啵"，不是讲你老婆很勤劳，也不是讲她有这样技能，有那样本事，只是夸你老婆貌美如花，"你得翘起屁股多挣钱，让她随便花"。——后面的话是玩笑话，你就随便听听吧。

干强

这个词其实是"刚强"，但兴安人区分不了前鼻音和后鼻音，基本上只读前鼻音，所以就近似于"干强"，"强"还读成江（轻声）。这个词主要是形容老人家还蛮健康，气色很好，精神矍铄等，这和老人家是不是坚强倒没得关系了。

讲起兴安人这个讲话分不清前鼻音和后鼻音，作为兴安人，有个"老老"（兴安话"弟弟"）就有"一把辛酸泪"了。

现在有单位的人每年不都是要年终述职么？这个"老老"一年从头忙到尾，述职的时候想向领导表一下功，争取得个先进，多"酾（读筛）点奖金

[①] 见流沙河：《流沙河认字》，北京现代出版社，2010。

卤"（桂林话多得点奖金）。于是在列举了一长串的事迹之后，他来了个"总结陈词"："总之是一年以来都是尽心尽力、忙上忙下……"，讲完他还好得意地看看领导，却发现领导好像脸色不太好。结果那年他还是没得到先进，他是抓烂了脑壳也没想明白是怎么回事，后来有个和领导走得比较近的同事给他透露："领导讲你一年里'瞒上瞒下'，晓不得你都对领导和同事'瞒'了些什么。"这个"老老"听完就差点晕倒了。没讲准普通话真是害人不浅啊。

老火鸭崽

指停止了生长的人，不长个子的人（但不像侏儒那样矮小）。有些人的个子比较矮小，或者是同龄人中比较小个子的人，兴安话里会把他喊作"老火鸭崽"，主要偏向于讲男性，可能是男性被人讲成"老火鸭崽"不会那么容易"恼火"。"老火"有"过头、过火"的意思，所谓"过犹不及"，"火已过了"就停止向前发展了，自然终止生长了。

领（读如普通话的"令"）嘴

也有讲"领嘴领兮"。如果有人提醒你做事"老考"点（兴安话靠谱点、扎实点），莫给人家"领嘴"，就是讲不要给人留下话柄，不要让人家在背后议论你，讲你的不是。"领嘴领兮"则是讲在背后议论别人，甚至是批评别人，有点把人家的好心当做驴肝肺的味道。比如"你们家装修的时候，人家恁尽心尽力地帮你，你还领嘴领兮"。

道论

议论，当笑话来谈论，有背后议论人的意思，甚至于贬损、轻薄别人。也和"领嘴领兮"有点像，比如有人讲"老老，这个事情你要做好点，免得给人道论"，意思就是提醒你不要给人家留下话柄，让人挑不出毛病才好。

爁

热，"火烧眉毛你还吃得三碗爁稀饭""我们就烧锅海椒（兴安话辣椒）水，爁点烂菜（兴安话指的是过年时弄的"走肉菜"，即过了油锅的猪肉，有点像桂林的锅烧，但没那么干）吃"，最后这句话里的"爁"不仅仅是"热"，还有"烫"的意思了。

炙火（炙读为夹）

烤火。这个词听到讲也曾经让20世纪70年代上山下乡的知识青年闹出了点笑话。有个操一口纯正普通话的青年从大城市到了兴安的某个山村，冬天里有一天，年轻人走进隔壁农家，看见一家人正围到一起烤火，主人家很热情地招呼他"过来夹火"。知识青年可能想到自己屋里头正好还没生起火，"夹"点火种去"引火"也是正合适，于是掉头就回到自己屋里，拿来火钳和撮斗，夹上几块燃着的柴火就走，搞得这全家人都愣在火塘边，讲不出话了。后来这年轻人才明白，主人家喊他"夹火"是"烤火"的意思，而不是喊他把柴火"夹"走。

该

赊账、欠账。如该钱，即欠钱、赊账的意思。有时候你也许会听到某个中年妇女恨铁不成钢地呵斥她身边的小孩："你这个讨债鬼！我上生世（上辈子）是该到你的？"意思是上辈子欠了他的，要这辈子来还。

花娘婆

讲的是女崽家（家读嘎，轻声，即女孩子）有点好虚荣，做些表面功夫、哗众取宠的事情。如果讲一个人"尽做些花娘婆的事情"，就是讲她做事不够踏实，爱出风头，做表面功夫。

妾家（家读嘎）婆

如果女崽家言行举止轻浮、放纵，讨人嫌，不合礼法，大家都会叫她"妾家（嘎）婆"。更严重些的就喊作"烂麻包"，或者简称"麻包"，那就相当于荡妇、破鞋。（见图1.27）

绹

绑的意思。"把那几个螃海给我绹起来"，就是"把那几个螃蟹给我绑起来"。

惯忕

娇惯、溺爱。忕读时。例如"就是你平时太惯忕他了，搞得他驾崽什么都晓不得做。""惯忕"的意思是娇惯、溺爱、纵容；"驾崽"相当于"这下崽"的合音，是这下子、现在的意思。

1.27　麻包

1.28　鱼鼎

鱼鼎

装鱼的鱼篓，以前老人家劝人勤劳，总爱嘴边挂一句话"最后看鱼鼎的哦"，意思是你如果在撒秧的时候不撒秧，错过了农活时机，最后的收成就比别人的少了。（见图 1.28）

大约因为地域历史发展的独特性，某一地区的语言发展总会带上一些独特的因素，这些因素紧紧地和当地的历史文化相结合，兴安话也是如此，兴安话的独特表达正是它区别于其他地方语言的重要标志。

（宋红军）

（三）灌阳特色词

1. 下乡官话中有关亲属的特色称谓词

灌阳语言与桂北的其他几个县相比有其特色。灌阳县内语言基本上有四种，主要有官话、观音阁土话、新方话和瑶语。灌阳官话是北方话中西南官话下属的一种次方言，以县城所在地灌阳镇为中心，全县通行。县内官话又分为上乡官话和下乡官话。上乡官话主要分布在红旗镇、新街镇、西山瑶族乡、灌阳镇、黄关镇等五个乡镇；下乡官话主要分布在新圩镇、水车乡、文市镇等三个乡镇。上乡官话和下乡官话在语法结构上基本一致，所不同的就是在语音上有差异。

由于灌阳县下乡与湖南的道州交界，有很多人是从湖南搬迁过来的，所以灌阳县下乡官话受湘语的影响很大。在很长一段时间里，由于交通的不便，灌阳县下乡人很少去县城，因此下乡官话与上乡官话存在一定的差别。

下乡官话中的一些亲属称谓有几个喊法讲起来是蛮特别的，有其方言特点。（参考《灌阳县志》方言部分。北京：新华出版社，1995。）

（1）家里不同辈分的一些特色称谓词

爬爬

爬爬即曾祖父、曾祖母，上乡俗称太公、太婆；下乡俗称爬爬。

爹爹 / "嗲嗲"

即祖父，父亲的父亲，母亲的父亲，俗称爹爹。也有称"嗲嗲"的，这种情况一般是指男方入赘到女方，生出的小孩叫母亲的母亲或者父亲为"嗲嗲"，这样有别于对男方父母亲的称呼。

大大、挩挩（读满，字典里是毷），阿妈、娘娘

即父亲、母亲。上乡称父亲为大大、挩挩；下乡叫大大、挩挩或伯伯。母亲，下乡俗称妈妈、阿妈，也有称娘娘（读"亮"的第一声）。也有对亲生父母称伯伯、挩挩，伯娘、婶娘的。

挩挩、挩婶、爸爸、佬佬

父亲的弟、弟媳，即叔叔、婶婶，下乡俗称挩挩、挩婶。上乡也有称父亲的兄或姐为爸爸，你父亲的弟或妹为佬佬的。

息婆崽

曾孙、曾孙女，下乡官话俗称息婆崽。

（2）一般的称呼

堂屋的

男主人俗称堂屋的。丈夫称妻子为老婆，亦称"屋里头个""火落的"，或在子女名字后加"他妈"。堂屋的负责接待外宾，火落的负责打理内政和下厨烹调等事物。

毛毛

弟弟。

哈婆

即女孩，也是长辈对小辈女性的昵称。有时也用于骂女性。

（蒋艳锋）

2. 可能只有灌阳下乡人才这样讲的话

下乡话主要分布在新圩镇、水车乡、文市镇等 3 个乡镇。

下乡官话有不少别有风味的方言日常用语，下面我们就来扯扯灌阳县下乡官话中的方言板路。

打眼闭

睡觉。比方讲（举例子）：我们全家打了红枣回来非常累了，奶奶就对小堂弟说："你吃了饭就快点去打眼闭吧！""打眼闭"这个词既传神地写出了睡觉的动作，又写出了此人此时的精神状态。

背时

时运不佳。比方：有一段时间父亲做生意不顺，爷爷对父亲说："你这段时间这么背时，该去算一下八字（算命）。"

屌巴拉撒

吊儿郎当，不务正业，具有贬义色彩。比方：有一天弟弟没做作业就出去捕鱼了，父亲看见了，就骂弟弟："你看看你屌巴拉撒的样子。"

扯大炮

吹牛的意思。比方：某某人平时在村子里讲话喜欢扯大炮，夸大事实，村子里就给他取了一个外号"大炮鬼"。大炮鬼就是指喜欢吹牛的人。

甲巴

结巴。比方：这个人是一个甲巴头。甲巴头就是结巴鬼（佬）。

没想音耳你

不理人。比方：两个小孩在一起玩，突然因一点小事产生了矛盾，一个小孩对另一个小孩说："没想耳你。"

菜、小菜

"菜"及"小菜"在灌阳下乡的方言中分别指猪肉和青菜。比方：村子里一天都有好几趟卖菜（猪肉）的人。又如：爹爹（爷爷）今年种了好多小菜（青菜）。

闹相骂

吵架。比方：因某种纠纷，这两个妇女在闹相骂。

饱过了

本义是吃饱的意思，引申为"非常厌恶"的意思。比方：今天那么多菜，你吃饱过了没有？又如：我看到你就饱过了，意思是我非常不喜欢你，打心眼里厌恶你。

体面

好、丰盛、有面子、美丽。比方：这个媳妇娘（新娘子）不但做人体面（好），而且长得好体面（美丽）。今天老蒋家的酒席办得真体面（丰盛），这人好讲体面（好面子）的。

好狠哉

很不错、厉害、能耐大。比方：这个卵崽（男孩）做事好狠哉！

无卵所谓

放任、无所谓。比方：这个卵崽一直屌巴拉撒惯了，做什么事都是一副无卵所谓的样子。

做客

拘束、讲客气。比方：在推杯换盏的酒席上，陪客的主人就会对你说："夹菜（指肉）吃，不要做客（拘束）。"

搞事

挑衅，不听话。比方：这个奶崽（男孩）经常搞事。这个毛毛（男孩）

总喜欢与他人搞事（挑衅）。

吃芒芒

一般是指小孩吃饭。比方：老人哄小孩吃饭时，就会对小孩说："吃芒芒了吆。""芒"是借音字。

肋篇骨

子排。比方：卖菜（指肉）的，我要几斤肋篇骨。

下舌子

五花肉。比方：春节时，灌阳人喜欢买下舌子做扣肉。

水牯冲

土酿高度酒。比方：这哈崽（成年男性）喝酒蛮很（厉害）的，一次喝得几斤水牯冲。

海椒

辣椒。比方：灌阳人煮的油茶里基本上每瓯（小碗）里都会放酸海椒。

巷（读航的第四声）垱

巷子。比方：你麻直蝎，就到了那条巷垱了。

茅厕（si）

厕所。比方：这个人做任何事总喜欢先动而后谋，属于那种"临时屙（读窝的音）屎，临时开茅厕"的人。"临时屙屎，临时开茅厕"嘲讽那些做事没有计划的人，相当于"临时抱佛脚"的意思。

冰浸（和亲家公的"亲"同音）

冷，凉快。比方：石头做的板凳，冬天坐起来冰浸（冷）的。夏天岩洞口吹的风冰浸（凉快）。

把（读罢）杯

口钟。比方：我爹爹（爷爷）收藏了一个毛泽东时代的把（读罢）杯。

肚蚴

肚子。比方：你的肚蚴痛吗？

脑壳

脑袋。比方：小东脑壳痛，你的脑壳痛不痛？

磕膝头

膝盖。比方：三爹爹（爷爷）由于劳累过度，磕膝头受到不同程度的损害。

溢出来

水满了，溢了出来。溢读盆。比方：这个盆子里的水"溢"出来了。

屋檐滴（读"嗲"的音）水滴现垱（地方）

前辈要注重对后辈的教育，前辈凡事都要以身作则的意思，否则后辈就会有样学样。比方：一天，一向忤逆的媳妇再一次不给婆婆吃饭，婆婆就对着媳妇及孙子说："屋檐滴水滴现垱，总有一天你也会老的。"

梆卵硬（读恩的第四声）

硬度很高，即硬梆梆。比方：这种果子梆卵硬的，咬（音近嗷）都咬不动。

夜歇边哉

傍晚。比方：我夜歇边哉回来。

蓬壳

草丛。比方：这个蓬壳好深。

凼眼

坑。比方：酒海井这个凼眼深不见底。

跳踔踔脚

儿童单脚跳游戏。比方：小时候，喜欢三五成群在一起跳踔踔脚比赛。

打汋（读秘）子

潜水。比方：这个人打汋子好厉害。

毫子

硬币。比方：在灌阳下乡，过世老人，有在老屋（棺材）放七个硬币的习俗，这样的习俗叫垫背。

赶闹子

赶墟。比方：阳历每逢尾号是3、6、9的日子，全村的大多数人都会去新圩赶闹子。

堼（读局）进去

插入。比方：你把扦插的柳条堼进去那个挖好的洞眼（坑、洞）里就可以了。

水瓜瓢（读音近档）

竹筒做的瓢子。比方：20世纪80年代，在农村的老家，家家户户水缸边都放一个水瓜瓢。

妈糊

邋遢，脏。比方：这个人穿着一点不讲究，总是一副妈糊的样子。"妈"是借音字。

蚂蚴

青蛙。比方：农历三月的夜晚，蚂蚴就开始造社（青蛙叫）了。这个时候，爹爹（爷爷）总喜欢说一句话："蚂蚴叫，粮食到。"蚂蚴造社是说到春社时候，这个时节是青蛙繁殖的季节，青蛙叫得欢意味着今年是个丰收年。另外"蚂蚴造社"还有嘈杂、吵耳朵的意思。类似其他县讲的"蚂蚴闹塘"。

秧蚂蚴

蝌蚪。比方：酸菜秧蚂蚴汤在我们老家是一道名菜。

岩老鼠（读"水"音）

蝙蝠。比方：现在在老家，岩老鼠也难得一见了。

骚甲（读"嘎"音）婆

蟑螂。比方：骚甲婆是一种让人讨厌的虫子。

骚甲婆夜出腥

贬义词，一般泛指不遵守道德操守的妇女。比方：你这个女人天天好吃懒做，把自己打扮得那么体面（花枝招展），真是骚甲婆夜出腥。

哈婆

（1）傻女性，也指智力不正常的成年妇女，有贬义色彩。比方：老四是一个智力有问题的小女孩，村子里的人都叫她哈婆。（2）长辈对晚辈女性的昵称。比方：每次她出门时，她的奶奶都会轻轻地摸着她的头对她说："哈婆表示亲昵，不要走太远。"

哈崽

一般指男孩；也指成年男性，指成年男子时具有贬义色彩。比方：这个哈崽（成年男子）一辈子就是那个卵样（熊样）子，永远都是泻肚（烂）泥巴—捧不起啊！

喝（炒）媳妇娘茶

在灌阳下乡，今天有些地方还保留有炒媳妇娘茶的习俗，有和这种习俗结合在一起的方言词语。新婚当晚喝茶（也有次晚喝茶），村坊街舍男女青年赴贺，会对媳妇娘及新郎官说一些彩话（恭贺的意思），一边饮茶，一边吟诗作对，谈笑风生。尔后，送新郎、新娘入洞房。比方：堂屋喝媳妇娘茶的歌：

　　媳妇娘生得高又高，身上备把杀猪刀，今年杀猪办喜事，明年
杀猪改三朝（读浇）。

"备"在此处是佩带的意思。那么"改三浇"又是什么意思呢？在这是新生婴儿"洗三"的意思。

火落喝媳妇娘茶的歌：

　　撑架圞圙（读鸾、栾、銮）三个角，撑架高头放茶锅。一年三
年入殿，九年九子登科。

火落：厨房。"圞圙"在这儿是圆圆的意思。"角"在此处读"国"的音。"高头"是上面的意思。

送入洞房的歌：

　　家庭们前人又多，八步罗裙满地拖。前头拖起溏鸡屎，后头拖
起多崽婆。

"家庭们"是指同宗族，没有出五服的亲人。溏鸡屎：溏读唐，溏鸡屎是鸡拉稀的屎。"多崽婆"又名天冬，是一种秋冬采挖的药材，结的块根很多，在这儿是多子多福的意思。

鉴（读"撇"）锅

菜锅。比方：在灌阳下乡办酒席，所有的菜都是行邦啷噹（全部）往鉴锅里放。

撑架

厨房工具。火落：厨房、火炉。铲撬：锅铲。比方：大年三十的夜晚，火落（火炉）的火屎（火炭）红彤彤的，照得整个火落（厨房）亮堂堂的。老杆子（父亲）与老门亲（母亲）轮流挥动着铲撬，在放在撑架上的鉴锅里炒干货。

堂屋

客厅，后来衍生出另一个意思，男主人。比方：堂屋（男主人）伯伯在堂屋（客厅）招待他的岳父老子。

狗婆蛇

四脚蛇。比方：小时候喜欢把狗婆蛇放在锌锌（一种当地特制的陶瓷厨房用具）里炖着吃，是我们当地一道名菜。

亮窗子

窗户。比方：旧时的亮窗子基本上都是用纸糊的。

大掰意十 / 十掰猴

过分。比方：你做人不要太大掰意十（太十掰猴）。

看房屋

相亲。比方：在农村老家相亲，今天还保留有看房屋的习俗。在 20 世纪 90 年代前，看房屋的习俗是灌阳下乡婚嫁习俗中必不可少的一个环节。现在有很多人省去了这一环节，但有些地方还保留着。"看房屋"到底是怎么一回事呢？谈起关于这一习俗的白（谈白：聊天），就是男女双方经过媒公的介绍，一起吃过米粉（互相相中的意思）后，女方的七大姑八大姨就会陪着女子去男方家看房屋，这儿的房屋有两层意思：一、了解男方家的家庭经济情况；二、了解男方家庭成员的身体健康状况及男方家在村子中为人处世的情况。

啰跦

形容一个人不讲究卫生，邋遢。比方：你看你的衣服那么妈胡（脏），真是一个啰跦婆。

哄重

讲好听的话即拍马屁的意思。比方：由于这个老人的儿子当了县长，村里人对他讲话都讲一些哄重的话，让他很不舒服。

麻雀下起麻雀蛋，泥鳅又在泥里钻

贬义词，相当于"龙生龙，凤生凤，老鼠的儿子会打洞"的意思。"麻雀下起麻雀蛋，泥鳅还在泥里钻"，这句俗语来自当地一个流传已久的故事。"高脚鸡公进大龙，木头碓坎瑶家（音近嘎）冲（寨子），不吃淡菜盐家冲，想吃香料韭菜岭，想吃鱼崽淹水塘。"这是一首在当地流传已久的打油诗，它写出了大龙自然条件的恶劣及瑶家冲的贫穷。据说，算八字的王先生（此类人从小就是盲人，凭着良好的记忆力从小就跟着盲人师傅学算命）经过大龙来到了最穷的瑶家冲，但是，穷的地方也有富裕的人家。王先生到村子里最富裕的人家里借宿，可这家女主人也是出了名的抠门，又怕得罪神灵，于是就把八字先生安排在柴房居住。第二天，八字先生告别时对男主人说："昨晚先生无处安，算你儿子有官当。麻雀生起麻雀蛋，泥鳅又在泥里钻。"这句话的意思"龙生龙，凤生凤，老鼠的儿子会打洞"。在这儿有嘲讽的意思。

外婆炸（即煮，音近扎）寡蛋

贬义词。指自己毫无付出，却老是惦记着他人给自己好处。比方：那个小气鬼，天天就知道外婆炸寡蛋。

外甥打死舅爷——认得钱开

相当于"有钱能使鬼推磨"的意思。只要有钱，做错了事也不用怕。比方：那个人有了钱后，到哪儿都摆着一副外甥打死舅爷的样子。

外孙跟舅爷学挑油——照旧

嘲讽那些不会变通的人。比方：小猊（小叔）做什么事都是一根筋，有一天爹爹很气愤地骂小猊，你这个人做事永远都是外孙跟舅爷学挑油——照旧。

漏屁股插红旗

指打肿脸充胖子的人。漏屁股是形容家中很穷，连块遮羞的布都没有，露出屁股来。比方：这个大炮鬼（吹牛者）家里很穷，净做些漏屁股插红旗的事。

沙子上倒尿——永远倒不满

具有贬义的意思，嘲讽那些贪得无厌的人；也指那些烂泥巴扶不上墙的人。比方：村子里的张三，不管他人怎么帮扶他，他家的情况都是沙子上倒尿——永远倒不满。

下米

努力；下老米：非常努力。比方：这个毛毛（男孩）读书很下米，这次能考上大学，也是下老米了。

挤油

形容人多，非常拥挤。比方：农历二月八陈家坝是人山人海，挤油都挤不过竭。

叫化子嫌糯米

嘲讽那些不知满足，却嫌弃他人给的东西不好的人，贬义词。比方：这个哈屌巴（懒惰的男人）整天不做事，家里的鏊锅（菜锅）比别人的脸都还干净。别人给他几斤糙米，他却嫌弃不要，真是叫化子嫌糯米。

马屎面上光，肚里是包糠

贬义词，表面上看起来光鲜，其实内部的质量很差。比方：一向抠门的娘娘（姑妈）今天买了一大堆零食回来，其实仔细一看，这些零食都是"马屎面上光，肚里是包糠"的东西。

江西话

心里对你有气，却不明说，而是拐弯抹角地说你。比方：今天这个奶仔（男孩）被气死了，被他的舅爷（舅舅）说了一大堆江西话。

狗吃牛屎图大脬

这个俗语的意思就是对物质的质量没有要求，却非常在乎物质的数量。比方：这个女人买了一大堆地摊货回来，他家堂屋的（丈夫）骂她"狗吃牛屎图大脖"。

张开你的嘴巴看到你的"环心"（心脏）

看透你的意思。比方：你不要在我面前说漂亮话，其实我是"张开你的嘴巴看到你的'环心'"了。

菜盖婆

指扯是非的女人。比方：这几个菜盖婆总喜欢在背后说人家的家长里短。

量你虾公无点血

嘲讽没有实际本领的人。比方：你这个卵崽（成年男子）不要在这儿扯大炮（吹牛）了，我量你虾公无点血，你今天打死（肯定）也拿不出 10 万块钱。

颗米

一点儿。比方：今天那个哈婆（对小女孩的昵称）从塘埂（池塘岸）跌下去，差颗米就死了。

花头鸭

群众中爱闹事的人。比方：村子里征地修路的事有点难办，因为村子里的几个花头鸭的思想工作比较难做。

枣子骨头

贬称钻营图利的人。比方：因为村子里有了这几个枣子骨头，所以这件事处理起来就棘手了。

扯布

买布料。比方：老门亲（母亲）扯了几尺布料。

打酒

沽酒。比方：在老家，卖酒的酒坊从来不用秤称，基本上都是用提子和漏斗打酒。

谈白

聊天。比方：每次回家，玴（读满，本字是厾，指叔叔）都会与爹爹（爷爷）谈白谈得很晚。

喜哟喜

蝉。比方：喜哟喜的叫声让人烦躁不安。

咩咩翔

蜻蜓。比方：咩咩翔今天飞得很低，很可能要下雨了。

鸡栈

未曾下蛋的母鸡。栈读赞，借音字。比方：在灌阳下乡，有这样一句俗语"斤鸡六狗"好吃，也就是说一斤左右的鸡栈及六个月的狗最好吃。

老屋

棺材。比方：在我们老家有这样的习俗，老人过六十岁生日那一天，做儿女的就要为老人准备老衣（寿衣）和老屋。

猪润

猪肝。因"肝"与"干"同音，讳"干枯"而称"润"。比方：在我们老家请客，必须准备十大碗，这十大碗里有一道必不可少的菜，那就是猪润。

做狗

小孩患病的讳称。比方：有一天我家毛毛（弟弟）生病了，我问爬爬（太奶奶），"毛毛是不是生病了"，爬爬说毛毛做狗好几天了。

茶叶

中药的讳称。比方：吃一剂茶叶病就好了。

瓯子

杯、小碗。比方：在老家我们都用瓯子喝油茶、喝酒。

花脚猫崽

借指经常在外面逛，不易见到的人。比方：我们家的花脚猫崽，经常是见头不见尾的。

造孽

可怜。比方：这个毛毛（男孩）打小（从小）就没有阿妈（母亲），身世挺造孽（可怜）的。

乱搞三千

胡来。比方：这人做事总是乱搞三千的，一点都不靠谱。

行邦嘟噹

全部。比方：这个人的财产行邦嘟噹加起来也不值几个钱。

讨八百、捡起八百钱

挨骂。比方：这个奶崽（男孩）没有做任何对不起他舅家的事，今天去他舅爷（舅舅）家，被骂得狗腿招（被骂得很凶的意思），真是自讨八百啊！

夜干田

贬义词，称那种不量入为出、生活无节制的人。比方：这个夜干田，一辈子都没过过好日子。

跟红踩白

趋炎附势和落井下石。比方：这个人做事的作风就是喜欢跟红踩白。

卵火烫

愤怒。比方：这个人卵火烫到了极点。

瞎掰

乱讲话。比方：这个人讲话都是瞎掰的。

打摆子

懒，做事很慢。比方：那个人做事很慢，如同打摆子。

三百斤野猪，全靠一把嘴

形容一个人很会说话，却没什么实际的本事。比方：这个卵崽（男人）什么真本事都没有，也就是"三百斤野猪，全靠一把嘴"而已。

又做师公又做鬼

两面三刀。比方：这个哈崽（成年男子）一根肠子通屁眼（直来直去），他不会做又做师公又做鬼的事的。

3. 哭嫁和哭嫁歌里的方言词语

在笔者的家乡有些地方不仅保留有喝媳妇娘茶的习俗，同时还保留有哭嫁的习俗。灌阳旧时的风俗习惯，女孩子出嫁的头晚，要摆上歌堂，亲朋好友和女孩子相伴，以歌谣互相唱和，倾吐离愁别绪，这叫哭嫁，所唱和的歌就是哭嫁歌，也叫话（读花的音）别歌。哭嫁歌里有蛮多的方言词语。

出嫁姑娘敬阿妈：

> 燕子大了要离窝，女儿今唱哭嫁歌，
> 妈妈茶饭养大我，你的恩情女记着。
> 新打耳环未镀金，镀得金来难操心，
> 何不先前莫洗我，免得冤家操娘心呀。

"莫洗我"什么意思？"洗"是指刚刚生下时洗婴儿，"莫洗我"就是直接抛弃婴儿，不抚养了。"冤家"是新娘自称。

女儿对阿妈哭：

> 阿妈，娘啊，媒人公，绝代公。绅士大财你不放啊，三座茅厂
> 你放冤家。日里猴子来点火，夜里老虎来抠门。风吹瓦屋绫罗响，
> 风吹茅屋满山飞。（白）阿妈你贱过我了啊！

"绝代公"在这儿指断子绝孙的人。"绅士大财"是泛指富有的家庭。"放"，是嫁的意思。茅厂：茅草厂棚，指贫穷人家。"抠"在这儿读"叩"的音。"贱过我"在这儿是让我受苦的意思。

阿妈哭送女：

> 金鸡开口我开声，我女出嫁做新人，
> 你在家中多劳累，（白）我崽贱过了你啊！

"崽"，一般是儿子的意思。但是，在灌阳，不管儿子、女儿，父母、祖

父母或其他长辈，都可以亲切地称之为"崽"。"贱过了你"又是什么意思？就是让你受苦了，委屈了，让你过了卑贱的生活了。

姑娘敬大大：

风吹瓦屋叮当响，风吹茅草散四方，

吹到娘家娘心痛，大大见了要心慌呀。

"大大"是父亲，这个和陕西有相同之处。

姑娘敬媒人：

天上无云不下雨，冤家无媒不成亲，

喊声伯爷亲得很，喊声媒公我伤心呀。

（选自《灌阳县志》）

"媒公"即媒人。灌阳和其他地方不同，常常讲"媒公"，泛指媒人，没有男女之分。

（蒋艳锋）

（四）平乐及恭城官话的特色词

1. 平乐官话特色词

平乐官话接近桂林话，属汉语西南官话桂柳方言中的桂北方言小片，流行于广西北部平乐县。

平乐官话在平乐的每个乡镇又都有一些各自特有的方言语句，包括习惯用语、地方典故、歇后语、谚语等。还有一些字、词的读音与普通话有很大的差别，有些只有读音，难以找到相对应的文字。

这些语句讲起来虽然十分平凡、通俗、直率，有些甚至粗俗，但却都是在日常生活中经过千锤百炼后，逐渐沉淀下来的，蕴含着生活的哲理，都是人民大众千百年来生活经验的记忆和总结。

在这些用语中，有些是比喻，有些是谦词，有些是颂扬，有些是挖苦、戏谑、嘲讽和骂人，还有对生活与社会的无奈和调侃。

下面我举几个例子。

"道州人吹鼓手，哪里哪里！"

这是自谦时的用语，表示对方太过夸奖了，不敢承当。

这里的"吹"，是动词，指演奏。"鼓"，指各种乐器，包括锣、鼓、钹、唢呐、二胡、三弦等。"手"，指操作乐器的人。"鼓手"就是"乐队"的意思，这里指唢呐。

这句话的完整意思就是：像从道州请来的乐队演奏唢呐一样，哪里哪里呀。

湖南人性格热情豪爽，喜欢热闹，各种礼庆上的音乐都是大锣大鼓的，而声音明亮宏大的唢呐，一定是乐队的主角。恭城县靠近湖南省永州和道州，一些人在办各种礼庆时，喜欢请那边的乐队过来助兴，场面宏大一些。

唢呐在开始试音以及给乐队的弦乐器（主要是二胡和三弦）定音时，"降B调"一定是吹奏简谱音符"6"和音符"3"，"辣米""辣米"两个音符听起来好像"哪里哪里"。

现在举个例子：一个人学习成绩比较好，一次考试得了高分，有些同学就说："你是我们的榜样，以后要多多向你学习。"那个人马上自谦地说："诶呀，道州人吹鼓手，哪里哪里呀，你们过奖了。"

打左犁

比喻一些人的行为不合常理，不遵守通常的规则。另外，在一些场合下，也有指一个人脾气非常犟，行为逆反、乖张。

农民犁田时，右手扶犁，左手牵着缰绳。牛走到田头了，自然地拉着犁向右边转弯过去继续犁，这样一直把田犁完为止。只有在特殊的情况下，主人才往左边牵拉着缰绳，指挥牛往左边转弯犁过去。这是犁田的通行规则。所以，就把某些人不按常规办事比作"打左犁"，多有不满、嘲讽和指责的意思。

例如：大家都在排队购买东西，几个人挤到前面去想插队，队伍后面的人就大喊："喂，你们那几个人不排队，不守规则，想打左犁呀？"

另外一个含意是指一些人的脾气执拗、逆反。比如说：有的人脾气很犟，意见和行动总是与众人相反，或是明明错了，却不听劝阻，仍然坚持下去。别人就说："这个人脾气太犟，总是打左犁的。"

人蠢无药医，牛蠢驾倒犁

这是比喻一些人做事不理智，也不听劝阻，或是故意赌气，不顾任何后果地行事，专横独断，胡搞乱来，旁人毫无办法，只能叹息。如果是一头犁田的犟牛这样乱来，就可以采取倒插犁头的强硬做法，制止蛮牛胡窜乱跳，让它老老实实地犁田。

当然，这句话主要是叙述和强调前半部的内容，是说有些人不理智、不讲道理，不听劝阻，蛮横、愚蠢起来实在是没有办法对付的。

这句话的后半部则是无奈的感叹和调侃：如果遇到一条牛这样蛮横的话，那倒还有办法，只要把犁头垂直倒插进泥土中去，这条犟牛就会老老实实的了！

"豆巴鬼，五月黄。"

这是一句极其恶毒的诅咒、骂人的狠话，而且是专骂小孩子的。

黄豆有早、迟几个品种。早黄豆在农历春季二、三月才种下去，到农历初夏五月就收获了，因此叫做五月黄，比起其他作物来说，生命期是很短的。所以有些人就把这些顽劣的小孩比做早熟早收割的黄豆，是说他们像"五月黄"一样的短命鬼。

另外，"豆巴"也就是"豆子"的意思。

"豆"字后面加个"巴"字，叫成"豆巴"，也是制造双音节词的需要，就如同把"泥"叫做"泥巴"、把"嘴"叫做"嘴巴"一样。

万人锅打沕（读秘）子——有去无回

或是说："去万人锅游水，你不要命了？"

这是比喻和告诫一些人：明明知道前面是陷阱，有极大的危险，就不要去冒险蛮干，否则后果难料。

潜水，北方叫扎猛子，平乐和恭城都叫"打沕子"。

漓江、荔江和茶江三条江水，在平乐县城西南边的令公庙和印山亭附近汇合后，改称桂江。往东南行约两千米，北岸是东泉街街尾的寡婆井（地名，背靠极为陡峭的云盘岭），南岸也是陡峭的山岭，山岭尾部是老公路的汽车渡口。在南北两岸之间，有一深潭，叫做"万人锅"。

从小就听老辈人说，当年狄青南征，曾在这里埋锅做饭，用的是一个可同时烹煮万人食用的大铁锅。在狄青班师回朝后，铁锅被弃置在这里，年深月久，就变成了这个深潭，所以就叫万人锅。

听说万人锅很深，又听说曾经有人用二十根棕绳连接起来放入水中，都还探不到底。而且深潭中央还有一股不停旋转的涡流，船舶经过这里都要小心地避开。还听说曾经有一群鸭子游到潭中央，就马上被涡流卷入江底不见了，非常可怕，从来没有任何人敢来这里游泳，更不要说在这里"打沕子"了。

所以人们就传出了这样的歇后语警告说：万人锅打沕子——有去无回！也有人说：去万人锅游水？你不要命了呀！

顺便多说几句：听说20世纪80年代末，曾计划在这里架设一座桥梁，连接两岸。在进行前期勘探时，发现这里不但水深，潭底还有一条暗河，并且有一豁口上下水流相通，桥墩施工非常困难，最后只得另外择址。如果此言属实的话，那深潭中央产生涡流就不足为奇了。不过也有人说是因为潭中有一石柱突出，离水面只有数米，是水流冲击石柱而引起涡流的。而我猜想，可能是二者兼而有之，才能产生出这样大、这样深、这样永远凶猛旋转的涡流来。

（黄兆林）

2.恭城三个非常有趣的方言词语——说说"夥、悖、惹"

夥

桂林所属的大多数县，特别是恭城、平乐等地，有一个非常有趣的方言词语"夥"。普通话读音是"nǎ"，在普通话中已经不使用，但在大桂林各地却保留了这个古语词，日常语言交流中经常使用。"夥"在大桂林的读音是尼鸦合音，即 nia/lia，第一声。如果借用反切方法注音，可以是"尼鸦切"。

"豬"的原意是粘或黏的意思，即具有粘性（形容词），或是将两种不同的物质粘连在一起（动词）。比如讲：

（1）这种大糯米煮的饭特别豬，可以当浆糊使用。（形容词）

（2）把报纸豬在墙上。（动词）

豬在日常生活中，则引申为人们之间靠近、靠拢、贴近、亲近的意思。比如说：

（3）你不要豬我。

（4）大家离远点，不要豬这么近。

又如：

（5）你们两人豬得这样近，等下又打架子了。

（6）你们几个人又豬在一起了，又想干什么去了？

这里的豬字就是靠近、亲近、靠拢的意思。在某种特殊情况下，也有逗惹的含意。

惹

惹普通话读 ná（拿），阳平声。大桂林各地官话读 lia、nia 或者 ngia，都是第二声，分别是"力牙""尼牙"和"额牙"的合音，有生气、愤怒、恼火、烦躁等意思。例如：

（1）他那天无理骂人，搞得我心中非常惹火。

（2）家里事情多，小孩又吵闹，心中惹得很。

（3）八百搞出一吊二，你讲惹火不惹火！

（4）我就是惹火！就是卵火烫！哪样子？

惹

惹，普通话读 rě（"热"的第三声），大桂林各地官话读 lia、ngia（即ηia）或者 nia，都是第三声，分别是"力雅""额雅"和"尼雅"的合音。意思和普通话差不多，也有不同的地方。而读音差别尤其大。有挑衅、挑事、挑逗、触犯、引起等意思。另外，在某些场合和语境下，还含有哄人、骗人、故意逗人等意思。

比如说：

（1）你莫惹我。（意思是说：你不要挑衅我。是警告的语句）

（2）是他们惹事在先，我们还手是自卫。

（3）他是故意惹架子打的。

（4）我们没有惹他们，是他们惹我们的。

（5）你又想来惹是生非了呀。

这些例子中的"惹"字，是挑衅、招惹、挑逗的意思。又比如说：

（6）你又来惹我呀，上次上了你们的当，这次我不上当了。

（7）你莫惹我了，世界上有这样好的事情吗，我才不信呢。

这些例子中的"惹"字，是逗玩、哄骗的意思。这些意思普通话是没有的。

（黄兆林　梁福根）

（五）临桂方言特色词

1. 临桂几个特别的方言用字

临桂方言丰富，除了官话，还有特别的义宁话（五通话）、平话（平声）、客家话（麻盖话）等。

临桂除了有大桂林方言中诸如崴（音胆）、挽（读满：字典中为�… ，常常误写为"满"）、岂（读额）等特别的方言字之外，还有几个独有的方言用字，蛮有味道。

榐

榐，这个字普通话读"险"，xiǎn，但是在临桂官话里头，读音和"浪子"的"浪"相同。大体上是个会意字，有树林的田野。也有人解释为高而平的地方。在两江镇有木脚榐、霍家榐、龙石榐、榐头等地名。大名鼎鼎的李宗仁，他的老家就在木榐头村。在两江李宗仁老家祖宅旁边的路边，就有一块路牌

1.29 "lang 头村"

写着"栎头村"三个字和它们的汉语拼音（见图 1.29）。

垎

垎，这个字临桂官话和大桂林各地官话一样，读"泵"（bong）的第三声。有破口了、出伤口了等意思，手捱割出了个伤口，喊做"割垎了"。经常写成"泵"字代替。再引申为喀斯特地貌的小天坑、地缝、竖井（垂直的坑洞、岩洞）等意思，这时候是个会意字："地口"。临桂南边山乡富汴（读变）村附近有个"垎岩"，阳朔葡萄镇八塘村浆子山背后（山东面）田里有个"垎窟"。灵川县公平乡有个"地垎石"的地名。这个字有人用"嘣"代替，有人写"硑"，后者肯定不对。

桂林话有个词喊做"垎箍"。以前的木桶用竹篾或者铁丝箍紧，铁丝箍断了，水桶就漏水，甚至散架，引申为爆料、告密、点破、说破等意思。大桂林都讲"莫讲垎，讲垎不值钱"。意思是：别说穿，说穿了没意思。南片桂北平话有个词喊做"糜心垎肚"，是坏心肠的意思。糜是烂的意思。（见图 1.30）

屠

屠，临桂五通话读音近似普通话读"送"，只是普通话的"送"字是舌尖前音，五通话这个字的声母是舌叶音。本义指屁股（臀部）和肛门，引申指半山梁的地方，或者在高处的背后的地方。

1.30 嘣箍

1.31 趵水窟

讲到这两个字，我们顺便讲讲这个"杏"字，这个字普通话读 qǐ（起），是指"明亮的星"。广西人借用后读"闷"，这个字在荔浦、平乐、恭城等地使用，在柳州、河池等地使用更是频繁。这是个会意字，"口"字上面冒"水"，意思是泉水，从地面或者石头堆、石头缝里流出、冒出的水。有人写成"澫"，这个字是水满的样子，水满容易冒出来。有的地方误写成"汶"。

到了阳朔、临桂、雁山区的桂北平话，把泉、泉眼喊做"趵水窟"，泉水喊做"水窟水"。"趵"读"抱"，是液体涌出来的意思，大汗淋漓也喊"汗水侭趵出来"。山东济南就有著名的"趵突泉"。（见图 1.31）

馬

馬：这个字临桂五通话读音近似普通话读"列"。也是会意字，"馬（马）"没有了下面的四点，等于没有了四只脚，不能正常走和跑了。喻意人的脚残疾，踔（读掰）了、瘫了。据说，在中庸乡桐木村 24 级台阶口，以前有块碑，上面刻了这个字。

宋

宋：在五通话里头和"掂"同音。是指两头大中间小的东西，比如，以前打草鞋用的一个工具，草鞋也基本上是这个样子。这个和普通话里头的"朵"意思有点相反，"朵"普通话读 gá，是个会意字，是指两头小中间大的东西，比如"夵夵"是小把爷的一种玩具。

伮

伮：在五通话里头和普通话的"内"字声母韵母都接近，但读第一声。和㞕（㞕，读"满"）字是近义词，但有区别。㞕是同辈兄弟姐妹中排行最小、最末尾那个，比如㞕崽、㞕女。生的是最后一个就是㞕，生的不是最后一个而又小就是伮。伮是指小的，㞕一定是伮，但是伮不一定是㞕。有"老㞕"的讲法，也有"老伮"的讲法，还有伮弟、伮妹、伮叔、伮婶、伮舅等讲法。

伮还有瘦小、矮小、委琐等意思。在瘦小、矮小的意思方面，有点类似普通话里头的"奀"字。这个"奀"，普通话读 ēn（恩），是个会意字，"不大"，所以这个字的意思就是瘦小。

伕

伕，这个字普通话是多音字、多义词：读 yǎo（舀）的时候是瘦弱，曲、卷曲等意思。再一个是读"佛教"的"佛"，fó，在古代和"佛"字意思相同。

临桂以前有人给小把爷起名字时喜欢用这个字，当然主要是 40 岁以上的人，现在很少了。这个字读音和意思与"佛教"的"佛"相同。比如讲这些名字：伕伕、伕顶、伕引等，笔者一个夭折的远房堂弟就喊"伕赐"。

"伕"和"佛"读音、意思完全一样，是异体字，为什么大桂林人用"伕"，而不是用"佛"起名字，这里头有关于中国传统文化的避讳问题。

"为尊者讳，为亲者讳，为贤者讳"，意思是要为尊贵的地位高的、亲人、贤能的人有所避讳。所以，以前的人不讲父母的名字，就算给去世了的亲人打碑，非要刻上名字时，先讲个"讳"字，然后才刻名字。以前，父母的名字是不能讲的，笔者小时候，小伙伴之间吵架，最大的侮辱就是讲出对方父母的名字，这等于是骂人。

因此，古代印刷书印到"孔丘"的"丘"，就写成"丠"。

著名的桂林籍文学家况周颐（1859—1926），是晚清官员、晚清四大词人之一，他原名况周仪，因为避宣统皇帝溥仪讳，才改名为周颐。

有人姓"丘"，有人姓"邱"，比如邱少云、丘成桐，等。为什么有这两个同音不同字的姓?

其实,当初就是只有"丘"姓,没得姓"邱"的。后来,为避孔子的名讳,有的丘氏改为邱氏。据说,清雍正三年(1725),颁诏尊师重道,要避讳称先师孔子圣讳"丘"字,凡是姓氏、地名,是"丘"字的一律加右耳朵旁,改为"邱"字。民国以后,新时代了,有人改回了"丘"姓,有人没有改,照样姓"邱"。这样,就同时有"丘""邱"二姓。

秀才曾经喊"茂才",为什么?因为为了给东汉光武帝刘秀避讳,找个同义词替代。

因为"佛"是至高无上的,因此,更加要避讳,所以临桂人避开常用的"佛",用个少用的"伕"代替,不敢冒犯"佛",怕受不起。

那为什么以前不管男女,有些人名字里头有个"伕"字?这是因为以前信佛的人多,有的信佛的家长,为了求得佛对子女的保佑,或者是因为烧香拜佛才"求"得的子女,所以,给子女的名字里头带有个"伕"字。比如"伕引"这个名字,意思可能是求得"佛"的指引,或者是"佛"引来的。引在平话中还有"带""照管"的意思。"伕赐"这个名字意思就很明白了,是神佛赐给的崽。可惜笔者那位神佛赐给的堂弟也没有得到神佛的保佑,早早夭折了。

堽

堽,读缸,gang,第一声。古时同"冈",是临桂、阳朔等地常用的地名用字。

在大桂林,一般把土山喊做岭,石头山喊做山。堽是提土旁的,所以,堽是大土丘、大土坡,不是石山。在会仙镇有大瑶堽、小瑶堽等地名,在庙岭有堽背、算堽等地名。阳朔葡萄镇八塘村浆子山背后(山东面)和桂阳公路之间有大鱼堽。有时也写成"冈""岗",如六塘镇的"虎子岗"。

呿

呿,这是临桂、阳朔、雁山区的桂北平话常用的方言字,普通话读"地",平话读音近似"蝶"。意思相当于"们",你呿、我呿、他呿,即你们、我们、他们。

嘅

嘅,普通话读 gě,这是临桂、阳朔、雁山区的桂北平话常用的方言字,平话读音近似"格"。助词，相当于普通话的"的"。你嘅、我嘅、他嘅，即你的、我的、他的。你哋嘅、我哋嘅、他哋嘅、众人嘅，即你们的、我们的、他们的、众人（大家）的。

上面讲的是临桂几个特别的方言用字，有些不仅在临桂使用，有的则是临桂人创造的新字。

（梁福根）

2．"个"趣

在临桂两江（含原渡头）、茶洞一带，"个"这个量词的用法，比较奇特、有趣。

如：个叔——叔叔，个妹——妹妹。有时直接称呼也这样用，比如："个叔，你多担待点哦，我那个妹崽没什么懂事。""个妹，你那么小就出来卖菜了，真能干罢。"但这种用法，一般用在不是很亲的亲属或非亲属身上。自己亲的，称呼时不加"个"，比如："叔（二叔、三叔、四叔），明天过来我们这边吃饭哦，妹崽的男朋友来过定（指定亲）。""妹（或者直接喊她的名字），你去深圳打工，自己注意照顾好自己啵。"

很多人名，也用到了"个"。比如"莫个桥""周个弟""肖个姑""李个干"。实际他们的名字就是一个单名"莫桥""周弟""肖姑""李干"，在打招呼的时候，也往往省略"个"。比如："桥，又去赶茶洞墟啊。""弟，你这个猪我怕有三百斤了，杀得了。""姑，什么时候请我们吃酒啦。""干，个头梳得亮亮的，褐看人不是啦？"但是书写的时候没有一个"个"字，就觉得别扭，这属于特有的习惯现象。

除开（意思是"除了"）名字用"个"，还有表示本人的用法。比如：个人最近比较耐，连没想行动（个人，我、本人；耐，累、疲倦；行动，走动）。翻译为桂林话，就是：最近我比较疲倦，都不想走动。

（李生英）

第二部分

趣味方言故事

一、桃舅娘（桃金娘）

很久很久以前，在一片大山里住着美丽、善良、勤劳的桃金娘。有一年大旱，山上的植被、树木快要旱死了，再这样下去不仅动物们无法存活，人们也将无法生存。桃金娘很是着急，最后她割掉了自己乳头，捧着滴血的乳房在山上奔跑，用自己的血滴灌树木，最后血竭而亡。天神感动，降下了大雨。在她血液滴洒的地方，长出了结着乳头状果实的植物，人们就把它叫做桃金娘。

这是桂林民间扯的板路。桂林人一般把它叫桃舅娘，算是一种昵称吧。南片桂北平话有叫梅娘子的。

《本草纲目拾遗》记载："粤志，草花之以娘名者，有桃金娘，丛生野间，似梅而微锐，似桃而色倍赪（普通话读 chēng，红色），中茎纯紫，丝缀深黄如金粟，名桃金娘。八九月实熟青绀，若牛乳状。产桂林，今广州亦多有之。"

桃舅娘果实可酿酒，也可直接食用，是吃货小把爷的最爱。以前的小孩子没有那么多零食吃，偶尔会用零花钱买来塞牙缝。不过，吃完了就瞒不过家长了，因为舌头会染成紫色，吃多了还通不了便。

（徐 颖）

二、逃军粮

"桃舅娘"，桂林方言里也叫"逃军粮""逃饥粮"，它学名叫桃金娘、山稔子。成熟的逃军粮果形像一个饱满的"囊"，"囊"的近音谐音为"娘"，再加上它又可以食用，又另谐音为"粮"。逃军粮是多颗果实聚长在一起的，古语中称之"囷"，就是聚积的意思，"囷"谐音为"军"或"金"。逃军粮长得比樱桃略小，"桃"谐音为"逃"，于是就形成了"逃军粮""桃金娘"的叫法。此外，在战乱或大灾之年缺少食物时，人们可以靠吃逃军粮来抵抗饥饿，所以也称其为"逃军粮"；也说它是逃兵之粮食，所以喊"逃军粮"。

每年的中秋前后，山岭上的逃军粮成熟了，孩子们兴高采烈地穿梭在山岭间来采摘，享受着收获的喜悦，逃军粮也成为孩子们常见的秋季零食。逃军粮的树一般都不太高，是灌木丛，便于采摘，就算是小孩也够得着，再加上逃军粮的挂果率很高，一株不大的树上挂满累累的果实，所以摘逃军粮是一件很爽的事情。摘的时候，摘的人会边吃边摘，看到那种又黑又大的佳品，摘下来先放进自己的嘴巴里。桂林有关于逃军粮的谜语："一蔸树，矮又矮，上面挂满坛子崽"，形象地描绘了逃军粮的外形。成熟的逃军粮是暗紫色的，颜色越深成熟度越高，果实是卵状壶形，也像缩小了的坛子。熟透的果子肚子圆嘟嘟的，像一个个胖乎乎的小坛子，看起来相当可爱。摘之前大人会告诉孩子："去摘（读择）那种肚子圈太太（太读第三声，圆、饱满的意思），莫揭择那种瘦杠杠（瘦弱、不饱满）的。"逃军粮果肉麿（麿普通话读迷，桂林话读梅第一声）软，果肉里夹着籽，吃的时候将顶部的小盖盖摘去，然后手在果实肚子上一挤，果肉就挤到嘴里了。果肉吃起来味道甜丝丝的，不会夹杂其他乱七八糟的味道，口感很好，吃多了嘴巴会染乌。但是一次不能吃太多，不然会有便秘的情况，所以每次吃完，大人都会说"多喝点水，不然屙不出屄的哦"，"莫空肚蜕（肚子的意思）吃"。

（莫珊珊）

三、挤老米

1924 年，广西督军陆荣廷在桂林开仓放赈，老百姓为了等米下锅，在粮仓前排了很久的队，挤得一身皮都快脱了，才得到几斤陈年糙米，即"老米"，所以戏称"挤老米"。后来人们把人潮涌动排队抢购称为"挤老米"，形容非常费劲。

另指抱团取暖的游戏。小时候，冬天上学，大家一起玩"挤老米"。课间十分钟，十几号人挤在教室一个角落，你挤来我挤揭，热量不能增加多少，热闹却有十分。

四、夜路走多了遇着鬼

桂林人规劝浪子回头，会质问他："你就不怕夜路走多了遇着鬼？现在学好还来得及。"夜路走多了遇着鬼，说的是做多了坏事必将受到惩处的道理。

世上本无鬼，说是"人吓人，吓死人"，这又是另外一句桂林方言熟语了，意思是其实没有鬼，人吓人才最可怕。

（彭强民）

五、老实

20 世纪 50 年代末，桂林诗人杨怀武被打成右派下放农村，来到了兴安某村，接受劳动人民的再教育。房东一家热情接待了这个大学生、大知识分子，特意做了过年才吃的花生炖猪脚为他接风。

杨怀武客气一番后在火塘边坐下，知道农村人吃一次肉不容易，一手捧着白米饭，一手伸出筷子想夹一颗花生米，房东看他的样子，说了一句："老实点！"声音不大却如惊雷，诗人心思百转，心中警醒自己的身份，马上收回了筷子。但吃白饭很无味，诗人又伸出筷子想蘸点汤，房东又说："老实

117

点！"诗人心中大震，心有不舍地收回了筷子。一顿饭下来，就吃了一碗白米饭。房东饭后称他太做客，他笑称自己不爱吃花生炖猪脚。后来，诗人才明白当地方言，"老实点"是不用客气、就像在家里一样的意思。

六、冇乃极

"冇乃极"来自湖南话，是没得、没有的意思。

传说有一个卖菜的湖南妇女，刚刚隔奶（即断奶）不久，晚上，孩子见着了妈妈，哭闹得不行。妇女温柔地劝不行，脾气就上来了，大声喝道："冇奶吃！"有桂林邻居听到了，不明白她喊什么，有好事者想当然解释了："冇乃极就是没得的意思。"后来传开来，大家都以为是"没得"的意思。比如有两个朋友见了面，问："昨夜打牌有卤（赚到钱）没？"回答："冇乃极（没得，没有钱）。"就像黑话一样。常有人写为"毛乃吉"。

七、放屁也来钱

比喻死要钱。传说有个草医在街头行医，专治消化不良，他悄悄地告诉学徒："放屁也来钱。"不同的屁意味着不同的肠胃疾病。后来引申为赚钱不择手段。阿姨在饭店吃饭，结账时被收了口纸钱，很不高兴地说："你们真的是放屁也来钱，几张口纸也要钱？"

八、毛秀才

毛秀才在桂林话里也就是番茄（西红柿）。从前番茄不是用来做菜的。传说，从前有一个官员下乡肚子饿了，就近进了一户人家，那时不是饭点，那家人只有米没有菜，就跟官员说："冇食材。"那家人讲的是湖南口音的客家话，官员讲的是桂林话，但也听得懂。官员一眼看到了番茄，却不知道叫什么，便问："这是什么果？"那家人还是说："冇食材。"意指不能拿来做菜。官员听成了"毛秀才"，命令道："我就吃毛秀才。"让那家人将番茄做成了一道菜。据说后来人们就把番茄叫成毛秀才了。

（彭强民）

九、大虫进城

"吵嘛吵嘛，你还吵我丢你出屋门口喂大虫揭！"

这是我小时候哭闹起来，父母经常用来吓我的话。

"大虫"是什么？那时我也没见过大虫，只听大人讲大虫样子像猫，但是比猫大多了，差不多和黄牛那么大，有好利好利的牙齿，可以一口把大肥猪咬死，还专门吃爱哭爱吵的把爷（小孩）。我妈还讲，大虫都到义宁了，三跳两跳就到我们屋门口的。

后来上学认得字了，看了《水浒传》才晓得，大虫原来是老虎。《水浒》里头讲景阳冈有大虫伤人，后来武松喝了酒，把大虫打死了，讲是"武松打虎，为民除害"。

关于大虫到了义宁的事，参加工作以后，接触了史志类图书，发现我妈还真没有哄人，义宁真有过大虫，只不过是很久很久以前的事了。再一个，离我们屋门口天远地远，莫讲三跳两跳，就是三百跳三千跳恐怕都还到不了我家。

据旧志记载，临桂旧时直到明清时期，县域山区，岚山雾岭，草茂林深，交通险阻，人迹罕至，常有大虫现身。明朝嘉靖年间，义宁县城（今临桂区五通镇）从城外林莽中窜出一只大虫，跳过一丈多高的城墙，进到城内，悠闲行走，吓得全城老小纷纷逃躲。从那以后，人们虽然严加防范，但还是防不胜防。乾隆年间，竟然又有一只大虫闯进义宁城内。可惜我生不逢时没看到。

星移物换，山川巨变。大虫已经成为了珍稀动物，现在就是到广西著名的十万大山恐怕都看不到大虫的影子啦，想看大虫的真容，只有买票进动物园了。

十、方言对子难倒私塾先生

民国时期，临桂有很多有钱人家办私塾馆，不光是教他们自己的把爷（小孩），也让别家的把爷一起读书。馆里一般一个先生，也有请两到三个的。私塾先生多是考举落第秀才，都比较有才华，不过对于乡间俚语，他们也不一定都晓得，即使晓得，有些也写不出字来。

老人家讲，我们村里有一个人称六公的，没读过一天书，但聪明能干，年年过年都是自己编对子喊人帮写来贴的。

有一年，村里私塾馆来了个年轻先生，差不多过年的时候六公就喊他帮写副对子。先生就说，老伯想要什么样的对子，是要"门对青山千古秀，户朝绿水万年长"，还是要"九天日月开新运，万里笙歌醉太平"，或者要"天增岁月人增寿，春满乾坤福满门"。六公讲，那种对子个个贴，没想要，你帮我写你自己编的吧。年轻先生有点为难，虽然自己熟读四书五经，也读过李渔的《笠翁对韵》，但那也只是书本上看到的，自己没有真正编过一副对子。

六公见他为难，就讲我编了一副，你帮我写就得了。年轻先生一听，心里觉得好笑，我一个秀才都编不出，你一个山野村夫能编得出对子？就有几分轻蔑地讲："老伯，只要你编得出，我保证帮你写。"六公看得出年轻先生没什么看得起他，心里也不太舒服，就讲："若是你写不出哪子讲？"

先生有点傲气地讲："老伯，你都能编得出对子，难道我连你那两下都没得？这样吧，讲'天对地，雨对风，大陆对长空'太深了你也没懂，只要你编的对子字数对，词性准，基本上工整就可以了。你若是编得不像对子，你孙崽的学谷（学生读书交谷子当学费）明年翻倍就是交两份，这个要求不高吧？"

六公讲："没高没高，可以。那若是你写不出呢？"

年轻先生哈哈大笑讲："没有我写不出的字，若是我写不出，算我输。你孙崽明年的学谷一颗也不用你交，全部我帮出。"

六公很不喜欢这个年轻人，认为他太要上了（要上，就是自以为是，骄傲的意思），就讲："那我没肯（没肯，不答应、不同意的意思）哦，若是你写不出，你莫在我们村做先生了，从哪垯来，回哪垯朅。"

年轻先生虽然没什么喜欢六公讲这个话，但当着很多门生（学生）的面，也没好发气，就讲："好吧，一言为定！"

这时候，东家和另外一位先生还有村里很多人都来看闹热（热闹）。他喊六公讲自己编的对子，六公讲那你磨好墨先，红纸我拿来了。

待得年轻先生磨好墨，六公就拖长嗓音大声讲出他编的对子：

上联："五户！谁家放炮？"

下联："以戏！哪个安年！"

"五户"和"以戏"都是土话感叹声（拟声词），这四个字，果然难倒了年轻先生。当夜，年轻先生卷起包袱，别过东家，悻悻地离开了我们村。

其实"五户"和"以戏"就是"呜呼"和"噫嘻"，只是在方言里头的音变罢了。

十一、两把烟

临桂话有很多字词发音带有本小区域的特点，好比讲庙头一些长者在讲官话（桂林话）的时候会带有本地音，"狗"讲成"搞"。而两江"黄""王"不分，都讲成"王"；"女""你"不分，都讲成"你"。有一个爱吃空子（讲话时占别人便宜或者贬损对方）的人，一天早上见到一个老乡，就讲"某人昨晚生了个你啵"，那等于讲你是某人生的。这个讲的是异字同音的"故事"。

闲话少讲，就讲"把"字吧。在临桂的土话里头，"把"字作为量词的时候，是某种事物的综合整体或单个物体的称谓，比如"一把柴火""一把锄头"。前者讲的是很多根柴捆为一个总的集合体，后者讲的是一个单件物体，也就是讲"把"字有多重含义。

除了上面举的数量词例子，"把"还经常被当作概数词来完成意思表达。比如："多个把人没要紧""她比我小岁把罢了"，这里的"把"也等于是补充或是限制所要叙述事物的"量"——表示一个大概的数量。例句中"个把""岁把"，意思是一个人而已、一岁罢了，为数很小。

121

由于"把"有表达整个数量综合体的量词的用法（一把柴火），又有概数词的意思表达，在不同语境下使用，不但诙谐、有趣，在生活当中还可以起到出其不意的制胜作用。

小时候听到过一个"两把烟"的故事，讲的就是这种事情。

西乡茶洞有个智慧人物，叫胡派赖，最爱打抱不平，帮人出主意整那些奸诈小人，有点像新疆的阿凡提。

某年，两江街上开了一家卖生烟的烟铺，卖一大把一大把的烟叶，也卖切碎了的烟丝，用现在的话讲，是批零兼营。买一把、几把、几十把，三五斤、几十斤的烟叶，或者买一二两、七八两烟丝都可以。老板是外地来的，开张那段时间还可以，价钱也算公道。但慢慢地，老板就要起滑头了，卖出的烟不是烟丝里头参烟梗，就是把烟脚当好烟卖，还克扣秤头（斤两）。挨他克扣秤头的顾客越来越多，渐渐地，大家都讨嫌他了。有好多人就去找胡派赖，请他想个办法整一整这个烟老板。历来好打抱不平的胡派赖，自然欣然接受了大家的请求。于是如此这般地和乡亲们商量好，等到某日某夜报"一箭之仇"。

胡派赖看准时间，选了一个寒风刺骨的冬夜丑时（凌晨两点左右），他和一个老乡来到烟铺门口，用力捶打大门，大声喊"老板老板，买烟买烟，买两把烟！买两把烟！"那敲门声和喊门声，大得连隔壁邻舍都挨吵醒。烟老板正在暖烘烘的被窝里边睡得舒舒服服，挨胡派赖他们这么一吵醒，气得火冒三丈，恨不得起来拿棍子撩（即打、揍）他一顿。但是一听讲买两把烟，就转怒为喜了，认为是买两捆烟。他想，这么久以来，生意惨淡，好不容易有人来买烟，最多也就买半斤一斤烟丝，好少有买把数的烟叶。于是，一边答应来了来了，一边穿衣起床，一溜小跑打开了店门迎接"财神"驾到。

胡派赖拉起老乡进得店来，嬉皮笑脸地讲："哎哟，老板，难为你了！难为你了！今夜屋里头来了客人，吃完烟了，逼到（读倒）来吵烦你。这样子吧，干脆要够二两。"老板这才醒水（醒悟的意思），原来不是要两大把（捆）烟叶，是讲要一两多一点的烟丝。这个"两"不是数词"2"，而是量词10两等于1斤的"两"；这个"把"是概数词，不是指大把大把（捆）的"把"的量词。

老板本想撵走胡派赖的，一想生意难做，二两就二两吧，气鼓鼓地称了二两烟丝收了钱就送客睡觉——第二天起这个烟老板病了一场，不久就关张回老家了。而"两把烟"的故事，则在西乡一带流传了下来。

讲到这个胡派赖，在河池变成"石撇咧（撇咧都读第三声）"，是一样的阿凡提式的人物，但是有点捉弄人，占人便宜。派赖和撇咧是在不同地方的方言音变罢了。

（李生英）

十二、要错就是苏山庙错

"哥子，没是这样子做的吧？"

"没错的，要错就是苏山庙错！"

……

"兄弟，你搞错了！"

"哪有错咧？要错就是苏山庙错！"

在荔浦县修仁镇上，在老辈人口头上，你可以经常听到这句话："要错就是苏山庙错。"这句话用带玩笑（调侃）的语气，肯定事情没有错误。

苏山庙在哪垲？修仁镇为什么有这句话？

先讲苏山和苏山庙。

话说在修仁镇旁边，有一座山喊苏山，也是修仁镇旁边最大的山。在苏山的山腰有一座古老的庙宇，喊做苏山庙。

根据有关文献记载，北宋皇祐年间，平乐府贺县知县狄遵诲在苏山附近讨伐乱贼，在苏山下驻军，梦见汉代著名的爱国英雄苏武的神灵。知县不敢怠慢，就到苏山上祭祀、祷告苏武的神灵。班师回朝后，就在苏山建庙祭祀苏武。苏山庙的侧下方有一堵石壁，有小股的泉水渗出来。古时候，当遭遇旱灾时，人们就在这里祭祀求雨。

有些文献讲，就因为北宋时知县狄遵诲在苏山建庙祭祀苏武，所以这座山喊做苏山。其实这是不对的，这座山的名字至少是从唐代后期以来就这么喊的。

唐代宣宗大中元年，唐代著名诗人李商隐就来登过苏山，而且写过《赛曾山、苏山神文》呢，可见苏山的名字在李商隐笔下就写到了。

那李商隐为什么要来祭祀苏山？这个板路要扯一下啵。

事情是这样子的。郑亚被任命为桂州刺史和桂管防御观察使，也基本上就是大桂林这一带的最高军政长官。郑亚欣赏李商隐，就举荐李商隐为他的幕僚，做"支使兼掌书记"。"支使"是唐代的节度使、观察使的附属官（其他地位接近的官员也可以设置"支使"）。职责主要是外联、出差、跑腿。"掌书记"全称是"节度掌书记"，唐代景龙元年设置，是从八品级别的文职属官，接近汉代到南北朝时期的记室、参军，是掌管一路军政、民政的机关的机要秘书，掌管奏折、书函等文书工作，要求写作能力强。"掌书记"的命运常常和他们长官的升降密切关联。

在唐代的时候，新任的地方官员要祭祀当地的名山大川和各路神灵、庙宇。郑亚到了桂林以后，就到阳朔、荔浦、永福、兴安、灵川、平乐、贺州等地祭祀各路神灵。李商隐是他的首席大秘书，就跟到（读倒）他到处走，给他写各种祭文。李商隐也就是这样登苏山的。

那为什么修仁镇有"要错就是苏山庙错"这句话？这里头有个故事，这个故事变成了一个典故，这句话也成了当地的固定熟语。

苏山庙庙门上有一副对联：

神殿有尘风自扫，
庙门无锁月常关。

这副对联确实好，很有诗意。就是因为这副对联太好了，才出了下面的板路。

大概在民国时代，苏山下面某村子一个村民某人，认得蛮多字，懂得点对联，也会写毛笔字。一天，他上苏山，看到苏山庙这副对联，左看右看，左读右读，诶，觉得对联蛮好！就背下来了，默记在心。

这不，过年来了，家家户户贴对联。他也要贴对联啊。过年贴什么样的春联呢？左思右想，一时想不出什么名堂来。想到（读倒）想到（读倒），忽然间苏山庙那副对联冒出了来。对了！就写这副！这么好的对联不用，用哪副？

就这样子，他大笔一挥，写下了苏山庙这副对联，自鸣得意地往大门上一贴：

神殿有尘风自扫，

庙门无锁月常关。

村里有比他更懂得对联的，一看他的对联就想："不好！把庙里的对联贴到家里来了，哪样子了得？朗子要得？"

好心的人就对他讲："诶，老哥子，对联错了！"

这个人想，是不是我记错了？写错字了？或者是上下联贴反了？

他又是左看看右看看，左读读右读读，确认自己没有记错，也没有写错字。

于是，他自信满满地讲："哪块错了？没有错！要错就是苏山庙错！"

结果呢，这个事情一传十，十传百，在修仁传开了，年深月久，就变成了典故。"要错就是苏山庙错"就成了当地的惯用语，只要肯定事情没有错，为了轻松愉快地表达，就讲："要错就是苏山庙错！"

十三、卖了蚂蚥买田鸡

在大桂林乡下，普遍把青蛙喊做"蚂蚥"。好久以前，一位乡村大叔到桂林卖蚂蚥，卖完以后到铺子上吃晌午。他想，好不容易来一次城里头，要吃一点从来没有吃过的城市新鲜菜，看看城里人有什么新鲜板路。

他问铺子里头的人，有什么好吃的，铺子里头的人数了一串菜名。他听到里头有"子姜炒田鸡",他就想:"田鸡?从来没有听到讲过啵!只听到讲过土鸡、公鸡、母鸡、野鸡,没听到讲田鸡。可能是田里的水鸡崽,见过,但是咧,没有尝过。"

水鸡崽是一种经常出现在田里头的水鸟。平话讲落汤鸡就讲"水鸡崽"。

"那你给我炒盘田鸡嘛。"

铺子里头的人讲:"好!等一下就得了。"

过了一餐崽(即:一会儿),铺子里头的人就端起一盘"子姜炒田鸡"放到他面前。他一看,就讲:"不对啊!我要的是田鸡,你给我炒蚂蚜做什么?"

"田鸡就是蚂蚜,蚂蚜就是田鸡!"

这位大叔哑巴吃黄连,有苦讲不出,只好闷着头把田鸡吃了。他实在想不到桂林还有人把蚂蚜喊做田鸡!

这个故事传开以后就给别个嘲笑为"卖了蚂蚜买田鸡",后来成为一个惯用语,指由于所使用的方言词汇的不同而产生的误会,同样的东西不同的称呼,进一步引申为做无意义的事情。

这种误会产生于不同方言的"异名同实",即名字不一样,但是就是指一个东西。比如讲嘛,桂林人讲的八棱瓜,在大桂林很多地方讲水瓜。和这个相反的是"同名异实",就是讲法(名字)一样,意思不一样。比如讲"生活",官话一般指"日子",但是,南片桂北平话讲的"生活"指的是"活生生"。官话讲的鼎锅,桂北平话讲铫锅、炉铫(读吊)等。

各地方言不同,就会产生各种误会。

(梁福根)

趣味熟语板路

一、歇后语

（一）从一个有意思的歇后语讲到大桂林一个方言字"蛻"

歇后语是各地方言很有味道的语言现象。桂林话里头的歇后语的板路也是蛮有意思的。不信我们来看看下面这个歇后语。

蛻（读满）姑娘咳（的）嗽——没得谈（痰）

"蛻姑娘"是哪个？姑娘就是女把爷、年轻妹崽。蛻，是桂林特有的方言字，也喊做俗字。《汉语大字典》有个"屘"咧，音义完全相同。这个字好有意思的啵，在造字法里头是个会意字。

什么喊做会意字？就是把组成汉字的各部分的意思汇合起来，产生并让人能体会出一个新的意思的字。所以会意字多半是合体字，是由两个和两个以上的独体字结合起来产生的字。

打比讲嘛，高头小，底下大，是个"尖"字，一个东西一头大来一头小，那不是尖的吗？再看看"歪""甭""驭""孨""林""森""磊""鑫""晶""炎""焱"等字，你能干，晓得的！

再回来看看"屘"字，"尾子"就是落尾的子女呗。所以，桂林人讲兄弟姐妹中最小的那个喊"老屘""屘崽""屘女"。

127

湖南、四川话也讲"屘崽""屘女",不过他们不写"屘"字,也不写"㧛"字,湖南话写成"满"字。其实,这个写法不科学。为什么?满是圆满、满数、满意、美满等意思,没有最小的意思。

在桂林"㧛(屘)"字还有一个读音是读"蛮",拿来称呼爸爸的弟弟,比如三叔、四叔叫"三㧛""四㧛"。

"㧛"因为指那个最小的,所以再引申出"年轻"的意思。因此,㧛姑娘就是女把爷、年轻妹崽的意思。民国时候,桂林还有一家有名的化妆品店,喊"㧛姑娘胭脂水粉店"咧。

这年纪轻轻的妹崽家家嘛,身体好得很,咳嗽肯定没得痰。"痰"和"谈"同音,这㧜(读凯)就用了谐音双关的修辞手法。"没得谈"在桂林话讲起来,就抵得讲是普通话的"没说的",是完美、没得缺点、无可挑剔的意思。

打比讲吧:

讲起桂林山水,那是㧛姑娘咳的嗽——没得谈!

要讲林黛玉的长相,那确实是㧛姑娘咳嗽——没得谈!

这个老师讲课,真的是㧛姑娘咳的嗽——没得谈!

(梁福根)

(二)与"茅厕坑"有关的歇后语

桂林话的茅厕(读司)坑、茅厕相当于普通话的厕所。在古代的农村,人们往往用茅草搭建成厕所,这是农村最小、最简陋的建筑,桂林人就把这种建筑称为茅厕坑、茅厕。

茅厕坑里头打电筒——找屎

因为"屎"与"死"在桂林话中同音,所以要表达"找死"之意时,桂林人就喜欢用"茅厕坑里头打电筒——找屎(死)"。又如:"茅厕坑的马卵股——又臭又硬",鹅卵石在桂林话中叫"马卵股",要形容一个人的脾气又臭又硬,就会用这个歇后语。有时为了表示桂林人特有的幽默,也用与"茅厕坑"有关的谐音歇后语,如"茅厕坑里头游泳——粪泳(奋勇)向前"。

（三）利用桂林话谐音形成的歇后语

利用桂林话中特殊的谐音字，可以构成具有鲜明地方特色的歇后语。这类谐音歇后语主要是利用桂林话中同音字或近音字构成谐音，这样，就使得歇后语由原来的意义引申出所需要的另一个意义。要读懂并接受这类歇后语，就必须掌握桂林话的特色。

非洲人的老吓（父亲）蹦极——黑（吓）老子（我）一跳

在桂林话中，"老吓"是"父亲"的意思，"老子"在普通话中是"父亲、自高自大的人自称"等意思，但在桂林话中"老子"是老大做派地称自己"我"之意，加上"黑"和"吓"同音，所以"非洲人的老吓蹦极——黑老子一跳"这个歇后语的意思就是"非洲人的父亲蹦极——黑（吓）老子（我）一跳"，意思是你吓了我一跳。

狗崽吃粽子——解（改）不得了

在桂林话中，"解"和"改"读音相同，所以在说一个人改不了坏毛病、坏习惯时，就会用这个歇后语来表达，如："你是狗崽吃粽子——解（改）不得了"，意思是你是改不了了。

跸子（跛子）进医院——治脚（自觉）

在桂林话中，"跸子"是"跛子"之意，加上"治脚"与"自觉"的读音完全相同，所以在表达一个人很自觉时，就会用这个歇后语。

飞机高头挂袋子——装风（疯）

在桂林话中，"高头"就是"上面"的意思，加上"风"与"疯"读音相同，所以要表达一个人装疯卖傻时，就会运用这个歇后语，如："你莫给老子（我）飞机高头挂袋子——装风（疯）哦"，这句话的意思就是你不要在我面前装疯哦。

（四）与桂林特产有关的歇后语

桂林三花酒——好冲

三花酒是传统桂林土特产的代表之一，也是桂林三宝之一，是中国米香型白酒的代表，酒质很好，用手摇动，酒的上面会泛起三层泡花，因此，人们称之为三熬堆花酒，简称三花酒。以前桂林三花酒一般为五十六至五十八度，现在一般为三十八度和五十三度。因为酒的度数很高，喝起来就有"冲"的感觉，所以形容一个人说话或性格比较急躁时，很自然就会运用这个歇后语，如："你是桂林三花酒——好冲啵"，意思是你是说话或性格太冲了。

千年桂花当柴烧——可惜

"桂林"就字面意思而言，可以理解为桂树成林，这种字面意思和桂林当前的实际情况是相符的。桂林是中国三大桂花产地之一。因为桂林具有得天独厚的自然环境，气候和土壤条件十分合适桂花的生长，所以在桂林，不论是庭院道边、田头村里，还是水边山上，到处可见桂花树，每当桂树开花时，全城都是桂花飘香，这也是桂林的又一特色。千年的桂花树是十分珍贵的，如果把千年的桂花树当柴火来烧，那就太可惜了。所以当要表达可惜之意时，桂林人就会运用这个歇后语，如："这件事没办成真是千年桂花当柴烧——可惜"，意思是这件事没办成真是可惜。

（五）与人有关的歇后语

在桂林话中，与人有关的歇后语，主要是抓住人的一些显著特征，有的是采用谐音方式加以表达，有的是采用语义方式加以表达。

驼背打把伞——背湿（背时）

驼背的人雨天打伞，即使雨伞大，背部也容易被雨淋湿，桂林话中，"湿"与"时"读音相同，所以当要表达一个人倒霉、不逢时、不走运时，就会说这个人"背时"，于是人们很自然就会联想到"驼背打把伞——背湿（背时）"这个歇后语，如："他今年真是驼背打把伞——背湿（背时）"，意思是他今年真是倒霉、不走运。也讲驼子打伞——背湿（时）。

和尚的脑壳——有卵发（法）

在桂林话中，"脑壳"就是头、脑袋之意，和尚都是光头的，所以和尚的头没有头发；"卵"本指男性生殖器，但在口语中，"卵"这个词已成为含有偏

3.01 荔浦县城永兴社坛

3.02 柳城古砦乡覃村社坛

3.03 融水县三防镇龙坡屯社坛

贬义的口头禅，常常用于否定意思，"有卵发"要表达的就是"没有发"，加上"发"与"法"读音相同，所以当人觉得没有办法、很无奈之意时，就会运用"和尚的脑壳——有卵发（法）"这个歇后语，如："我是和尚的脑壳——有卵发（法）"，意思是我是没有办法。

盲人拔河——瞎扯

盲人在拔河时，看不见东西，在桂林话中，"扯"既有"拉扯"的意思，也有双关的"拉话儿"的意思，所以，"瞎扯"在拔河时是就是瞎拉扯，比喻义表达的是胡言乱语，胡说八道之意。

软刀子砍脑壳——不晓得死活

不晓得死活，是不知利害、不知道深浅、冒昧从事之意。

（张秀珍）

（六）与社公菩萨有关的歇后语

社公（公，兴安话读拱，所以，社公有人写成社拱，下同）即土地神，系来自民间信仰神祇，流行于南北各地。民间称土地神为社公或土地公，春秋社日，民众都必须聚集于社公庙虔诚祭拜，祈求和感谢土地神的福佑，此为"春祈秋报"之民俗礼仪。（见图3.01、3.02、3.03）

兴安水谈白中的"社公"，却将其比喻为"烂人"或"烂事"，是欺软怕硬的角色。兴安话社、射同音，传说中社公爱用箭射人，因而也流传着很多社公菩萨的歇后语。

社公菩萨放屁——神气十足

社公放屁，指土地神放的屁，自然系神气，这里影射为自以为了不起，摆出一副得意洋洋或盛气凌人的傲慢姿态。比如，在村委的农场土地经营权的承包会上，某人凭借财大气粗，硬是把承包权从某两人手中抢走，两人相互望了一眼，返身出去了。路上一人破口骂道："我把他好有一比：社公菩萨放屁——神气十足！"

社公菩萨做桥——欺软怕硬

兴安民间流行一句俗语："打倒菩萨的人无罪，扶起菩萨的人反倒有罪。"这句俗语怎样来的呢？这里就有个蛮搞笑蛮有趣的故事。

话说兴安高尚镇济中村委有一个村子叫社公脚村，以前村旁边有一座供奉社公菩萨的土地庙，靠近一条小沟。庙不大，迷信的人讲菩萨倒蛮灵气，只要香火照应得殷勤，地方上就会年年五谷丰登，六畜兴旺。

有一天清早，一个走乡串村的老表推了一手推车的日用杂货走庙边过，哪晓得有个种田的老表放水灌田，把田埂路挖开了一个缺口，手推车子就没有办法过得去了。推车的老表左寻右找，总找不到一件合适的东西来填缺口。他看见土地庙就在路边，走进庙里一看，一尊麻石雕塑的社公菩萨像端坐在那里。他就双手扛起社公菩萨，填到了田埂路的缺口里。真是"岩伯娘碰见岩伯伯——啱啱（读岩）合适"，将将就就填平了路面。他推起车子过去了。

老表鞋底上钉的一颗鞋钉松了，过桥时扎得社公直哆嗦。社公怕得要命，忍住痛，胆怯地说："这人好厉害，连脚上都长了牙齿！"

不久，一位好心老表经过这里，看见社公菩萨倒在沟上，便扶起他，把他放回庙坛神位上。哪个晓得社公看这老表老实可欺，便生气地说："你明明晓得我有难，为什么不早点来救我！"马上朝着他大腿射了一箭，结果这个好心老表得了"社拱脚"（即治不了的脚病，现代医学称髋关节坏死），残疾了。

于是，兴安水谈白就有了"社公菩萨做桥——欺软怕硬"的歇后语。

不扶社公菩萨——不得好报

高尚镇济中村委还有一个村子叫社背村，传说村边的社公菩萨庙中有一天夜晚，来了一个老乞丐住下过夜。恰巧这天晚上雷雨交加，将庙冲倒了，社公菩萨和老乞丐都挨压在里头。

天亮后有一个大奶崽路过，见老乞丐被压，便将他抱出来。谁知旁边的社公却发气了，说："他是人，我是菩萨，你这奶崽救人不救菩萨，这还得了！"就拔箭射中了奶崽的背壳（后背），说："叫你背壳生疮，不得好死。"

后来，有人用兴安马仔调唱道："做好不得好，惹得菩萨恼。救老讨'神'嫌，中箭'磕'（兴安话丢掉）半截。没得几多年，呜呼又哀哉！"真是"不扶社公菩萨——不得好报"。

社公菩萨化的水——喝不得

兴安溶江镇永安村委有个社水村，传说村边那条金石河，以前水清得很，不知怎的，河伯得罪了社公菩萨，被他朝水中射了一箭，整条河就成了黑不溜秋的坏水，村名也改成了社水村。

界首镇石门村委有个社公塘，池塘水质不好，不能饮用，传说是被社公菩萨用箭射坏了的。因此兴安水淡白中就有了"社公菩萨化的水——喝不得"的歇后语。

社公菩萨的堤——恶鬼怕蛮人

秦堤，是建在灵渠南渠与湘江故道之间的一道石堤。因其建于秦代，故称秦堤。秦堤中由南陡至泻水天平一段，长892米，是秦堤最险要的一段，俗称社公堤。传说，这段堤坝常无故崩塌，是社公菩萨搞的鬼。在没修秦堤前，这里有一座社公菩萨庙，香火旺盛，但史禄来修灵渠后便将庙拆了。社公菩萨没有了香火，便怀恨在心，常用箭将石堤射崩。从此，此处成了灵渠中最难修治的一段堤坝。

有三个主管修渠的石匠因延误了工期，被砍了脑壳。后来有个喊做花财的钦差大臣到灵渠，见田地荒芜，饿殍遍野，一问，才知道是因堤坝经常崩塌引起。一个老人托梦告诉他，只有把板路多的社公菩萨压住，才能修好灵渠。

老人一番话，点醒了花财。

这天半夜，他走到秦堤缺口边，请来托塔李天王，从四川峨眉山调来一块大石头，将准备作祟的社公菩萨压在秦堤旁边。说来奇怪，这里刚把社公压住，那边就从地下冒出来一块块又细又平、四四方方的大青石。花财集中全部劳役，突击修堤。只用了半年时间，就把这条社公堤修复了。从此，秦堤中这段社公堤的掌故，就成了歇后语"社公菩萨的堤——恶鬼怕蛮人"。

此外，在兴安方言中，还有"社公菩萨梳头——没事（虱）找事（虱）""社公菩萨没头——咄咄怪事"等歇后语。

（南北渠整合材料编写）

（七）其他的特色歇后语

1. 桂林话中一组形象的歇后语

大桂林官话里头有丰富的歇后语，下面是一组歇后语，有些在年轻人中已经很少使用。这里列出了，再举例一二说明。

狗撵鸭子——呱呱叫

呱呱叫就是顶好、顶呱呱。比如讲：

这个女把爷生得硬是狗撵鸭子——呱呱叫！

这个崽要得啵！做起事情来真是狗撵鸭子——呱呱叫！

饿狗进茅屎坑——找死（屎）

在桂林话里头"死"和"屎"同音，这垲（音凯）用了谐音修辞法。比方讲：

你这个哈崽，喝醉了酒还敢开车子，你不是饿狗进茅厕——找死吗？

那个三八货，跑朅领导办公室屌杠领导，等于是饿狗进茅厕——找死嘛！

懒狗跌下河——顺便得抻腰

这个歇后语流行在阳朔，是拿来形容懒鬼的。"抻腰"就是睡觉的意思。懒狗跌下河——顺便得抻腰，是形容懒鬼总是趁到（读倒）什么机会就偷懒，就是讲所有可以偷懒的时候和地方，对于懒鬼来讲都是"瞌睡遇到（读倒）枕头"。

比如讲：

这件事你喊他可做可不做，那就错了，他是懒狗跌下河——顺便得抻腰！

你要盯紧点他啵，你一放松，他就懒狗跌下河——顺便得抻腰的咧！

吃了粑粑裹糖走——贪心（不足）

以前过年过节总要做粑粑的，不同的节做不同的粑粑，比如端午的粽子（粽粑），过年的年糕，像阳朔、临桂、雁山过七月半做的狗舌粑等。过年过节到人家拜访，人家拿粑粑出来招待，有时还拿白糖、黄砂糖给客人蘸粑粑吃。要是讲你吃了粑粑还不算，走的时候，干脆把没吃完的糖也打包拿走，那岂不是太贪心了？

这个歇后语比喻的是贪心和占小便宜的人。举两个句子看看：

这个家伙，你小心点他，好贪心的，人家讲的话：吃了粑粑裹糖走的，他就是这号人。

住酒店把人家的马桶盖也偷走了，实在是吃了粑粑裹糖走——贪心不足！

（梁福根）

2．一组趣味歇后语

在桂林话中，还有一类采用语义构成的歇后语，用于表达一些特殊的意义。

乌龟骂王八——彼此彼此

"王八"本指鳖（水鱼、团鱼），乌龟属于龟科，乌龟的别称有41种，其中有一个别称也是"王八"，所以乌龟骂王八（鳖），不管骂什么内容，都是彼此一样的。所以当责怪对方有什么缺点时，如果自身也有，对方就会运用这个歇后语，如："我们也是乌龟骂王八——彼此彼此"，意思是我们彼此都是一样的。

告化子早起——空忙

"告化子"又称叫花子、乞丐。靠乞讨为生的人，太早起来也没用，因为早

135

上行人少，很难乞讨到钱物，所以早起用处不大，是空忙。需要指出对方是白忙活时，就会运用这个歇后语，如："你是告化子早起——空忙"，意思是你是白忙活。

擦粉进棺材——死要面子

为了安抚亲朋好友，人死后进棺材时要擦粉化妆。当说一个人特别爱惜自己的颜面时，就会运用这个歇后语："你又是擦粉进棺材——死要面子。"

"水豆腐跌揭灰里头——拍不得打不得。"因为水豆腐又白又嫩易碎，掉进灰里了，既不能拍又不能打，很难再把豆腐拿起来。所以当要表达没有办法之意时，桂林人就会运用"水豆腐跌揭灰里头——拍不得打不得"这个歇后语，如："你真是水豆腐跌揭灰里头——拍不得打不得。"

（张秀珍）

3. 桂林话的特色歇后语

歇后语是很具有地方特色的方言俗语，桂林话里头的歇后语也一样。

鼻孔前的米——舔下进嘴（喻容易）

饭粒就在鼻孔前的嘴唇上粘着，只要一伸舌头就可以舔到，形容只要动动舌头、动动嘴就能做到的事，很容易就能做到。阿姨教训儿子："鼻孔前的米——舔下进嘴，亏你还想那么多，是我都做完了。"

白糖拌葛薯——甘（干）脆

葛薯，也叫凉薯，剥皮即可食用，肉质白，清脆爽口。已经很甜的葛薯还撒上白糖，口感更为甘甜脆爽。这里取"甘"的谐音"干"，比喻做事干脆，给人干练感。在菜市场讨价还价时，对菜贩子讲："白糖拌葛薯——干脆点，给个实在价，3块钱卖不卖？"

帮人穿针——不打结

比喻做事适可而止，不留心结。桂林这里的风俗，孩子在帮着引线穿针后，妈妈一般都要强调一下："不要打结啊。"这个结必须由缝衣人自己来打。以前有一个老婆婆，自己老花眼看不清楚了，就让外孙女帮她穿针。小外孙女眼水（指视力）好，手脚麻利得很，一下子找准针眼就穿过揭了，她心想："好人做到底，我就帮婆婆把结也打起。"于是她把线剪断，帮婆婆打好线结头。婆婆才是打了一个迷糊，就看到外孙女拿来的针线，不但没有表扬她，还骂了起来："你个赔钱货，哪个喊你打的结，我要几长你又晓不得，你看看你，打个结留那么长的线头，以为线不要钱？"老人家一开口就唠叨了好几天。小外孙女好心做了坏事，一家人跟着挨数，大家也烦得很。所以，帮人穿针是不能打结的。

厕所里点灯——找屎（死）

形容自找死路。过去厕所是没有电灯的，也不用明火点灯，借着月光或屋里的灯光揭大便，熟门熟路的不用太多光线。小便是在房间里用尿桶解决的。点灯是多此一举，除非是陌生人来用你家的厕所，或是来偷粪的。"庄稼一枝花，全靠粪当家。"粪被偷了，后果很严重。所以"找死"，不单单是"找屎"的谐音那么简单，是真要出人命的。

菜市里的鸭子——吵死

形容很吵闹。菜市里的鸭子被一笼笼地关在笼子里，若是一群鸭子都叫起来，菜市场的顶棚都要被掀起来，就会有好心人说："快点给鸭子喂点东西，吵死个人揭。"

初一十五上香——老规矩

比喻按部就班，按规矩做事。以前迷信者每个月的初一和十五都要到庙里上香，风吹雨打都不会变，已经成为生活习惯。

单车下坡——不着踩

形容顺利，不费力。单车，即自行车。骑自行车出行，最高兴的事就是遇着下坡，只要掌好机头，顺着坡溜下揭，省力省事。但坡度太大也要小心，如果刹不了制，就会一头载到坡旁边的沟里揭，特别是过三叉路口时要小心。

点不叫的炮仗——死引（瘾）

比喻有瘾头（成瘾），有兴趣。放炮仗就是听一个响，如果不响，就是死炮。一串炮仗放光，总有几颗是不响的，小伙伴们就会揭抢，常用的处理方式就是把灭掉的引线再拨出来一截，重新点燃引线。因为引线很短，就变成了勇敢者的游戏，重新点响炮仗后，还能收获小伙伴们仰慕的眼光。"死引"谐音为"死瘾"，桂林人称沉溺于某事为"瘾"，有瘾，"死瘾"就是特别着迷。刚学会打牌的人都有瘾，不让他打都不行，就喊做"点不叫的炮仗——死引（瘾）"。

大姨妈打鞋底——扯长（扯常）

"扯长"谐音"扯常"。这个歇后语形容经常做某事，经常说某事。打鞋底，就是用废布片做鞋底，先用浆糊将布片粘牢，再用粗针大线钉稳。大姨妈年轻力壮，用长长的线来钉鞋底，这样少线头和结。针用顶针才能穿过又硬又厚的鞋底，要用力地扯长长的鞋底线，不然针屁股的线是过不来的。她又时不时要做别的事，只有空闲时才做鞋底，手长，线长，日子长，所以人们总看她在做鞋底。

冬田放水——沤冬（懂）

桂林农村多种水田，秋后村民有放水入田的习惯，称为冻田。说一人沤冬了，就是思路像是被冻住了，思维一下跟不上，回答不了问题，懵懂了，呆了。

刀砍石板——硬敲硬

形容做事手段强硬，力度大。用刀砍石板，是集市里卖菜刀的人的常用招式，叮叮作响地展示整条刀刃的钢口硬度。也有针尖对麦芒之义。

灯泡点烟——不燃（然）

形容硬着头皮说硬话，大不了一拍两散。"灯泡点烟，不然又郎子？"说话的人气势非凡。

大年初一吃甜酒——头糟（遭）

形容第一次、头一回、头一遭。大年初一是一年的第一天，甜酒是酒糟加酒酿成的，吃的时候一起吃，所以讲大年初一吃甜酒——头糟（遭）

灯草打鼓——不响（想）

灯草，就是灯芯草，灯芯草是像海绵线那样的，细长软绵的。没有灯芯草时也用棉花搓成的绳做灯芯。用灯芯草或者棉绳做的灯芯充当鼓槌打鼓，当然打不响。响的谐音"想"，不响即"不想"，比喻不思考，不相思，无欲念。

狗叼月亮——差天远

比喻差距很大。与"癞蛤蟆想吃天鹅肉"同理。关于月食，神话中有天狗食月的故事。但现实中，土狗想吃月亮，实在差得太远。

桂林米粉——大条

大条在桂林话里面形容一个人大模大样，目中无人，不爱搭理人，摆架子，为贬义词。桂林米粉是湿榨出来的，和其他地方晒干后再泡胀的米线不一样，显得直径宽很多，其实有水份。

狗婆的男人——狗公（工）

形容男人下贱，或做工（事）马虎，浪费了时间却没有做成事。

高山滚石头——石（实）打石（实）

形容做事实在，货真价实。

公鸡带崽——只顾自己（或者：不得已、不容易）

形容男士不会照顾孩子，不得已。因为老婆有事，男人要负担起照顾孩子的重任，但却因为不够细心，丢三落四，被人责怪，不得已说句："公鸡带崽，没得办法。"（见图 3.04）

桂林马蹄——没得渣

形容做事干净利落，不留尾巴。桂林马蹄是桂林著名土特产之一，尤其是魏家渡和六塘的马蹄，因生于特殊土质之中，个大皮薄肉嫩，清脆多汁，甘甜可口，咀嚼后没有杂质感。

禾草穿豆腐——莫提

意思是不要提出问题，不要再说相关话题。用稻草做绳来穿过豆腐，想将细嫩的豆腐提起，是做不到的，不如不要这样做（提）。"想借钱？禾草穿豆腐——莫提。"

3.04 公鸡带崽

黄肿婆打屁——一身轻松

意思是轻松，愉快。黄肿婆是指因为肠胃有病身体发黄浮肿的妇女。打屁说明肠胃已经通畅，病快好了，所以一身轻松。

怀肚婆过木桥——挺（铤）儿（而）走险

形容正在做危险的事。怀肚婆就是孕妇，挺着一个大肚子过狭窄的木桥，是件很危险的事。

见了姑娘喊嫂嫂——自找挨骂

桂林人将没有出嫁的女人喊"姑娘"，按照礼俗，见到比自己大的已婚同辈妇女叫"嫂子""嫂嫂"。如果见到一个女的就喊"嫂嫂"，乱认人，万一把姑娘家喊成嫂嫂是自找挨骂的行为。

颈子高头抹狗血——冒充挨刀鬼

形容做事大胆。在颈子（脖子）上涂抹狗血来冒充被砍了脑袋的人，先是用狗血恶心自己，然后是恶心了别人，形容做事不择手段。

告化子打泼米——一天哝到黑

形容人罗嗦，说起话来没有完没有了，让人感到厌烦。哝：小声地抱怨、唠叨。告化子即乞丐，得到米后又不小心撒在地上，心痛之余，不断地反复说这件事，一天到晚，没有个停，让人心烦。

告化子嫌米糙——不知足

指得了好处还不懂感恩、不懂珍惜、不知足等。告化子乞讨得了米，但嫌弃大米太过粗糙，让施舍的人心里很不是滋味。饭桌上，长辈教育不好好吃饭的小孩子，常常会讲："告化子嫌米糙，你晓得以前我们要有一点肉吃，就像过年一样。你看看你……"

借米一斗还六升——赖四（死）

指不承认或赖掉某种事。旧时的计量标准，一斗等于十升。借了一斗米还了六升，还欠四升不还。四，谐音死，赖死，打赖死，即抵赖。

聋子挨骂——卵法

形容没有办法，很无奈。聋子听不到声音，所以不会争辩。人被领导或长辈批评时，不能还口，只能被动地听着，心情无奈。

临桂打兴安——县（现）打县（现）

指现做的、新鲜出炉的。临桂是桂林的一个县，兴安也是桂林的一个县。现榨花生油，家里没有菜油了，就拿花生到村头的油坊揭榨，用锤子敲打压榨，现打现得。打新米，背着谷米揭水边磨坊脱壳，后来是揭打米厂电动脱壳，现打现得。

聋子讲古——瞎编

形容无根据，说瞎话。讲古即讲故事，聋子讲故事，不是听来的，没有根据，只能瞎编乱讲。

老虎借猪——有借无还

形容名义虽好，实质太差。老虎吃猪，却美其名曰"借"，用的说辞很漂亮，但实际上却是有借无还，被人看透了本质。

六十岁学鼓吹——学会没气吹

形容心有余而力不足。另外的讲法是"六十岁学吹鼓手——学了也吹不久"。吹鼓手就是吹唢呐。六十岁的人已经年老气衰，还想着学习吹鼓手，心思虽然很好，但自身条件已经不行，学不好了，做不到了。

聋子拜年——各个一样

形容没有变化，不会区别对待。过年时大家互相拜年，互相说着："新年好！""恭喜发财！""大吉大利！"见到不同的人，讲着不同的好话。聋子听不见，学不了，只能是拱手，"阿巴阿巴"，各个一样。

老鼠上秤——自称

形容自负。老鼠上到秤上，为自己称重量，自以为是。

犁田用刷子——催（吹）牛

形容吹牛皮不打草稿，不实在。犁田时催着牛用力，但用的是刷子而不是犁或其他耕具，说明根本就不懂农事，只是在吹牛。

六月债——还得快

形容时间过得快。过去穷人家借债往往是六月份青黄不接时，为了不饿肚子才借债。六月借债，马上就是七月收割了，打了粮食很快就能还债了。古时有两个固定的催债时间，一个是中秋收获的季节；一个是除夕，快过春节了，过年手里总要有钱。躲债的躲过这两个节，债权人知道他还不起，也就不催了，欠债的人就可以展望下一年了。躲不过竭的，就要马上还清债务。六月离八月中秋是很近的。

裤裆里面弹琴——扯卵谈

形容言不由衷，话不投机，胡说，做事荒诞不经。

开到（读倒）眼睛拉屎——遇到屎（蚀）

形容就要倒霉了。张开眼睛就看到屎，马上就要折（读蛇）底。折底，亏本。

孔府门下——都是贤（闲）人

孔子门下有七十二贤人，取贤的谐音闲，明褒暗贬，讥讽别人多管闲事。

瞌睡遇到枕头——啱啱（读岩）合适

形容时机刚好、正中下怀等。

骚泥塘的马卵股——又硬又臭

形容顽固，脾气不好。骚泥塘，即臭水塘。马卵股，即鹅卵石。

木匠耍墨斗——扯弹（谈）

木匠用墨斗在板子上弹出一条直线，扯、弹是两个动作。这里取谐音，形容乱说话，胡说。

磨刀水当米汤——锈（秀）气

形容人内秀。磨刀水当米汤喝下竭，锈气（秀气）在肚子里，赞扬一个人内秀，肚子里有才华。

蚂蚓上树——巴不得

形容盼望，求之不得，好极了，妙得很。蚂蚓（田鸡、青蛙）在水塘里生活，如果能上树，是一种奢望。"有你帮他，那是蚂蚓上树——巴不得。"阳朔讲："石皮上的蚂蚓——巴不得。"意思一样。

蚂蚓闹塘——闹翻了天

形容很吵闹，或闹事闹得很厉害。多为贬义。到电影院看电院，恰逢小学生包场，电影没有开场前，人声鼎沸，有人感叹道："真是蚂蚁闹塘，吵死人了。"

没得笼头的马——野惯了

比喻人放纵惯了，管不到（读倒）了，有指责的意思。妈妈抱怨孩子："一放了学，就像没得笼头的马，没晓得野哪垱揭了。"

卵尻子高头挂剃刀——险火（险得很）

形容很危险，危险临近。卵尻子，桂林话指睾丸。高头，桂林话上面。

沤烂的花生——没有得好仁（人）

花生在潮湿环境里容易发芽，比喻环境恶劣，没有好人帮忙。

袍丝结网——自丝（私）自利

袍丝，桂林话蜘蛛。比喻私心重，只为自己打算，只关心自己的利益。

屁股生疮——坐不住

形容坐立不安。孩子在书桌前没有坐相，妈妈教训道："像个猴子一样的，屁股生疮，坐不到（读倒）啊？"

七八月的孩子——落地就跑

形容孩子顽皮，不听话。七八月大的孩子正是学走路的时候，积极性很高，但走都没有走好，就想跑，有点不自量力了。

屙屎打喷嚏——两头出气

形容通畅，高兴。

死鱼的尾巴——不摆了

形容不再得意，不能显摆了。鱼儿在水里游，尾巴摆来摆揭，显得很自得。

刷子跌毛——有板有眼

跌即掉。刷子的毛跌落后，还剩下木柄和洞眼。比喻做事有根据，有条理。

手指抹屁股——图方便。

形容做事图方便不计后果。

三斤腊鸭（板鸭）——得把嘴

比喻人嘴巴说话厉害。桂林会仙附近乡村在春节前做腊鸭，又喊板鸭，用三斤左右的鸭子加工后风干，腊鸭的重量还剩不到一半，而不会缩水的鸭子嘴就显得很突出。

煮熟的鸭子——得把嘴

形容嘴巴了得，语言犀利。煮熟的鸭子，鸭子嘴是基本不变形，不膨胀不缩水的，硬度不变，依然厉害。

十二月穿短裤——各有板路

形容有故事，有追求。板路，桂林话指故事、名堂等。有八仙过海各显神通的意思。

上街卖柴火——两头担薪（心）

形容心事重重。用柴枪挑柴火赶卖，两头挑着柴火，心里担忧着是否两边会碰到人。

属韭菜的——一捞就熟

比喻性情随和，能适应新环境，容易与人熟悉，搞好人际关系。就像下锅的韭菜，一下就熟了。又讲"水煮豆腐——一捞就熟"，也形容人与人之间一见如故。

属猴子——满山跑

比喻孩子顽皮，好玩耍。桂林多山，小孩子像猴子一样灵跳，喜欢在山上玩。

三个手指抓螺蛳——稳錣錣（读抓的第二声）

形容做事稳妥，事情已有结果。桂林盛产石螺，用三只手指抓石螺，不会从手上滑掉。也指稳拿，十拿九稳，保险成功。

十个手指头——有长有短

形容各有优势。以前家里孩子多，物资有限，长辈帮得了这个帮不了那个，于是常说："不要总是数别个的短，十个手指头，有长有短，你喊做爸妈的帮哪一个？"

骚甲子跌下油锅——一身都酥（舒）了

比喻全身从头到脚都很舒服。骚甲子，桂林话指蟑螂。

三脚猫——到处跑

比喻坐不住，没有停下来的意思。三只脚的猫，立足不稳，只能在动态中寻找平衡，显得老是在动，不安静。

三十年夜的粑粑——人有我有

形容不比人差。桂林人以前在过年前都打粑粑，将糯米加水捣成粑粑做成圆圆的巴掌大的一块。可以水煮来吃，也可以烤来吃。除了自己吃，还是送礼的好礼品。春节走亲戚时，也要带上十个，取十全十美之意。

三十晚的案板——不得空（读第四声，控）

用除夕的砧板，比喻工作忙，事情多，不得空闲。大年三十厨房是最忙的，好像一年忙到头就是为了吃这一餐。桌面上已经摆满了食物，砧板还在爆响，菜刀还在飞舞。在平时朋友有请："得空出来耍下子。"回答："我现在是三十晚的案板——不得空。"

三十晚上看黄历——晚了

比喻迟了一步，来不及了，含有追悔莫及的意思。看黄历，就是看日子凶吉，以方便做计划。但大年三十才看黄历，一年都过竭了，时间过了。

扫把成精，蚂蚁咬人——好了不起

嘲讽自以为了不起的人。小小的扫把和蚂蚁成了妖精，想要吃人，那要长多大的口才行，讽刺对手牙尖嘴利口气大。

山水画——没人

比喻没有人手。其实中国山水画里大都是有人的，但二十比一的比例，让人在山水画中显得很渺小。

讨个媳妇嫁个女——刚好扯平

形容大家都得到了好处，谁都没有吃亏，事情应该结束了。两个人争吵，和事佬劝架："讨个媳妇嫁个女——刚好扯平，事情就这样过竭了，大家都莫声张了。"

外公死崽——无舅（救）

形容不能补救。外公的儿子就是舅舅，外公死了崽，就是没有了舅舅。

谐音无救,救不了啦,没有救兵,无法挽救。下象棋时,一句"将军!"旁观者道:"外公死崽,没得救了。"下棋人推倒重来。

瞎子点灯——白费油

形容多事,无用功、无效。与"瞎子点灯——白费蜡"同。

小生扮丑角——顶长(场)

形容补救及时。戏曲中小生表演的是书生、文人,儒雅稳重,丑角身材低矮,表演时要求半蹲。小生高,丑角矮,用小生来扮演丑角,身材上就差了一截,调笑说"顶长"。

下河没脱裤子——太急

形容做事毛糙(急躁),不稳妥。类似"嘴上无毛——办事不牢"。

小鸡的嘴,小把爷的手——没得个停

形容孩子不安静,手多。将小鸡不停啄食的嘴与小孩子的多动、好奇相比,强调小孩子的天性。

盐罐生蛆——才怪

比喻不可能发生的事。盐罐是不会生蛆的,如果有蛆,说明事情太奇怪。

正当不当——稀饭泡汤

形容做事不合常理。桂林地区在正餐时是不吃稀饭的,桂北有些地方,比如兴安人,一日三餐都不吃稀饭,吃稀饭会被人看不起。稀饭本来就有水,还放汤泡进碣,水份更多,这样做让人看不惯。而恭城人喜欢吃稀的,有"恭城人搞鬼——稀饭放水"的说法,油茶泡粥也不稀罕。

捉蛇打——不务正业

比喻丢下本职工作不做而竭搞别的无关的事情,或指不从事正当职业。捕捉蛇和蚂蜗,收入不稳定,是不被当作正经事来看待的。

(彭强民)

(八)一个有板路的歇后语:两分钱的糊(读户)辣——有得搞

讲起两分钱一碗的糊辣,我的笔头那真是"有得搞"!

首先要解释什么喊做"糊辣"，因为现在生活水平高了，老辈人以前常吃的价廉物美的糊辣，现在卖的人是越来越少了，看来讲不定哪天要绝迹了。

糊辣有人写成腐辣，其实应该写作"糊辣"。"糊"字在普通话里有第一、第二、第四声三种读音，对折到桂林话就是呼、胡、户三个音。

糊辣全国很多地方都有，但是做法和味道都不一样，有的地方有糊辣汤、糊辣子、糊辣烫等。老桂林人对于糊辣的情结，好比老北京对于豆汁儿。至少从清朝后期以来，一碗糊辣，加上一些油炸食品，比如油条、馓子、油饼等，或者包子、馒头、粽子，是普通老桂林人的经典早餐。民国时候还有首三句半讲桂戏"耍家"（票友）讲到糊辣：

清早起来满街跑，油条糊辣过早，听见耍玩字，妥了！

耍玩字又喊耍万字，老桂林话"字"读"子"，是指广西文场。

桂林传统糊辣是用黏米磨粉制浆做主要食材的。米浆调匀后煮熟，放盐、木耳丝、冷水泡发的切丝腐竹，还可加粉丝、黄花菜等。讲究的还有牛肉丝、墨鱼丝、鸡蛋。

吃的时候一般根据个人喜好，选择放些葱花、芫荽之类的香料和胡椒粉、辣椒粉、味精、麻油等调味品。

桂林的传统糊辣店同时现炸油条、油饼、馓子、油炸粽，现做芝麻糊、豆浆、狗舌粑、包子等。

好的糊辣有浓郁的米香味，荤素搭配，营养全面，流质糊辣和固体食物搭配，既利于消化，又有一定的耐饱度。一碗糊辣加上油条等食品，在桂林流行数百年，是桂林米粉之外，让老桂林难以释怀的又一种家乡味道。

"两分钱的糊辣？"不错，至少在 1970 年前，一碗糊辣就两分钱！现在是三块、两块一碗了。

"有得搞"本义是有得吃，两分钱的糊辣里头就搭配了那么多的东西，做法又有那么的麻烦、当中还有好多板路和名堂，吃的时候还可以加好多配料，

你讲有得搞没？（见图 3.05）

"两分钱的糊辣——有得搞"除了本义，这个歇后语更重要的是它的引申义：事情虽小，但是麻烦，处理起来费时费力。

比如讲嘛：

今天早点喝糊辣算了，反正人家讲的话"两分钱的糊辣——有得搞"。（这是本义）

3.05 糊辣·油条

这个"糊辣"啊，要写清楚它，就是老人家讲的话：两分钱的糊辣——有得搞！（这是引申义）

两公婆吵架子不好处理啵，清官难断家务事，两分钱的糊辣——有得搞！（这是引申义）

（梁福根）

二、桂林方言特色谚语、俗语

（一）与天气相关的谚语

桂林方言中有一些跟天气有关的谚语，有的是反映天气变化、季节交替的，有的是跟农业紧密相关的，有的则是反映物候规律具有桂林方言特色的。

比如"狗打喷（桂林话读'奋'）虮（桂林话读'秋'的第四声。打喷虮就是打喷嚏的意思）大天晴，好给弟妹晒尿瓶"，说的就是如果狗打喷虮的话，第二天可能就是大太阳天了。后来就变成取笑别人的玩笑话了，有人打喷虮就会取笑他是"狗打喷虮"。

又比如"亮一亮，下一丈"，这句话的意思就是端午前后，往往是一阵太阳一阵雨的，刚开始下雨的时候天是黑麻麻的，下了一阵看到（读倒）天边亮了，这不是表示雨要停了，而是还要下一场大雨。

"天上麻麻黑，这场雨了不得"，说的是夏天大雨要来，天空乌云压顶的气候现象。

说到下雨的俗语，桂林方言中有很多，像"春无三天晴，夏无三天雨，秋无三天阴，冬无三天阳"，这句谚语说的是桂林一年四季天气变化的特点。

"广福王上坟，来不过清明，回不过社。"这句俗语当中，"广福王上坟"指的是清明节前后桂林经常会有的狂风暴雨的强对流天气，这种天气一般都是在清明节左右开始，春社以后就结束了。

桂林民间传说中，有一位桂林籍的神仙——广福王，他所到之处狂风大作、雷雨交加。他清明节回来，春社以后就离开了，所以桂林这种狂风大作、雷雨交加的天气就从清明节开始，持续到春社结束。

而像"十八缸，天天有雨装"，"雷打秋，折半收"等谚语则是和农业生产相关的。

还有几种关于天气的说法也比较具有桂林方言的特色。

"沤雨"，指的是要下雨之前天气闷热，气压很低，就让人感觉很"沤"，桂林人认为这样的天气往往是酝酿着一场大雨，比如："这个天那么闷，怕是在沤雨哦。"

"回南天"，指的是冬春之际或者梅雨季节，天气突然回暖，空气湿度很高，到处都可以滴得出水来。这种气候下，人特别容易感到疲倦，所以我们桂林又有"回南天，男人哈（傻）女人癫"的说法。

（刘　萍）

（二）有故事和典故的俗语

桂林话里有一些俗语是有传说和典故的。这一类俗语扯起来还蛮多板路的。

几大不过芭蕉叶

在桂林方言里这是一句狠话。有一种讲法是，相传古时候桂林有一户大户人家，有一天，家里来了客，主人招待客人在后花园品茶，大家闲聊当中偶然谈起植物的叶子，就开始讨论哪种最大。两个人争执不下，找不到答案。这时有一个聪明伶俐的小丫环正好端茶上来，听见了就插嘴道："我认为所有的叶子里面芭蕉叶最大。"话音一落，主客二人大眼瞪小眼，无话可讲。的确，没有比这个更好的答案了。从此以后，"几大不过芭蕉叶"的说法就流传下来了。当然故事有不同版本。这句话表达的是一种豁出去了的决心。例如，对表示做某一件冒险事情的雄心壮志的时候，就可以这么讲："我怕我条卵啊，几大不过芭蕉叶喽嘛。"

姨妈不是外婆的女

相传以前有一户人家有一个少爷，脑子一根筋不会转弯，讲话特别喜欢跟人家"过别石"（桂林话，意思就是给人下绊，跟人过不去），特别是长辈讲什么都喜欢顶嘴，抬杠。有一次，姨妈一家来他家做客，他因为一点小事跟姨妈争执了起来，他气得讲："以后我再也不喊你姨妈了。"果然，到了第二天，他看到姨妈也不喊姨妈，直接喊"外婆的女"，家里的人听了很奇怪，就问他：为什么不喊姨妈要喊外婆的女，他脖子一硬，头一昂，大声说道："朗子喊不一样啊，姨妈不是外婆的女！"据说，从此"姨妈不是外婆的女"就在桂林话里留下来了，用来表示两件东西、两个事情是一回事的，没得差别。比如："哎呀，变来变竭还不是一样，姨妈不是外婆的女。"

酾卤（音同筛鲁）

"酾"有滤酒、斟酒的意思，桂林话把它保留了下来，引申出"挣"和"捞"的意思，比如"今天又酾了好多钱啦"。"卤"就是"卤水"，因为桂林米粉当中最精华的就是卤水，卤水做得好，米粉就卖得好，就可以挣很多钱。所以，"卤"在桂林话里就变成了"钱"的意思，比如"莫口头讲，直接板现卤"，意思就是"不要只口头上说，直接拿现金出来"。因此，"酾卤"在桂林话里就是挣钱，有时候也可以讲为"酾钱"，也讲"有酾""有卤"。

扠五（扠桂林话读"插"的第三声）

这个词就是现在的"泡妞""追女孩子"的意思，有点低俗，一度十分流行，现在已经不怎么使用了，现在桂林人一般都用"撩蚜"，也有点低俗。那"扠五"这个词是朗子来的咧。有说是因为 20 世纪七八十年代的时候，流行学英语，喜欢用英语里面的单词来代替日常的一些词汇，英语中"妇女"的单词就是"woman"，读音接近桂林话的"五们"，所以"五"在桂林话里就成了对女孩子的别称。"扠"就是张开手指和抓的意思。比如："你今天揭不揭扠五啊？"因为"五"用来代表女孩子，所以就顺势用"六"来代表男孩子，所以女孩子追男孩子就叫做"扠六子"，也有点低俗。

（刘　萍）

（三）由字面意思引申出来的俗语

咆忕（音同刨序）

"咆"就是"咆哮"的意思，而"忕"有狂和怒的意思。因此，桂林话的"咆忕"就有烦躁、火冒三丈和大动肝火的意思。比如："唉，好咆忕，考试又没考好。"有的时候为了加重程度，还会说成"咆卵忕"。

醒瞌（音同壳）

顾名思义，醒瞌就是醒瞌睡，有清醒、明白的意思。如："你莫看他平时哈是哈，今天还蛮醒瞌哦。"当然，这个有时候也说成"醒水"。也可以写成"醒壳"，因为大桂林人常常把脑袋喊做"脑壳"，"醒壳"就是脑袋清醒、灵光。

拎筋（音同拎斤）

其实就是"吝啬成精"，在桂林话里就是小气、难缠和斤斤计较的意思。比如："那个老母肸（肸读该的第二声，老母肸指老女人）几分钱也佢（读紧）在计较，好拎筋的。"

赖豪（音同嚎）

"赖"就是耍赖，"豪"就是突出、冒尖的意思。"赖豪"的意思就是非常地不认账，非常地耍赖。比如："输了就输了，莫赖豪嘛。"如果特指某一个喜欢耍赖的人，桂林话就喊作"赖豪姼（读掰）"。

恶俗（音同雾素）

"恶俗"的本字应该是"齷齪"，就是下贱、脏、下三滥。所以，桂林话里

"恶俗"就是邋遢、很脏的意思。比如："你这个人朗子那么恶俗呐，到处乱擤鼻涕。"

厊厏（á zá，都是第二声，啊杂）

桂林话中的"厊厏"，有难缠、罗嗦和不讲规矩的意思，有时候也讲成"厊里厊厏"。比如："莫厊厏了，听到（读倒）就烦。"

（刘　萍）

（四）习俗物候中的灵川方言俗语

媳妇娘担水——越担越重

这句俗语讲的是"挑新水"的习俗。"挑新水"是流行在灵川各地的一种结婚习俗。办结婚酒的当天晚上，新媳妇娘要揭村子边的水井担水回夫家，把家里面的水缸装满。担的水越多，就表明这个新媳妇越能干，同时也有招财进宝的意思。灵川方言把这个习俗喊作"媳妇娘担水"，媳妇娘用扁担挑水，"担"是"挑"的意思。媳妇娘担水一定要用木桶。在担水回来的时候，一路上都是来凑热闹的人，不管是大人还是细个里（小把爷），专门捡起石头往桶里面砸，有些人还专门捡大石头砸进揭。偏偏媳妇娘还不可以生气，只得东躲西躲拐回家。到了家里面，桶里面的水没剩下几滴，都是石头多，所以，就有"媳妇娘担水——越担越重"的讲法。同时，翁婆站在家门口，迎新媳妇挑回大担（大担，形容担回来的水特别满、特别多）"金银"，然后新媳妇娘向围观的人派发喜糖，俗称"福气糖"。

在 20 世纪中后期，灵川乡下都还看得到这个热闹。现在，灵川一些乡村嫁女的时候没有媳妇娘担水这个习俗了，但是嫁妆里面还保留有脸盆水壶，也是希望媳妇娘勤俭持家的意思。

初一崽，初二郎，初三初四拜舅娘

这句方言俗语讲的是灵川大部分农村过年的习俗，意思是讲年初一的时候，崽要带起媳妇回家过年，年初二的时候，女婿要跟媳妇回娘家拜年，年初三、初四的时候要揭娘舅家拜年。这个习俗一直沿袭到现在，每年初二的时候，回灵川的人总是特别多，就是因为嫁出朅的女在这一天都回娘家拜年了。

吃新米

灵川方言又喊作"吃新饭"，一般是在准备收稻谷的时候，农民家里面一种庆祝丰收的习俗。具体时间不固定，如果是种两季稻或者三季稻的农家，通常是在每年新历七、八月吃新米。吃新米的时候，选几根早熟禾穗，连秆叶一起剪回来挂在门槛上面，然后放酒肉香纸，供土地神。同时，选一点黄熟的谷粒，焙干以后研磨成粉，做成米粑，当天晚上杀鸡备菜，全家人吃个团圆饭，庆祝丰收。吃饭的时候，家族的长辈对晚辈进行"一粥一饭当思来之不易"的教育。

过了狮子埠等于穿棉裤

冬天朅潭下赶过圩的人都晓得，灵川方言有句话喊"过了狮子埠等于穿棉裤"，讲的是冬天一到狮子埠这个地方要是再往山里面走，冷得一定要穿棉裤。为什么咧？要从一条江讲起。

这条江喊甘棠江，是漓江在灵川境内最长最大的支流。古时候，这条江喊龙岩江或者灵岩江，发源于才喜界大虎山东坡，源头海拔 1613 米，分上、下两段，上段古时候喊东江，下段才喊甘棠江。甘棠江出了青狮潭峡谷以后，经过九屋村到龙岩，穿过天然山洞，一路向东沿渡潭、潭下、田南到狮子埠，最后向南流，到八里街的三岔尾注入漓江。

狮子埠刚好在甘棠江转弯出山地，流向平原的地方。这个埠头东、南、北面都是平地，西面是越城岭。三面来的气流翻过越城岭之前，都必须经过狮子埠，所以冬天狮子埠这垱风大气温低，怪不得个个冷得要穿棉裤。

（文 佳）

（五）几个特色桂林话俗语

所谓熟语，包括谚语、成语、歇后语和惯用语。熟语是固定的语言格式，语义和字面结合紧密，是语言中可以当作一个词那样独立运用的词汇单位。熟语有两个特点：结构上的稳定、固化，意义上的整体性和指向的明确性。

3.06　圆形斗

3.07　方形斗

桂林话有很多特色的方言熟语，我们不妨讲一些。

耗子吃不得（过）三斗六

斗、升是量器和量词，十升为一斗。以最能偷吃的老鼠必遭惩罚的结局，形象生动地来劝人向善。（见图 3.06、3.07）

赖豪不过三

即赖账。张姨妈借了二十块钱给黄毛，黄毛到期没有还，又借了十块，等他还想再借，张姨妈已认清了他这个人，一个子儿都没有借给他。还有另外一句方言喊做"有借有还，再借不难"。

好烦

"好烦"桂林话的意思"好烦恼""好郁闷"等，但是有时也仅仅是口头禅。曾有人调查大学生对桂林话哪句话最有兴趣，一女生叹了一口气，说道："好烦！"

（彭强民）

（六）兴安方言里的民谚俗语

春节回家，有则网络段子说："不管你是大城市中的彼得、杰克还是露丝，回到家乡都变成了二狗、招弟和翠花。"同样的，不管你在大城市里头是讲英语、法语，还是普通话，回到家里讲的都是同一种话：本地土话。坐到屋里头，炙着火，吃到（着）土鸡、土猪，听到（着）从娘胎就开始熟悉的方言土语，你才开始感觉过年的味道追到你的屁股后头了。

小时候听到蛮多和过年有关的谚语，也蛮有地方方言特色，比如讲："二十一，打主意；二十二，逛街猲；二十三，送灶王；二十四，打木煤；二十五，磨豆腐；二十六，杀噜噜；二十七，杀鐉（读如"线"）鸡；二十八，打粑粑；二十九，上界首；三十日，坐到吃。"

这些个俗言谚语几乎全景式地展现了腊月下旬准备过年的情形。

二十一，打主意

腊月二十一，感觉眨眼就要到除夕了，自然得好好地规划、思考一下如何过年了。要置办些什么东西？父母、长辈们是不是要一起规划规划？以前的年尾巴高头（年关），分了家的儿子们要给父母称谷子，置办年货，让老人家有过年的感觉。

二十二，逛街（读该）猲

头一天有所谋划，事不宜迟，二十二这天就可以到街上去转悠转悠了，看看哪些是必备的年货，赶早买说不定还便宜点。40年前物资还比较贫乏，很多东西是凭票供应的，等到大家蜂拥一起买，很可能就没得供应了。这句话在读音上也是蛮有兴安话的特色："逛街猲"就是"去逛街"，也有点接近小孩子的口气，"街"也是接近和"二"押韵的。"街"和"猲"是两个很有代表性的兴安话字眼。

二十三，祭灶王

二十三，是祭祀灶王的日子，这一天要把灶王爷接出来祭祀，告诉灶王爷准备过年了，"火拢"（兴安话里就是厨房、灶房的意思。冬天里全家人都"拢"在一起，围着火塘"炙〈烤〉火"）里火势要旺一点，火势旺还要连绵不断，也就意味着过年的时候吃的、喝的东西多些，同时希望灶王爷保佑来年里温饱不愁，生活更好一些。兴安人讲话分不清前鼻音和后鼻音，"王"读成

"完"，和"三"押韵的。

二十四，打木煤（读如咪）

或者是"打炉煤"，就是大扫除，搞清洁卫生。二十四这一天呢，只要不落雨，都是大扫除、大搞清洁卫生的日子。妈妈老早就起来，扎上头巾，将扫把绑在长竹竿上，把屋里的蜘蛛网、炉煤（炉灰）、木煤（木头上的灰尘）清扫一边，让屋里头焕然一新。然后把"火拢"（灶房）里的碗柜也搬出来冲洗一遍，如果出太阳的话，还会把家里的床单、被套也清洗一遍，反正是全家总动员，几乎把家里翻个底朝天，彻彻底底地清洁一遍，清清爽爽、干干净净地迎接新的一年。

为什么叫"木煤"呢？以前在兴安农村的房子，外框是用"片石"（石头）和红砖（烧制的砖）、水砖（从水田里踩出来的泥做的砖）砌成的，屋里的隔断都是用木料，先用木头搭成架子（基本上都是用整根整根的木头搭成），然后用木板把屋里隔成堂屋、厢房、伙房等，兴安的农村讲"墙壁"一般是说"固壁"（近似于"木壁"）。所以，哪家人要砌房子，首先要"上大山"——就是去扛木头，一根一根地扛回来。架子搭好了，竖立起来后，要选个好日子"上梁"——相当于现在房子的"封顶"。后面还要继续收尾、装修，但那基本上是木匠师傅的工作了，所以以前的房子木料是占大部分的。而因为是烧柴草，扬灰会沾在蜘蛛网上，久而久之，变成黑黢黢的屋烟煤，挂在壁板和木梁上，就是所谓的"木煤"。

二十五，磨豆腐

兴安人过年的时候，家家几乎少不了"豆腐圆子"（馇豆腐），有条件的人家，一般就在二十五这天磨豆腐。以前磨豆腐都是用大石磨，也不是家家都备有，一个村里只有一两家，其余的人都是在他家去定豆腐，然后回来做成油豆腐，再馇成豆腐圆子，这道菜几乎成为正月里招待亲朋好友的主菜。但一般不在过年（除夕）那天吃水豆腐，因为民间有种讲法：白喜事（丧事）才吃白豆腐（水豆腐），如果有人说"要吃某某的豆腐汤"，就是咒人去死 的意思。

二十六，杀噜噜

二十六是杀年猪的时候，"噜噜"（第四声和轻声）就是猪，这是个象声词，喂猪的时候要把猪招呼过来吃潲，一般嘴里都会"噜噜～噜噜～"地呼唤，猪也会闻声而动，过来抢食。以前村里的人家，都要想办法养一头猪，留到过年杀，因为杀了这一头猪，过年走亲戚才会有腊肉，招待客人才有"面子菜"（方方正正一块带皮五花肉），以及来年的前半年的荤菜也基本解决了。猪基本上是要养一年才杀，那时没有饲料，都是去田间地头扯猪菜，所以农村的孩子基本都有扯猪菜的经历。

二十七，杀镦（读线）鸡

镦鸡就是被骗过的公鸡。鸡是除夕过年那天的主菜，早上"供祖公拔拔"（"拔拔"读音如"把爸"，兴安话把高祖及高祖以上的人都喊成"拔拔"）。供奉完毕后，傍晚煮上一锅鸡汤，年夜饭就开始了。除夕那天是不杀生的，所以要提前把原材料准备好。

二十八，打粑粑

粑粑是桂北地区的一种传统特色食品，就是糯米做成的糍粑，以前它是兴安人过年必不可少的食品，因为拜年的时候都要用到它。粑粑相当于那时候的方便食品了，容易携带，吃起来也方便，用火烤就可以很快弄熟。村里人在春夏农忙时候，常常在兜里揣着几个粑粑，中午在田间地头用火烤来吃，吃完接着干活。

二十九，上界首

兴安很多人会讲"上界首""下溶江"。兴安镇往北的地方，靠近界首的区域，人们一般赶圩会趒界首，也可以选择趒兴安镇。界首作为一个繁华商镇已经有很久的历史了，2014年被评为"中国历史文化名镇"。

离开界首镇比较远的人是不是也会"二十九，上界首"呢？不一定，毕竟不方便，所以兴安方言的这句话还有另外一个版本"二十九，酿甜酒"。兴安人的大部分，在正月里趒别人家，主人往往会斟上一杯糖茶：红糖熬制的姜茶，尤其是大年初一去到别人家，更是必不可少的，寓意着新的一年里生活像糖茶一样甜蜜吧。甜酒，就是糖茶最好的替代品；初一以后去，则一定要有一杯茶，这杯茶叫清茶，寓意着一年四季清泰。

三十日，坐到吃

进入腊月，为了过年忙了那么多天了，到大年三十这一天，好歹要好好休息下，安心坐下来吃年夜饭，表示这忙碌的一年终于过去了。但这"坐到吃"其实只是小把爷的想法和愿望。三十这天是很忙的：从早上开始就要准备年夜饭，小孩也要被分配去贴对联、门神、窗贴等，一年到头了，怎么也要把家里弄得红红火火，增加点喜气。还有祭祀祖宗，家里有新坟（不满三年）的还要去"挂年祖"（兴安人把坟说成"祖"，扫墓说成"挂山"，"挂年祖"就是去新坟上扫墓，祭祀新逝的亲人），忙忙碌碌下来，一天也不得空，如果原来有些事没做完，一般也要赶到三十这天收工，因为正月里到出元宵的半个月，一般不会出去做事（农活）。所以对有的人在三十这天去忙一些无关年夜饭的事情，又有个俗语喊"一年不赶赶三十"，讲的是一个人做事没有计划好，前松后紧，到三十这一天还要忙忙碌碌，却草草收场。

"大年三十借砧板""三十夜晚的砧板"

因为大年三十的主要事情就是准备年夜饭，安心吃了过年，所以家家户户这一天的厨房都在忙，这个时候你要去向人家借砧板，肯定是借不到的，而且别人都会笑话你那么没有眼力，做事那么不合时宜，这就是"大年三十借砧板"表示的意思。同样的，说一件物品无可替代、无比重要，奇货可居，那就是"三十夜晚的砧板"。

还有些日常生活中的民谚俗语，有的反映出兴安人民的智慧和兴安话的概括能力，有的很形象地说明了某些道理。

两春夹一冬，十个禾仓九个空

这句话在兴安话里的意思是，如果那一年年头年尾先后有两个立春，一个立冬，那这一年一定会受灾，田里的收成一定受影响，严重的话就没有收成，那家里的禾仓就会空空如也。这个讲法和一些地方讲的双春年（有两个立春，以前都认为，立春是春天的开始）有点不一样，一些地方认为某年是双春年，相邻的那年没有立春，就是"寡妇年"，于是有的人看到是双春年，就会赶紧结婚。

洗白菜蔸把

这句话的意思大概是本来没得心思请客，看到别人吃完了，才假惺惺地讲"请你吃饭"；或者是讲本来无心帮人，只是嘴巴上说说而已；或者是向人道谢缺乏真诚，比较勉强，事后才假心假意说点好听的话，听起来有点马后炮的意思。如果对某人讲这句话，表示对这人不满，认为这人不够厚道了。白菜蔸把本来是不吃的，一般砍掉就好了，你去洗白菜蔸把，恰恰表明你的不诚心。

撮你的石灰闹你的鱼崽

意思有点接近于"赔了夫人又折兵"。"闹鱼"在兴安话里是"毒杀鱼崽"的意思，以前的"毒鱼崽"不是用农药，用的是石灰或者茶麸。所以，你去"闹"别人家田里的鱼崽，自己连石灰都舍不得出，还有用别人家的石灰，你是把别人的便宜都占了，有点抠门得太厉害，用人家的石灰赶尽杀绝人家的鱼崽，太过分了。

菢鸡婆屙屎头尖硬

"菢鸡婆"即孵蛋的母鸡，也喊作"赖菢鸡婆"，这个菢鸡婆屙的屎一般前面小半截是硬的，后面就是稀的，所以家里被分派扫地的人最烦这赖菢鸡婆屙屎。这句话就很形象地说一个人做事不踏实，只有"三板斧"，虎头蛇尾。（见图 3.08）

砍起脑壳当凳坐

形容朋友间关系好，灵川人、桂林人讲"血狗"，在兴安就会用"砍起脑壳当凳坐"来形容，意思这两个人是生死之交。

3.08 赖菢鸡

鼻涕虫搞紧（聚在一起）天螺蛳

鼻涕虫是一种软体动物，就像没有壳的蜗牛；天螺蛳，兴安话里就是蜗牛。这是表示臭味相投的两个人（几个人）聚到一起，难以分得清谁好谁更坏，也表示这两个人（几个人）只能互相往坏的方面互相影响。有人如果大摇其头地对你和你的朋友讲："你们两个么～（第二声　拖长音）耍到一起，那实在是鼻涕虫搞紧天螺蛳了。"

（部分俗语参考《灵渠驿站》公众号上蒋芳奎老师所撰文章）

（宋红军）

三、桂林话里的一组熟语

桂林话有蛮多有特色的熟语，它们多来自市井生活，常用借喻手法，语言生活化，观点鲜明，让人印象深刻。

下面我们不妨举一组例子看看。

马屎皮面光，里面一包糠。

1986 年前汽车很少，桂林市区里特别是沿滨江大道，一路会有马车拉货，路上会留下很多马屎。市民们对马屎并不陌生。马屎落在地上，有些保持完整光滑的形态，有些裂开了或被马踩了，露出里面的草糠，由此生发出了一句俗语："马屎皮面光，里面一包糠。"这句话用来形容人只有表面花架子，没有真本事。唐·郑处诲《明皇杂录》："嵩既成，上掷其草于地，曰：'虚有其表耳。'"清·李宝嘉《官场现形记》第二十七回："'金漆饭桶'，大约说徒有其表，面子上好看，其实内骨子一无所有。"这些说法和"马屎皮面光，里面一包糠"都是一个意思。

懒人屎尿多，没得也要屙（读窝）。

指人懒惰，不爱做事，每当有人叫他做事，他就会借口上厕所拖延时间，逃避做事。

新起的茅厕（读 sī）香三天。

"香三天"是个大概的说法，指新厕所开始使用的头几天比较干净，给人洁净感。这句话形容人贪新鲜，对新东西、新事物的热情一阵子就没有了，如人们说的"也就是三分钟热度"。

骂人莫骂妈，骂妈打嘴巴。

中国文化讲孝道，尊母敬母。可是各种粗鄙的骂人话里偏偏很喜欢带上妈字，诋毁别人的母亲，很容易激怒人。桂林话中有些比较粗俗的词汇，有些人也有不良语言习惯，一开口讲话就会习惯性地带上搭头语，甚至一句话里如连珠炮般带上搭头语，里面不乏"问候"别人母亲的。这句俗语简单明了地告诫人，要文明使用语言，语言暴力易招惹是非。

有娘养，没娘教。

这其实是一句骂人的话，这里的"娘"应该指代"父母爷娘"，所以整句话字面意思就是某人的教养不够，他的不良行为举止是父母只管生养不管教导造成的，说的是孩子，但指的是家长没教好。这句话使用时是有情境的。如果两个人议论不在场的第三人时用这句话，表达的是一种对家庭教育缺失造成某人不良行为举止的遗憾；但如果这句话是当面说某人，那就不礼貌了，等同于直接责骂别人的父母，吵架就会升级了。

母狗莫撩尾，公狗不上背。

这句话带有旧时代特点，是对女子言行的一种告诫之语，说女人如果行端言正，不搔首弄姿，就不会惹来不正经的男人。借狗喻人，是粗话。

有嘴讲人家，无嘴讲自家。

对别人和对自己是"有嘴"和"无嘴"两种截然不同的态度。"严以律人，宽以待己"：只说别人，不说自己；只看到别人的缺点错误，却从不检讨自己；说别人比较容易，一旦牵涉到自己就总能找到托辞。

眼睛再利，看不见自己的脸。

"眼睛利"意思是这个人目力极好，看得远，看得清。此句字面意思是一个人看得见自己之外的事物，却看不见自己的面目。其意是劝诫"人贵有自知之明"，一句平实的话讲出了大道理。

没得三两三，莫想上高山。

"三两三"是个大概的说法，有"掂掂斤两"之意。山高难爬，山高多险，要爬高山就得有点真本事。这句桂林俗语意同"没有金刚钻，别揽瓷器活"，意即没有本事就不要去做完不成的事情。

这山望着那山高，包你（保险）回来无柴烧。

桂林话"包你"或"保险"意思相近，是肯定、必然的意思。这句俗语借一个砍柴的樵夫，发现另一座山可以砍伐的薪柴更多，于是产生了"弃此山而往他山"的念头，告诫人要脚踏实地。

扁挑无錣两头刷

扁担是挑担用的工具，桂林话也叫"扁挑"。桂林乡民用的木扁担，两端楔入錣（錣读抓的第二声，錣是凸起的木齿或者铁钉），挑绳缠入其间，这样挑运物件不易滑落。

此话告诫人们做事要考虑周全，仔细检查，以免遭受损失。

（徐　颖）

四、灌阳下乡话谜语里的方言词语

灌阳下乡官话把谜语喊做"沕（读秘）子"，猜谜语喊做"猜沕子"。灌阳下乡官话里面有不少特别的方言词语，而灌阳下乡官话沕子里面的方言词语也蛮有意思。下面试举一些例子来谈谈。

铁牛栏铁柱子，水牯牛打沕子。

"水牯牛"在灌阳话里是水牛的意思。"打沕子"是潜水的意思。（谜底：水瓜、水瓢瓬）（见图 3.09）

远垱望见像头牛，近垱望见又无头，肚里三把扇，屁股出糠头。

垱在灌阳话里头指地方，糠头指的是谷糠。扇子的扇在灌阳下乡读做线。（谜底：风车）（见图 3.10）

3.09 水瓢

3.10 风车

远垱望见像座轿，近垱又无神道，生鬼崽在喊，死鬼崽在跳。

在灌阳，以前有跳神的傩戏，人戴上各种面具扮演各路神灵，演出各种神话色彩的跳神大戏。皮影戏和跳大神的傩戏有类似之处，但它是人指挥皮影，而不是人扮演神灵。所以，谜语里头才讲"近垱又无神道"。皮影戏在灌阳以前喊"鬼崽戏"，所以，这个谜语会讲"生鬼崽在喊，死鬼崽在跳"。"生鬼崽"指操作皮影的人，所以"在喊"，代言皮影。"死鬼崽"是皮影，所以"在跳"，"跳"读第二声。（谜底：皮影戏）

壁子上面一窝葱，越扯越空。

"壁子"灌阳话是墙壁、壁板的意思。（谜底：筷笼、筷筒）

你看我，我看你，一根索子绸起你。

灌阳讲的"索子"就是绳子。"绸"就是捆绑的意思。（谜底：解股，即翻花绳）

四四方方一座城，里面兵马外面人，五个将军把兵调，调出兵来撞脑壳。

脑壳在灌阳话里头是脑袋的意思。这个谜语的谜底是"自来火"。自来火是火柴，老灌阳人都习惯讲"自来火"。（见图3.11）

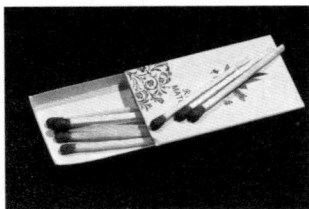
3.11 火柴

小小诸葛亮，独坐军中帐，摆起八卦阵，捉拿飞天将。

这个谜语的谜底是"波丝"，就是蜘蛛。

生在青山我为王，拿起我来游街坊，弄了多少钱和米，从未养过爷和娘。

爷和娘就是父母亲，这是比较传统的讲法。这个谜语的谜底是"耍猴戏"，灌阳人把耍猴的游戏喊做耍猴戏。

朝南朝北朝西东，将军出马喜冲冲，败阵回来就有赏，得胜回来就有功。

"喜冲冲"，灌阳下乡官话是高高兴兴的的意思，相当于喜滋滋、乐呵呵。（谜底：划拳猜码）

（蒋艳锋）

五、兴安方言熟语

（一）兴安"水谈白"中的熟语

兴安水谈白中的民间俗话中有一句"我头上没生癞子"，蛮搞笑。它是"老实人好欺负""老实人代人受过"的意思。那为什么有这个讲法呢？说来话长。

据说，有一个奶崽头上生过癣，成了"癞子头"，也落下这个外号。但他为人十分老实，不管人家讲他好讲他坏，从不争论。有一年，他去帮人插秧，插秧是大家协作，插完一块田再一块，插完了就不晓得哪行是哪个插的。

某天，田主人来田边，察看后问："这行禾是哪个鸟（读屌）插的？""是癞子头。"众人讲。主人接着又问："这行禾插得歪歪扯扯的，又是个哪个鸟插的？""还不是癞子头！"连到问了好多次，别个都讲是癞子头插的。老老实实的癞子头一句也不争论，后来，"我头上没生癞子"便成了"老实人好欺负""老实人做替罪羊"的代名词。

兴安水谈白讲的民间俗话"后颈窝的头发摸得着看不见"，告诉人们做事要留后路。

兴安水谈白讲的民间俗话"谅你虾公无嗲（滴）血"，指有的人像虾子，死了虽然一身通红，就是榨不出血来。这和"嘴尖皮厚腹中空"的意思是一样的。

兴安水谈白讲的民间俗话"蚂蝗听不得水响",意即一听说哪里有利益,就跑过去想捞一把,这和某些贪官的表现确实像。比如兴安某某几年前不知走了什么狗屎运,捞了个某办主任当了起来,虽然水浅没有大鱼可捞,但是小鱼虾足够填饱饿肚。与广告商勾结,捞取巨额广告费,真是"水一响,蚂蝗抢"。其结果终归免不了牢狱之灾。

(南北渠)

（二）从兴安瑶族地区传播出来的熟语：帮年个工——白打工

兴安县有瑶族同胞聚居,从瑶族同胞那里产生的一些语词也传播到汉族等其他民族地区来,为人们所熟知甚至使用。

"帮年个工"是经常出现在瑶族居住地区的民间口语。传说有一种不知名字的小鸟,在晚上发出类似于"帮年个工"的叫声,因此兴安华江乡的瑶族村民通过想象,塑造了鸟的人物形象,并形成了民间的歇后语"帮年个工——白打工"。这个歇后语出自一个故事。

传说,从前有一个瑶民,家里贫穷无法维持生计,便帮大户人家打工。因为家穷,没有上过学,为了记住做工的天数,他每天做工以后捏一个泥球积攒起来。主人家见了好奇,便问为什么每天要捏一个泥球?他说:"每天做一个泥球,是为了记住做工的天数。"

就这样过了一年,可是有一天晚上下大雨,房子漏水,雨水将泥球融化成了一个大泥球。第二天主人来结账了,说:"你这里就一个泥球,也就是说你这一年就做了一天工,就只给你一天的工钱。"那个贫穷的农民气不过,气愤而死。死后他变成了一只鸟,天天晚上叫"帮年个工",似乎是在给自己喊冤。

直到现在,每年七八月份的晚上,还可以听见"帮年个工"的叫声。瑶民中"帮年个工"的民间俗语就这样流传了下来。

(南北渠据佚名文稿整理)

（三）礼仪礼节里的兴安方言熟语

在兴安的方言里，有些词语是有特殊的"礼性"（礼仪礼节的意思）含义的，也会通过民间的形象表示出来。

拜年拜年，屁股朝天；花生不要，要点卦钱。

这是在兴安过年时候，小孩子的口头禅。前面半句，形象地表明了小孩子拜年时候的样子：作揖、打拱，甚至是磕头。那么他要什么回报呢？"花生不要，要点卦钱"，态度鲜明，言简意赅。"卦钱"就是压岁钱，但兴安人一般把过年（除夕）那天晚上长辈给的钱叫压岁钱，初一以后去走亲戚、拜年时候得的钱叫作"卦钱"（或"卦卦钱"）。一般去人家家里拜年，主人家都会斟茶，拿出瓜子、花生、糖果等来招待，小孩子虽然对糖果感兴趣，但更喜欢"卦钱"，它来得更实在，所以家里有小孩正在牙牙学语，拜年时候人家逗他说话，都会教他讲这句话。

初一崽，初二郎，初三初四拜舅娘。

这个是讲究拜年顺序的民间谚语吧，不是兴安专有，周围也都是这个习俗。初一那天儿子带着媳妇儿女回家陪着父母过春节；初二则是嫁出去的女儿带着女婿和"外孙郎（女）"回娘家拜年，儿子媳妇则也是回娘家拜年。到了初三初四才开始亲戚间互相拜年。那么亲戚间又谁先谁后呢？兴安就有个习俗"娘亲舅大"，最先拜的应该是母亲那边的亲戚，有外公外婆在的，就先外公外婆，当然一般来讲，舅爷都是跟着外公外婆住在一起，至少是一个村，所以就是从舅爷、舅娘开始。

叠吊笊

准备走亲戚的礼品。过年亲戚之间总要拜年和相互走动，那么去走亲戚，兴安人就要"叠吊笊"，走完亲戚返回时，亲戚又要"回吊笊"。比如往年在兴安给亲戚拜年，是要在吊笊里放一块腊肉，十二个（或九个）粑粑，一包糖，一包饼；"回吊笊"却是六个粑粑，一包米花糖，一条手巾。平时的走亲访友也是喊"叠吊笊"。这个吊笊实际上是吊着的竹篮、竹篓、竹筐，以前没有那么多塑料袋、环保袋，每家每户都用竹篮、竹篓来装东西的，这些竹篮、竹篓

3.12 吊箩

会挂在火塘上方，有些什么吃的（糖果啊、饼干啊——基本上都是走亲戚要用的，或者是亲戚们馈赠的）都会放在里面，每天都要生火做饭的，火苗就像干燥剂一样在保护着这些糖糖饼饼，所以很多人小时候都对这个吊着的竹篮充满着渴望，但因为是吊在每天家里人团坐一起的火塘，这就像有摄像头监控一样，没有谁敢轻举妄动。这个吊箩说起来还像家里的"保险柜""聚宝盆"一样，只有在走亲戚的隆重时刻才会动它。（见图 3.12）

冰糖

兴安人以前的请帖，请柬。以前在兴安的农村，如果要办喜事，邀请亲戚朋友来吃喜酒，就讲"封冰糖"，其实也很简单：拿张小小的红纸，包上两颗红瓜子。专门上门或者在路上碰到你，就会递给你，讲清楚是某年某月某日，请你到家里吃喜酒，"敬请光临"云云。按照它的功能来讲，其实应该是"宾糖"——担负着"邀请宾客"的功能嘛。以前农村还比较穷，吃喜酒有时候是一种负担，所以有老人接到这种"冰糖"后会忍不倒叹气："这种糖难吃哦！"而且以前的通讯没得现在这么发达，要送"冰（宾）糖"都是走村串户，当面送到手高头，接到"宾糖"的人也要客气一下，喊进门喝口水，吃点瓜子……算是一种礼尚往来的招待。

吃米粉

米粉是老百姓的日常饮食，但在以前，家家户户都比较穷，到街上吃碗米粉也算奢侈了，亲戚朋友在街上遇到，或者有的老表有心请亲戚朋友下馆子，就揭米粉店请吃米粉。后来呢，媒婆做媒的时候，约到街上见面，双方如果对上眼了，或者男方觉得满意了，就讲"我们揭吃米粉嘛"，就表示对对象蛮满意，有心结亲。如果女方也觉得满意，就点头答应，一起揭吃米粉，媒婆也就看到一桩美满婚事成了，回揭坐等猪头脑壳（兴安人感谢媒人牵线搭桥的方式是结婚那天送上一个猪头）。如果女方觉得不满意，或者想再考虑考虑，那就以"肚蚓（肚子）还饱的""今天没得时间"等借口回绝，在座的人也都心知肚明，好说好散了。

一代亲，二代表，三代四代就了了（两个"了"读"了断"的"了"）。

这句话在讲亲人之间亲疏远近的关系。第一代大家是兄弟姐妹，是一母同胞，是至亲；这一母同胞的兄弟姐妹所生的子女，互相用"表哥""表弟""表姐""表妹"称呼，是第二代，还算是蛮亲近的，走动也会频繁些；这些表亲所生的孩子呢，是第三代，大概走动得就没那么频繁，到了第四代，关系更加疏远，渐渐也就"不了了之"了。

堂屋伯伯、火拢伯伯

在兴安，有一种人喊"火拢伯伯（伯伯分别读 be 第二声和轻声）"，她和"堂屋伯伯"是两口子，堂屋伯伯是伯父，火拢伯伯其实是婶娘。兴安话说的"火拢"就是农村的"火塘"，是灶房、厨房。以前的老规矩呢，女性吃饭不能在堂屋上桌和男性宾主一块吃，只能在"火拢"里吃，这也是表明了女主人是招待客人的时候在"火拢"里忙碌的主要角色，而且只能在男人们大块吃肉、大碗喝酒的空闲，在"火拢"里架上锅吃些头头尾尾的剩菜。这也是传统的"男主外，女主内"的表现。"堂屋伯伯"是男人，主外，出入厅堂；"火拢伯伯"是女性，主内，出入厨房。而且这"堂屋""火拢"的区分，只在"伯伯"以上的辈分里称呼，比如兴安人把曾祖称为"太太（第三、四声）"，曾祖父就称"堂屋太太"，曾祖母则是"火拢太太"；把高祖辈称为"拔拔"（读音如"把爸"），高祖父称"堂屋拔拔"，高祖母则称"火拢拔拔"。兴安人把高祖以上的人也是称为"拔拔"，所以有"祖公拔拔"的说法，"祖公拔拔"就是祖宗、祖先，祭拜香火的时候就称为拜"祖公拔拔"。

外婆炸蛋

"外婆炸（音扎）蛋"，"炸"其实是"煮"的意思（兴安人有时候分不清翘舌音和平舌音，你可千万别听成"砸蛋"）。小时候，每当"长（音涨）尾巴"（兴安人把生日说成是"长尾巴"）的时候，外婆就会"炸"几个鸡蛋送过来，庆祝生日，而且大多数的时候，就只有这一样礼物了。妈妈可能会顺势做点平时舍不得吃的好菜，你说孩子的心中怎么不满满都是美好的记忆？盼着生日，盼着外婆"炸"两个鸡蛋过来，盼着自己生日的好时候。你长大后别人再对着你说"你还记得外婆炸蛋啊"，意思是说你还只记得老黄历，只记得过去那美好的时刻。

（宋红军）

专有名词板路

一、趣味人名板路

（一）漓江船家的特色人名

桂林方言里面人名很有趣的一个现象要数船上人起的名字，很多会带一个"桥"字，比如桥妹、桥正。这里面有个什么讲法呢？其实，这个"桥"是船上人家小孩的保护神。因为以前的船上人，生活条件比较艰苦，生孩子多了以后带不过来，孩子经常生病甚至夭折。他们就会让刚出生的孩子拜桥作干爹干妈，认为桥神可以保佑小孩子无病无灾，快长快大。以前船上人一辈子生活在船上，基本没上过陆地，他们在河里漂游的时候接触得最多的建筑就是桥。相对于渔船的摇摇晃晃来说，桥对他们而言是稳固的，有安全感的。特别是桥桩，根基打在地下，给渔民的感觉就是风吹不动，雨打不歪，因此还有些船上人甚至让自己的孩子拜桥桩作干爹干妈的。既然拜了桥，名字自然就要跟桥扯上一定的关系，很多船上人的子女名字里就会有一个"桥"字，甚至用"桥"字来排辈分。

除了"桥"字以外，船上人还会用"干"字给小孩取名，叫"横干""直干"，或者名字最后带一个"干"字，这个就是跟船上人扒簰（读排）子的竹竿有关了。"横干""直干"就是横着划的短竹竿和竖着划的长竹竿，这种取名方法能反映了船上人生活的特点。

（刘　萍）

（二）大桂林人名字为什么喜欢带个"桂"字？

在大桂林，人的名字常常带"漓"字和"桂"字。带"漓"字的人主要在漓江沿岸居住，带"桂"字在地理上则分布更广泛。带"漓"字是近几十年才兴起的，带"桂"字则自古以来都多，历史更悠久。

带漓、桂二字都有纪念出生地、祖籍地的用意，而漓江、桂林都有美好的意思。

名字中带"桂"字还有更丰富的含义，因为它与桂林市的桂花以及桂花树有关。讲到桂花树、桂花，那是中国很古老的传统文化的参天大树上的一个小枝，有关桂树和桂花的传说与民俗也影响了桂林文化，从而影响到桂林的姓氏文化。

我们想想身边带"桂"字的名字吧：桂娇、桂英、桂兰、木桂、桂花、桂姐、桂嫂、桂弟（娣）、桂妹、桂有、桂发、桂旺、桂娥、桂珍、树桂、发桂、桂聪、桂阳、桂平、桂萍、桂凤、桂香、桂明、桂青、桂洪……在农村常把名字中的"桂"字写成同音字"贵"，所以，名字中有"贵"字的其实有些本来是"桂"字。

清代光绪年间有个桂戏演员喊桂荣，民国时桂戏演员有仪桂、桂枝香，桂戏女科班有"桂坤"班，桂林有个著名彩调艺术家，号称第一旦角，喊张桂妹，有个桂戏大耍友（票友）喊金桂生。

这些名字不仅和桂林有关，还和深远的传统文化有关。

神话传说中，月中有八桂树。桂林在 1949 年前，一直是广西政治文化的中心，广西号称"八桂大地"，桂林简称"桂"。而月中的八桂树，据说就是天清月朗时，我们举头望明月看到的月亮里头的阴影。这样又产生另外一个相关的神话，讲吴刚修仙违反规定，被罚在月亮里砍伐桂花树。但是，月中的桂花树是神树，永远砍不断。为什么？因为每一斧砍下去，当吴刚把斧头拔出来时，桂花树的刀伤马上又长好了。可见，桂花树象征一种顽强的、神奇的生命力。

另外，根据三国时期王肃的《丧服要记》里头讲，春秋时代的孝子忠臣介子推（介之推）被烧死后，国人安葬他，怕他的灵魂消散了，就在那里种了桂树。可见，在古代，人们还认为桂树可以保护灵魂。

桂花树是四季常青的，不怕霜雪，树龄长寿，桂林乡间常见百年桂花古树。所以，大桂林各地都喜欢种桂花树，尤其是乡村，有人住的地方大多有桂花树。阳朔西街旁有口古井就喊"桂花井"，还有"桂花巷"。

讲到桂林人喜欢桂花树，你猜猜喜欢了几百几千年？我所了解到的情况是，桂林人爱桂花树已经一万年！有考古材料为证。在国家级考古遗址公园甑皮岩中，出土了距今 10000 年的桂花种子。（见图 4.01）

因为桂花树长青，生命力旺盛，所以，在大桂林形成了一种崇拜桂花树的民俗。在阳朔等地，过年时，大年初一凌晨，鸡一叫就去水井挑水，折桂花枝回家供香火，并且在香火、大门、天井边上供白米，同时在大门后门门头、门框插桂枝。这种习俗，在桂北平话区的阳朔葡萄镇喊做"讨清吉"，求个"清清气气"。桂枝长青，青枝加清水，祈求世界清清，乾坤朗朗，太平吉利，平安无事。

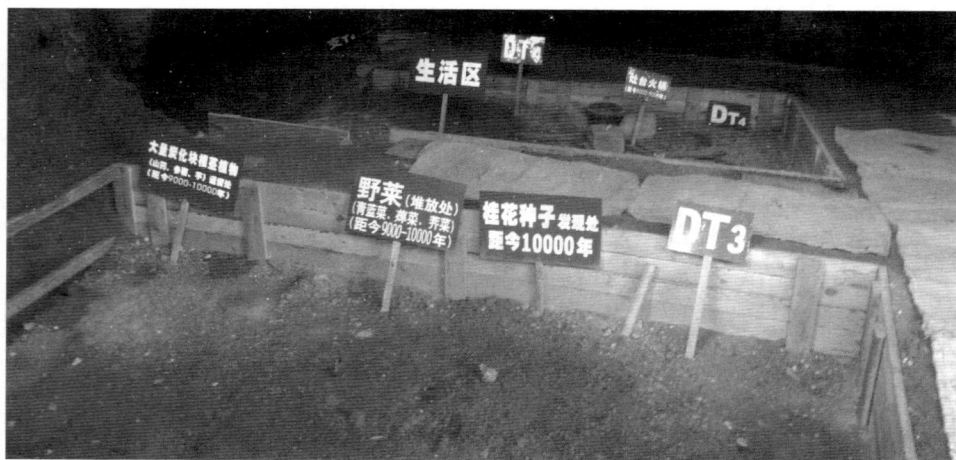

4.01　甑皮岩出土万年桂花种子

桂树的特点带来的这种象征意味，无疑影响了大桂林人给子女取名。

推测起来，城镇人名字带"桂"字和桂林关系更大，乡村人的名字带"桂"字和民俗联系更密切。

还有一个因素对桂林人的名字带"桂"字有影响，即"桂"的谐音"贵"（尊贵、高贵、富贵、金贵）。

为什么这样讲？因为神话传说中，桂花树长在天上的月亮里，是凡人可望而不可及的。所以古代把很不容易成功的科举高中，表达为"蟾宫折桂"。从此身份提升，有可期待的"贵"的身份。

由此还延伸出才华横溢的意味。桂林籍唐代诗人曹邺，阳朔人，阳朔县城还有"曹邺读书岩"（见图4.02）。他晚年定居桂林。年轻时，经过千辛万苦，连考了多年才"折桂"。所以对如何才能"折桂"有切肤之痛，他有一首诗《寄阳朔友人》讲："桂林须产千株桂，未解当天影日开。我到月中收得种，为君移向故园栽。"对桂林人才少、"折桂"人少很痛心。榕湖北路离阳桥约百米有此诗的碑刻。

另外，大桂林人喜欢拜老桂花树做寄娘（干娘），所以，你在乡间常常可以见到树底下烧了香、树干贴了红纸的桂花树，那就是被拜了寄娘的桂花树。（见图4.03）

4.02 曹邺读书岩（李连忠 摄）

4.03 树干贴红纸表明拜了桂花树为寄娘

173

这些象征意味在普通人群中，起名字时不会想那么多，但作为传统文化的精神，已经成为一种集体无意识，深藏在我们的脑子中，体现在生活的方方面面。

不要讲大桂林喜欢用"桂"字做人名，连"桃花流水鳜鱼肥"的"鳜鱼"，大桂林人也喊它"桂鱼"，有时也写成桂花鱼。在阳朔葡萄镇等地，还广泛流传着一个民间故事，讲桂林城区建城选址，之所以在今天以独秀峰为中心的现址，便和这桂花鱼有关。说当年大家都争着要在本地建桂林城，于是有各种"擂台"式的争论，但最终起一锤定音作用、使桂林城现址战胜了各候选地的杀手锏，竟然是在现址挖出了各地都没有的"桂鱼"。可见，桂林城之命名在民俗文化中和桂树的联系。

从上面讲的看来，大桂林人名字喜欢带"桂"字，并非只是因为"桂林"是地名概念那么简单。

（梁福根）

（三）为什么名字中带个"絮"字

在大桂林的灵川、临桂、阳朔、雁山区等地，常见到有人的名字里带个"絮"字，比如讲：絮发、絮弟（娣）、絮妹、絮树、絮絮（其实是树絮之误，因为在大桂林一些地方的官话里"絮"和树同音，造成误写）、旺絮、木絮、絮兰等，男女都用。

那为什么名字里头会有这个"絮"字呢？这个字读 cuan 第四声，和窜、篡同音，是桂林县城官话和桂北平话的一个特有的字。因为有这个特别的方言，才产生了大桂林特有的带"絮"字的名字。

那"絮"是什么意思？先讲"棉絮"的"絮"字。"絮"字上下结构，上面一个"如"字，下面一个"糸"字，"糸"这个字普通话读 mì（秘）或者 sī（思），意思是"丝"。"絮"字是"如糸"两个字构成，"如糸"意思就是像丝那样。所以"棉絮""柳絮"都是像丝那样的白色毛状物。再看看"宽恕"的"恕"，"恕"字是"如心"两个字构成，你的心如我的心，"如心"意思就是将心比心，才能宽恕。

再讲回到"䅎"，道理也是一样，"如生"即"像生长那样"。所以，"䅎"在大桂林方言中的意思是长（读"掌"），生长、发等意思。比如讲："前几天买的土豆䅎芽了。""刚立春不久，桂花树就䅎叶子了。""三天前种的花生䅎出来了。""下了一场大雨，麦子䅎得好快！"

这样讲，你可能就晓得了，为什么大桂林人的名字里会有这个特别的方言字。就是代表父母的良好愿望：希望子女健康成长，快长快大；希望多子多福，人丁兴旺；希望子女的生长、发育兴旺像植物那样自然。

"䅎"最早时还有一个意思，就是"收养"的孩子。收养的孩子起名字带"䅎"字，"如生"代表像亲生孩子那样亲，即有"视同己出"的意思，当然还有上段讲的用意。那自己亲生的子女起名字带个"䅎"字，除了以上讲的意思之外，还有另一层民俗文化的含义，就是名义上把亲生的子女当做收养的子女，不那么亲，子女好养大。这个用意和喊生父母为㕙、㕙㕙、叔、婶一样，䅎也和拜认寄爷、寄娘、义爷、义娘、"接桥"等习俗的含义一样。

（梁福根）

（四）为什么名字中带个"寄"字

如果留意一下，大桂林人尤其是临桂、阳朔、灵川、雁山、平乐等地，40岁以上的人，名字中经常带个"寄"字，有时带"继""记""纪"等字。如果不是家族人按辈分排，排到"继""记""纪"字，或者长辈给孩子起名时就是明确地使用继承、继续、传承、延续；记录、记忆；纲纪、纪念等意思，"继""记""纪"字常常是"寄"字的同音误写。所以，有时寄字误写作继、记、纪等。

寄发、寄生、寄军、寄弟（娣）、寄妹、文寄、寄有、寄财、寄荣、寄送、寄养、寄定、寄富、寄娥、寄秀等，不知道在你认识的人中，有没有人的名字里面带个"寄"（或者"继""记""纪"）字。

大桂林人的名字里头为什么会有这种现象？这主要是大桂林有一种民间

习俗，就是给小把爷拜认寄爷、寄娘，有的地方喊义爷、义娘。认寄爷、寄娘目的主要是为了孩子好养大，平安、健康成长。

那拜认哪个做寄爷、寄娘？这个就多了，有拜人的，有拜大石头的、拜山的，拜不枯竭的水（河流、水井）的，拜古树（主要是大榕树、大樟树、大桂花树等）的。所拜认之物一般是坚固、永久、生命力旺盛的。但是也有例外，我知道最奇特的是阳朔一位名字叫"继军"的某仁兄，他的寄娘是只鸡笼。本书作者之一的黄兆林先生，现年80岁，小时"寄"的是灶王公（即灶王爷。平乐把拜认了什么喊做"寄什么"，比如寄山、寄石、寄树等），本来名字里头要有个"灶"字，但是"灶"字做名字不好听，就改成了"兆"，在桂林话里头这两个字同音。

这些一般是听算命者掐算的。

如果你在乡间见到巨石、古树、水井、河岸边粘贴了红纸，有烧香纸蜡烛痕迹，那多半是拜认寄爷娘的痕迹。（见图4.04、4.05）

4.04 拜石寄爷（娘）

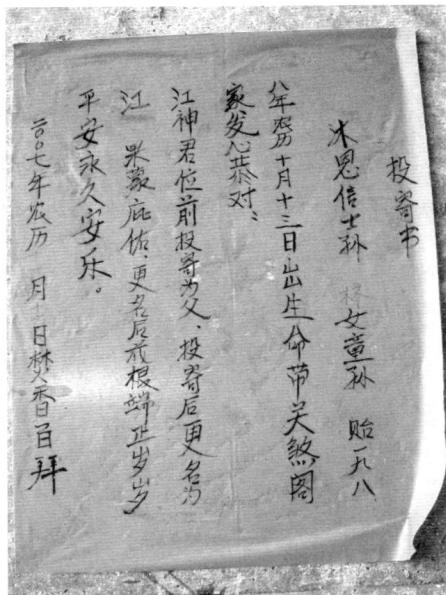

4.05 拜河寄父

拜了寄娘，一般名字也有所改变，除了名字里带"寄"字以外，还会带上树、木、水、井、石、江、河等字。

那拜哪个，拜什么为寄爷、寄娘是由哪个定的？主要是由家长定，也可以通过仙婆、看花婆和算八字的来选择。把小孩的生辰八字告诉算命的，喊做"定时候"。

要是拜人为寄爷、寄娘，就选命好的、身体健康的、多子多福的、品行端正的。认人做寄爷、寄娘的在阳朔喊做认"开口寄爷""开口寄娘"，认树、石、河流、水井等为寄爷、寄娘，不能喊做"开口寄爷（娘）"。因为不能开口讲话。

凡是拜认了寄爷（娘）的，往往会改名字，改的名字里头常常带个"寄"字。这就是名字带寄字的原因。桂林伏龙洲上民国名医曾广庚就有十几个寄子。

拜认开口寄爷、寄娘时，带孩子去，给寄爷（娘）送上一套衣服和礼物，寄爷（娘）也会回送一套衣服给寄子（女）。从此以后确立寄爷娘与寄子女的关系。过年过节时，寄子女要拜访答谢寄爷娘，送上礼物。直到子女成人（方言词，指成婚），寄子女去拜访寄爷（娘）通报喜事。从此以后，寄爷娘完成了协助养大寄子女的"历史使命"，双方之间可以不来往了。当然，感情好的还会继续来往。拜非开口寄爷娘的，也在结婚时去隆重祭拜寄爷娘，"通福"一声，从此结束关系，喊"脱名"。

大多数人，尤其是40岁以下的人，不大愿意做寄爷娘，因为按照迷信的讲法，接受寄子女对亲生子女的成长不利，小孩子的不好命运会由接受者承担、化解。太年轻、命不够好，会承受不了，折寿损福，所以，命大福大、善良友好的人才愿接受。

为什么民俗认为拜认了寄爷娘，小孩会好养？因为民俗认为一经拜认，寄子女名义上就寄养在了寄爷娘名下，那么又多了对爷娘老子来同时养，照管同一个子（女），自然比一对爷娘要强，照顾更周到，养起来更轻松，更容易养大。如果讲认为子女与父母命中相克的，则把相克的厄运转移出去了，寄托到了他人，或者石头、大树、河流、水井等身上了，这样父母平安，孩子也平安了。要是父母挨克出问题了，那子女又哪样子养大？

你看，不讲不晓得，名字里头带"寄"字会有那么多的板路，不过这样的板路正在消失中。

（梁福根）

（五）名字和亲属称谓里头为什么带"挩"（屁）字

在大桂林地区，常常会遇上名字中带"挩"（读满）字的人，尤其是40岁以上的人。为什么名字里头带这个字呢？

首先要懂得"挩"字的意思。这是大桂林方言的一个特有的字，本来的意思是同辈的兄弟姐妹中最小那位，即桂林人讲的"老挩"，相当于北方人讲的"老疙瘩"。所以，当父母生了个子女，认为他（她）是最小的，就会给他（她）起个带"挩"字的名字。打比讲挩弟（娣）、挩妹、挩股、挩珍、挩有、挩发、挩旺、挩富等等，男女不论。清代桂林有桂剧名角老唐挩、唐挩子；现代桂林有个彩调著名演员喊刘挩，彩调著名剧目《三看亲》里头的女主角喊做"苏挩妹"，有个彩调著名剧目喊《挩姑娘上广西》。清朝咸丰年间，桂林有桂剧名角蒋满九，我怀疑其实本名应该是蒋挩九。清代光绪年间，桂剧名角罗满子，我也怀疑其实本名应该是罗挩子。

另外，在大桂林地区的人物称谓，尤其是亲属称谓里头，也常常带"挩"字，比如讲这些称呼吧：挩挩、挩叔、挩婶、挩姑、挩娘、挩舅、挩舅娘（妗）、挩姨、挩哥、挩嫂、挩姐、挩弟、挩妹、细挩（南片桂北平话指小叔子，即丈夫的弟弟）等。这些称呼，大多数因为被称呼的人排行小或靠后。

喊叔叔喊"挩"，在老桂林中，读音是瞒（蛮）。为什么呢？因为老辈人还把父亲也喊挩、挩挩，为了区别父亲和叔父，所以在读音方面读成不同的调，喊父亲时读音是"满"，喊叔叔时读音是"瞒（蛮）"。

那问题又来了，那为什么喊父亲也喊挩或挩挩呢？

这和大桂林地区的民间信俗有关。在大桂林地区，老辈人认为子女有时在生辰八字上和父母相克，认为子女和父母之间关系疏远点，子女才好养大。这样就产生了把父亲喊做羖、羖羖。相对应的，母亲就喊做婶，这种现象不仅在官话里头，还是桂北平话里头，都是广泛存在的，尤其是 40 岁以上的人，不过现在 30 岁以下的人喊父亲母亲，很少有这样的称呼了，从 20 世纪 80 年代以后逐步减少。20 世纪 90 年代以后的年轻人，都向普通话靠拢，只喊爸妈了。

所以，名字和人物称谓里头带"羖"字的，在大桂林已是罕用词语的语言现象。

实际上，"羖"字在字典里头的写法是"屘"，这是个会意字，"尾子"不就是兄弟姐妹中最小的吗？"羖"是桂林人的写法，是桂林人造的字，是桂林人对汉字的贡献。

（梁福根）

（六）大桂林人的名字为什么带"桥"字

名字是一种专有名词。不晓得你注意到了没有，大桂林人的名字里面好喜欢带个"桥"字，不管男女，尤其是 30 岁以上的人。你看看：什么桥弟、桥富、桥桂（贵）、桥送、桥赐、桥德（得）、桥顶、桥养、桥财、桥有、桥生、桥运（闰）、桥发、桥榕、桥双、桥聪、桥秀、桥妹、桥珍。（见图 4.06）

4.06 名字带桥、桂、水、金、屘字

4.07　扩建完善已有的桥（贴了红纸）

想一想你的同学、同事、熟人、邻居，或者长辈、领导、老师，是不是有人名字里头有个"桥"字？或者带"侨""乔"字？其实有部分带侨、乔可能是"桥"字之误写。笔者有高中的同学喊仁桥、桥娥，笔者的嫂子喊阳桥妹。

在大桂林民间，如果久婚不育，或者小把爷体弱多病，或者相信算八字的讲小把爷难养，就有一种"接桥"或者"架桥"的习俗。其实在广西很多地方包括壮族等兄弟民族也有类似的习俗。

无论是哪种原因，去做了"接桥"或者"架桥"的仪式，就会让小把爷的名字里面带上"桥"字。尤其是久婚不育的，竭做了"接桥"或者"架桥"的仪式后生了把爷，小把爷的名字通常就喊做桥送、桥赐、桥德（得）、桥养等。

这种"接桥"或者"架桥"的习俗，有三种不同情况。第一种是做象征性的仪式；第二种情况是扩建完善已有的真实的桥；第三种情况是建一座实实在在的新桥，这属于建桥或者修桥。大多数情况是第一种情况。本人采风，在阳朔县葡萄镇八塘村南约 200 米处，也遇到过第二种情况。（见图 4.07）

阳朔县葡萄镇八塘村南约 1000 米处，有人在民国时新建了桂阳古驿道上的一座真实的石拱桥——酸树桥（或叫"桑树桥"，附近的老村则称为双树桥）。这属于第三种情况。

据八塘村 80 余岁的老人家梁如志介绍，民国年间，葡萄墟上有一户开"苏杭"（指开布铺、绸缎铺）的富人。富户有个独子，身体欠佳，去算八字，八字先生说，他的儿子养不大，除非去架桥做善事。结果，这家富户人家果然出大钱，在与古驿道十字交叉的小河上架了一座石拱桥，方便南来北往的人们。在1983年前，单车、摩托车、汽车还没有普及之前，这条古驿道是条交通要道。在桂阳公路修通前，更是桂阳之间的交通要道。

这座石拱桥高约2.1米，宽2.5米，长1.9米。一般人家想修这样一座桥根本不可能。（见图4.08）

在民间，最广泛地存在的是第一种情况：做象征性的仪式。做什么样的象征性的仪式？这个讲究就多了，各地有所不同。

我调查到的阳朔的仪式大抵如下。

如果通过算八字或者自认为需要做"接桥"仪式的，要预先选择一座现有的桥，或者一条小沟小溪，包一些粽子，备一个红包（金额多少随意，一般是小红包，一两块钱，大不了10块20块）、香纸蜡烛、炮仗、酒、酒杯等，最重要的是两根或者三四根桃木枝做的"桥梁"（桃木是最佳选择，因为中国人自古以来认为桃木能够避邪、斩妖。参看本书《从老人家祝寿谈到桃文化》一文），粗细和擀面杖差不多，长短根据需要决定，一般是70—150厘米这样。要染成红色，图吉利。

一切准备就绪，再择吉日良辰，趁天还没有亮，没有人在路上走动时（因为仪式不能被别人看见），来到目的地，准备恭谨的仪式。

如果目的地是一座现有的桥，那么就摆出9个粽子，斟上酒、焚香、点蜡烛、烧纸钱，在原桥上下游两侧的桥拱或者桥板之间，在预先选好的一侧，找到缝隙，钉入木柱，再搁上桃木

4.08 桑树桥

4.09　接桥

"桥梁"，仪式性地使桥变"宽"了。拜，祈祷，放炮仗，之后放下红包，悄悄离去。

天亮后，第一个经过桥的人，看到仪式场景，就知道有人"接桥"了，看看红包还在，就可以合情合理地捡了红包，高兴地为接桥者祝福，然后继续赶路。

假如选择一条小沟、小渠或者小溪什么的接桥，仪式内容和上面一样，只需把"桥梁"横架在小渠或者小溪上即可。（见图 4.09）

去做接桥仪式的多半是父母长辈，一般不亲自做。

这种民间信俗，也许基于大众认为造成生育障碍和孩子体弱多病的原因，可能是由于某种方面的神秘力量的阻隔，就像河流阻隔了两岸的通畅。地理方面，河流阻隔架桥后就解决了。那么，造成生育障碍和孩子体弱多病、不能健康成长的那种神秘的"阻隔"力量，也许也能够通过象征性的"接桥"仪式或者建桥行动，而获得解决。于是民间就有了这样的仪式性习俗，甚至建桥善举。

人们为了表现虔诚，或者获得了所祈祷的结果，为了答谢神灵、纪念仪式，就给孩子名字里头带上了"桥"字。

自然也有例外，笔者小时候的邻家姐姐名字中带"桥"字，就不是因为"接桥"的原因。因为她母亲难产，家人要抬她去 26 公里之外的县医院，不想抬出几公里的时候，她母亲便在一座桥下生下了她。为了纪念在这个简陋"产房"的艰难的生产过程，就把她喊做"桥妹"。

仪式性的"接桥"习俗，2010 年 8 月 10 日，本人在兴安华江瑶乡的"忘忧谷"见到过很"豪华"的阵势,很有传统感觉和"文化"感觉。说豪华是"桥"两边树立竹枝,挂满了五色小彩旗,可谓彩旗飘飘,一根超过两米长、手臂粗的杉木做"桥板",一面削平的杉木"桥板"上面用毛笔书写了祈祷的文字,没有标点符号,还有神秘的符号(应该是画的"符")。祈祷的文字因为水泡,有些地方无法辨认了。能够认出来的是这样的:"如东皇公张坚固公元某年某月某日长命寿旦天德利方架桥大吉大利 度过三灾六难关煞消除度花之后祈保花男李某(此字笔者有意隐去)龙花根端正茂日袖条易养成人长命富贵。"(见图 4.10)

这段文字很古老,应该是固定应用文,只改人名。从里头的这些语词:"长命寿旦、天德利方、架桥大吉大利、度过三灾六难、关煞消除、度花之后、祈保、花根端正、茂日袖条、易养成人、长命富贵",我们可以晓得它就是祈求消除病灾、生命中的"关煞"(坎)等,使接桥的"桥主"易养成人、长命富贵。

"桥面"的祈祷文字,开头写天神东皇太一和地神张坚固,大概意思,一是向天神东皇太一祈祷,二是请地神张坚固作证。

4.10 猫儿山下的接桥

4.11　拜桥寄爷（娘）

那度花、花男、花根又是什么意思？因为在民间，认为每个小把爷都是"花神"（花婆）送到人间的花朵，女把爷是红花、花女，男把爷是白花、花男。既然是花，就有根，根深才能叶茂。所以，要祈求"花根端正，茂日袖条"（"袖"应该是"秀"的误写，所以，大桂林人以前起名字也喜欢用"秀"字，"秀条"就是花枝长得好），花根端正才能茂日秀条。度花就是把成长过程中遇上阻碍、障碍的花男、花女，通过接桥，让他们顺利度过坎煞，健康成长。

"接桥"之外，还有一种拜桥为寄爷（娘）的，和拜水、石、树木类似。看起来，一个有方言特色的名字的来由真不简单啊，蛮多内容在里头啵。（见图 4.11）

（梁福根）

（七）大桂林人的名字为什么带树、木和带水、井？

姓名在语言学中的词汇学方面属于"专有名词"。中国人的姓名里面常常带有五行金、木、水、火、土等字，或者是金、木、水、火、土的偏旁部首，如金字旁、木字旁、三点水、火字旁（烈火点）、提土旁等。

这是什么原因？因为以前迷信的讲法，经过算八字，如果认为小孩命中缺五行金、木、水、火、土中哪一行的，往往就在名字中选用五行中相应的字，或者是用有金、木、水、火、土偏旁部首的字补回来。比如，笔者的远房叔祖叫"金茂"，远房堂哥叫"木贵"，胞姐叫"水弟"，亲堂叔名字喊"火有"，胞兄叫"土宝"等，大都是与这样的原因有关。

所以常常见大桂林人的名字带金、木、水、火、土等字，或者是带金、木、水、火、土的偏旁部首的字。如：金长、金贵、金旺、木发、木生、水生、火有、土生、土妹、土发等，笔者的同学中就有喊金发、木青、土英、水英、土娇、土凤的。还有名字直接喜欢喊"老水"的，什么李老水、陈老水等。不过，这个全国如此。

只是在大桂林，人的名字里头含有"树""木""水""井"的情形更常见。这是为什么咧？

这和大桂林民间的一种民间信俗有关。这就是"寄娘""寄爷"的习俗，讲南片桂北平话的喊做"认义娘""认义爷"。这种习俗认为小把爷五行不平衡，此外，还有很常见的原因是，小孩体弱多病，不好养，甚至算八字的讲可能"克父母"，所以要"认寄娘""认寄爷""认义娘""认义爷"，小把爷多了"寄娘""寄爷""义娘""义爷"，自然比只有亲父母要好养得多，也化解了"克父母"的晦气，真假父母们"大家"一起出力，一起保佑小把爷，一起抗"克"，抗"克"力当然更强。"寄娘""寄爷""义娘""义爷"，民俗学上喊做"拟亲"，寄子女和寄爷娘的关系是"拟亲关系"，意思是"准亲人关系"。

由此，又带来名字中带个"寄"字（不过，常常写成"继"字）。参看本书的《为什么名字中带个"寄"字》一文。

大桂林最喜欢认古树、不枯古井、巨大石头、长流河水、不枯泉水做寄娘、寄爷。古树多半是桂花树、榕树、樟树等。石是一定要巨石。（见图4.12）

这样，大桂林人的名字里头就常常带树、木、水、井等字，或与它们有关。比如：树长（读掌）、树弟、树妹、树犀、树贵、桂弟、桂妹、树容（榕）、桂发、桂德、桂有、木发、榕弟、水生、水发、水弟、水妹、水贵、水德、井

4.12　拜树寄爷（娘）

4.13　拜井寄娘

弟、井妹、井福、井富等。（见图 4.13）

　　笔者胞姐的名字喊"水弟"，因为拜了水井做"义娘"，堂表姐喊"井弟"，原因也一样。桂林有个著名的彩调艺术家、国家一级演员就喊水生。有个年近 40 的灌阳朋友，说他拜认了树，喊"树发"（后来误写为素华），他弟弟则拜了门前的小河为寄娘。

　　常言讲，十里不同音，百里不同俗。尽管蛮多地方有类似风俗，但是大桂林人在拜认寄爷娘后，名字里头喜欢带树啊、木啊，什么水啊、井啊，又是和别垲（读凯）不同的了。

（梁福根）

二、趣味地名板路

（一）桂林以"塘"命名的特色地名

　　在大桂林有很多以"塘"命名的地名，比如"石塘""莲塘""筌塘""六塘"等。这些带"塘"字的地名，大概有两种情况：一种是和水塘有关，像"筌塘"；一种和古驿道有关，像"六塘"。

古驿道的"塘"和水塘没有关系，只是古代的驿站的驻扎地。"塘"本来有堤岸、堤防的意思。所以，有这样的词语：塘坝、塘堰、河塘、海塘等。再引申出有堤岸、堤防围护着的水域，比如：池塘、荷塘、鱼塘、苇塘，甚至引申出有阻挡、集中作用的东西，比如有些地区在室内挖小坑，用来生火、烤火、煮饭等，喊火塘。

驿站除了提供来往客商休息之所而外，还会驻扎小股军队，起到防御、抵抗、维持治安，甚至烽火台的作用。因此驿站就以"塘"字命名，根据离开中心城市的远近用排序加以区别，这些地方又叫塘口。每个驿站之间，也就是每个塘口之间大概距离是5千米。

在三里店附近有个地名喊半塘尾，为什么？因为从解放前的水东门到那里，大约是半塘路（5里），是半塘路的末尾，据说是晚清中国大词人王鹏运的老家，另一种讲法是，王鹏运自号"半塘老人"，人称王半塘，和这个地名有关。

再讲回古驿道，桂林古代驿路有南路、西路，所以有南路二塘和西路二塘之别，南路二塘是今天雁山区的二塘乡，西路二塘就是临桂县城。

以南驿路而言，一塘至十塘的各塘口旧址大概是这样的：

一塘（头塘）：在将到原桂林陆军学院大门旁，安厦世纪城门口的公路的坡上，原来有座高坡，就是原来陆军小学门口。旧名大树脚（因为原多古树，今天仍然有大樟树），老人家讲清代叫赤土堡，属于今崇信村地盘，流传有"头塘烧火二塘传……"的歌谣。

二塘：是今天象山区的二塘乡的二塘街，乡政府所在地。原二塘收费站往南二三百米。

三塘：在园艺场下去一些，金藤农庄附近马路上，原来有一个大陡坡，三塘在坡南底部，北芬村附近。大约在20世纪80年代桂阳公路扩为二级公路时，降坡了。

四塘：在雁山区雁山镇社门岭村和竹园村之间的古桂柳运河的四塘桥。四塘桥为石拱桥，只存桥，在桂阳公路西边，离桂阳公路直线距离三四千米。

4.14 八塘

4.15 穿过八塘的不同时代的两条桂阳古驿道

在 20 世纪 50 年代桥下还通航，两岸森林密布。1958 年大炼钢铁时森林被砍光，如今水少不通航了。

五塘：在雁山区雁山镇，五塘桥村附近，有五塘桥，只存遗址。

六塘：即今天的临桂六塘镇。

七塘：在临桂县李家村和阳朔县葡萄镇高桥村之间，李家村南约 2 千米，遗址已经为稻田覆盖。在 20 世纪 60 年代，还有凉亭一座，砖瓦结构的房子一座，供来往行人乘凉、歇脚、避风雨、临时夜宿等。六塘墟日时，凉亭和房子还有人卖糖等小商品。20 世纪 60 年代初，房子里住着一位孤寡老人，以卖糖为生，同时住着一位"牵猪佬"（也叫牵猪公、猪公佬）。牵猪佬以养"猪头"为生。猪头是雄性公猪，专门用于给母猪配种。因为这个行业低贱，村民不允许牵猪佬住村里。大约在 1961 年，卖糖老人不幸被过往的湖南劫匪劫财杀害。从此，那里无人敢住。房子和凉亭因为漏雨，墙体逐步垮掉了，后来村民干脆开垦为稻田了。

八塘：即阳朔县葡萄镇八塘村。1924 年，沈鸿英围困桂林城，曾经从此经过。曾设有烽火台、刑场、关押犯人处。（见图 4.14、4.15）

九塘：在阳朔县葡萄镇旧墟场至翠屏村之间，只存遗址。

十塘：不知道在哪里。有说在阳朔白沙镇竹桥村附近。

（梁福根）

（二）岜：大桂林一个独有的方言字

阳朔碧莲峰东侧的滨江公园（文化古迹山水园），在下临漓江的绝壁风景道的最高处，有个山门，门头上方题了三个字："南山岜（读额）"。（见图 4.16）在沿西街口这条路往阳朔中学、阳朔大桥方向走时，西街口往南约 300 米，有个两边是山的关口，左边（东边）是碧莲峰。原本这里是个山坳，现在仍然可以看得出，是劈山降坡开出的马路，这个地方喊做"丁岜"。（见图 4.17）

一座山的东西两边各有一个带"岜"字的地名。那"岜"是什么意思？

岜的意思是山坳，两山连接处的马鞍形或者牛轭形的地方，也就是像张开的五指之间的指缝处，或者山的一侧的坡道形的地方。（见图 4.18）

在阳朔、雁山区、临桂、灵川等地，有很多用"岜"字命名的地方。仅在《阳朔县志》（南宁：广西人民出版社，1988。）的行政区划图中就有"廖岜背""高岜底"等地名。其他没有在地图上体现的，总计应超过几十个。（见图 4.19）

"岜"字在所有的字典里都是查不到的，因为它是大桂林群众创造的一个方言用字。

4.16　碧莲峰山水园南山岜（李连忠摄）

4.17　阳朔丁岜

4.18　牛轭

4.19 阳朔葡萄镇李岜（U 形底部）

从造字法看是个形声字，山字头作为形旁，意思上代表与山有关，"厄"作为声旁，表示读音。"岜"的读音和"厄"一样，其实岜也是会意字。岜有不平、弯曲的意思，山的不平、弯曲之处是"岜"，这是会意。一个字既是会意字，又是形象字，叫做"亦声字"。比如驷、牦等字。"驷"读"四"，表示四匹马拉车；"牦"读"毛"，是高原的长毛牛。其他像返、功、娶、汐等，都是亦声字。

"岜"字里最关键的是"厄"字，厄指阻塞、险要的地方，又有木节、没有肉的骨头等意思。引申出困苦、灾难等意思，如厄运、厄境。

由厄派生出阨、轭、扼等字。这些字的意思上都有类似之处，词义上是同源词。"阨"是"厄"的后起字。字的左耳朵旁代表"阜"字，"阜"是山丘的意思，所以，凡是左耳朵旁的字都和山、高、危险有关。实际上"岜"的正字就是"阨"。

"轭"是车轭、牛轭。（见图 4.20）以前用牛拉车、拉犁，牛肩上有个类似骆驼的"驼峰"（阳朔平话叫"峰堆"），聪明的人发明了轭，把括号形的轭扣在牛的驼峰上，轭的两端穿上粗绳子，绳子另一头再连着车或犁，赶着牛走，拉动车和犁。而实际上大桂林人讲的"山岜""岜子"等地形就是"轭"的样子，要么是下扣的样子，要么是仰着的样子。

4.20　牛轭

"扼"是双手用力扣、握、掐，双掌弯指要扣、握时，也像个"轭"。而两山之间的"岜子"，像关口（关隘），"岜"也像双手扼住、控住的样子。

可以讲"岜"字是大桂林人的一个发明创造。

（梁福根）

（三）说"崴"

本文根据实地调查材料，细致地讨论了广西北部一带"崴"这个方言词的音义，为现代辞书在收录这个字的时候提出一些建议。

"崴"《玉篇·山部》："古暗切，又古南、胡耽二切。岚崴，山名。"后之所载，盖源于此。《集韵》有古暗、姑南、胡南三切，分别三见。《汉语大字典（缩印本）》（1992：330）取《集韵》胡南切，注为 hán，训"岚崴，山名。"岚崴山在哪里，单独"崴"字的意义是什么，也不清楚。从造字上看，"崴"是个形声字，"山"是形旁，"咸"是声旁。

《现代汉语词典》第 6 版 510 页："hán，岚崴（lán hán），山名。"古之沿袭。261 页："dǎng，用于地名：～村（在广西）。"《新华字典》第 11 版所载大体一样。读音 dǎng 与古之所载不相符，另有来源。

"崴村"在广西东北部灵川县大圩镇，下辖老崴、新崴等九个自然村屯。据当地老人说，崴村原本叫"院陂村"。"院陂"实际是"挡陂"，指的是一堵挡住洪水冲击的砖石墙。此地有一条河流经过该村，右上方为河的上游，斜冲村口而来，村里人认为不吉利，于是砌了一堵砖石挡陂。此村遂以为名，写作"院陂"。"院"是个自造方言字。后来四清工作组将其改为"崀村",去掉了"陂"字,"院"改作了"崀"。笔者实地考察,挡陂遗址犹存。

当地使用双语,对外说桂林话(一种西南官话),对内一般说土话。不论桂林话还是土话,"崀"与"挡、党"都同音。曾有一段时期,因打字不便,当地政府行文将"崀"写作同音的"党";二代居民身份证也写作"党村"。因此"崀"折合成普通话自是 dǎng,《现代汉语词典》和《新华字典》注音是对的。

另据笔者调查,在广西桂林一带不少地方,比如临桂、阳朔、灵川、平乐等地,有一个写作"崀"的方言字。意思是山间平地,有"山崀""一个崀""去崀里头"等说法,常用作地名,比如《临桂县志》(1996)所载"崀口""军洞崀""青岩崀""白藤崀""王家崀"等。上述地方都是双语区,对内一般用土话,对外则用桂林话。土话"崀"与"胆"同音,但与"挡党"不同音,因此"崀"折合为普通话应当是 dǎn,而不是 dǎng。

梁福根所记阳朔县葡萄镇土话"崀〔tuo〕四面高中间低的地形。""崀〔tuo〕:四周是山(多半是喀斯特石山),中间是平地的地方。大抵用崀命名的地方一般都是四周为山,中间有平地,平地上多为村落。如葡萄镇有水崀、令崀、田头崀、小冲崀等村落。""崀""胆"同音,读〔tuo〕;"挡"读〔təŋ〕,不同音,"崀"字音义跟上述临桂一带相同。

又《阳朔县地名志(内部资料)》(1983)收录了"黄泥崀、中间崀、上步崀、珠玉崀、崀仔口、崀口、毛家崀、泵崀、黄家崀、狮子崀、富和崀、福金崀、大彪崀、羊崀、葡萄崀、石磨崀、鸟崀门、新崀、菜花崀、大龙崀、谢崀坪、大虎崀、岚崀、蚂(青蛙)崀、大崀、下水崀、田头崀、小冲崀、令崀、上水崀、中水崀、茶山崀、满崀、学山崀、邓家崀、藤崀、肖崀、下黄泥崀、上黄泥崀、鸡赖崀、高崀、刁崀"等 42 个村名,所注为普通话读音,"崀"也都注为 dǎn。据该书解释,这些村落或处于山崀之内,或处于山崀的出口,或处于山崀的边上,总之都跟山崀有关。

总而言之,"崀"表示山间平地,读同"胆",与古书所载音义完全不同,它是一个方言字，可以理解为"山""咸（全部）"会意，表示"全都是山"，较之古之形声字"嵗"，字形虽同，造字心理却大别。

上列阳朔县有一个村名为"岚嵗"，属兴坪镇大坪村委。非常凑巧，字形跟古之所载山名"岚嵗"完全一样。笔者实地调查，这个岚嵗村近 20 户人家，70 多人。他们讲阳朔话（属西南官话），也会讲大坪村的土话。村庄处于山峰环绕的山嵗之中。周边有椅子山、五指山、刀山、大山、马仔山、鸡公山，唯独没听说有叫"岚嵗"的山。可见岚嵗村与岚嵗山无关。《阳朔县地名志（内部资料）》（1983：57）说："四周石山多岩洞，常有水汽飘出，形成岚气，故名。"看来多有岚气、雾气的山嵗才是岚嵗村得名的依据。可见这里的"岚嵗"与古之所载的不相干，巧合而已。

至此，算是明白了，由于"嵗"在桂林一带是个常见的地名用字，大概四清工作组误以为"院"的本字就是"嵗"，所以才将"院陂村"改为"嵗村"。这本质上是借用"嵗"这个字形记录了另外一个词。这样一来，"嵗"就有了 dǎn、dǎng 两个读音，分别代表音义均不相同的两个方言词。有关字词典最好两个读音都予收录，以免有人将读同"胆"的山嵗之"嵗"误读作 dǎng。

目前灵川县大圩镇嵗村村委公章和挂牌写作"嵗村"，村民身份证却写作"党村"，两者不一致。这给村民日常生活带来了不少麻烦。解决的办法，一是将身份证改为"嵗村"，二是将村委公章和挂牌改为"党村"。

本文参考文献

1. 汉语大字典编辑委员会.《汉语大字典（缩印本）》，湖北辞书出版社、四川辞书出版社，1992。

2. 梁福根.《阳朔葡萄平声话研究》，南宁：广西民族出版社，2004。

3. 临桂县志编纂委员会编.《临桂县志》，北京：方志出版社，1996。

4. 阳朔县人民政府编.《阳朔县地名志（内部资料）》，1983。

5. 中国社会科学院语言研究所.《新华字典（第 11 版）》，北京：商务印书馆，2011。

6. 中国社会科学院语言研究所词典编辑室编.《现代汉语词典》第 6 版，北京：商务印书馆，2012。

（覃远雄）

（四）崴：桂林一个独特的地名用字

崴，普通话读"寒"（hán），在大桂林的阳朔、临桂、雁山区、灵川等地，有很多带有"崴"字的地名。按 1988 年版《阳朔县志》的行政区划图来统计，地图中阳朔就有"枫木崴""毛家崴"等约 13 个带有"崴"字的地名。那些没有上地图的带"崴"字的地名，恐怕在阳朔就有上百个。

不过，在大桂林，"崴"字读音和意思都和普通话不一样。大桂林官话一般读"胆"，有些讲桂北平话的老人家、灵川大圩讲桂北平话的人，在用官话讲"崴"字时，讲成"党"，因为他们读"胆""党"是一个音。原因是桂北平话普遍没有"an"这个韵母，有"ang"这个韵母，所以，老人家讲官话时，遇上"an"都读成"ang"。阳朔县的白沙镇、阳朔镇、金宝乡、兴坪镇、福利镇、普益乡的老派官话相反，没有"ang"这个韵母，只有"an"这个韵母，所以，老人家讲官话时，遇上"ang"都读成"an"。

实际上桂北平话绝大多数是没有"党"这个字的，民国以后有了国民党、共产党才用"党"这个字，所以讲到"党"字都用官话音讲，所以，灵川、临桂有些带"党"字的地名，实际上本来可能是"崴"字。就像在派出所办身份证时，电脑打不出"崴"，派出所普遍就用"胆""党"等代替，打不出"梲"字，则普遍就用"满"字等代替。

在阳朔葡萄镇，临桂区六塘、南边山、会仙、庙岭等地的桂北平话中，"崴""挡"都不同音。而阳朔县白沙镇、兴坪镇、金宝乡的官话"崴""挡""党"都同音。但是白沙镇的遇龙村的平话"崴""党"都同音，"崴""挡"不同音。

那"崴"字是什么意思？在大桂林指的是这样一种地方：周围是山，中间一块相对较平的地方，类似电饭锅、热水瓶（保温瓶）等的内胆；或者一座山的几座山峰围着中间一块相对较平的地方（比如阳朔县葡萄镇八塘村的枫

4.21　兰峎（半山腰几座山峰圈着的山窝窝）

4.22　阳朔葡萄镇大村狮子峎

木峎、林家旺村的兰峎），前者常常形成小的自然村。（见图 4.21）

几年前笔者向灵川县文史学者廖江先生调查此字，他讲在灵川指周边是山，中间是小平地的地方，类似山窝窝。灵川官话讲"山廊廊（廊是同音字替代）"。在灵川三街平话里"峎""胆"同音，而老派的灵川官话里"峎""党""挡"同音。大圩的"党村"在他主编的 1997 年版《灵川县志》里还是"峎"，不是"党"。

"峎"字在普通话里头是个形声字，山字头表示字义和山有关，"咸"字表示读音，所以，普通话读"寒"。"峎"字在大桂林获得了创造性的使用，成了个亦声字（会意兼形声）："咸"字有"都是"的意思，"峎"字由"咸""山"两个字构成，"咸山"的意思是"都是山"，所以，"峎"字的意思是周围都是山，中间一块平地。（见图 4.22）

（梁福根）

（五）地名里的兴安方言特色词语

在一些地方的地名，还有着比较特殊的意思。兴安也有些这样的地方。

195

打鱼村——打鱼村本来是灵渠旁边一个美丽的小村庄，紧靠倒北渠，离开湘江也好近，因为靠近江河沟渠，可以在农闲时以打鱼为副业，甚至可以打鱼为生，反正后来就喊"打鱼村"了。但是你在兴安的酒桌上听到突然有人讲"你是打鱼村的吧？"这句话不是问你老家是不是打鱼村的，而是表示你喝酒没什么老实，偬（桂林话读井，老是的意思）劝别人喝酒，自己喝得少；偬是在扯板路，东拉西扯，口水多过酒。后来又引申到不实在、不实诚，偬耍嘴皮子。和它相近的一个讲法是"摇鸟（读屌，"刁"的第三声）箄（读排）"，意思差不多。这个想必是因为打鱼的工具离不开"鸟排"：灵渠和湘江在兴安街上段都不深，下不得大船，一家一户的也买不起大船，最方便的就自己扎个鸟排下水捞鱼崽，鸟排比较小，主要驱动的方式就是"摇"，这也很明显地体现讲话的人摇摆不定、偬讲空话，不肯落实的特点。

"一六六（读幺陆陆）"——以前兴安有个地方喊作"幺陆陆"，如果有人恨声把气（意思是凶巴巴）地讲"你是从'幺陆陆'出来的啊？"那就是讲你是"癫子（疯子）"，为什么这么讲呢？原来，"幺陆陆"（一六六）是个部队医院的番号，这个医院早在 20 世纪五六十年代的时候就设置在兴安西北郊的南源村附近，抗美援越和"对越自卫还击战"的时候，它还是一个重要的后援医院，部队的伤员在桂林的南溪山医院、"一八一"医院治疗之后，很多都会转到这里休养、疗养，后来因为和平年代，部队伤员少了，渐渐也收治地方病号。再后来呢，这个医院成了精神病患的专治医院，兴安周围的一些地方（包括湖南南部和广西交界的地方），有精神病患者的，基本上是送到这个地方来康复治疗，所以有点名气。部队医院转制后，这里主要也是收治精神病患者，后来改成桂林市第六医院。

宝峰坪，火烧房子尿来淋——指的是那地方干旱，严重缺水，如果发生火灾，只能用尿来灭火，也表示离开水源比较远。"宝峰坪"是在兴安县北边的界首镇，现在有个村喊作宝峰村，也喊作宝峰坪，至于为什么会出现这么一句俗话俚语，最真切的也难以考证。按说，干旱或者缺水的地方应该是山区或者离开水源比较远的地方，但宝峰坪离开湘江并不远，也不是山区，本不属于这类地方。据上年纪的老人讲，大概是一种玩笑话演变而来，因为相对于挨近江边的地方，宝峰坪距离湘江还是有点远，以前的水利设施也没那么便利，江边的一些人和宝峰坪的人讲板路的时候就有些得意地吹嘘："你们宝峰坪，哪里有水？房子烧起来了都只能屙泡尿来淋。"

界首在兴安话里也是有些名堂："界首"两个字在兴安话里头读成"盖（读桂林话的第二声）朽"的音，意思倒也是"界线最前沿"，现在的界首是兴安、灌阳、全州、资源四县交界的地方，称为兴安的"界线之头"也算名副其实。但事实上，"界首"之名的得来，还不仅仅指的是兴安的"界线之头"，最开始还指的是广西的界线之头，因为在以前（有人讲是明代以前），兴安属于广西，全州属于湖南，"界首"在广西的最北边与湖南交界处，自然是"省界之头"了。"界首之名，是广西与湖南两省而来。明朝以前，全州属湖南，而兴安属广西，界首正处于两地的交界之处，故名界首。"（界首镇人民政府网）

这些都反映出"界首"这个地名的历史变迁轨迹，以及担当着"界线之头"的"要职"。

听话要听音，同时也要注意意思，初到兴安，对于某些"陌生化"的地名，还是要多问问，多打听，免得南辕北辙，多走冤枉路。

（宋红军）

（六）矮子·分路碑·将军箭·挡箭碑

矮子、路碑、分路碑、指路碑、将军箭、将军碑、挡箭碑、箭石……这一串方言词语是什么意思呢？

它们在大桂林指的是同一样东西，这样东西在城市的记忆中已经消失，在乡村也快退出历史舞台了。因此，这一串方言词语终究要消失。那它们指的是什么呢？

为此，本人关注了多年，调查了阳朔、平乐、灵川、资源、灌阳等地的一些人士，对此有所了解。

如果你在乡间徒步，有时会在交叉路口看到，像公路里程碑大小的石碑，

4.23 分路碑

4.24 箭来将挡，见于灵川大圩五马岭古商道

或者木板上面刻着或者写着左走哪里、右走哪里等内容，它们的名字在各地喊法不一，开头讲的那些就是。在阳朔白沙镇，老辈人有的喊作矮子，因为也就高出地面一尺左右。路碑、指路碑这些名称已经讲到它们的作用。"分路碑"就是在分岔的路口分辨走向的碑，有的碑上面就明确地刻着"分路碑"。（见图 4.23）

有的碑上面则明确地刻着"将军箭""挡箭碑"，那为什么大桂林好多地方又喊做将军箭、挡箭碑？这就要从它除了指路还有什么用意、是什么人立的碑讲起了。

原来这些"矮子"不仅仅只是为了给走到岔路口的人们指路，在民俗意义上，它们还有保佑小孩子平平安安健康成长的重大责任！

迷信的讲法，有些小孩子命带关煞，即命中有难以逾越的关卡、灾难，有一种讲法是"男怕将军箭，女怕阎罗关"。所以，男孩子的一种关煞喊做命带"将军箭"。"将军箭"是摧残男孩子最要紧的关煞，可以让男孩在一生中致残（身残、精神病），或夭折。

化解"将军箭"关煞的方法有多种，在大桂林常用的方法就是立指路碑，行善消灾。刻好一块指路碑，天亮之前，在预先选好的交叉路口，挖好一个坑，放入男孩的生辰八字，再把石碑立在上面，贴上红纸，或者挂上红布。可以烧香纸蜡烛，供肉、供全鸡等，可以放爆竹。天亮前完成，悄悄离去。

所以，乡村岔路口的指路碑常常刻上"弓开弦断，箭来碑挡（或者：箭

来将挡)"等祈祷的话（碑上无标点符号，笔者加的，下同）。（见图 4.24）

内容详细的则还在碑的右边刻"沐恩信士×××，室人×××，生育一子（女），取名××，据命师推算命带×××，诚信立碑"等信息，碑左边刻的内容则是希望立碑之后，孩子健康成长等意思。比如："花相端正""柳叶抽条""长命富贵""易养成人"等，还有指路信息。（见图 4.25）

因为刻碑除了按大小收费，还以字数收费，所以，也有刻的字很少、很简单的。

4.25 内容详尽的指路碑

有的碑祈祷的内容不止于化解将军箭的关煞，笔者在灵川县大圩镇五马岭（苦马岭）古商道看到这样的挡箭碑："左走熊村圩，右走平峰岩。怀胎送子，石头替死。"（见图 4.26）。除了祈求"石头替死"化解将军箭的关煞，还祈祷"怀胎送子"！（见图 4.27）

有的路口密密麻麻或立或放有好多块"将军箭"，可见，它们的民俗价值远远超过实用价值。有的是

4.26 怀胎生子，见于五马岭古商道

4.27 石头替死，怀胎生子，见于五马岭古商道

4.28 一个路口多块碑，摄于阳朔县旧县村

4.29 中英双语指路碑，阳朔兴坪镇螺蛳山下东麓

4.30 蔡锷将军箭碑

木板的，可见象征意义大于实际意义。（见图4.28）

笔者在阳朔县兴坪镇的螺蛳岩附近更是看到了与时俱进、中英文双语合一的"将军箭"，大概因为是风景名胜区，外国游客多，要把指路的功能发挥到国际化的程度。（见图4.29）

2001年，在湖南洞口县水东镇水东大坝上还发现了刻着蔡锷（艮寅）的"分路碑"。碑的上部从右到左横刻着"长命富贵"，下部是对称竖刻着"弓开弦断，箭来碑挡；右走石下江，左走山门；信士蔡正陵男艮寅；光绪九年二月立。"尽管立将军箭祈祷"长命富贵"，但是这位赫赫有名的爱国将领年仅34岁（差70天）就病逝了。（《中国文物报》2001年6月10日《发现蔡锷分路碑》）（见图4.30）

那为什么将军箭竟然是一种不好的关煞呢？笔者臆测可能和西汉大将军李广有关。

李广特别擅长射箭，天下闻名，他的箭甚至能够射进石头里。李广打仗神出鬼没，号称"飞将军"。他足智多谋，神勇无比，又宽厚仁慈，在边塞很有威慑力，对安定北方边境功劳很大，所以，唐代诗人王昌龄的《出塞》诗才讲："但使龙城飞将在，不教胡马度阴山。"但是，李广命运多舛，"数奇"（读朔机，指命中不巧、不幸）。可能因此，后世就有了将军箭的关煞的迷信。所以，有些地方的"将军箭"很明确地刻着"李广将军箭"，可见"将军箭"很可能是"李广将军箭"的简称。

4.31　李广将军在此　　　　　　　4.32　将军神箭

　　而如果"将军箭"是"李广将军箭"的简称，那么，它也是李广将军的象征，就是要借李广的神力战胜鬼神暗箭的"关煞"，再借他的仁慈来保佑未成年人。所以，有的将军箭刻的是"李广将军在此"。（见图 4.31）

　　笔者在阳朔县葡萄镇的周寨万福桥下西北侧，见到有一尊古老的"将军箭"的石雕像，一位将军手持弓箭，守护河面，是保护神的形象，完全不是指路碑。村中父老说，原来这里多发溺水事故，后来刻了"将军箭"的石雕像，就没有溺水事故了。（见图 4.32）

　　迷信是迷信，不过客观上也做了公益，想象一下，在交通和信息不发达的古代，夕阳西下，断肠人在天涯，再遇上陌生路上的岔路口，有个"将军箭"碑指路，岂不是目的地明确、前途在望、温暖人心？

　　按南片桂北平话的讲法，立分路碑是"修阴功"（即积阴德），用意是挡灾、避祸、行善、立德，就像修路架桥等。

　　当然，立指路碑的不仅仅是上面讲到的个人行为，笔者发现在桂阳古驿道岔路口的古老的指路碑，做得比较规整，而且除了刻有指路的文字之外，没有"将军箭"、"挡箭碑"、祈祷的内容、立碑人、立碑时间等文字，主题单一

4.33 疑似官方所立指路碑，阳朔葡萄镇八塘村南 400 米

4.34 福建漳州龙文朝阳镇书厅村合体的将军箭与石敢当

而明确，就是指路。因为在古官道上，笔者推测可能是官府行为，就像今天公路上的里程碑那样，是政府所做的。（见图4.33）

而有些地方的"将军箭"和"泰山石敢当"合二为一。（见图4.34）

"石敢当"又是什么？它的功能与前面讲的那些类似，但是保佑的不仅是个人，而是家庭、建筑、村庄。"石敢当"在唐朝就有了，历史悠久，地域分布上，这个民俗在全国都有，比"将军箭"流传更广泛，更有影响力。所以，我们在乡村的村口、房屋的墙脚、码头、路口、桥边、巷口等地，常常会看到"泰山石敢当"。当然，城市里已经消失。因为在大桂林，石敢当往往是方柱形的，顶部刻着张口伸舌的狮子头的样子，朝向村外，石柱上竖刻"泰山石敢当"字样，所以灌阳有的地方喊"吞口狮"。（见图4.35、4.36）

"石敢当"有所当无敌的意思，再加上"泰山"二字，就有泰山压顶之势。古代中国人认为泰山最高，上近天神，最能够借其神力辟邪、驱邪、镇邪。"泰山石敢当"是一个村子、一座房屋永久的门神。"石敢当"给人一种感觉：它有一种勇于担当的精神，邪不压正的气势。（见图4.37、4.38）

4.35　灌阳新圩镇小龙村童家屯吞口狮正面

4.36　灌阳新圩镇小龙村童家屯吞口狮（背面下部刻"泰山石敢当"）

4.37　阳朔葡萄镇羊山寨，保护村寨

4.38　嵌入墙体高处的石敢当，灌阳县文市镇月岭村

4.39　苍狗不识字，何故对路碑？"石牌："将军箭：左走高田，右走白沙。"

　　社会在发展，路在变，而人类对路的需要则不变。多少古驿道已经荒芜，只留下石头刻制的指路碑。有多少指路碑已经被开垦田地废去，又有多少指路碑被扩展的路吞食。"将军箭"在慢慢逝去，与之相关的一系列方言词语也会随之消亡。（见图 4.39）

希望朋友们在荒郊野外看到指路碑时，立此存照，为它们过去的功绩按下快门，天下的指路碑串联起来也许能够重现一个古代的交通网络。

附：部分模糊、残破的古"将军箭"的文字

《箭来将挡》碑：左边石牌是"左走熊村，右走车头。开弓弦断，箭来将挡"。右边石牌："左走熊村圩，右走车头村。"（摄于灵川县大圩五马岭古商道，2009 年 6 月摄）

《怀胎送子》碑：左边石牌"怀胎送子。右走熊村圩，左走白云庵"。（摄于灵川县大圩五马岭古商道，2009 年 6 月摄）

《疑似官方所立指路碑》："（左）走六塘，（右）走罗富。"（阳朔葡萄镇八塘村南约 400 米，摄于 2017 年清明）

（梁福根）

趣味语音板路

一、大桂林官话与普通话语音的粗略比较

大桂林汉语方言主要有官话、桂北平话，以及客家话、疍家话（船家话），少量分布的粤语、闽语等（少数民族语言不在其中）。尽管大桂林各地讲的官话有差别，但是，都能够自由交流，共同点还是很多的。如果大桂林各地讲不同汉语方言和讲各种少数民族语言的人们能够自由交流，是因为有共同的语言——官话，那么，如果大桂林人要能够和全国各地的人们自由交流，就必须学好中华民族的共同语言——普通话。

所以，本文主要粗略比较大桂林方言中的官话（以下简称大桂林官话）和普通话的异同（少量涉及桂北平话），以期在大桂林人学习标准普通话时，能有所裨益。

大桂林官话属于北方方言中的西南官话。因为属于北方方言，所以和普通话还比较接近，有不少相同和相近的地方。但是毕竟不是普通话，所以，大桂林官话和普通话同中有异，主要是在语音、词汇和语法等方面。语音的不同又分声母、韵母、声调等方面。由于大桂林官话在语音系统方面和普通话不同，所以，普通话有的声韵调，大桂林官话没有或者有差别。所以，比较一下它们和普通话的异同，可以大致以一斑窥全豹，了解大桂林各县官话和普通话

对应的差异，有助于我们的学习和工作。

（一）声母方面

在声母方面，普通话有的声母，大桂林各地大部分官话都有，如：b、p、m、f、d、t、n、l、g、k、h、j、q、x、z、c、s。当然在具体能够和什么韵母相拼方面，二者又有不同。在声母方面，大桂林官话和普通话不同的地方有这些：

1. 大桂林各地大部分官话基本没有翘舌音：zh、ch、sh、r

缺少翘舌音是大桂林人说普通话不标准的主要原因之一。

大桂林人讲普通话时，把 zh、ch、sh 都发成了平舌音 z、c、s，把 r 发成 i（y）或者 [z]（有方括号的表示是国际音标）。[z] 从发音部位说，是一个舌尖前音；从发音方法上说，是擦音、浊音。所以，大桂林人说普通话时，常常把"山"说成"三"，把"结账"说成"节葬"，把"好使"说成"好死"，把"日本"说成"一本"，把"让让"说成"样样"，把"烧鸭"说成"骚鸭"等。这些都是因为大桂林官话缺少普通话的翘舌音，分不清翘舌音和平舌音的区别造成的。

2. 桂林话 n 和 l 常常混用

桂林话 n 和 l 不分，在讲普通话时把"旅社"说成"女色"，把"牛奶"讲成"流奶"，把"内部"说出"累步"等。

桂林话把"怒火"说成"路火"，把"你"说成"里"，把"鸟"说成"了"，把"娘"说成"粮"，把"年"说成"连"，把"男"说成"兰"，把"拿"说成"辣"，把"尿尿先生"说成"廖瞭先生"，把"牛小姐"说成"刘小姐"，把"干娘"说成"干粮"……

3. 大桂林官话在有些方面 h 和 f 不分

当 h 和韵母 u 以及韵母 ua、uai、uei（ui）、un、uan、uang 相拼时，大

桂林人常常把 h 全读成 f，并且把 ua、uai、uei（ui）、un、uan 和 uang 的 "u" 去掉了，变成了 a、ai、ei、an、ang。un 则变成了 en。所以，"滑稽" 读成了 "罚鸡"，"光辉" 读成了 "光飞"，"欢迎" 读成了 "翻银"，"昏头" 读成了 "分头"，"黄色" 读成了 "防色"，"两江四湖" 说得像 "娘江四符"。

在大桂林 f 能和 ai 相拼，比如：坏、怀、淮、槐、踝、徊，大桂林官话很多都拼成 fai。

h 和 f 不分也可以通过声旁规律解决。比如以下面这些声旁构成的字，声母都是 h，不是 f：

乎、勿、胡、虎、互、户、壶、化、奂、荒、黄、晃、灰、荤、会、回、晦、惠、彗、昏、霍……

全州部分地方 h 和 f 不分有另外的表现。比如，凤、风、枫、疯、讽、丰、封、奉、俸、烽、逢、峰、蜂、缝、冯等，读普通话是声母韵母都变了，全部读成 hong。"学习雷锋" 读成 "学习雷轰"，"凤凰" 读成 "哄（起哄的哄）王"，"独秀峰" 读成 "独秀轰"。"红凤凰，黄凤凰，红粉凤凰，粉红凤凰，花粉花凤凰。" 这个绕口令会读成："红哄王，王哄王，红混哄王，混红哄王，花混花哄王。"

4. 大桂林官话中阳朔、荔浦、临桂、永福、平乐、灵川等地的官话和桂北平话常常把 j、q、x 说成 g、k、h

比如：讲普通话时，"鸡肉" 说成 kīyòu，"奇石""其实" 说成 kísí，"巧妙" 说成 kiǎomiào，"晓得" 说成 hiǎodé，"也许" 说成 yěhǔ，"决心" 说成了 güéxīn，"缺点" 说成了 küēdiǎn，"捐款" 说成了 güānkuǎn，"功勋" 说成了 gōnghūn。

所以，大桂林人在学习普通话时应该注意：g、k、h 不能与 i、ü、ia、ie、iao、iou、ian、in、ing、iong、üe、ün、üan 相拼的。所以，当你不小心拿 g、k、h 与 i、ü、ia、ie、iao、iou、ian、in、ing、iong、üe、ün、üan 相拼的时候，你要把声母改成 j、q、x。

另外，大桂林官话中阳朔、荔浦、临桂、永福、平乐、灵川等地的官话把"吃"说成 kí 也要纠正。

实际上，汉字的读音是有一定的规律的，首先我们可以从汉字的结构上去找读音规律。因为汉字六种造字法中有一种形声造字法，用形声造字法造的字叫形声字。形声字结构里面表示意义的部分叫做形旁（也叫形符、义符），表示读音的部分叫做声旁（也叫声符）。如，"清"，三点水是形旁，表示"清"字的意思和水有关；"青"是声旁，表示"清"字的读音和"青"有关。

因为声旁表示读音，所以凡是形声字，只要声旁相同，它们一般有相同的读音规律。比如："挣"形旁是提手旁，声旁是"争"字。因为"争"字是翘舌音的字，所以，凡是以"争"字做声旁的字，都读翘舌音，像：睁、铮、筝、狰、峥、净等，都是翘舌音字。

再如"正"是翘舌音，用"正"字做声旁的字都读翘舌音，如：症、整、政、征、证、怔、钲等。

又如，"子"是平舌音字，用"子"做声旁的字基本上都是平舌音字：字、籽、仔、孳、耔。

再如，"才"和"采"是平舌音字，所以用"才"和"采"做声旁的字，基本上都是平舌音字：财、材、踩、彩、睬、菜。

其他的比如，声旁是成、式、市、申、沙、昌、贞、中等的字，大体上是翘舌音。声旁是匝、宗、责、赞、且、桑、叟、兹、参、从等的字，一般是平舌音。

以此类推，大家平常留意找规律，就能够区别开平舌音和翘舌音的字了。

其次，我们可以从普通话的声母和韵母的配合关系上去找规律。

韵母 ong 只能和平舌音声母 s 相拼，不能和 sh 相拼。例如和 s 相拼的：宋、送、松、颂、讼、怂、菘、耸、诵、嵩、悚、凇、倯等。

韵母 ua、uai、uang 只能和翘舌音声母相拼，所以，凡是韵母是 ua、uai、uang 的字，一定是翘舌音的字。例如 ua：抓、爪、挝（又念窝）、耍、刷、唰；uai：拽、揣、踹、膪、衰、摔、率（率领）、帅、甩、蟀，uang：

庄、装、壮、撞、状、桩、妆、幢、床、闯、窗、创、疮、怆。

另外，还要避免矫枉过正的错误，即：为了能够发出翘舌音，有些人把不是翘舌音的字发成了翘舌音，这照样造成说普通话不准确，照样会产生误解。

5. 大桂林官话中，有的地方 h 和 w 不分

h 和 w 不分，比如，"皇帝（黄帝）"讲成"王帝"，"黄先生"讲成"王先生"，"黄沙河"讲成"王沙河"，"黄花闺女"讲成"王花闺女"，"黄山"讲成"王山"等。

（二）韵母方面

在韵母方面，a、o、e、ü、ai、ei、ao、ou、an、en、ang、ong、i、ia、ie、iao、iou（iu）、ian、in、iang、iong、u、ua、uo、uai、uei（ui）、uan、uen、uang、üe、üan、ün，这些普通话的韵母，大桂林官话基本上都有。其中 ing、eng、ueng 大桂林官话都没有。当然，在具体和什么声母相拼方面，二者也有不同。

大桂林官话中有些前后鼻音不分，这是大桂林官话和普通话很不同的地方。这也是大桂林人说普通话不标准的主要原因之一。

（1）in 和 ing 不分。这实际上是大桂林官话缺少后鼻音 ing。所以，凡是后鼻音 ing 的字，一概读成了前鼻音 in。

我们要简单说说前鼻音 in 和后鼻音 ing 的区别。发 in 时，发完 in 后舌尖是抬起的，紧贴住上齿龈，像要发 d 的舌位那样，堵住气流，让气流从鼻腔出来。凡是前鼻音韵尾，发音部位和发音方法都一样。如：an、en、in、ün、ian、uan、un。凡是后鼻音韵尾 ng，发音部位和发音方法都一致。如：ang、eng、ong、ing、iang、iong、uang、ueng。

在普通话里，in 这个韵母是不能和声母 d、t、n 相拼的（仅仅有"您"等极少数字可以），而大桂林官话因为没有韵母 ing，所以，in 这个韵母是能和声母 d、t、n 相拼的。在说普通话时，都要把韵母说成后鼻音 ing 才对。如：

ding：钉定顶鼎订盯叮丁锭酊疔町腚碇啶；ting：听、庭、霆、挺、停、厅、艇、婷、亭、廷、汀、町、蜓、烃、铤、葶；ning：宁、凝、抒、狞、泞、咛、柠、佞。

普通话的韵母 in、ing 是不能和声母 g、k、h 相拼的，而大桂林官话中阳朔、荔浦、临桂、平乐、永福、灵川等地则可以。普通话遇上韵母 in、ing 和声母 g、k、h 相拼时，要把声母改为 j、q、x。因为大桂林官话没有后鼻音韵母 ing，在说普通话时，判断韵母是前鼻音 in 还是后鼻音 ing，主要从规律性的声旁去入手。下面举些例：

凡是声旁是"青""平"的字，都读后鼻音 ing，如：精、静、睛、靖、靓、菁、憬、婧、情、清、请、晴、蜻、氰、鲭，萍、坪、评、苹、枰……其他如：凡是声旁是京、景、竟、井、名、冥、星、幸、形、丁、廷、婴的字，都读后鼻音韵母 ing。

哪些字该读前鼻音 in，也可以从声旁去找。如声旁是"宾"的字的韵母都是前鼻音 in，如：鬓、滨、缤、槟、殡、镔、摈、膑、髌……其他依此类推。

（2）大桂林官话常常把和 g、k、h 相拼的韵母 e 说成 uo，有时矫枉过正又把 uo 说成 e，这也是要注意的。例如：

ge：个、歌、割、哥、各、咯、葛、隔、搁、戈、阁、鸽、骼、颌

ke：刻、可、课、柯、咳、颗、克、客、科、渴、棵、磕、苛、壳、柯、蝌、瞌、轲、嗑、稞、疴

he：和、贺、喝、何、河、合、禾、呵、荷、鹤、盒、壑、阖、涸、嗬、曷

huo：霍、活、或、豁

（3）大桂林官话缺少韵母 ueng，结果常常把韵母是 ueng 的字，念成 ong。例如：

蕹（蕹菜，即空心菜）、瓮、翁、嗡、蓊。

（4）当韵母 e 和 zh、ch、sh、r 相拼时，大桂林官话中阳朔、荔浦、临桂、永福、平乐、灵川等地的官话常常把 e 念成 ie，把声母也变成了 j、q、x、y。例如：

zhe：这、者、哲、折、遮、折、浙、蔗、辄、鹧

che：车、彻、扯、坼、澈、掣

she：舌、蛇、设、社、舍、射、摄、舌、涉、折、赦、奢、慑、麝、赊、佘、涉

r：热、惹

而在普通话里韵母 ie 是不和 zh、ch、sh、r 相拼的。

（5）大桂林官话常常把韵母 ai 说成 e，例如：

白、百、柏、伯、佰、拍、麦、脉、窄、摘、宅、翟、拆

（6）当普通话里的韵母 ie 和声母 j、x 相拼时，大桂林官话常常把 ie 说成 ai。声母也错误地变成了 k 和 h。例如：

jie 错成 gai：届、械、界、解、街、阶、截、介、皆、戒、诫、疥、蚧

xie 错成 hai：鞋、蟹、解（姓）、懈、谐

（7）大桂林官话有时把韵母 ei 说成 e，例如：

北、没、肋（肋骨）、黑、嘿

（8）大桂林官话有时把韵母 ei 说成 i，例如：

被、备、胚、眉、楣、嵋、湄

（9）在韵母 ei 和声母 n、l 相拼时，大桂林官话常常把韵母 ei 说成 ui，或者反过来，在和 d、t 相拼时，把韵母 ui 说成 ei。

和声母 n 相拼时：内、馁

和声母 l 相拼时：累、泪、类、雷、垒、擂、蕾、磊、儡、酹、缧

和 d、t 相拼时，把韵母 ui 说成 ei：

和 d 相拼时：对、碓、堆、兑、队

和 t 相拼时：腿、推、退、褪、颓、蜕

（10）大桂林官话中阳朔、荔浦、临桂、永福、平乐、灵川等地的官话有时把 xie 说成 hie，例如：

鞋、协、歇、挟、蝎、邂

（11）大桂林官话有时把韵母 üe 说成 io，例如：

约、岳、乐（音乐）、跃、钥

（12）大桂林官话有时把韵母 o 说成 e，例如：

墨、默、没（出没）

（13）大桂林官话难发儿化音。因为大桂林官话没有 r 这个声母，er 往往读成 e，所以，发儿化音时，往往发成两个音节，这是不对的。比如，花儿，应该读 huār，不能读做 huā'er 或者 huā'e。

（14）当 uan 和 zh、ch、sh 相拼时，阳朔、荔浦、临桂、永福、平乐等地的官话常常把 uan 改成了 üen，把 zh、ch、sh 改成了 j、q、x，这是要纠正的。例如，船说成 quén，专说成 juēn，闩说成 xuēn。

大桂林官话把佛 fó 念成福 fú 的音，把浮念成 fóu，寻念成 qín，快乐的乐说成 luò，也要纠正。

（15）阳朔官话没有 ang、iang、uang 这三个普通话韵母，而用 an、ian、uan 这三个韵母代替。而且在发这些韵母的鼻韵尾 n 时，不是标准的鼻音，只是鼻化音。所以，阳朔人常常被笑话，说"阳朔"像"牙刷"，说"放点糖，喝点汤"像"范点坛，喝点滩"，说"党"像"胆"，说"样子"像"燕子"，说"泪汪汪"像"泪弯弯"。

遇上这种情况，也可以找声旁规律，记住声旁是后鼻音 ang、iang、uang 的字，剩下其他的就基本上是前鼻 an、ian、uan 了。如，凡是声旁是"邦"的字读后鼻音：帮、绑、梆。

其他如，凡是声旁是旁、仓、昌、长、尝、当、方、冈、扛、亢、强、康、良、郎、亡、莽、囊、丧、唐、堂、尚、党、王、罔、相、羊、乡、襄、象、央、章、丈、童的字，都是读后鼻音的。

（16）与此相反的是，桂北平话，兴、全、灌的官话，讲普通话时常常没有前鼻音 an、ian、uan，凡是普通话里韵母是 an 的字被读成了 ang，ian 韵母的字则被读成 in，uan 韵母的字则被读成 uang。如，"蛋"说成"荡"，"胆"讲成"党"，"盐"说成"银"，"晚"说成"网"，"完"说成"王"等。

有这些问题的人，也可以从声旁找规律，记住上面第 16 点列的该读后鼻音的声旁（除了相、羊、乡、襄、象之外），除这些声旁构成的以外的字，如果你读成了后鼻音 ang、uang，就可能要改为 an、uan。

另外，记住声旁是读 ian 的字：扁、卞、颠、典、占、兼、咸、前、间、建、连、廉、面、念、千、遣、田、见、先、山等等，由这些声旁构成的字，韵母是 ian 不是 in。

（17）大桂林官话对 en 和 eng 分得不太清楚，经常会把 eng 读成 en，有时也有把 en 读成 eng，如有时读"分"为"风"。比较有规律的是，只有当 eng 和声母 b、p、m、f 相拼时，还基本分得清楚，实际上在大桂林官话里，eng 只和 b、p、m、f 相拼。当和 p、d、t、n、l、g、k、h、zh、ch、sh、r、z、c、s 相拼时，基本上都读成了 en。

（三）声调方面

在声调方面，大桂林官话与普通话有较大的差异。这种差异主要体现在调值和调形上。

普通话和大桂林官话都有阴平、阳平、上声、去声四个声调，但是二者的调值、调形不同。所谓调值就是调的实际高低，调形指声调的高低、升降、曲直方面。

我们常常用五度标记法来标调。五度标记法是模仿音乐的音阶发明的，用简谱 1、2、3、4、5（即多、瑞、咪、发、索）来标调值的高低。

以桂林话、阳朔官话为例，做比较。

普通话和桂林话、阳朔官话四个调的调值是不同的：

普通话：阴平 55　阳平 35　上声 214　去声 51

桂林话：阴平 33　阳平 21　上声 53　去声 24

阳朔官话：阴平 33　阳平 21　上声 55　去声 24

普通话的阴平调值是 55，即它的音高大致相当于简谱里的 55（"索索"），而桂林话、阳朔官话的阴平是 33，即它的音高大致相当于简谱里的 33（"咪咪"）。其他调的音高依此类推。

大桂林官话在声调上与普通话的最大差异是没有曲折调（降升调或者升降调）。大桂林官话在声调上与普通话的差异也是造成大桂林人说普通话不标准的重要原因。

　　大桂林官话在声调上与普通话的差异主要有以下几个方面：

　　（1）说普通话的阴平字时调值太低，只有33（"咪咪"）那么高，这是受大桂林话官话阴平调值只有33的影响。这个缺点很容易纠正，就是当你在说到普通话的阴平字时，音高要提高到说大桂林话的上声调的高度。比如，说普通话的"妈"要说到桂林话的"马"的类似调值才标准。说普通话的"夸"要说到桂林话的"垮"的类似调值才标准。其余依此类推。

　　（2）普通话的上声调值是214，是个先降后升的曲折调。因为大桂林官话没有曲折调，所以，大桂林人在说到普通话的上声字时，发不出曲折调，只降不升，只21（"瑞多"）的降调，把4（"发"）省略掉了。听起来就不标准。要注意，在发普通话上声214时，要把调发完整，不要丢三拉"4"。

　　（3）普通话有轻声，大桂林官话基本没有轻声，所以我们很难发出轻声。轻声是短而轻的，大桂林官话一般都发得太高太长，几乎发不出轻声。

　　轻声是有规律地出现的：

　　第一，有些词语的后面那个字是约定俗成要读轻声的，这只有平常多记，多积累，比如：唠叨、苍蝇、答应、窗户、包袱、甘蔗、规矩、闺女等等。

　　第二，叠音词后面那个字一般读轻声，例如：星星、爸爸、妈妈、姥姥、婆婆、爷爷、姐姐、洗洗、打打、说说、玲玲（名字）、静静（名字）等等。

　　第三，没有实际意义的后缀读轻声，比如：子、头、们等，例如：鞋子、票子、毯子、杯子、被子、石头、拳头、舌头、前头、馒头、他们、我们、你们等等。

　　第四，句末语气词读轻声，如：啊、吗、呢、吧、呀、哇等等。

　　第五，助词着、了、过（来过）、的、地（高兴地）、得（玩得快乐）读轻声。

　　（4）大桂林官话没有变调，普通话有变调。

大桂林人学普通话，在变调方面主要有以下两点值得注意：

第一，叠音词后面那个字一般读轻声，但是大桂林官话全都读该字的原调，这是要纠正的。这在前面讲轻声时讲了。

第二，两个上声字连读时，第一个字要变调读如阳平35，三个上声字连读时，除了最后一个字读上声外，前面的字一般都要变调读如阳平35。如：领导、小巧、处理、甲板、表演、保管、讲解、美好、打扰、可口；好小巧、洗洗脚、煮水饺、伍小姐、找舞场、有手感、找铁板。

（四）其他方面

普通话和大桂林官话还在词汇和语言习惯方面有差异，大桂林官话有其独特的方言词和方言句式。

就说"不懂"这个词语吧，在普通话里有"无知"的意思，在大桂林官话里，一般只有"不了解""不知道"的意思。大桂林人在说别人"不了解""不知道"时，常常说"你不懂"，容易给人误会为"无知"，伤害感情。

再如"肥"字，南方人说"胖"就说肥，而北方人说动物才说肥，说别人肥等于说他是禽兽，带有贬义，千万要忌口。

另外，不礼貌的方言词是要忌口的，比如老男人家、老女人家、哈崽、哈女人家、三八货，阳朔人骂人蠢为三六九、蠢子，等等。

大桂林官话习惯说："你走先。"这不是普通话的句式，普通话是说："你先走。"诸如此类的问题，要在实践中摸索学习，不断向标准普通话看齐。

在桂林市内，一些老桂林人的语音比较特别，"永福""永远"都讲成"远福""远远"，"永"读音是"远"，"雁山"讲"暗山"，老鼠讲"老楚"，"葛薯"讲"葛出"，"指妈"（手指）讲"直妈"，"十字街"讲"十子街"，"唱万字""耍万字"讲"唱万子""耍万子"，"猫儿"讲"猫咿"（儿读音是咿）。

著名桂剧艺术家尹羲的"尹"，老桂林话习惯读"允"，音乐家张曙读"张楚"，柏德贞讲"伯德贞"或者"婆德贞"，欧阳予倩讲"欧阳玉倩"，白凤魁讲"白凤亏"。

有时候模仿湖南话讲"吃"是"掐",讲"夹"是"噶（第二声）","简单"可能受客家话影响讲"赶单","颜色"可能受客家话、白话影响讲"俺色",眼鼓（眼睛）可能受客家话、白话影响讲"俺鼓"。

僧侣读"增侣",寺庙读"字庙","帆布"读"凡布",拉纤读"拉千",急躁读"急操（第四声）",干燥读"干操（第四声）",粗糙读"粗操（第四声）",舰、鉴读干部的"干",血液读"血一",确实讲"扩实",吉祥讲"吉墙",飞翔讲"飞墙",学习讲"嘞习",手脚讲"手昨",纯洁讲"sún 洁",教训讲"教 sùn",牡丹讲"卯丹",贸易讲"mòu 易",茂盛讲"mòu 盛"等。

普通话是中国官方语言，中华民族通用语言。大桂林人的母语不是普通话，所以大桂林人如果不经过专门的普通话训练，在讲普通话时仍然给人以南腔北调的感觉，常常会闹笑话，甚至引起不必要的误解。所以，一口标准的普通话，也是大桂林人要奋斗的目标。尤其是教师、导游等服务行业的人。桂林走出了文青、欧阳夏丹这样的央视主持人、播音员，说明桂林人也可以说一口国标级的普通话。

只要掌握了自己母语的方音与普通话语音的对应规律，学习起普通话来才能够起到事半功倍的效果。作为大桂林人，了解大桂林官话和普通话的异同，对我们的学习、工作和生活是有意义的。

（梁福根）

二、吃出来的桂林话语音和词语趣谈

我们桂林人都晓得，桂林话是没有平翘舌之分的，所以现在很多桂林人一般"吃"都会说成"词"。那么大家晓不晓得，在老一辈的桂林话当中，"吃饭"在读音上可不是说"词饭"滴啵，而是说"7饭"。尤其是随着各种社交软件的普及，很多年龄稍长的桂林人在网聊中，互相的问候语都是："你7饭了咩？"一个简单明了的数字"7"，既反映出网络语言的趣味性，更体现出传统桂林话独特的韵味。但是在桂林市区，我们现在已经听不到年轻人再说"7饭"了，不止是年轻人，大多数桂林市区的人都只说"词饭"了。

桂林人讲"词饭"或者"七饭"，是对大人讲的。喊小把爷和豆子鬼吃饭，我们一般讲"哆（读歹）芒（音同忙）芒（读桂林话"忙"的第四声）"，对刚生没得好久的那些毛芋头，吃东西都喊成"哆哆"，对于特别爱吃的吃货，还会直接叫他（她）作"哆哆"。

另外，小把爷"哆"的一些东西，桂林方言也有自己的喊法，肉一般喊作"嘎（音同尬的第三声）嘎（音同尬的第二声）"，蛋喊作"啵（音同"波"的第三声）啵（音同"波"的第二声）蛋"，鸡喊作"咕（音同"谷"）咕（音同"故"）鸡"，鸡腿鸭腿喊作"把（读霸）腿"，鱼喊作"鱼崽"。

桂林话对于一种蔬菜的称呼特别有意思，就是把西红柿喊作"毛秀才"。在一些百科网站有这个词条，解释是："毛秀才是客家话等南方地区语言（包括部分地区的官话）对番茄的一种别称。"那为什么要把西红柿喊作毛秀才呢？不同地方有不同的说法，我们桂林有个传说是这样的：从前桂林有个姓毛的秀才，因科考落榜而回家种西红柿。经过精心栽培，他种出的西红柿个大饱满，吃起来口感好，渐渐地就在附近村镇小有名气，每到赶集时，人们都愿意买毛秀才种的西红柿。久而久之，毛秀才就成了西红柿的代名词，同时也成了桂林的特色方言。

对于"吃"，桂林方言当中还有一种更土的说法，是"餂（读扫的第二声）"，吃饭说成"餂饭"，能吃就说成"餂得"。这是一种更接近乡土俚语的说法。比如："你莫看他瘦杠杠哩，还蛮餂得的啵。"

除了吃饭之外，对于一些桂林有名的小吃，也有别的讲法。

这里要跟大家讲的是桂林一个有名的小吃——炒田螺。说是田螺，其实桂林很多街上卖的螺蛳都是从漓江里捞出来的。漓江的水清澈干净，除了有很多河鱼河虾，养出来的螺蛳也是十分肥美。桂林人炒出来的螺蛳有一个特别的名称——"喝（读豁出去的豁）螺"，就是就着汤汁，把螺蛳肉从壳里吸出来，就像喝粥一样。以前住在河边的老桂林人特别喜欢吃这道小吃，厉害的人喝螺蛳根本不需要牙签，先往螺蛳尾巴剪开的地方嘬一下，然后再从头部吸一口就可以把螺肉"喝"出来。

桂林有条很有名的街，喊作驿前街，最有名的就是那垲卖的面条。驿前街分为驿前直里和驿前横里，驿前横里靠近河边的对岸有个小岛喊蚂蟥洲，在蚂蟥洲上住着一群特殊的人家，就是船上人家。桂林是一座依水而建的城市，一条清澈秀美的漓江穿城而过。俗话说"靠山吃山，靠水吃水"，桂林以及周边的县城以前生活着很多渔民。这些渔民跟普通渔民不一样，他们在岸上没有房子，他们的房子就是那一条条小小的渔船，吃喝拉撒睡都在船上，很多老一辈的渔民可能一辈子都没上过岸，我们桂林话都把他们喊作"船上人"。后来因为要治理漓江的生态环境，并且为了保证这些船上人家的安全，提高他们的生活质量，在政府的帮助下，他们逐渐都搬到了岸上生活，但是他们定居的地点一般也都选在河边。

尽管搬上了岸，但是船上人的生活方式并没有太大改变，说话的方式和发音还保有船上话的特色。桂林的船上人可以分成好几个不同的地区，有平乐的、恭城的、大圩的等。平乐、恭城一片地区的船上人大多都姓黄、姓毛，而居住在蚂蟥洲和驿前街的船上人则是从大圩那边来的，一般都姓廖。廖姓船上人说的船上话与平乐、恭城的船家方言在发音上有一定的相似之处。笔者的外公外婆（桂林人喊公公、婆婆）就是蚂蟥洲的廖姓船上人，从小跟公公、婆婆一起生活，笔者多多少少对于廖姓船上话有一定的了解。就拿"吃饭"来说，他们都讲成"喫（音且）逢（音同冯）"，喝水讲成"喫昨（音同桌）"，吃肉讲成"喫惹（rè）"。

蚂蟥洲的廖姓船上人，在饮食上也很有自己的特点，有几种特别值得向大家介绍。第一种喊作"盐水蚂螂古"，这是很早之前船上人特有的一道"下酒菜"。这道菜听上去很怪，到底是什么做的咧？其实就是河里经常看得到的鹅卵石，我们桂林话就喊作蚂螂古或者马卵股。以前船上人的生活很苦，打渔的日子也是要看天吃饭的，生活自然就紧巴巴的，就算得到了鱼也要拿揭卖了来买米买菜，根本没有多余的闲钱揭买下酒菜。于是，聪明的船上人就想到了一个办法，挑选岸边最常见的蚂螂古，找"大指妈"（大拇指）大的圆圆的那种，捡回一碗，回来用水冲干净，然后用盐水煮几十分钟。这样一来，"蚂螂古"就带有了盐味，成了船上人最好的"下酒菜"。喝酒时，先抿一口酒，再把盐水煮好的蚂螂古放到嘴里嗦（音同桌）两下，吸到嘴里的盐水还带有一股漓江河水的腥味，有点鱼虾的味道，别有一番风味。

后来搬上岸以后，很多蚂蟥洲和驿前街的船上人就被安排进了漓江航运公司上班，生活都慢慢好起来了，这道下酒菜就慢慢消失了，取而代之的是另一道他们很喜欢的宵夜"鱼仔烂粑粑饭"。住在河边的船上人，除了喜欢白天扒簸（读排，现在多写成"排"）子到河里钓大鱼之外，还喜欢夜里揭刮网抓一些小鱼。刮网一般需要两三个人配合，晚上天黑了之后，拿着自家织的渔网，打着手电筒，一个人在岸上拉着网，另一个人一手拿竹篙撑着竹簸，一手把网撒到河里，然后让竹簸（读排）顺着水流慢慢往下流走，岸上的人扯紧网一起跟到（读倒）走。因为河鱼一般都是往上流游的，晚上刮网可以得到很多小鱼小虾和小螃蟹。船上人还有"刮一网，得一炮"的说法，"一炮"就是船上人说的十斤鱼。

晚上刮网得到的鱼都是漓江里经常可以看到的小鱼，如黄鳝骨（学名为黄颡鱼，北方叫作黄蜡丁）、马尾骨（学名为鳠鱼）、大眼鼓、穿条子（学名为伍氏半餐，俗名为蓝刀）、哈巴狗和苦扁屎（学名为鳑鲏）等。

刮网得到的鱼，马上拿回去破开刮干净肠子肚子，然后把淘好的米煮成比粥稠一些的软饭，我们桂林喊作"烂粑粑饭"。破好的鱼崽再和着"烂粑粑饭"一起煮，加入适当的酱油调味，"鱼崽烂粑粑饭"就煮好了。这个烂粑粑饭因为加入了新鲜的漓江小河鱼，味道异常鲜美，根本不用放味精就好吃得很，一般有这种宵夜都会忍不住多吃好几碗，就像桂林历来就有的这种说法："鱼汤拌饭，鼎锅刮烂。"也讲："鱼崽送饭，鼎锅刮烂。"

关于吃鱼，船上人还有这样一首童谣：

　　抛大网，抛细网，

打个鲤鱼斤四两。

我吃头，你吃尾，

留到中间搭（给）妹吃，

妹妹吃了好看晌。

这首童谣一定要用船上话念出来才有韵味，发音大致是这样的："抛（音同刨）大（duǎ）网（音同汪），抛细（音同戏）网，打个鲤（音同哩）鱼（音同余）斤（音同金的第三声）四（sí）两（音同靓）。我喫（音同且）头（音同大）你喫尾（音同微），留到中间（音同国）搭（音同打）妹吃，妹妹喫了好看（音同敲）晌。"

（刘　萍）

三、漫话兴安话中的同音字

兴安是楚越交界之地，少数民族汇聚的地区。湘语、桂北官话、高尚土话、瑶语等多种方言在此交汇，形成独特的兴安话。

兴安话最突出的特点之一是语音，如"陈"读"情"音，"真"读"金"音。

最有代表性的是陈、秦不分，张、江不分，黄、王不分。陈、成、秦、覃等字读音都为秦。张、章、江、姜等字读音都为江。黄、皇、王等字读音都为王。吴、胡读成胡。而发与华、夫与虎、方与荒、林与宁、丽与逆、龙与弄、来与耐、老与恼、兰与难等字的读音，在兴安话中是不分的。

（南北渠）

四、能读书念报的五通方言

在临桂区丰富的方言中，除了官话之外，还有一种能够用来读书念报的方言，是五通话（原称义宁话）。

五通，原是义宁县县城。五代晋天福八年（943）设义宁镇（因义江得名），旋升为县。至 1951 年 8 月，义宁县撤销并入灵川县，原县城为灵川县第八区人民政府驻地。1954 年 6 月灵川县一度并入临桂县，这里改称五通镇。此后，这里一直是临桂县（今临桂区）的（乡、公社、镇）机关所在地。

临桂五通、保宁（现并到五通）、中庸全部，宛田、黄沙大部，茶洞、渡头（现并到两江）、庙头（现叫庙岭）和灵川县公平一带部分地方，共有十五六万人讲五通话。五通话是大桂林除了官话之外，使用人数较多、通用地域较广的方言之一。

五通话和广东话（粤语）的语音、语法有很多相似的地方。

20 世纪 50 年代末的一年夏天，五通有叔侄二人到广州办事，午饭时分，肚子也饿了，口也有点干，就走进一家饭店，用普通话讲"要两碗稀饭"，服务员看了他们一眼，摆摆头。年轻的侄崽就用五通话和叔父讲："广东人真是吃生（即欺负生人），想买碗粥都不卖。"那服务员一听，马上笑着招呼他们，用粤语讲真对不起，他是没听懂普通话，误会了。随后，一边把稀饭送到他们手上，一边用粤语和他们沟通，叔侄二人也用五通话和他交流。异地宾主，居然可以用粤语和五通话进行交谈，而且大多话能听懂，很是高兴。

以前五通一带有相当大一部分人是用五通话教学的。1949 年后较长一段时间，都还有学校用五通话教学。现在，那里 20 世纪 60 年代出生的人中，仍有很多人懂讲五通话和普通话而不会讲桂林话，因为五通话是他们的母语，普通话则是通过看电影电视学会的。

五通话词汇丰富、语音优美，能表现出丰富的情感和复杂的思维。无论读书唱歌还是吟诗诵赋，都能用五通话淋漓尽致地表达出来。外来词诸如"特朗普""福尔摩斯""阿司匹林"等，也都能用五通话讲。

据一位五通老者讲，在我国台湾岛内有一个义宁同乡会，入会的条件之一是会讲义宁话（五通话），每次聚会都用义宁话交流，不论宣读文书还是平时交谈，一律用义宁话。

（李生英）

221

五、一夜大了三百斤

以前中国老百姓起名字时，很少考虑什么洋气、土气、高雅大气。比如，生孩子时已经 49 岁，把爷干脆喊"四九"；临产还在田里做活的，不小心生下把爷，就喊"田生"。笔者家族中有个远房侄女，因为满月了才五斤，所以干脆喊"五斤妹"。

用重量给把爷起名字，这也是一个传统，打比讲，鲁迅的小说《风波》，里面有个老太太，因为老太公出生时有九斤重，所以她被人喊做"九斤老太"。这还是个光荣称号，因为她往下的子孙们，"一代不如一代"，出生时分别是八斤、七斤、六斤，这些重量就自然成了他们的名字。

这样就讲到阳朔、临桂有个老人家讲的"古"（故事、传说）。有个喊做"三斤"的人，大概就是因为出生时才三斤，才有这个名字。他从小就给人看不起，地方上的人，不管男男女女、老老少少，不论辈分，哪个都喊他"三斤"。他有个失联的崽，忽然有一天衣锦还乡了。这下不得了了！地方上有头面的、有钱的人，都争到请他的崽和他们家人吃饭。这下子好了，大家都改口喊他"三伯爷"，个个脸上都笑得好好了。第一天吃完饭回揭，"三斤"就跟他当官的崽讲："你看，昨天大家还喊我三斤，今天就喊我'三伯爷'了，我一夜大了三百斤啵！"

为什么这样子讲呢？因为在大桂林，"百"和"伯"是同音字，"三伯爷"听起来就是"三百爷"，从三斤到三百，那不是一夜大了差不多三百斤吗？这个是大桂林方言在语音上带来的有趣的故事。

（梁福根）

六、从"船上下来一个官"的故事谈到荔浦话

在大桂林方言里头，荔浦官话的语音是蛮有特色的。打比讲，"船"讲"泉"，"吃"读 kí，"官"读音接近"锅"，"喝"读"豁"，"盘"读音接近

"婆","加"讲"搭"（碗加盘讲做"碗搭盘"），"碗"读音接近普通话的"沃"，"满"读音接近普通话的"膜"，"酸"读音接近"唆"等（当然，这些字老辈人讲起来是鼻音字，年轻人讲就不是鼻音字了）。

为了形容荔浦话的这些语音特点，在荔浦还广泛流传着这样的一首歌谣：

> 船上下来一个官，
> 岸上的人请吃喝，
> 吃了三盘搭四碗，
> 还有满满一碗萝卜酸。

这首歌谣拿荔浦话来讲，就变成这样的了：

> 泉上下来一过锅，
> 岸上的人请 ki 豁，
> ki 了三婆搭四沃，
> 还有膜膜一沃萝卜唆。

只要荔浦人讲起这首歌谣，都会博得一片欢笑。这是方言语音的差异带给我们的快乐！

荔浦还有个绕口令："一个圞圞碗，两个碗圞圞。""圞"读鸾，是"圆"的意思，肚子圆圆讲成"肚蚓圞圞"。但是现在荔浦年轻人读"圞"音近似"罗"，"碗"读音接近普通话的"沃"，所以这句绕口令听起来就像"一个罗罗沃，两个沃罗罗"。由于语音的接近，快读这句绕口令，会错读成："一个圞圞卵，两个卵圞圞。"

荔浦修仁镇曾经是一个县，修仁话的语音又有其特点。比如，"井"讲成"怎"，"清"讲成"村"，"针"讲成"精"。所以，在荔浦，人们讲到修仁的方音特点时，常常用这两句话来概括："修银有口怎，怎水村又村。"实际上这句话本来是："修仁有口井，井水清又清。"再比如："地上掉颗精，看死看不清。"这句话本来是："地上掉颗针，看死看不清。"

荔浦人幽默，荔浦有句话讲："多吃点，多喝点，死了以后骨头经得沤。"好吃懒做的人，别人讲他就是只懂得吃喝，他反而会讲："不吃不喝，哪有力气做工？"

荔浦人以前讽刺三种人时这样讲：

"穿洋绳衣（即毛线衣）的人喜欢lia（第三声，敞开的意思）衣扣，戴手表的人喜欢挽衣袖，镶金牙的人喜欢咳嗽。"这几句话也可以拆开单用，讽刺喜欢显摆的人。

讽刺炫富的人就讲他（她）："一屁股的金子。"

骂没有道德底线、胡作非为甚至无恶不作的人，就讲"生吃狗卵不放盐"，或者讲"生吃狗卵"。

"人有两个旋，教死教不变。"不仅荔浦，以前大桂林人都认为，头顶的头发有两个漩涡的人是牛变的，脾气特别犟，至死不变。

"后颈窝深的谋吃。"荔浦人认为，后颈窝深的人贪吃，是吃货。

充老姐（婆）：指自以为是、不懂装懂；爱管闲事，像桂林话讲的夜屎佬。多指小孩、妇女，也指男人。

扎屎蚴勇：把衣服下部扎在裤子的松紧带或者裤腰带里面，或者把腰部像士兵那样用绳索、腰带扎起。屎蚴：一种小型青蛙，最大的成虫不过成人脚拇趾大，其中个体大的叫屎蚴婆。捉蚂蚴时，往往拿草或者细绳把蚂蚴的腰部扎起，连成串，喊做扎屎蚴。清代称行营招募的兵卒、战争时期地方临时招募的兵士喊做"勇"，清时也泛指士兵，所以有兵勇、劲勇、募勇、散兵游勇等词语。乡勇、勇丁都是清代地方招募的士兵。游勇指失去统属的士兵。"勇"通常是扎腰带的，像被扎起腰的蚂蚴，所以产生"扎屎蚴勇"的讲法。平乐也有这个讲法。

树大开桠，崽大分家：大桂林有的地方是讲树大分支，崽大分家。

想这个问题想得头角（头角即头）都痛揭：比喻事情麻烦、令人头疼。

牙齿（都）吃红了：指经验老道。

破竹（就）莫撬，打老婆（就）莫笑：破竹子或竹篾时用刀口撬，会破不好竹子和竹篾。旧时代人认为打老婆时笑，不威严，老婆以为你开玩笑，起不到打的效果。今天看来当然是家暴。

板凳夹卵考：哑抵。卵考，又喊卵赤子，睾丸。即有苦说不出。哑抵指不敢说和不便说，硬撑着。

马卵股进刺蓬：无牵无挂，比喻什么都不怕，无忧无虑的意思。

从以上这些例子可以看得出，荔浦话很有特点。

（梁福根）

七、载膏的盐斗，还是再高的盐斗？

载膏的盐斗？什么意思嘛？

那你就请听我扯一扯这个板路吧。要一个字一个字讲才讲得清。

桂北平话讲"装"为"载"，比如讲，"把饭装进碗里头"，他们会讲"把饭载入碗里头"；"桶里装满了水"，他们讲"桶里载冒嗰（读"哥"）水"。

这是比较古老的讲法，在汉语里头"载"字确实有"装"的意思，如"装载""载重""载运""运载"等。只是普通话很少单用"载"字了。

再讲"膏"，桂北平话把猪板油喊做"膏""板膏""板膏油"，这也是古老的讲法，古人讲脂肪就是讲"膏"的。比如"病入膏肓"的"膏"就是指心尖上的脂肪。

最后讲"盐斗"。桂北平话把外形近似古代量粮食用的"斗"的东西都喊做"斗"，大约一尺以下的坛子、陶罐、玻璃瓶、塑料瓶都喊做"斗"或者"斗斗"。因此，装盐的小陶罐喊做"盐斗"，装豆腐乳的小陶罐喊做"豆腐乳斗"。

所谓"载膏的盐斗"，就是装猪板油的小盐罐而已，大小像成年人拳头、头部那样。以前还有连体的油盐罐，一个装油，一个装盐。原来是这个意思，没有想到吧？（见图 5.01）

5.01 盐斗

　　还有一个流传久远的故事，这个故事广泛流传在阳朔、临桂、雁山等讲桂北平话的地区。

　　故事是这样的：一天，一个不擅长讲官话的平话人，到街上去买一个准备用来装板油的小盐罐。他半官话、半平话地跟陶瓷店的店员讲："我要载膏的盐斗。"他的意思是要买装猪板油的盐罐。

　　店员一听，好嘛，这个老表要"再高的盐斗（就是再高一点的盐斗）"。于是拿来一个比通常的高的陶罐给他，这种罐子一般是不拿来装板油的。结果，这个人不要，他坚持讲："不是不是，我要载膏的盐斗。"于是店员接连拿来一个比一个高的陶罐给他。如此反复，鸡同鸭讲，对牛弹琴，互相不理解，无法对话。店员把店里差不多所有陶罐都出示给这个讲平话的人看了，这个人还是讲："不是不是，我要载膏的盐斗。"直至店员喊两个大人，抬来了人那么高大、差不多一米直径的陶缸，这个人还是讲："不是不是，我要载膏的盐斗。"最后，总算有懂得平话的人来了，经过他的解释，店员才晓得，原来那个人只不过想买个小盐罐用来装猪板油而已！

　　所以，方言不同，真是难以对话，必须要有共同语言，国家有官方语言，民族有民族共同语。

（梁福根）

八、炉铫不是六吊

"铫"字好少见吧？这个字读"吊（掉）"。铫是一种铁炊具，1970年前的城市和1990年以前的农村几乎家家都有，天天在用。现在农村的一些老人家也还在用，不过快消失了啵。

这就是大桂林官话讲的"鼎锅"。就是老人家讲"鱼崽送饭，鼎锅刮烂"的鼎锅。鼎锅拿来煮饭，扒锅拿来煮菜。（见图5.02）

不过呢，在桂北平话里，煮饭的讲"铫锅"，煮菜的讲"鐣"（读称）。这是好古老的讲法了。（见图5.03、5.04）

5.02　鼎锅（炉铫、铫锅）

5.03　大扒锅（大鐣）

5.04　小扒锅（小鐣）

铫锅的腰部四个方向，等距离地分布有四个各有一个小眼鼓的小耳朵，穿起两根弯的铁线做系（提梁），也就是"铫锅耳朵"，拿来提起铫锅，也可以把铫锅吊起在炉灶上面煮饭、燸（读熬的第一声）骨头、燸肉、燸粽子等。所以，在灵川县一些地方和桂林市大河、穿山等地，又把铫锅喊做"炉铫"。和"六吊"同音。

"六吊"又是什么呢？吊是民国以前的钱币单位，一千个制钱，或者值得一千个制钱的铜钱就是一吊。制钱是明清两代官府铸造的铜钱。后来，各地算法不相同。在北京是一百个制钱，或者十个铜元是一吊。

所以，"六吊"就是六千个制钱，或者值得六千个制钱的铜币。

很久以前，在桂林穿山一带郊区农村，有个乡民王阿四借给李税（读满）狗一吊二钱，就是1200个制钱。到了该还的时候，李税狗哪样子都还不起。王阿四俇（读仅）逼债，搞得李税狗急得要跳漓江。随你王阿四哪样子催债，这个李税狗就是还不起钱。王阿四气得卵火毛，把李税狗撩了一餐，看看他家没有什么值钱的东西，就撴（dia，第二声）走了他的炉铫，抵那六吊的债。

李税狗挨了打，还挨拿走了炉铫，越想越咆怃（读序），再加上别个夜屎佬的唆使，就把王阿四一家伙告到了乡官那垱。

这个乡官是新来的外地人，不懂得桂北平话。他大声喝问王阿四是不是拿了李税狗的"六吊"，王阿四以为问他是不是拿了李税狗的"炉铫"，就老老实实承认"拿了"。负责记录的手下把王阿四的话记录在案。

这个乡官一听王阿四拿了李税狗的"六吊"，就好恼火，一拍桌子就大声屌杠起来："人家欠你吊二，你打了人家不算，还拿了人家六吊，还有王法没得？这样吧，你给还李税狗四吊八钱，再赔他十吊看伤钱，限你三天给清。这码事情就这样子了结了，不然，本官绝不放过！"

这个王阿四真是哑巴吃黄连——六吊钱那时可以买好多"炉铫"了。这个事情，对于王阿四来讲，真是"八百搞出一吊二"！因为是乡官判的，王阿四一点聊校（读淆）都没得，只好照办了。

（梁福根）

第六部分

桂林地方戏曲的趣味方言板路

一、彩调桂戏里头的有趣词语

"白日狮子夜花灯",这是大桂林老辈人普遍讲过的话。什么意思啊?就是讲传统上是白天看跳(读条)狮子,夜晚看演花灯。"花灯"是什么?就是今天讲的彩调。其实彩调是解放后的官方名称,在大桂林各地方言里头,大家还是喊"花灯""调子""彩灯"。可能因为音乐都讲"调子",容易混淆,所以官方定名为彩调。起源于桂林的另外一个剧种喊做桂戏,官方喜欢讲桂剧,老百姓有时讲得更简单,就讲"戏"。

那为什么是"白日狮子夜花灯"呢?主要是因为跳狮子大多数在节日的白天,狮子拜年、"抢青"(搭人山取红包和青菜或者一把万年青叶子),都在白天开展。演花灯呢,主要是在节日、农闲或红白喜事的晚上。而且跳狮子多半是流动的,走街串巷;演花灯是固定的舞台,所以时间有所不同。当然,也有晚上跳狮子,白天演花灯的。(见图6.01)

6.01 舞狮

彩调和桂戏在电影普及之前，是大桂林最综合的艺术，是大桂林人 1985 年之前很好的精神大餐。直到现在，在七八十岁的老人家那坮也是不错的娱乐形式。

彩调和桂戏的传统剧目以前是师徒相授、口耳相传的，所以，留下了一些现在不用或者很少用了的大桂林特色词语。有的是他们的行话，有的则是曾经流行的生动的日常用语。

属于行话的，比如讲"对子调""打鼓伯伯""过山班""杀全鸡来吃"等。

所谓的"对子调"也算是彩调折子戏的一种，是最早的传统剧目，人称彩调"开蒙戏"，供初学者登台演出，往往只是由一对男女一问一答，载歌载舞，女挥方巾，男舞扇花，演绎简单的小故事。整台戏三四个人就可以演出了，两个在台上表演，一个拉二胡，一个敲鼎锅盖，或者一个人敲鼎锅盖打节奏就可以演出，所以又被称为"调子骨"。

"打鼓伯伯"在彩调班子里差不多相当于班主，其实多半就是"班头"（即今天的团长，也讲管班）、彩调乐队的指挥，起领导作用，负责打鼓，鼓声指挥其他乐器。不管年龄大小，打鼓的大师傅都喊"打鼓伯伯"，特别受尊重。

"七紧八松九快活"指七个人的彩调班子，演出比较紧张，八个人的彩调班子就松敨（读透的第三声，轻松的意思）多了，九个人的彩调班子就快活了。为什么？因为一个彩调班子，要打鼓伯伯一个，还要负责拉调胡的人。调胡是乐队中为主唱伴奏的，所以重要。最好还有把中胡，是为了增加音色、表现力的，可有可无，有则更好。还有负责打锣、钹的各一人。另需演员数人，如果有吹唢呐的更好。所以，七个人的彩调班子演出比较紧张。民国时代的"过山班"，走村串巷，翻山越岭，演出不容易，为了节约成本，要求人人多才多艺。所以，产生一个熟语——"杀全鸡来吃"，指的是一个戏班子的人全能、全才，通吃，能够自编自导自演，乐器会几样。

这些算是彩调界的几句行话。彩调和桂戏的传统剧目里，大桂林特色词语也蛮多板路。

彩调《拜土地》里头讲"鸡饿不怕竹竿，人饿不怕羞惭"，有点"仓廪实而知礼节，衣食足而知荣辱"的哲理。"偷来的锣鼓打不得"，比喻不是正大光明的合法事情，上不得台面。"走脱不是祸，是祸走不脱。"这句话有善有善报、恶有恶报、不是不报、时辰未到的意思。

《老少配》讲："吃饭和住店，我要现打现。"现打现就是现金交易，一手交钱一手交货。"暴了螺蛳壳，踩着老娘的脚。"螺蛳壳在大桂林方言里头是指眼睛，贬义词。暴了螺蛳壳就是瞎了狗眼的意思。"我冝（婆的第三声）到（读倒）回家卖良田。""冝到"就是"豁出去"的意思，"冝"是代字。"屙屎下河气死狗，草在高山气死牛。"贬义，指使人无可奈何。"七穷八败九带煞"，比喻某些人又穷又败家，还带煞气，以后很难"收煞"（即收场）。"前世姻缘合，棒槌捶不脱。"比喻男女情爱深处，无法棒打鸳鸯。"茄子倒开花，笋子倒发芽。"比喻世界、事情、是非颠倒了。"若要豆浆有，磨子面前要站得久。"有好事多磨的意思。

彩调《住一夜》里头讲："好不好，狗来咬。"自称自己好的坏人，狗也不会放过。"蚂蜞上粉墙：巴不得。"平常也讲"石皮上的蚂蜞：巴不得。""树上的蚂蜞——巴不得。"

彩调《金莲调叔》："蛋好不惹蚊虫叮。"意思是"苍蝇不抱无缝的蛋"。"满园的竹子：你算哪根？"意思是你算老几，你是哪根葱？

彩调《王老五》："跪到（读倒）养猪：看在钱的分上。"意思接近见钱眼开。

彩调《偷风水》："得了便宜喊肚痛"，就是得了便宜还卖乖。"白天出月亮"，意思是怪道了，世界颠倒了、事情搞反了等意思。

彩调《三看亲》："聋子会编话，瞎子会打卦。"讲的是一种常见的现象，耳聋听话不准确，会依据误听去理解、接话；而以前算命的不少是盲人。打卦就是算卦。

彩调《人情债》："蛇大洞大"，指的是家大开销大，也讲"蛇大窿大"。"瘦公婆打壮屁：争个面子。"也有死要面子活受罪等意思。"一窝猪崽抢奶吃：挤到一起了。"意思是人或物凑在一起了，或挤做一堆了。

桂剧《李大打更》："女大十八岁，就要找对对""女大心大，早晚要嫁"，两句都是"男大当婚，女大当嫁"的意思。"现买现卖，萝卜加小菜。"有现教现学、现炒现卖的意思。

桂戏《三司会审》里头讲"叫天天高，叫地地厚"，意思是"叫天天不应，叫地地不灵"。"半空中云里跑马——露了马脚""乡下人吃的糖包子——走了糖"，都是露馅的意思。

桂戏《八珍汤》里头讲，"汤泼老鼠——有皮无毛"，意思是死路一条、在劫难逃。"好了没曾结疤"，比喻好了伤疤忘了疼。

桂戏《玉堂春之托亲讲情》："背琵琶进磨房——对牛弹琴""人在八字在，人死八字散"，这是迷信时代广泛的讲法。"女生外相，外死外葬"，意思近乎"嫁出去的女，泼出去的水"。"郎为半子"即"一个女婿半个儿"。"老虎打个屁，闻都不敢闻"，意思大抵是"老虎屁股摸不得"。"抻（桂林话读噴）手不打笑脸"，即"噴拳不打笑面"。"外行老表——不晓得折（读蛇）本"，指外行人不知厉害，"外行老表"是大桂林普遍的用语，指不懂行的人。"对门火烧山——与我不相干"，意思接近"各人自扫门前雪，莫管他人瓦上霜"。

桂戏《梅龙戏凤》里头讲，"来迟了一步，好比螺蛳闭了眼"，螺蛳闭眼实际上是螺蛳闭合了它的盖，拿它没有办法了。有功亏一篑、错失良机等意思。

在桂剧《打狮子楼》中，武二郎要打西门庆时，西门庆讲："武松好大胆，胆敢把爷赶，霸占你嫂嫂，你咬我条卵。""你咬我条卵"，或者讲"你咬卵""咬卵"等，是桂林话中很痞的话，意思是"你想哪样子""你拿我怎么样""你拿我卵办法"等，在西门庆嘴巴里讲出来是很符合这个流氓烂嵌的口气的。很嚣张的、认为人家对自己无可奈何时就这样讲。"咬卵"还有否定的意思，打比讲，没有东西吃，痞话讲："咬卵吃。"

传统的彩调、桂戏里头保留了好多生动的桂林方言，我们在这里只是略举一些例子而已。读者感兴趣可以去看看，彩调、桂戏还是国家级非物质文化遗产呢。

（梁福根）

二、桂戏、彩调中的桂林话语音和京剧相似

京剧就是用普通话表演的吗？不一定。京剧就是用北京话表演的吗？也不一定。

读者诸君如果听过、看过京剧便会发现，京剧里头的底层小人物的道白，往往是北京音的，京片子、京腔京韵的。但是，京剧里的官员、文人、书生、小姐的韵白、道白、演唱等，在汉字发音方面，好多字音与普通话不一样，却和桂戏、彩调里头的桂林话一样。比如就："药"读"哟（yo 第二声）"，"和""何""合"读"huo 第二声"，"歌歌戈各"读"go"，"快乐"的"乐"读读落，"可"读"ko 第三声"，"内"读"nui 第四声"，"类""雷""泪""垒""磊"都读"lui"，"摘"读"择"，"麦"读"me 第二声"，"逊"读"sun 第四声"等。

这是为什么呢？

京剧有 200 多年历史，它的道白和演唱是靠师徒关系，口口相传的，传统剧目一定要保留清代中期的读音。而桂林话也大量地残存了清代中期前后的语音元素，产生于清代中期的彩调，和产生时代略晚的桂戏，也是靠师徒关系口口相传的，因此保留了清代中后期的读音。所以就会发现京剧的传统剧目中大量的字音竟然和桂林话语音一致或者相近。

也就是讲，京剧、桂戏、彩调都有大量残存的近古音，或者是近代汉语语音的音素（所谓残存音素就是讲不是音节上的完全的古音），所以，二者听起来有好多相似的地方。

（梁福根）

三、从桂剧讲到桂林的一种修辞手法产生的方言词

"裁马武"这个桂林话特有的词语，意思是打零工、做短工、做苦工、做临时工，也讲"搞马武"。后来从事这样工作的人，即打工仔、苦力马嘎，也称"马武"。

为什么"裁马武"有这些意思？这就和桂林方言的一种修辞手法有关。这种修辞手法其他地方也有，喊做"斩菊（斩局、展局）"修辞格，也喊做讲"局话"，是局话的一种（各行各业有自己的局话，或者讲隐语）。这种修辞手法和戏剧关系密切。可惜因为戏剧已经不大众化了，所以，这种修辞手法也衰落了。

"裁马武"据说典出桂剧《马武打宫》。马武是东汉光武帝刘秀的功臣，是跟光武帝舍生忘死打下天下的十三太保之一，"中兴汉室二十八将"之一，画像供奉在南宫云台，给后人演绎成对应天上"二十八宿"的28位将帅之一，据说是中国民间最初的门神之一。马武刚直无私，质朴直率，敢说敢为，只要发现不法臣子，在宫中上朝起手就打。《马武打宫》借"打宫"与"打工"谐音，把打工和"马武"联系起来了，打工就是马武，马武就是打工。进一步引申为对打工仔、苦力、体力劳动者的称呼。

这种喊做展局或者斩菊、斩局（也有人把它当做歇后语的一种）的修辞手法，以前的老人家用得多，现在少用了。这种修辞手法就是把一句话或者一个词组分为前后部分，前后部分的意思等同。

举两个例子。

在电影、电视未普及的20世纪80年代以前，尤其是20世纪70年代，桂戏（桂剧）是大桂林甚至广西桂柳官话区的人们重要的文艺娱乐方式之一。所以，像桂戏的传统剧目《杨八姐》《贵妃醉酒》等就是常演剧目，妇孺皆知。例子来了——

一个人拿着空酒瓶走在街上，有街坊问了：

诶，某人某人，你朅哪垲啦（读辣）？

拿着空酒瓶的回答讲：

我朅买点贵妃醉，等下子来我家喝两盅嘛。

"买点贵妃醉"？买什么？买酒啊。为什么是买酒？因为桂戏有《贵妃醉酒》一出戏，讲到"贵妃醉"，自然想到"酒"。

我们走路、讲话都喜欢讲"节约"的原则，走路走近路，讲话尽量简洁。

这种讲半截话的修辞手法，喊做展局或者斩菊、斩局。它和歇后语有点点尜（读噶）像，也叫做"歇脚语"。当然这也有轻松幽默的效果。

现在你可能晓得了什么喊做斩菊了。试下子看，要是买酒的人是他姐喊他揭买的，街坊问他：

诶，某人某人，是哪个喊你揭买酒？

要是用斩菊的修辞手法回答的话，想想看，你哪样子回答？

不错，可以这样讲：

我杨八喊我揭的。

"我杨八"是哪个？是"我姐"，《杨八姐》嘛。

你看看，还是蛮有味道的啵。

如果是讲"伞"，不直接讲，而是讲"西湖借"，为什么？因为有出桂戏喊做《西湖借伞》。比如讲："你这把西湖借蛮漂亮啵！"

要过河不直接讲过河，而是讲"刘备"，为什么？因为有一出戏喊做《刘备过江》。比如讲："我今天要刘备，揭对河东江菜市买点菜！"

要讲"局话"，前提是双方都是"局内人"，不能是"局外人"，也就是都懂得这种修辞法，还要懂得相关的剧目，要不然是对牛弹琴、鸡同鸭讲，不能互动。

可惜我们现在少看桂戏了，这种手法用不起来了。

（梁福根）

舌尖上的方言板路

一、桂林的祝寿词与桃的语言文化

很多地方在给老人家祝寿的时候，一般不过逢满十岁的生日，而在头一年祝寿。比如，在六十、七十、八十、九十等大寿时，不办酒祝寿。为什么？就是忌讳"满"。因为"满"在语言上双关：一是逢满十岁，二是按干支纪年法，60年为甲子一轮，所以60周岁也有满寿的说法，即满一个甲子。民间多半把进入60岁看成寿年的开始，60岁以下或者60岁以上有父母健在者，都不可以喊做寿，只喊做过生日。要是只活到60岁，离人们希望的长命百岁还差得远。三是寿命已满，这不等于活够了吗？那不是"揭料子"了吗？"揭料子"，又一个桂林方言特色词语，在大桂林各地方言里头，棺材又喊做"料子""大料"（当然还有喊老屋、寿材、寿枋等），"揭料子"就是进棺材。有上面三个原因，所以，很多人不在逢满十岁的整数、满数时做生日祝寿。打比讲，大桂林人一般男女都不过80岁生日，女寿星不过70岁生日。男寿星过81岁生日，取意"九九八十一"，要活到99岁，取意天长地久、长长久久。

关于老人家祝寿，在大桂林的讲法里头，确实丰富多彩。在临桂两江把做生日喊做"做日子"，把祝寿喊做"做寿"，兴安高尚、资源延东也都把祝寿喊做"做寿"。临桂五通唎，祝寿喊做"贺寿""庆寿"。全州文桥把祝寿喊做"贺寿"。灌阳县观音阁祝寿喊做"食生日酒"。阳朔县葡萄镇祝寿喊做"吃生日酒"，祝贺寿星讲"你今日大日头"。"大日头"，好形象，红红火火嘛，喜庆、喜气！

大桂林和其他蛮多地方一样，有人忌讳过"七三八四"的生日。什么喊做"七三八四"？就是 73 岁、84 岁。迷信的讲法是 73 岁、84 岁是老人家的"坎"，是鬼门关。过了就好，过不了就"揭料子"了。（阳朔有的地方讲"归寿"的，有的地方讲"老了"）有的讲得还要险火，讲孔子 73 岁死，孟子 84 岁死，所以现在的人就认为"七三八四"是鬼门关。大桂林有句熟语讲："七十三，八十四，阎王老子勾账簿。"迷信的讲法，阎王掌管着人类的生命，他手上有本生命的"账簿"，记录人们寿命的长短。所以，《西游记》里头讲孙猴子跑到阎王那里把自己的名字划揭了。还有个迷信讲法："阎王判你三更死，不得留人到五更。"

还有呢，桂林民间迷信也讲 80—90 岁阶段里头的逢三六九是老人的坎，就是 83、86、89 岁是 3 个坎，过不去就终结了一生。

另外，在大桂林一些方言里头，"三"和"丧"谐音，甚至同音，"四"和"死"谐音，所以不祝寿，甚至有的地方的老人在 73 岁、84 岁时连节都不过。你讲几可惜，有节不过。

现在桂林有些饭店为老人祝寿，会有所谓"寿桃"供应。寿桃是什么？现在就是一种做成桃子形状的面点。不过咧，这个里头板路蛮多的啵，这些板路我们可以喊它桃的语言文化。

（一）桃的语言文化的起源

《山海经·海外北经》："夸父与日逐走，入日。渴，欲得饮，饮于河渭，河渭不足，北饮大泽。未至，道渴而死。弃杖，化为邓林。"

这个板路是讲：传说中有个巨型神人喊做夸父，他追赶太阳，直到太阳下山。渴了，想喝水，他把黄河渭水全部喝干了都解不到渴，就北上到一个大湖去喝。结果，还没曾到就渴死在路上了。他遗留下来的拐杖，化成了一片桃树林。这片桃树林有好大？另外一本古书《列子》的《汤问》篇里头讲："邓林袤广数千里。"那是好大一片桃树林子哦! 要是在今天, 就是桃的海洋!

可能和这个神话有关, 从此以后, 在汉语里头, 几乎所有的和桃字有关的词语意思上基本上是正面的, 褒义的。比如讲: 桃源、世外桃源、桃花运、仙桃、桃符、桃木剑、桃园三结义、桃李满天下等。只有和"桃色"有关的词语例外, 比如"桃色新闻""桃色事件", 但这不是老祖宗留下的。

就讲地名吧, 和"桃"字有关的地名, 在中国就有桃丘、桃原(也喊桃林、桃园)、桃陵、仙桃、桃源、桃花源、桃子园、桃花坞、桃花泉(桃花井)、桃花潭等, 大概和"桃"字有关的地名都有诗意。

拿桂林来讲, 桂林的方言地名里面也有蛮多和"桃"有关的地名, 比如讲: 桃花江, 三里店的桃子坪, 临桂县有桃子园、桃子窝、桃子坪, 漓江边桃源村, 阳朔县城有蟠桃山等, 多得讲不完。

(二)有关桃的词语的丰富内涵

你再看看: "桃红柳绿""桃李满天下""桃李不言, 下自成蹊""桃园三结义", 这些词语在汉语里头都是正能量的词语。汉代的九卿级别的官员的印绶喊做桃花绶带, 唐代宫廷乐曲里头就有《桃花扇》《桃花行》, 词调名称里头也有《桃源忆故人》。其他还有桃花汛(也喊桃花浪、桃花水)、桃花马、桃花纸、桃花菊、桃花盐……

以前父母给女把爷起名字, 也喜欢用"桃"字, 什么春桃、秋桃等。有书王之称的晋代大书法家王献之的宠妾喊做桃叶, 桃叶的妹子喊桃根。春秋时代的楚国还有个桃花夫人。胭脂以前还喊桃花粉。古代女子的化妆里头有桃花妆。"桃夭""桃李年", 指的是女子的豆蔻年华。"桃花眼"多半指女性的一种眼型, 眼型像桃花, 水汪汪的, 给人似醉非醉的迷离朦胧的感觉。传说有这种眼睛的人容易走桃花运。

(三)有桃就不怕鬼: 一些和桃有关的词语的神奇"功能"

因为桃树是神人夸父的拐杖化成的, 所以, 有些和桃字有关的词语常常带有神奇的含义。比如讲"桃木剑",传说是可以斩妖辟邪的。古人用桃树枝做扫把,喊做"桃茢（读列）",可以扫除妖魔鬼怪,扫除一切害人虫。"桃弧棘矢"是个成语,桃弧是桃木做的弓,棘矢是棘枝做的箭,是古人用来辟邪的工具。

和这些词语意义类似的有"桃汤",是用桃叶煮水洒在屋里头,大年初一喝桃汤,说能够避邪祈福。而"桃花粥"是寒食节喝的,功效类似。桃树分泌出来的胶状树汁,人称"桃胶",《抱朴子·仙药》里头讲"桃胶以桑灰汁渍服之,百病愈",是讲拿桑灰水泡桃胶服食了可以包治百病,这个太夸张了,世上哪有这样的仙药?

我们现在过年时贴对联,在宋代以前,多半是挂桃符。什么是桃符? 可能大家都读过王安石的《元日》这首诗:

爆竹声中一岁除,
春风送暖入屠苏。
千门万户曈曈日,
总把新桃换旧符。

"元日"就是大年初一。"新桃换旧符"就是用新桃符换下旧桃符,像今天过年扯下旧对联,换上新对联。

这个"桃符",只要讲到桃的语言文化,真是不能不讲的。

相传在东海度朔山上有巨型桃树,树下有两位大神:神荼和郁垒,所以,古代习惯在大年初一用桃木板画神荼和郁垒,挂在门户上,同时挂上芦苇绳子,来驱鬼避邪。这个就是所谓的桃符,也喊桃板、桃符板、桃符版、仙木。到了第二年大年初一,又换新的桃符,所以,才有王安石讲的"千门万户曈曈日,总把新桃换旧符"。

起同样作用的,是汉代人的"桃人"。桃人,也喊做桃梗,就是桃木刻成的木偶,挂在门边,同时挂芦苇,在门上画老虎,也是为了驱鬼辟邪。

汉代还有"桃印"这个词,是用桃木刻成印,当时的尺寸,长6寸,宽3寸,用五色彩墨写上像符一样的文字，农历四月时挂在门上辟邪。桃印后来也喊桃卯、刚卯。

上面讲到的巨型桃树在另外的神话故事里又喊做"桃都"。神话里头讲，在东海仙境有桃都山，上面生长着大桃树，名字喊做"桃都"。这个桃都确实是"好大一棵树"，树枝伸展开来，两边相距三千里。"桃都"上还落有天鸡。每天太阳一出，照到桃都，天鸡就叫了，天下所有的鸡也跟到叫起来。所以，唐代有"鬼才"之称的诗人李贺，在《致酒行》这首诗里头讲："我有迷魂招不得，雄鸡一声天下白。"后来毛泽东在他的《浣溪沙·和柳亚子先生》这首词里化用了这句诗，改为"一唱雄鸡天下白"。

为什么"迷魂"和"雄鸡一声"要联系在一起？拿我们桂林民间的迷信讲，鬼怕鸡叫，鸡一叫，鬼要现形，所以，鬼要在鸡叫前躲回去。那为什么鬼怕鸡叫？神话的解释就是大仙桃树"桃都"上的天鸡一叫，地下的鸡就跟到叫了，有点是奉天鸡的命叫的意思。天鸡是生活在仙桃树上的，而鬼呢，是最怕桃树的。所以，雄鸡一叫"鬼"都怕！

（四）桃花运：一个诱人的词语

讲到"桃花运"，板路也是蛮多蛮鲜的。

传说中，汉代有两个人，刘晨和阮肇，有一次，他们进天台山采药，因为路途遥远，迷路回不去。忍饥挨饿，到了第13天，远远看见前面山上有桃子树，树上的果实熟了。为了活命，他们就冒险攀着葛藤爬上山崖，到了桃子树下，三下两下摘下桃子，大口吃了几个，就感觉到肚子也不饿了，力气也恢复了。在他们要下山之前，拿杯子在溪流里舀水喝，看见芜菁叶随水推下来，非常新鲜、漂亮。水里头还有一只杯子推下来，还有胡麻饭在里头。他们高兴地讲："这里靠近人了。"他们就翻过山，走出一条大溪流，看到溪边有两个女把爷，长得好抻敨（即漂亮，读透的第三声）。女把爷看见他们两个拿着杯子，就笑到讲："刘、阮二位郎君拿前头那个杯子过来。"刘、阮两个好惊奇。两个女把爷就高兴得像老朋友见面，她们问："为什么来得这么晏？"接到就邀请他们回家。

到了她们家里，只见南面、东面的墙壁都有绛红色的丝绸帐子，帐子的角上挂到铃铛，上面还有金银交错的装饰。两个女把爷各有几个侍女支使。吃饭的时候，摆上来的美食有胡麻饭、山羊脯、牛肉，味道都好好。吃了饭又喝酒。有一餐崽工夫，就看到一群漂亮的女把爷拿着桃子，笑嘻嘻地讲："祝贺你们的新郎来了！"于是大家一起乐活嗨，喝得有点酒意以后，又演奏音乐。当夜，他们各自和其中一个女把爷进洞房。洞房花烛夜，真是幸福美满无比。

度蜜月才十天，他们请求回家，两个女把爷又苦苦挽留了半年。那个山里头，气候啊草木啊，永远像是春天。百鸟喧闹，搞得他们更加想家，思家的心情确实很苦。女把爷实在没得办法，就送别他们，告诉他们回家的路子。想不到的是，当他们回到家乡时，家乡完全变了样子，和他们同时代的人早都死绝了。原来，他们在山里的半年多，家乡的人已经繁衍了十代人了。他们不懂得他们无意之间闯进了仙境，仙境的时间和人间不一样，古人讲的"山中一日，世上千年"，或者像《西游记》里头讲的，天上一日，世间一年。

刘晨和阮肇这两个人真是走桃花运了！你看看这个故事里头，迷路、肚饿、见桃树、吃桃子、遇仙女、拿桃子贺新郎，都和桃有关。

走桃花运的讲法，大概就是在这样的桃的语言文化背景下，慢慢地流传开来了。

（五）和桃有关的仙境词语

从上面讲到的可以看出，有关桃的语言文化，总是和仙境分不开。所以，晋代陶渊明描写一个理想社会时，干脆喊做"桃花源"。从此以后，桃源、桃花源、武陵、武陵源这些词语就成了美丽乡村、美好世界的代名词。

桃花好看，桃子好吃，吃了还可以成仙。所以，在《西游记》第五回《乱蟠桃大圣偷丹　反天宫诸神捉怪》里头，就讲到王母娘娘的"蟠桃盛会"，举办"蟠桃添寿节"，要吃仙桃，吃了蟠桃就可以添寿。蟠桃分小桃、中桃、大桃。在天上的蟠桃园里头，有三千六百株蟠桃。前面一千二百株，花小果小是

小桃，三千年一熟，人吃了就能够成仙成道，体健身轻。中间一千二百株，重瓣花朵，果实甘甜，是中桃，六千年一熟，人吃了霞举飞升，长生不老。后面一千二百株，紫纹缃核，是大桃，九千年一熟，人吃了与天地齐寿，日月同庚。

其实所谓仙境就是人长生不老的地方，所谓仙人就是长生不死的人。因为吃仙桃可以长生不老，所以，古代传说里头的"麻姑献寿"、寿仙、仙翁等，一般都要画仙桃。

这下再回头讲文章开头讲到的，给老人家祝寿时要点面粉做的"寿桃"，这样就好理解得多了。（见图7.01）

（梁福根）

二、亦食亦友讲"狗肉"

在桂林讲"狗肉"一词，是指灵川干锅狗肉，还是阳朔、或是临桂四塘水煮狗肉？

都是，也都不是。因为在桂林，"狗肉"一词既指美食，在草根群体也指朋友（当然最初的时候是指不好的朋友，并不广泛使用，有点低俗）。不过"老狗肉"不是资深土狗的肉，是指老朋友。要是讲到"血狗"，那就非指朋友不可，而且是铁哥们儿，是"屙尿泡得饭吃"的朋友。

因为把朋友喊做狗肉，现在连桂林的导游都拿"狗肉"来大做文章，一接外地团，就跟游客这样讲："欢迎大家来桂林旅游！桂林人把'朋友'叫做'狗肉'，今天我很高兴给大家做导游，我姓梁，大家可以叫我小梁，也可以叫梁导，还可以叫我梁狗肉（听起来像凉狗肉）。大家呢，也可以学我们桂林人，互相称呼'狗肉'，年纪大的叫'老狗肉'，小朋友叫做'小狗肉'……"

讲起狗肉，那是大多数大桂林人离不开的美食，为此还有"好狗不过灵川""狗肉过了气，想着烂棉被（"被"字以前老人家都读做"币"）""一黄二白，三花四黑"等说法。

"好狗不过灵川"讲的是灵川人爱吃狗肉，聪明的狗都晓得不要经过灵川，以免挨敲死爆炒吃掉。"狗肉过了气，想着烂棉被"，是讲吃着狗肉时身子发热，但是，吃完狗肉过后咧，会发冷。

"一黄二白，三花四黑"在整个广西的桂柳官话区都广为流传，老人家读起来也是押韵的。这句话讲的是"吃狗经"，意思是狗肉的美味程度是有讲究的、有等级的，黄狗第一，白狗第二，花狗第三，最后是黑狗。黄狗的价钱因此比黑狗高得多。还有"斤鸡六狗"，据说是讲一斤左右的鸡和六个月的狗最好吃。

讲了那么多，问题来了，那桂林人为什么喊朋友做狗肉咧？

其实"狗肉"是"狗肉朋友"的简称，而"狗肉朋友"又是"酒肉朋友"的一种转换，"酒"和"狗"读音相近。古人有"柴米夫妻，酒肉朋友，盒儿亲戚"的讲法。大概讲的是夫妻是在柴米油盐酱醋茶中成为夫妻、过日子的。朋友呢是在酒肉场中显得"够朋友"的，亲戚呢是在挑礼盒儿礼尚往来中表示亲近的。

"酒肉朋友"指酒桌上的朋友、场面上的朋友，可以在一起吃喝玩乐，但不一定是能够患难与共的。像《增广贤文》讲的"有茶有酒多兄弟，急难何曾见一人"。

"酒肉朋友"的讲法由来已久。元代杂剧大师关汉卿写的《鲁子敬设宴索荆州　关大王独赴单刀会》的第二折，道童对鲁肃说："鲁子敬，你愚眉肉眼，不识贫道。你要索取荆州，不来问我？关云长是我酒肉朋友，我叫他两只手送与你那荆州来。"

明代通俗文学大师凌濛初的《二刻拍案惊奇》卷二十四《庵内看恶鬼善神井中谭前因后果》写道："……丘俊有了妻儿，越加狂肆，连妻儿不放在心上，弃着不管。终日只是三街两市，和着酒肉朋友串哄，非赌即嫖，整个月不回家来。便是到家，无非是取钱钞，要当头。"在凌濛初笔下的"酒肉朋友"意思接近猪朋狗友、酒肉兄弟、狐朋狗友。

"狗肉朋友"，我们小时候是扯常见的，多半为青壮年男性。大桂林民间有一种聚餐的习俗喊做"打缲簙（读锹牌）"，或者讲"缲簙"，20世纪80年代以前较常见，有点像现在的AA制聚餐。大概是以前生活不够好，久不吃肉，肚子寡了，有人提议几个人平摊钱，打个"缲簙"，"加菜"，改善一下生活。打这种"缲簙"常常是买一条狗，棒死，买点水牯冲（土酒），吃狗肉，喝土酒。如此一来，既是"酒肉朋友"，也是"狗肉朋友"。

不过呢，桂林人对狗是蛮有感情的。比如讲吧，外甥的昵称喊做"外甥狗""外狗"。这又有一句桂林方言话讲"外甥狗，吃了就走"，或者讲"外甥狗，前门吃了后门走"，是讲外甥得外公、外婆、舅舅、舅娘等外家人的宠爱，可以只顾吃，不干活。

为什么外甥喊做"外甥狗"？因为在老辈人那垱，"狗"还是个形容词，是形容小把爷"可爱""萌"的意思。记得大学时，我的一个古代文学老师，抱孩子出门，桂林的老太太见了孩子连连称赞讲："这个崽崽好狗哦！"你看下子看，"好狗"不是"好狗崽"的意思，是"好萌""好可爱"的意思。我的老师还赞扬桂林的老太太讲："老百姓说的话就是生动！"

要是你注意一下身边50岁以上的人，常常会发现，大桂林的人名中不少人带个"狗"字。什么秋狗、连狗、贱狗、狗崽、狗妹、狗弟等，可能你还举得出比我还多的例子。彩调著名剧目《狗保闹学》，其中有个人物喊狗保。

笔者在整理家谱时发现，晚清到民国时期，祖父辈的几兄弟中的名字就有荣狗、春狗、冬狗、四狗、五狗（字写做苟）这几个。这些爷爷们活着都是一百多岁的人了。可见，大桂林人起名带"狗"字历史悠久。

不过呢，大家觉得直接写"狗"太土，为了"雅驯"，往往写成"苟"字，但是，长辈在给晚辈起名字时确确实实是"狗"字。比如讲，清代同治年间桂林的桂戏名角诸三苟，其实应该是诸三狗。广西文场有过一个当代名家喊苟妹（叶群枝）。

那为什么大桂林人以前起名字喜欢带个"狗"字？这是一种民间信俗，古来有之。不信你看看《红楼梦》第五十二回《俏平儿情掩虾须镯　勇晴雯病补雀金裘》，连贾宝玉这样的大贵族人家都有这样的信俗——

　　话说晴雯病中得知身边的小丫头坠儿偷了贾府中名贵的黄金"虾须镯"，她一气之下叫人喊来坠儿的妈妈，坠儿的妈妈为女儿讲情。

　　晴雯道："你这话只等宝玉来问他，与我们无干。"那媳妇冷笑道："我有胆子问他去！他那一件事不是听姑娘们的调停？他纵依了，姑娘们不依，也未必中用。比如方才说话，虽是背地里，姑娘就直叫他的名字。在姑娘们就使得，在我们就成了野人了。"晴雯听说，逾发急红了脸，说道："我叫了他的名字了，你在老太太跟前告我去，说我撒野，也撺出我去。"麝月忙道："嫂子，你只管带了人出去，有话再说。这个地方岂有你叫喊讲礼的？你见谁和我们讲过礼？别说嫂子你，就是赖奶奶林大娘，也得担待我们三分。便是叫名字，从小儿直到如今，都是老太太吩咐过的，你们也知道的，恐怕难养活，巴巴地写了他的小名儿，各处贴着叫万人叫去，为的是好养活。连挑水挑粪花子都叫得，何况我们！连昨儿林大娘叫了一声'爷'，老太太还说他呢，此是一件……"

"为的是好养活"，正是大桂林人以前起名字喜欢带个"狗"字的出发点。不管大江南北，以前的中国人都有这个信俗，认为孩子的名字起得越贱、越土，就越是好养活。不像今天的父母，喜欢追求洋气、高雅、高大上。所以，以前中国娃的名字都是狗剩、狗蛋、狗娃、牛崽什么的。在大桂林还有喊做"土狗""贱狗"的人，真是又土又贱，都是饱含了一片"可怜天下父母心"啊。因为狗随遇而安，生命力强。（见图 7.02）

以前，在大桂林做外婆的，少不得给外孙送"狗头帽"，小把爷戴起来可爱，又贱，不会引起阎王的注意，见了以为是小狗。这个和北方喜欢的虎头

7.02 随遇而安的小狗

7.03 吃奶的牛崽

帽、虎头鞋、布老虎玩具不一样，老虎威猛，辟邪，保佑小孩。

过去呢，老桂林人把小把爷生病喊做"赖狗"。在灌阳县一些地方，还忌讳讲小把爷生病，小把爷生病不喊生病，喊"做狗"。打比讲，一个名字喊做"狗崽"的小把爷生病4天了，就讲："他家狗崽做狗4天了。"这其中的道理和其名字越贱越好养是一样的，这样等于讲已经把小把爷当作小狗看待了。

其实在广西都差不多。瑶族有些支系还崇拜狗。在阳朔石口寨村，尧山靖江王陵，穿山王家里村口等地方都有石狗。罗城县有座古老的乐登桥，桥头还有石狗，像石狮子那样，是吉祥物，有镇邪卫护作用。以前在大桂林，除了舞狮、舞龙，还有"耍大头狗"的，就是舞大头狗，意义和舞狮、舞龙类似。

另外，大桂林人也经常把男孩子的外号喊做"牛崽"，目的和喊狗崽一样，名字喊得贱好健康成长。而且牛的形象还蛮好，像"牛郎"、刘三姐故事中的"阿牛哥"等，很草根、勤劳、厚道、任劳任怨，像鲁迅先生讲的牛"吃的是草，挤出的是牛奶、血"。人们讲小羊懂报恩、孝顺喊做"羊羔跪乳"，其实牛犊也有跪乳的。（见图7.03）

关于狗肉的话题，可以看看靖江王后裔、桂林籍大学者、原山西大学教授朱荫龙的《广西吃狗肉风习考原》（见《朱荫龙诗文选》，漓江出版社 1995 版）。

桂林人讲："名字不怕丑，只要喊得久。"喊得久就是活得久，长寿。

有歌为证：

　　名字不怕丑，只要喊得久，

　　名字若要丑，里头带个狗，

　　名字不怕贱，只要能如愿。

　　名字贱又丑，活过九十九。

（梁福根）

三、灵川方言高（狗）友（肉）

俗话是朗子讲的竭了？"狗肉滚三滚，神仙站不稳；闻到狗肉香，神仙也跳墙。"灵川人最引以为豪的，大概除了狗肉还是狗肉。下面，我们就聊聊灵川狗肉的味道。

（一）语音解读

狗肉，灵川土话读音类似"高友"。是不是读出了点"狗肉朋友"的味道。没错，灵川人也好，桂林人也好，喜欢把好朋友喊作"好狗肉"，完全没得贬低人的意思，不是关系铁，都不好意思喊"狗肉"！

（二）灵川人爱吃狗肉

灵川人爱吃狗肉在广西甚至全国都榜上有名。爱到什么程度？都讲狗肉有大补的功效，吃多了容易上火，但是灵川人不怕。从八月十五中秋节开始，到来年的清明节，灵川人逢节庆、婚嫁，都会吃狗肉大餐。

不过，对资深吃货来讲，爱吃狗肉不单单是吃这么简单，而是从选狗、杀狗、煮狗、吃狗都有一套专门的讲究，有一个环节没处理好，资深吃货就可以边吃边讲出名堂来。怎么个讲究法，线上线下总结得好多了，因此还产生了特别的方言词句，所以，其实用灵川方言几句话来概括是最好的。

1. 好狗不过灵川

灵川人推销灵川狗肉的时候，总会讲一句话"好狗不过灵川"。讲的就是要好吃的狗肉就揭灵川，过了这个村就没得这个店了，这句话还有另外一个意思，那就是：聪明的狗都不打从灵川过。为什么？灵川人太爱吃狗肉呗，说不准过不了灵川就挨吃掉了。

2. 一黄二白三花四黑

灵川方言讲选狗的时候，总要把这句话挂在嘴边。讲的是选狗要看它的毛色，首选成年家养土狗，黄色土狗是肉质首选，黑狗相比最差。

3. 刀刀均匀，块块见皮

讲的是土狗宰杀以后，要切得块状，而且每块大小差不多，都带皮最好。

4. 煮狗肉要煮到"五层楼"

讲的是狗肉要用柴火干煮干焖，火候文武要适当，力求熟而不烂，香而不焦，将狗肉煮到"五层楼"（肉块经煮而爆裂堆砌）就是最佳程度。

此外，煮狗肉除了用茶油、盐、酱、酱油外，还配放沙姜、草果、八角、丁香、胡椒、陈皮等十余种香料。香料以纱皮包裹，煮时只取其味而不让香料散入狗肉之中。狗肉上桌前，还要洒点桂林的"三花酒"。

5. 狗肉配酸菜，吃了还想吃

这是灵川方言对狗肉精华的总结。狗肉吃了四分之三的时候，剩下的铲到锅一边揭，然后把豆腐酸菜倒到锅里面揭，和锅里面的狗油拌炒。酸菜最好是自家酸坛子窖的，事先炒干拌一点点食盐。拌炒热透以后，狗肉腻气也被解掉了，再来吃剩下的狗肉，那就更过瘾了，最后加点水，烫几两桂林米粉进揭，狗肉、酸菜、米粉拌在一起，保证吃了还想吃，想起这个味道都要流口水。

（三）灵川人爱养狗

灵川人爱养狗。不管狗的颜色是什么，灵川方言都喊作"土狗"。灵川各个村屯，几乎家家户户都会养一两条土狗来看家。灵川人对看家的大狗有一种绝对的信任，这种信任不是凭白无故的，因为这些土狗对主人家实在是忠诚得没得话讲，远远地听到主人家的脚步声，大狗就会摇起尾巴跑出来等主人进家，主人家走到哪垲（读凯）就跟到哪垲。主人家吃饭，它就跟到脚底下揭找骨头吃；主人家揭地里面做事，它就甩起尾巴跟在后面巡视。通常这种时候，主人家会喊它"哈（傻）狗"。远远地，听到陌生人的脚步声或者讲话声，这些"哈狗"就会大声喊起来，同时竖起尾巴逼近你，就是要你不敢靠近，要你绕道走。除非你走开，或者主人家大声喝止，否则，这些"哈狗"会叫得你烦揭。

大狗怀了小狗，灵川方言喊"抱狗崽崽"，生小狗了喊"下狗崽"。一般一胞狗崽少的一只，多的七只、九只。"抱单"（指一胞一胎）的狗崽一般命不太好，即使精心照顾，还是很小就会夭折或走失揭。多胞胎好养，但是太多了，也养不起，总有一两只体弱多病的，长不大或者病死揭。不管是"抱单"还是多胞胎，主人家总是尽心尽力揭养它们。小狗崽还没满月的时候，免疫力比较弱，容易得病，所以一定要有充足的奶水喂养。这个时候如果母狗的奶水不够了，隔壁邻居家里面如果也有奶狗，会帮忙喂养；实在没得奶水，主人家会多花钱买细个里（小孩）吃的奶粉回来，冲奶粉给小狗崽吃。直到出了月子，主人家才放心给小狗崽吃米饭。灵川方言还有"新米饭喂狗"的讲法，可见灵川人养狗是养出了真感情的。

（四）灵川方言中人名和狗的关系

灵川人爱吃狗肉出了名，灵川人对狗的感情也不是哄人的。灵川人养狗是为了吃狗这个逻辑是不成立的。灵川人和狗的真实关系到底是什么咧？这个事情分析起来有点复杂。

狗在灵川人心里面应该就像野草一样，卑微但是生命力顽强。这一点，从灵川人的小名甚至大名可以看得出来。生活困难时期，新出生的细个里名字里面带"狗"的随便数起一大把：二狗、三狗、四狗、猎狗……也可以从灵川人动不动就骂人"土狗"看得出来，讲人家没见过世面的人是"土狗"，讲人家不懂道理的人是"土狗"，没得理由单纯看人家不顺眼也喊人家"土狗"，等等。

这几年，灵川人也晓得了点动物保护主义，不吃狗肉的人也多起来。起先是自己养的狗不杀，要吃狗肉的时候就赊买；之后是不吃狗肉，但是吃狗肉汁拌的酸菜米粉；最后是挨狗咬了以后再也不吃狗肉，不吃狗肉的理由也被越来越多的人接受了。

但是，闻到狗肉香的时候，想起以前吃狗肉的味道，心里面还是有个思想斗争过程的。

（文　佳）

四、舌尖上的桂林方言

俗话说"民以食为天"，饮食在任何一个国家和民族的民众生活中都有着重要的意义，饮食不仅是人们生存的必需，同时它在长期的发展演变过程中，形成了大量的民俗，体现出人类的智慧和审美旨趣，自成体系的饮食文化在一系列的词语上能体现出来。桂林人在菜品名称、制作、食材其及性状等方面有一些地方性特色词汇，这些饮食方言词汇展现出浓浓的市井风情和民俗意味。

桂林自古官旅云集，人员来往流动频繁，在饮食文化上也汇集交融了众多不同地区的风格，食物形式多样、口味丰富，其中受湘、粤、川地区饮食

7.04　野藠头（步葱）

习惯影响较大，对酸、辣情有独钟。另外，桂林人嗜酸可能和桂林湿热的气候也有密切的关系。

桂林有一种食物，名字叫"酸"，这是一个名词而不是形容词。"酸"是桂林人饮食中的一个重要内容，它既可以作为一种小吃，也可以作为一种食材，经常拿来入菜。桂林的街头巷尾能常常见到卖酸的小吃摊子，有酸萝卜、酸莴基笋、酸黄瓜、酸包菜、酸姜、酸藠（藠读叫）头（见图7.04）、酸辣椒、酸马蹄、酸莲藕、酸刀豆、酸凉薯（葛薯）、酸芒果、酸木瓜……走过酸摊看到这一大堆酸，人的嘴巴就会不自觉地咽口水，有望梅止渴的反应。桂林小吃的酸是用米醋和糖腌制出来的，酸甜可口，清爽脆生，非常提神解渴，很具有南方特色。

还有一种桂林酸是用酸坛子腌出来的，像酸豆角（又喊豆角鲊，鲊读渣的第三声）、"酸笋壳（酸笋，腌制的竹笋）"、酸辣椒、酸萝卜、酸蒜薹（苔）、酸芥（芥读盖）菜等。这些酸与鱼、肉之类的荤菜一配，非常地开胃下饭，像酸笋壳炒干鱼崽、酸笋壳炒牛肉、酸萝卜炒猪大肠、酸豆角肉末都是地道的桂林地方菜，典型的桂林酸辣口味，倍受民众喜爱。

说到"酸笋壳炒干鱼崽"，那就来说一下桂林的"干鱼崽"。桂林有句民谚，"鱼崽下饭，鼎锅刮烂"，意思是用酸炒鱼崽这道菜下饭可以吃好多碗饭。

在桂林，河流较多，水产丰富，人们将从河里打捞起小鱼破肚后，放在炭火上熏制，或用锅焙烤，然后放在太阳底下晒干，就成了"干鱼崽"了。现在在桂林的兴坪、草坪、大圩、临桂会仙等地的街道和墟市上，仍旧会看到不少农民把做好的干鱼崽拿出来售卖。桂北地区出产"禾花鱼"，禾花鱼是一种鲤鱼，因为生在水稻田里，吃飘落在水中的禾花长大，所以叫禾花鱼。桂北地区的人们习惯将禾花鱼做成腊制的干鱼崽，能保持禾花鱼特有的香味。

桂林的正式宴席上，有一道菜名字叫"欢喜"，也叫酥炸欢喜、脆皮欢喜，据说有200年的历史。"欢喜"寓意皆大欢喜、吉利平安，在桂林民间的红白宴席上（在桂林的一些地方，有些上了九十以上的老人过世办白事时，也有上这道菜的，寓意白喜事），过年过节老百姓的餐桌上都能见到这道菜，是一道老桂林传统名菜。

受粤菜影响，桂林人也比较喜欢喝汤，比如桂林有一种很有代表性的汤锅菜肴，叫"氽汤鸡"（氽桂林话与川同音），在民间误写为"川汤鸡"。"氽"是一种古老且简单的烹调方式，就是用器皿将食物用沸水稍微一煮，不需长时间煲，煮熟即可，既能享汤之美，又能吃肉之鲜，氽汤鸡的鸡肉鲜嫩弹牙，肉质不渣。桂林方言有"无鸡不成宴"之说，有人来家做客没有一只鸡，根本就拿不出手，很多桂林人习惯煮一锅氽汤鸡，大家边喝着汤吃着鸡肉，边说着家常，好不爽神（即惬意）。20世纪八九十年代，桂林流行这种清水煮鸡的方法，特别是用桂林周边山涧取回的优质泉水来烹制，味道更佳。城里的桂林人会在休息日里，带上塑料桶打回两三桶山泉水，"打点水回朅煮泉水鸡吃"。

桂林的饭店里能常见到一道叫"锅烧"的菜，比如土椒炒锅烧、老干妈酱锅烧、脆皮锅烧等。"锅烧"其实是桂林米粉中重要的配菜，是用猪脖子的血口肉（刀口肉）做成的，做得好的锅烧色泽金黄、肥瘦相间、外酥里嫩，在桂林的米粉店里，时不时能听见前来吃米粉的吃客喊道："冒（涮）贰（贰读诶，ei第四声）两米粉，再加两块钱锅烧。"锅烧绝对是那碗桂林米粉中让你惊艳的一口。甚至有爱调侃的人把它画成漫画讲："来二两锅烧，莫放粉。"

桂林米粉里除了有"锅烧"，还有一种叫"连田"的东西，"连田"是牛的胰脏部位，与牛肉一起卤制出来后，冰镇一段时间，就可以切得薄如蝉翼，味道醇香悠长，是米粉的常见配菜。

桂林人将吃米粉的动作称为"唰"，吃螺蛳也是要"唰"的，唰螺也喊"喝螺"，就是用嘴嗫螺口，将螺蛳肉吸出，又可以喝到里面的汤。螺蛳煮出的汤也是一个好东西，其味道异常鲜美，有"一颗螺蛳三碗汤"的说法。吃"喝螺"时，螺肉的紧实伴着螺蛳汤的鲜辣，味蕾会得到极大的满足，既好吃又好玩。

冬天里，桂林的各家各户都忙着做"风肠"，"风肠"就是腊肠，将肉肠灌好后晾出来，靠自然北风风干，所以叫"风肠"。在阳朔还有"冬至腊肉不要盐"的谚语，"腊"在这里是动词，意思是冬至来了以后天气变冷了，做腊肉就算是不用盐也不会臭。

除了桂林的菜肴，在桂林饮食里也有蛮多风味小吃的，这也产生了一些有特色的饮食专有名词。

桂林曾经有不少平民农户以制作小食品为主业或副业，小食品经营者众多，竞争激烈。解放前，桂林的世家大户、官商人家，在点心方面比较讲究，美食需求、草根文化、自然地理因素等多方面共同交织影响，使得桂林的小吃品种多样，制作技术比较精良，一些小吃也具有地域性的叫法，形成方言特色词语。

现在不少桂林人还记得一种叫"梆梆糕"的，也叫碗糕、水糕、米发糕。以前卖梆梆糕的师傅将糕放在箩筐里，挑着走街串巷地卖，边走边敲打一个竹筒，发出"梆梆梆"的声响，故名"梆梆糕"。以前有小孩的童谣唱道："碗儿糕，梆梆敲；又软和，又小巧；又香甜，又味道；大人吃了忙活路，把爷（小孩）吃了还想要。"梆梆糕有拿盐糖（即白糖）做的，也有拿黄糖（蔗糖、砖糖）做的，加入甜酒发酵后用一个个小粗碗蒸制出来，形状相当可爱，黄糖的纯香馥郁，白糖的清爽甘甜，口感上，碗糕稍干，水糕稍稀。

承载着不少桂林人童年记忆的，还有"马蹄糕"。马蹄糕其实有两种，一种是马蹄粉加糖蒸制后晾凉，呈半透明淡土色的点心，凉爽又韧劲，有马蹄的

7.06　甑（甑桶）

7.05　松糕

7.07　甑箅（甑皮）

清香。另一种是将米粉装入马蹄模具里猛火蒸熟的，取出就如一个个雪白的马蹄状米糕，糕内心和糕表面有黄糖粉，吃起来松软香甜，桂林的街头常有上了点年纪的老阿姨在卖，特别有童年、故乡的味道。

　　在桂林人的一些喜庆的场合，比如结婚，寿宴，乔迁，孩子满月、百天，人们会经常赠送一种叫"松糕（甑子糕）"（见图7.05）的礼物给主人家。松糕是将半干半湿的掺着黄糖汁的糯米粉和粳米粉按一定比例混合和好，层层撒入甑桶中的甑箅（甑皮）上蒸熟的（见图7.06、7.07），松软香甜，故称"松糕"，通常送给长辈贺寿的松糕顶部会插上松树枝，寓意松鹤延年，长命百岁。

桂林还有"假粽"，也叫"船上糕"，是漓江到桂江船上渔民的风味佳点。在糯米里加入青蒜汁、香茅汁，再加入腊肉丁、芋头丁等配料，一齐放到竹笼里（现在也用铁蒸笼）蒸熟，放凉后切片用油煎着吃，浓郁的蒜香会冲鼻而来。

在一些传统节日里，桂林也少不了一些特色食物。每逢过年或一些重要日子，桂林人会"舂粑粑"，也叫"打粑粑"，走亲戚时会挑上一担送与主人家。粑粑中有一种叫"白糍粑"，平乐、阳朔也喊"捣糍粑""捣子糍粑"，是将蒸熟的糯米在石臼里大力舂捣而成。每逢舂粑粑的时候都是孩子们最高兴的，大人在热火朝天地做粑粑，孩子们在一旁跑来窜去，边玩边揪一块放进嘴里。有时孩子也帮着大人将舂好的糯米团压成圆饼，虽然糯米团很烫手，但是还是非常有趣。做粑粑之前一定得在手掌上抹好油，不然整个手会全被糯米黏住。做好的粑粑放在水里，可以长期存放，冬天烤火的时候，饿了就取几个粑粑来，放在火钳上烤至表面发泡，至稍微焦黄，吃的时候再放点黄糖在中间，甜香可口。粑粑是桂林人过年最常见的食品。

除此之外还有"玉兰片""米花"等。玉兰片是红薯做成的，炸玉兰片时要快，油温不能太高，玉兰片在油锅里一炸会快速膨胀，像一片一片玉兰花瓣（像广玉兰）一样伸展绽放，所以叫"玉兰片"。由于它们都非常"热气"，吃多了容易"起火"（即上火），所以吃的时候常常是就着糖水（或姜糖水）来吃。现在桂林周边的大圩镇上，还有蛮多人做玉兰片和米花来卖。

农历七月半是鬼节，每年的这个时候桂林人会做一种叫"狗舌粑"（见图 7.08）的食品，以表示对祖先的供奉和纪念。狗舌粑是用糯米粉做成的，长条状，因为形状看上去像狗的舌头，

7.08 狗舌粑

所以叫"狗舌粑"。通常狗舌粑是做成甜的，用黄糖水将糯米粉和成团，包入花生馅或黑芝麻馅，用新鲜的芭蕉叶、粽叶包起来蒸熟，就可以吃了。以前最正宗的狗舌粑是用高粱叶包的，高粱叶和着糯米蒸了以后会有一种特别的芳香。现在种高粱的少了，所以拿芭蕉叶、粽叶包。也有做成咸的，糯米粉里不放黄糖，在糯米团里包入豆角肉末、咸菜肉末，吃起来也相当可口。七月半处在每年的夏季，在炎热的环境下狗舌粑也不容易变馊，能存放上一段时间。

现在，受到周边县区饮食文化特别是少数民族同胞饮食习惯的影响，桂林很多人越来越爱喝油茶。桂林油茶不仅好喝，还有一系列配套而食的小吃，甚至大菜。与中国其他地区的油茶不同，桂林的油茶是打出来的，俗称"打油茶"。在一个带有小歪嘴的小铁锅里将油烧热，之后放入葱头（要连葱头的根须一起）、姜、蒜以及未经加工的土茶叶（一般不要嫩茶叶，不禁打），用一把小木锤反复敲打（有时也可以加入花生或绿豆），加入水或骨头汤熬制一会儿，一锅香喷喷的油茶就打好了。

喝油茶的时候通常辅以葱花、碎米花、"排馓（馓子）""麻蛋馃（用面炸制成的圆形面果，像麻雀蛋大小，所以喊麻蛋馃）"、盐等，就是一碗色香味俱佳的正宗油茶了。桂林人说喝油茶是"一杯苦，两杯夹（苦涩），三杯四杯好油茶"，意思就是说，一把茶叶可以打上三四遍，每一遍的味道不一样。慢慢品尝之下，油茶越喝越有味道，加之油茶有提神祛寒的作用，所以又被称为"爽神汤"。现在桂林的大街小巷可见各种油茶店，闲暇的桂林人招呼上三五好友，往油茶店一坐，油茶一喝，炒一盘炒粉或"粉利（用大米做成的干米糕，样子像方形的糍粑，吃时需切条炒）"，点几块"船上糕"，"古"甩起来（"甩古"是桂林方言，聊天的意思），板路讲起来，真的是蛮爽神的。

一锅油茶里头可以放各种荤素菜烫来吃，像火锅的底锅，比如油茶鸡、油茶鱼，涮过荤菜的油茶喝起来更加鲜美。

油茶实际上是很古老的吃茶方式，大抵唐宋时期就有这样的吃法。

桂林方言除了体现在菜肴、小吃的名称上，在桂林人的生活里还有很多与吃有关的方言用语，比如一些食物或食材的叫法，禽类的大腿称为"把（读霸）腿"，翅膀叫做"翅拐"，比如鸡把腿、鸡翅拐。有时候也把人的腿戏称为把腿，特别是在逗小孩玩时，一边捏着孩子肉乎乎的腿一边开玩笑说："这个把腿好太（太读第三声，大、饱满的意思，受客家话影响来的），我来咬一口先。"早中晚吃饭的叫法，吃早餐叫"过早"，吃中午饭叫"吃晌午"，吃晚饭叫"吃夜饭"。

与吃有关的一些动作、状态，也有一系列特色方言词。比如桂林家常的菜品加工方法"酿（酿读样或者让）"，酿字是饵料、馅儿的意思，就是把肉馅塞进油豆腐、辣椒、苦瓜等其他食材里，蒸煮后食用。用食物做汤叫"打汤"；将食物舀起来叫"掹（掹读瓦）起"，"快点掹起饭吃，不然等子（不一会儿的意思）饭就冷了的"，"掹三筒米来煮饭"；给人倒酒叫"酾（读筛）酒"；用尖锐物扎起食物叫"劙（劙读残）起"，"劙两片酸给我吃"；拎起、提起、拿着食物叫"撦（撦读哆，第二声）起"，"撦起那袋苹果揭给你公公（外公）吃"；切割的动作叫"𠢕（也写做䟤，读扼的第四声）"，"把那块肉帮我𠢕开"；用手剥开、掰开叫"撇（读第三声）"，"帮我把那个破好的柚子撇成两半"；烹饪时汤汁液体等沸腾溢、满出锅，叫"潽（潽读扑）出来，或者"溢（溢读盆）"；米饭快要煮好前在小火上再焖一会儿，叫"燉（燉读信）饭"；用水或液体涮，叫"㴻（㴻读浪）"，"用开水㴻一下碗，消下毒"；有什么东西存放着舍不得吃，叫"窖（窖读告）到（读倒）"，"那些东西莫窖到了，到时候烂了揭你才晓得错"；看到美味止不住掉口水，叫"呖（读 lia 第四声）口水"。

桂林方言里有意思的形容词很多，与吃有关的也不少，比如食物好吃叫好歹（读歹）、好好歹；形容吃东西吃得很多叫"好韶（韶桂林话与韶同音）得"；形容吃得快、急，吃相凶猛，整个一口将食物吃下，叫"打圈（圈读弯）吞"；食物酥软，入口即化，叫"麋（普通话读迷，桂林话读梅的第一声）"，"这南瓜焖得好麋了"；与麋相对的，食物口感比较脆生，叫"嘣（嘣读 bong 的第一声）"，"这萝卜干脆嘣嘣的"，也称为"笋"，"这个淮山不麋，好笋"。

食物在性状上黏液多，滑滑的，叫做"滑别别"，"这盘狗爪芋吃起滑别别的"；食物缺少油水，看起来没有食欲，叫做"寡"。长期吃不到荤菜，缺少油水，也叫做"斋着了"。食物油分太多，叫"油咟咟（读挤）的"；食物久置丧失新鲜、脆生的口感，显得虚、空，叫"箍"（箍读猫），"这个萝卜箍了"，这个字也来指那些脑袋笨、思维和行为能力欠缺的人，"你真是个箍冬瓜啦，这道题都做不出啊"。

此外，关于食物的颜色、味道、大小等，非常甜叫"沁（沁读亲家的亲）甜"，甜得发腻叫"甜痊（读能的第一声）的"，有点甜叫"屁甜屁甜"的，咸味不够叫"别淡的"，有苦涩味叫"苦夹苦夹的""夹夹的"，食物很臭叫"滂（滂读庞的第一声）臭"，颜色鲜黄叫"黄（黄读房）爽""黄贡贡"，颜色翠绿叫"绿茵茵"，颜色白叫"白古喇（读拉的第四声）咋（咋读杂）"。

关于吃的桂林方言词汇还有很多，这些方言充满了生活化的气息，既有市井的意味，又有民俗的意义，听起来让人倍感亲切。

（莫珊珊）

五、吃出来的桂林方言词语

圣人讲"食色性也"，各地饮食习惯不同，影响到各地方言，也产生不同的方言词语。在桂林也不例外。我们举几个例子讲讲。

（一）酸咪咪

桂林人讲的"酸咪咪"就是酢浆草，别名三叶草、大叶酢浆草、三夹莲、铜锤草，是酢浆草科中最常见的一种，我国南方随处可见。

这种植物在桂林人的童年记忆里是别样的存在。

第一，它可以吃。它的根是肉质半透明的鳞茎，样子有点像微缩版的白萝卜，俗称"水萝卜"，可以吃。它的叶柄也可以吃。

第二，它随手易得，可以用作游戏。两个小孩可以用酸咪咪"打架"，两人各拿一枝加工过的叶片，让酸咪咪叶子缠在一起，轻轻扯，谁的酸咪咪被扯断了谁就输了。

（二）八棱瓜、蕹菜、芫荽

有些蔬菜，大家看到书写的名字，能很快知道那是什么菜。可是在桂林，如果只是听到桂林人用方言说菜名，你可能想不到是什么菜！

比如"八棱瓜"——读"八林瓜"，桂林话里"棱"不说"léng"，是说"林"。

又如"蕹菜"，读音 ong（第四声），就是空心菜。

再如"芫须"，桂林话的读音是"盐需"，其实就是"芫荽"。

像这样特别的称呼桂林方言里还有蛮多的。

（徐　颖）

六、餐桌上的灵川方言

灵川人的餐桌上可以津津乐道的美味也是深受桂林人民喜欢的，比如狗肉、螺蛳、笋子、青狮潭的鱼等。灵川方言是如何描述这些美味的？我们来讲点有味道的板路。

（一）一颗螺蛳煮一锅汤

灵川人吃螺蛳的时候，总喜欢讲一句话"一颗螺蛳煮一锅汤"。有两层意思。一是形容螺蛳好吃，味道鲜美，放一颗螺蛳到汤里面，整锅汤比放了什么山珍海味都甜。螺蛳一直都是灵川人餐桌上心头好。特别是宵夜的时候，灵川人总要点一碟炒螺蛳下酒。灵川人也总是有口福，可以吃到新鲜原生态没得污染的螺蛳。为什么咧？

灵川水资源丰富，灵川人总可以摸得到好多新鲜螺蛳吃，经常是头一天到田里、河里、沟渠里捞，养一个晚上，第二天就可以下锅了。在过去，摸螺蛳是每个在农村长大的灵川细个里（小把爷）最喜欢的田间游戏。

一颗螺蛳煮一锅汤，代表的不仅仅是美味，还是生活困难时期最甜的回忆。这句话的第二层意思，代表一种生活上的困难。以前在农村，一大家子，兄弟姐妹特别多，但是吃饭没得保障，没得油水就算了，也没得什么吃的，几颗米煮稀饭，放几片菜叶子，就是一家人的家常便饭。但是细个里不懂事啊，总想吃好的，这时候大人没得办法，就想起拿螺蛳来调味道。把螺蛳放到饭汤里面，虽然日日吃到嘴巴里面的东西少，但是吃起来的味道不同了，细个里的名堂也就少了。

（二）冬笋越挖，春笋越发

灵川方言把"笋子"喊作"笋里"。

灵川公平、蓝田、灵田乡因为山地多，气候适合竹子生长，是笋子的主要产区。这些地方种的多数是毛竹，毛竹冬笋不成竹，因为雨水多，不久就会枯萎腐烂。把冬笋挖了揭，既可以保存春笋的养份，又可松土，有利于第二年春笋生长。所以灵川方言就有"冬笋越挖，春笋越发"的讲法。

新鲜的冬笋又脆又甜，所以挖出来可以烫火锅吃。一下子吃不完也不要紧，就趁到天气好的时候，剥了外面的皮，切成条，用开水略烫过，再晒成笋干，放一两年都不怕坏。想吃的时候，拿几条出来，用水泡胀，然后炒腊肉、五花肉、鸭肉，味道还是又甜又脆。这种笋干灵川方言喊"玉兰片"，据说曾经是贡品，民国时畅销到东南亚好多国家和地区，日本人对这个玉兰片也喜欢得不得了。

（三）炮馃

灵川方言把定江麻通喊作"炮馃"。

以前的文献描述过它的做法：先把糯米炊熟，用鸡血藤、气泡草、白矾等煮水，拌糯饭捣成流质，均匀地铺成块，剪成小条，然后用香油炸成气泡，里面是细细的蜂窝的样子，然后裹一层事先熬好的糖浆，再滚一层白芝麻就可以吃了。炮馃香甜酥脆，和桂林酥糖、寸金糖一样，都是桂林传统名点。

灵川蛮多地方家里面的人都会自己做，但是定江、大面一带的做得最好吃，听讲桂林市的馃饼师傅也都是定江的人。这几年，平时是买不到炮馃了，但是过年的时候，揭大面圩上秦、下秦村老乡家里面走一下，老乡还是会热情地拿出一大袋炮馃招待亲戚朋友，味道当然是令人赞不绝口，吃了还想带走。

（文　佳）

261

第八部分

即将消失和难以写出的大桂林方言词汇

一、一杆秤"称"出的方言板路

"公不离婆，秤不离砣"，这是桂林话扯常（经常）用的形容两公婆形影不离、相依为命的桂林熟语。（见图 8.01）

讲起这个秤，那是好多方言板路的啵。不过我们这垴讲的秤，主要指传统的杆秤，不是磅秤、电子称、台秤、地磅等。

有的民间传说讲，木杆秤是木匠的祖师爷鲁班发明的啵。有的人讲，在湖南长沙东郊楚墓曾经出土了公元前 700 年的秤杆、砝码、秤盘、系秤盘的丝线和提绳等文物，就是讲杆秤已经至少 2700 年了。在桂林，以前做秤的、修秤的，喊做"点秤佬"，因为秤杆上要嵌进好多细小的金属星子，星星点点的，一点一点地"点"进去，像点种庄稼。

拿桂林话讲，一杆秤包括秤盘、秤钩、秤杆、秤砣、星子等。秤砣桂北平话也喊

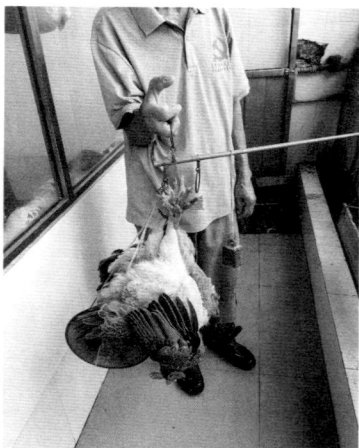

8.01　秤不离砣的杆秤

"秤锤"。当然，还有提起秤杆的提绳或者铁环（铁圈），普通话喊秤纽、提纽，桂林话喊"秤毫"。阳朔官话、平话都有人把提绳或者铁环讲做"耳朵"。所以，阳朔有一个"汋（读秘）子"（谜语）这样讲："妹啊妹，你躲在门背，扯起你的耳朵，问你几多岁。"谜底是"秤"，因为秤以前在砖瓦房的时代，总是把秤钩挂在门背的墙缝里头，这样不碍事。"问你几多岁"，就是秤斤两。

星子是重量的标识，秤杆上下两面各有一排星子，因为星星点点的，所以在阳朔、临桂、雁山等地，老人家也把秤称为"麻子"，意思是秤杆像得过天花留下的痘痕，像脸上有麻子的人。秤杆上下两面的两排星子，一排称东西称得多，喊"头毫"，另外一边称得少喊做"二毫"。换一种讲法就是，一般杆秤有两根提绳，靠近秤钩的一根喊"头毫"，离秤钩远的那根喊做"二毫"。一般"头毫"的星子在秤杆的背脊上，"二毫"称的东西少，星子一般在面对用秤人的侧面。以前的戥子还有三毫的，但是不多见。当然也有又称"头秤"和"二秤"的，比较少。

星子里头还有定盘星，它是杆秤上的第一个星，一把秤准不准，只要把秤砣放在定盘星这里秤一秤，要是正好能与秤盘重量平衡，秤杆处于水平状态，那这把秤就是标准的秤。因此，定盘星很重要，后来比喻主意、打算、主见。

杆秤在桂林话里头分戥子、小秤、大秤。戥子是一种迷你型的杆秤，长不足一尺，像筷子，专门用来称金银、珠宝，以及像人参那样的贵重中药材。戥子常常是铜的，珍贵的有银的、象牙的。戥子配有放置的盒子，戥子加盒子精致得像艺术品。戥子在中药铺都是必备的称量工具。因为戥子是秤很轻量的东西，常常用"钱"做单位，一钱是 5 克，十钱等于一两（50 克），所以，当有人对东西的分量太斤斤计较，人们就讲："你要过戥子啊？"

小秤一般指只能秤五六十斤的秤。大秤多半能秤上百斤，东西重、秤杆长的，要两个成年人用扁担抬起用秤钩钩起的重物，甚至再喊一个人专门移动秤砣，看称出的分量。小秤秤杆一般就拇指粗，三四尺长，秤砣也就一斤左右。大秤秤杆常见的可以粗到直径 3—5 厘米，长两米左右，甚至 4 米多，秤砣大不了十斤八斤。（见图 8.02）

8.02 石头大秤砣

在古代没有磅秤的时候，为了称大量的盐、粮，在关口、港口、码头，有的官秤大得你想不到！别的地方不讲，就讲我们桂林吧。

20世纪末，在灵渠的出水口"秦城遗址"曾经发现20公斤左右的铁"官砣"，那秤杆、秤钩有好长、好大就不晓得了。2002年，在兴安县灵渠边三里陡村挖出了一个古代的大石秤砣，秤砣直径44厘米，底部围径143厘米，高40厘米。秤砣高头写到重153.8斤的字样。用现在的秤称，竟然是105公斤，高头刻有"两广盐运使司校"等字样，是一枚经过官方校正的"官砣"，年代约在咸丰年以前。

这样大的秤拿来称什么？在铁路、公路不够发达的20世纪40年代以前，三里陡村一直是湘桂漕运官道上的一个重要的转运盐埠（运盐的码头），过往的食盐要在这垱换船、过秤，这个"官砣"应该就是用来称官盐的。整船整船的盐、粮，要是秤不够大，小秤小秤地秤，秤到猴年马月？根据专家测算，一个3.5公斤的标准秤砣，可以称100公斤的东西，这个105公斤的超级大石秤砣，可以一次给3—5吨的东西过秤！

过秤就是拿秤称一称，如果拿磅秤称喊"过磅"。在大桂林，你要是问某个东西有多重时，人们习惯性地讲："问秤要。""问秤要"也就是要"过秤"。买东西时为了防备卖主短斤少两，眼睛盯住秤星，喊做"看秤"，也指看看称的结果。"短斤少两"桂林话讲"吃秤头"。阳朔的桂北平话也讲敲秤头、少秤头。为了确认称得是不是准确，另外找一把秤称一下，喊做"对秤"。

如果称东西秤杆尾部往上翘，喊做"旺"，也讲"打鸟了"；如果称东西秤杆尾部往下掉，喊做"穰"（读羊），南片桂北平话喊做"流锤"，或者讲"秤砣打着脚了"。买东西希望卖东西的人称"旺"点，精明的商贩希望称得"穰"点。

秤头少了点，卖东西的人给你加一点，老人家讲是"戴个帽子"，称够了还加一点，称"旺"点，喊做"给个笑脸"。买肉时秤头少了点，再加一小块加够秤头，这小块肉，老人家喊"搭头肉"。"搭头肉"引申为改嫁的妇女带来的未成年儿女，带有歧视意思，这个北方话是讲"带犊儿"，南片桂北平话喊做"随娘崽"。

如果一把秤把轻的东西称重了，打比讲 3 两称做了半斤，老人家讲这把秤的秤砣是"萝卜秤砣"。

讽刺自以为是、自我表扬、自我夸耀的人，桂林有个歇后语喊做："老鼠上秤盘——自称。"

电影《刘三姐》中罗秀才唱了一首谜语歌给刘三姐对：

一个油筒斤十七，
连油带筒二斤一。
若是你能猜、猜得中，
我把香油送给你。

刘三姐唱道：

你娘养你这样乖，
拿个空筒给我猜。
送你回家去装酒，
几时（那个）想喝几时�酾（读筛）。

有人在网上问了："一个油桶斤十七，连油带桶二斤一，为什么是个空桶？一个油桶斤十七（装满油加桶应该 17 斤）。"有人回答了："连油带桶二斤一（如今连油带桶二斤一说明绝大部分油已倒出，只剩一点点油和油桶）。"

你看看这个回答，对不对？当然不对。首先是油筒，不是油桶。相传秦始皇统一中国后，统一度量衡，有了所谓"十六两秤"。"十六两秤"是不是从秦始皇开始，这当然只是传说。什么是"十六两秤"？最大的特点是十六两等于一斤。直到 20 世纪 70 年代都还有人用的，喊做"老秤"，20 世纪 50 年代开始使用的十两等于一斤的秤喊做"新秤"。到了 20 世纪 90 年代以后有了"公斤秤"，不再以市斤为单位，而是以公斤为单位。再后来有了电子秤、台秤，现在杆秤越来越少了。

既然一斤等于十六两，那么，"斤十七"就是一斤加十七两，十七两就是一斤一两。"一个油筒斤十七"，就是油筒本身就有二斤一两，"连油带筒二斤一"，连油带筒才二斤一，那就是空筒，根本没有油，秀才还讲："若是你能猜得中，我把香油送给你。"哪垱来的香油？

所以，聪明的刘三姐唱道："你娘养你这样乖，拿个空筒给我猜。"

既然十六两等于一斤，意味八两就是半斤，半斤就是八两，即八两等于半斤，半斤等于八两。所以才有"半斤八两"这个成语。

所以讲，一把秤里头板路还真是蛮多的。桂林人讲秤锤是"秤砣"，在古代咧，秤砣喊做"权"，秤杆喊做"衡"。"衡"又指北斗星，衡汉就是北斗星和银汉（银河）。所以，刚才讲十六两秤有七颗星代表北斗七星。

我们现在讲古代官吏的手中有"权"、掌权，等于讲手里面拿到秤砣，在权衡事情的时候，就是拿到秤砣（权）和秤杆（衡），就是掌握了一杆秤。所以，做官吏凡事要权衡利弊轻重，反复思索才做出决定，要保证公平，公正地处理事情。手中的秤（权和衡、秤砣和秤杆）要一碗水端平，不能对亲戚、朋友、权贵、熟人、邻居称得旺旺的，旺到秤尾翘着自己的眼睛；不能对陌生人称得穰穰（读羊）的，穰到秤砣打着自己的脚。

秤这个东西，真是离不开它。在大桂林蛮多地方，连老人家去世了，在

"盖棺"的仪式中，先在棺材板最中间钉一颗钉子，这颗钉子必须由亲人拿着秤砣来敲，每人轻轻敲一下，不是一下子钉到底，给亲人在仪式过程中体验从此阴阳生死之隔的悲痛。

在喜事里头也要用秤。在老桂林的风俗习惯里头，婚礼中有个风俗，桂林话喊做"舅子钉门帘"。什么是"舅子钉门帘"？就是在接亲的前两天，男方家"办郎"，向女方家"过彩礼"（行聘），男方家在下午大宴宾客，桂林话喊"办郎酒"。女方家也在这天送嫁妆到男方家。男方家这天用女方家送的嫁妆布置新房，要请新娘的小弟弟或者亲友的小男把爷，给新房钉门帘。钉门帘要用红布包起秤砣钉钉子，这个桂林话就喊做"舅子钉门帘"。

到了接回新娘的时候，先拜堂，然后送入洞房，新娘坐在床边，有个喊做"挑袱见面"的习俗，新郎拿一杆秤，把秤砣绑在秤杆上，用秤钩揭勾起新娘的盖头袱。寓意称心如意，从此"公不离婆，秤不离砣"！

你看下子看，人的日常生活都离不开秤，生生死死都有和秤有关的板路。

（梁福根）

二、大桂林清明习俗的特色词语

清明时节都要到自家坟地祭拜先人，老桂林不讲"上坟"，讲"挂纸"。尧山附近有个坟山还喊"挂纸山"，就是这样来的。因为桂林话"纸"和"子"同音，所以现在大多数人误写成"挂子山"了。"挂纸"现在很少讲了，多数就讲扫墓、上坟等。但南片桂北平话、平乐、阳朔等地官话还讲。平话和各地大桂林官话也讲"供祖"。"祖"指的是坟墓、祖坟。（见图 8.03）

为什么扫墓喊做挂纸？因为传统扫墓仪式中有个必要的环节，就是在碑顶"挂"五色纸条，喊做"坟头纸"，所谓"挂"，实际上是用小石块把五色纸条压在碑顶，有的同时在碑面贴红纸，红纸一般半个手掌大，长方形。也有只贴彩纸不挂纸的。五色是红、黄、紫、绿、白。五色纸剪成三条状，根部不剪到底，样子有点像手掌，压在碑顶。

8.03 挂纸

8.04 吃祖会（2017年清明八塘梁氏宗亲吃祖会）

在南片桂北平话里头，联宗祭祖之后会餐，喊做"吃祖会"。（见图 8.04）

在南片桂北平话里头，"挂纸"和"烧纸"绝对不能混淆！"烧纸"的意思是吊丧、奔丧，是有人去世了，去吊唁。"挂纸"和"烧纸"都要烧纸钱、蜡烛、香，但是名称不一。纸钱在南片桂北平话里头还讲"钱纸"。

上坟还有的用树枝或竹枝挑起一把特制的飘带状的纸，有的剪成铜钱串，插在坟顶，这叫"插柳"，那个纸成剪的飘带状的"纸扎"叫"柳"，这个是古老的习俗。因为古代清明上坟，还在坟头插柳，也采柳回家。柳树生命力比较强，生长容易，随便拿柳枝一插都可以活，这大概寓意香火旺、人丁生生不息。其实老桂林以前也有个风俗，就是清明时节折柳枝插门上，目的是为了避瘟疫和驱邪。不过这样的古老习俗已经没有了。临桂中庸一带清明、谷雨时节也折柳枝插在门框。

当然，桂林地面很大，各县各乡镇，甚至各村，清明习俗不一。但"挂纸"之说以前城乡都讲，也有的地方讲"拜山"。

还有所谓"上年坟""供年祖"的，什么意思？是在外地生活、工作的人，清明没有办法回来挂纸，就在过年时回来"上年坟""供年祖"，作为补偿。

挂纸时间在大桂林普遍是在清明与谷雨之间，当然有的地方不一定。

南片桂北平话还有个熟语讲："三月清明人觅鬼，七月半间鬼觅人。"什么意思呢？是讲三月清明的时候，人到坟地去找"鬼"（祖宗灵魂），七月半时候是"鬼"（祖宗灵魂）回家找家人，平话讲"公归"（祖宗回来）。在"公归"的当天（农历七月十二、十三），一般天要下雨，喊做"下公归洗路水"，是老天爷为"公归"洗净路上尘土。因为"公归"，所以七月半不上坟，在家祭祀，或者在住家附近祭奠。

因为清明吃粽子、粉蒸肉等美食的习俗，由此产生了一系列有关的专有名词。粽子根据造型有羊角粽（三角粽）、枕头粽、门栓粽、四方粽（四角粽）、长粽（可以达两尺长，三四斤重）等。根据里头包的料又有腊肉粽、板栗粽、绿豆粽、蚕豆粽、花生粽之分。

粉蒸肉是老桂林人在清明节时标配的美食，祭祀完先人，做粉蒸肉敬神灵，然后分享粉蒸肉。吃粉蒸肉一般配合"生菜包"，就是洗干净大块的生菜叶子，包鸡蛋炒饭和粉蒸肉，肥而不腻，爽口清新。

还有个美食，也是清明时节的产物，各地趁着艾叶鲜嫩，做"艾粑粑"（也喊艾叶粑粑、艾叶粑）。

以前迷信讲法，坟墓只有清明时节可以动，所以又有了"迁坟""修坟""树碑"（立碑）的习俗，也产生这些方面的方言词语。

涉及清明时节的有些谚语，在大桂林各地也都讲："清明要明，谷雨要雨。"这是个农谚，意思是清明要天晴，谷雨要下雨，这样一年才风调雨顺。还有讲"吃了清明粽，才把寒衣送"，就是大桂林过了清明才不用穿冬衣了。也有讲"吃了端午粽，才把寒衣送"的。

三、桂林话里的两个特殊量词

桂林话里的特色量词有不少，这垯就讲两个：条和纲。

"条"这个量词除了和普通话用法有相同的之外，在桂林话还有点特别。月份的量词一般用"个"，讲几个月，但桂林人用"条"来计量，一条月、五条月等等。"条"本来是用于做具体的、可见的、有较长长度的东西的量词，桂林人用来表示"月份"这种抽象的时间概念，大概因为月份最短的28天，长的31天，在时间上有较长的长度，所以用"条"做量词。

"纲"是桂林话保留的一个古汉语量词，不过现在已经消失了。"纲"是中国从唐代以来，车船转运大批货物时，所采用的计量办法，就是把货物分批运行，每批车辆船只计数编号，如：一纲、花石纲、生辰纲等。比如讲，《水浒传》第十六回"杨志押送金银担，吴用智取生辰纲"，就用到"纲"。

南宋时在桂林当过官的周去非在《岭外代答·财计门·马纲》中写到广西当时用这个量词："常纲马一纲五十匹，进马三十匹。"他记录的马分两种，一种是"常纲马"，每一纲是50匹，另外一种是"进马"，每一纲是30匹。可见，在宋代广西就用"纲"做量词。

民国时期，虞山路东头的新码头到驿前街一带是竹木、柴火、木炭的集中经营场所。其中的竹木是"放排"放下来的，把千万根竹木编成一个个大大的"竹簰（读排）"，顺流漂下，在火车、公路交通不便时，这是最大的运输量了。

竹木买卖是以"纲"来计数的，一纲相当于10排左右的竹木。纲本来是指鱼网上用来提网的总的大绳子，引申为捆绑起的东西的计量单位。竹木是用藤、篾、粗绳等捆成"排"的，所以，用"纲"来计算，自古如此。有人写成"缸"是不对的，如果批发鱼、米、酒等可以用"缸"装，竹木不能用缸装。

（梁福根）

四、正在消失的大桂林方言中的农家用具

农家用具各地不同，所以，在方言的表达上自然不一样，哪怕是同样一种用具，方言表达也不一样，由此产生了使用农家用具的特色词汇。

锹和"耜"

锹，以前在大桂林农村家家都有，连小圩镇的大多数人家都有，但是现在快要退出历史舞台了。（见图 8.05）

锹是拿来翻土的。翻土的同时把土表的草压在土下，让草闷死成为肥料。土翻过来以后，顺便用锹口把土戳碎，所以，锹还有碎土、松土的作用。挖地、挖坑、挖沟渠、取土等，都用得着锹。所以，锹的使用率很高，也就是很有用处。

用锹翻地，官话通常讲"锹地"，这个时候，"锹"用做动词了。

8.05　锹（左）

不过，在南片桂北平话里头，用锹翻地不讲"锹地"，讲"耩地"，"耩"读为"犟"。而且，耩字进一步引申，凡是类似用锹翻地的动作都可以喊"耩"。比如，用饭瓢把饭翻过来，用棍子撬东西，用钢钎撬石头、水泥板等重物，都可以喊做"耩"。（见图 8.06）

8.06　耩地

风车

大桂林人讲的风车不是荷兰风车，是风谷车，现在也快要消失了。以前是拿来把稻谷、高粱、麦子、玉米、穄（读惨）子中的杂质，通过手摇鼓风吹掉，把舂过的稻谷的糠和米分离。这个过程喊做"车"，这样"车"字就是动词了。比如讲"车谷子""车米""车糠"等。由此又产生个大桂林的方言成语"吹糠见米"，意思是立竿见影。

龙骨车（水车）

龙骨车，就是古代讲的"翻车"，汉代就有了，很古老。大桂林很多地方又喊"水车"。讲龙骨车是象形的喊法，讲水车是从它的功能方面讲。

龙骨车是两千年来中国人很重要的灌溉工具，现在已经不用。龙骨车做工复杂，有手摇的，有脚踏的，在汉代就有这样的发明，中国人实在聪明。（见图 8.07）

龙骨车能够把十几米以下的低处的河、塘、湖、坑中的水，输送到高处的田地里，灌溉庄稼等。这个过程喊做"车水"，这样"车"字就成了动词了。在灌阳县有个乡喊做"水车乡"，所以，灌阳就有一副"绝对"（就是没有人对得出下联）的半副对联："水车车水车车水。"里面的"水车"既是地名，又

8.07　龙骨车（水车）

是龙骨车的别名，"车"字
一下是动词，一下是名词；
"水车"作为名词是灌溉工
具以及地名，而"车水"又
是使用这种工具提升水到
高处灌溉，是"述宾短语"。
这半副对联确实不好对。

　　龙骨车（水车、翻车）
发展到了元明时代，又出现
了"牛转翻车"或"驴转翻

8.08　车筒（筒车，来自网络）

车"，甚至"风转翻车"，利用畜力、风力驱动了，解放了人力。

　　讲到水车，还有一种，在大桂林一些地方也喊水车的灌溉工具（机械），
不过，在南片桂北平话喊"车筒"，有点像娱乐场所的"摩天轮""飞天轮"。
这大约是到了唐代才出现的，更先进，古代喊"筒车"。（见图8.08）

　　这种水车不用人力，只要把它安装在有流水的河岸边即可；或者把河流
筑坝拦水，让水从设计好的口子流动，在口子处安装即可。水流推动筒车，
"车筒"昼夜转动提水灌溉，实现了古代式的自动化。筒车可以把水提高到20
米的高度去灌溉。

8.09 谷簟

尽管筒车更进步，但是也无法替代龙骨车。因为在静止水域，如果不用畜力、风力，还得用人力，拿龙骨车输送水灌溉。

谷簟

谷簟，"簟"桂林话读"店"，是竹编的类似竹席那样的竹器，拿来垫东西，或者盖东西，可以上盖下垫。所以，有人误写为"谷垫"。因为主要拿来晒或盖稻谷，所以，喊谷簟。也可以晒豆子、辣椒、萝卜干、干笋、豆角干、红薯干等。下雨时则拿来盖住防雨。可以拿来盖茅草屋的顶部，或者做隔离用的"墙面"。也是即将消失的物件。厚度不过一二毫米，长宽不定，一般宽 150 厘米左右，长 260 厘米左右。现在也少见了。李清照《一剪梅》词"红藕香残玉簟秋"，所谓"玉簟"就是竹席，竹席和谷簟类似，差别在竹篾的粗细与光洁程度。（见图 8.09）

谷桶

一般是杉木板、松木板做的斗型木器，上下看是梯型立方体，口子和底部是正方形的。开口长约 200 厘米左右，底部长 150 厘米左右。20 世纪 80 年代以前，脚踏打谷机还不普及，还有人拿来打谷子。就是把割下的稻谷植株用力在谷桶内壁摔打，把谷粒打下来。也可以用来存储粮食、货物，当然主要是存干货。（见图 8.10）

8.10 谷桶

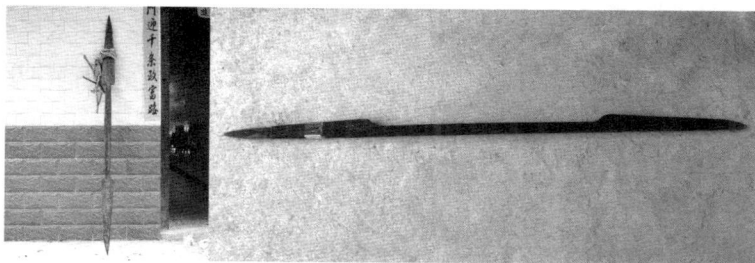

8.11 楞子

8.12 用楞子挑柴

楞子

楞读"劳"的第四声,即与"慰劳"的"劳"同音。灌阳叫楞杆,楞子是一种特别的扁担,长的可以超过 200 厘米,不是我们通常见到的竹扁担。多半是木质的,分两头不尖和两头尖的两种。如果是竹子的,是用 2 米左右长的一段竹子,不破开,两头削尖。如果是木质而又两头尖的,则两头是长长的锐三角形的,在两头安装约 20 厘米的金属的尖头,像长矛。两头尖的楞子一般配一副(两根)粗棕绳或者粗麻绳使用。

楞子多半比一般竹扁担承重更多。两头尖的楞子专门用来挑柴草、庄稼秸秆、藤类(如红薯藤、花生藤等),就是那些无法装进箩筐、篮子等容器里面的东西。所以要配合一副粗绳子使用,粗绳子用于"绹",读桃,捆绑要挑的东西。两头尖的木质楞子几近消失。(见图 8.11、8.12)

8.13 罂

8.14 瓮

8.15 石水瓮

罂和石灰缸

南片桂北平话把小型的陶罐、坛子、陶缸喊做"罂"，比如米缸喊做"米罂"，酸坛子喊做"咸罂"，石灰缸喊做"石灰罂"，小坛子喊做"罂崽"等。这是古老的讲法。这些也差不多要失传了。

石灰缸（石灰罂）是什么？年轻人不懂了，已经绝迹。生石灰块是很防潮的，石灰缸是在陶缸里头放上生石灰块（不是石灰粉），拿来防潮保存食物的。以前没有冰箱，防腐剂、保鲜剂、防潮剂等，这些东西都没有，而大桂林湿热，所以拿石灰缸保存食物，不给食物发霉变质。（见图8.13）

瓮

瓮是什么？桂林官话读"蕹菜"（空心菜）的"蕹"，ong第四声。南片桂北平话和大桂林一些地方的官话把水缸喊做水瓮。

水瓮有两种，一种是大陶缸，一种是石头水缸，喊做"石水瓮"。

现在城镇里头都用自来水，乡村家家自打水井，什么水瓮啊、石水瓮啊，都不用了，成了文物了。（见图8.14、8.15）

甑和甑算

甑（读赠）也讲甑桶，甑算（读闭）也讲甑皮，是拿来蒸松糕（也讲甑子糕）和糯米饭的，两者配套使用，缺一不可，像秤不离砣。（见图 8.16、图 1.13）

松糕是大桂林一道美食，更是隆重的礼物。像讨老婆、进火（乔迁，南片桂北平话讲"入屋酒"）、老人大寿、孩子升学、房屋上梁、

8.16　甑算（甑皮）内测

隆重感谢别人、祭龙王神灵等各大喜事，至亲或祭拜者会送一担用 24–30 斤糯米做的大松糕，以示隆重祝贺、喜庆。

现在各种新式礼物多了，或者人们直接打个大封包，而蒸松糕太麻烦，所以甑和甑算也快消失了。据说有专门商业化做松糕的，私人订制即可。

讲到甑皮，桂林有个甑皮岩，那是国家级考古遗址公园。可能是因岩洞口像个倒扣的甑皮而得名，不过那座山确实蛮像倒扣的甑算。那垱（读凯）的"甑皮岩人"就是桂林人的老祖宗之一。那垱出土了桂花子，有 10000 年历史，说明桂林人爱桂花真是由来已久。还出土了吃过的螺蛳剩下的壳，可见桂林"喝螺"的历史有上万年了。

鏃类农具

鏃，普通话读"坠"，桂林话读 zua 第二声，"抓"的第二声。阳朔、临桂、灵川、雁山等地官话读 zhuai 第四声，"拽"。有人把"鏃"写成啄木鸟的"啄"。

农具里头有喊"鏃鏃"的，从铁齿的多少分，有一齿鏃、二齿鏃、三齿鏃、四齿鏃，从用途上分有钉钉鏃（老鸦鏃）、花生鏃、牛粪鏃。钉钉鏃是一个齿的，在南片桂北平话中喊"老鸦鏃"，一个齿，像乌鸦的"嘴夹"（喙），用来种菜等。花生鏃两个齿，主要用于挖花生、种菜、挖薯类等。牛粪鏃四个小齿，用于拾粪。把牛粪鏃做大，加长加粗四个齿，就是南片桂北平话中讲的

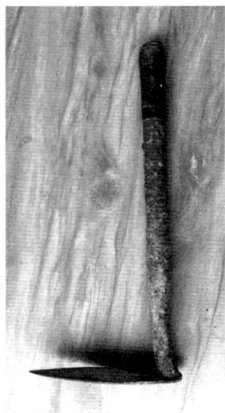
8.17 老鸦镢

8.18 四齿（右者）

8.19 有镢扁担

8.20 三不空（洋锄）

"四齿"，用于挖地、碎土、挖薯类、芋头、荸荠（马蹄）等。（见图8.17、8.18）

有些木扁担（榜子）在两头有扁担镢，类似两个齿，使挑的东西不会因为扁担弯了，或者因为扁担一头高、一头低而溜下来。所以，桂林话讲"扁担无镢两头刷"，比喻顾此失彼，两边都失手。（见图8.19）还有桂林话讲"闷头鸡镢米，颗颗镢到底"，指那些不声不响闷头做事的人其实很有心计，闷头为自己谋利。

三不空

"三不空（读"控"）"是什么？南片桂北平话讲的"三不空"就是北方人讲的镐（读搞）、镐头、十字镐、钢镐、鹤嘴镐、洋镐。（见图8.20）

大桂林官话讲得比较多的还是"洋锄"。以前凡是外国来的东西都加个"洋"字。这些带"洋"字头的词，在大桂林大多数成了罕用词语，这是好事，说明中国发展了，可以自己生产了，不再需要那么多洋货了。

笔者小时候经常听到很多"洋"字头的词，比如讲：洋布伞（就是非中国传统的油纸伞的金属骨架的布伞）、洋火（火柴）、洋碱（肥皂）、洋码字（外文、阿拉伯数字）、洋纱（外国来的纱线）、洋纱布、洋油（水火油、臭油、煤油）、洋芋、洋毫（外来硬币）、洋钉（铁钉，因为大桂林以前用过竹钉）、西洋镜等。这些词都很少用了。但是洋葱、发洋财、洋相、出洋相、磨洋工等还在用。

讲回"三不空"，这个讲法很形象，因为洋锄只要使用，那么它的柄没有空，它的金属部分的两头，一头尖，一头有横的刃，像锄头，各有作用，所以，真正是三个部分都不得闲空。

戽斗

戽斗，用于从低处往高处戽水，有点像微缩的独木舟，原本用大树干凿挖出的，类似斗状。后来有铁皮的。配以竹木长柄和三脚架使用。现在基本不用了，就要绝迹的了。（见图 8.21）

蓑衣

传为张志和写的《渔歌子》说："青箬笠，绿蓑衣，斜风细雨不须归。"这种蓑衣在大桂林过去是普遍使用的雨具，冬天下雨时穿上去还保暖，大风大雨时还防风。一般是棕毛编的，也有粽子叶编的，这可能就是绿蓑衣。配竹帽子（斗笠）使用。（见图 8.22、8.23、8.24）

8.21　戽斗

8.22　棕毛蓑衣

8.23　竹叶蓑衣

8.24　穿蓑衣的人
（2017 年桂林乐群菜市）

8.25　禾剪

8.26　马灯

禾剪

禾剪，专门用于剪水稻穗子和割红薯藤。只有接近成人半个巴掌大小，大致半月形的木片，弦部装金属刃，加个小柄或者绳套。用于割红薯藤，或者一穗一穗地割水稻穗子最是方便。南片桂北平话讲的"we 刀"，"we"的声调是桂林话的第二声。也快消失了。（见图 8.25）

马灯

马灯，在灌阳喊做"气死风"，很形象，点灯最怕风吹灭，但是，因为马灯有玻璃罩，不容易被风吹灭，微风和"威风"对马灯都不管用，所以"气死风"。因为电灯的普及，马灯已经绝迹。（见图 8.26）

油笀

油笀又喊油篓，已经绝迹。用很细很薄的青竹篾（竹子表皮部分）编织而成，再刷一层桐油，贴一层绵纸，干了再刷油贴纸，如此里里外外刷三四次油、贴三四层纸。油篓每只不足 1 千克，高七八十厘米，底部直径约 40 厘米，上部略收口，有的收到约 20 厘米，挑液体走路时能够避免液体晃荡溢出。有竹制盖子，也刷过桐油、贴过绵纸。当然，外形各有差异。（见图 8.27）

因为主要拿来挑茶油、花生油，又是用桐油油漆过，所以喊油篓。一个油篓能够装约 50 斤油。当然还拿来挑酒等液体，挑用水养着的鱼苗，也可以装细小而不坚硬不尖锐的固体。它轻巧，不像陶缸、木桶那样笨重又容易碰坏，木桶不时时盛着水，拼板之间还容易因为干燥分离而漏水。所以，油篓最适合山区用。

讲到桐油，那是民国时桂林的大宗特产，远销广东香港，在没有工业化油漆的年代，船、家具、房屋建筑，甚至木桶、木盆、雨伞（油纸伞）、斗笠等，这些需要防水、防腐、防虫、美化的用具，都需要用到桐油。有一种帽子，临桂两江喊湖南帽，阳朔葡萄镇等地喊湖广（即湖南）帽，就是用竹篾、棕毛做的，但是上部必须再加桐油纸防雨。（见图 8.28、8.29）

8.27　油篓

8.28　湖广帽

8.29　油纸伞

想起老人家讲的，洋钉（铁钉）没有来到中国前，桂林乡间建房子需要钉子怎么办？有竹钉！竹钉是用毛竹做的，一定要带竹青，必须用桐油反复炒制过、晒干。竹钉不生锈，照样用几十年咧。

灵川县灵川镇木马行政村有个河边的小村屯喊做"舱匠户"，这个地方好有板路。舱读念（niàn），舱是用桐油刷船，或者用桐油混合石灰、竹篾等捣融填补船缝。现在的户口，一是讲你住哪垱，二是区分你是农村村民还是城市居民。古人讲的户口是表明你的职业分类，甚至可能是世世代代的职业分类。比如匠户就是手工艺人，军户是军人等。明代的户口分为军、民、灶、匠四大类，当然大类下面还有小类，比如还有医户、阴阳户等。古代的户籍既代表职业，也代表社会地位。比如讲吧，宋、元时期的"形势户""官宦户"，明、清时代的"绅户"等，都是有权势、有特权的社会阶层。

灵川的"舱匠户"其实本来不是地名，是户籍名（职业分类名），可能那个地方本来没有名，只好用聚集成村落的那群手艺人的名称来讲那个地方，讲多了就成了地名。"舱匠户"这个地名很古老，可以看出是因为古代的造船、修船的手工艺人集中起来聚居形成的村屯。想象一下，以前那里虽然不是富得流油，倒可能是满地流油，不过，那是桐油。

正在消失的大桂林方言中的农家用具还有蛮多，我们只是举几个例子讲讲，制作精工的农具简直像艺术品，如果开发微缩版的，就是旅游工艺品。

（梁福根）

五、说说传统渔具在大桂林方言里头的讲法

同样是渔具，不同方言对同一渔具会有不同的喊法。大桂林的自然环境使人们因地制宜、就地取材，创制了很有地方特色的渔具，这些渔具的名称也带上了大桂林的地方特色。而随着船家上岸、渔具的逐渐消失，这些词汇也逐渐消失了。下面举几个例。

簨

在桂林市秀峰区甲山街道办事处管辖的芦笛岩附近有个叫筌塘的自然村，按照桂林话的读音村名是"纂（读钻研的钻的第三声）塘"，而"筌"的普通话和桂林话读音是"quán"（全），读音不匹配。

"筌"是捕鱼的竹器，而村名的得来和捕鱼的竹器有关。一种讲法是村头的水塘像捕鱼的竹器"簨"（按桂林话读"转账"的"转"）（见图 8.30），另外一种讲法是，桃花江到了这个村附近以后，它的一小节样子有点像个簨。据说村子因此得名。

但是，村名没有写成"簨塘"，而写成了"筌塘"。为什么？推测起来，也许是官方第一个写下这个村名的人，写不出本字"簨"，就用了个同义字来代替。所谓本字就是老祖宗在表达一个意思时所创造的那个一对一的、原本的字，它必须是个音义统一体。实际上桂林话读音是"转"（钻空子的钻的第三声），意思是捕鱼的竹器的这个词其本字是"簨"，所以，"筌塘"本来的正确写法是"簨塘"。但是，因为"筌"字用得多，有个比较常用的成语就叫"得鱼忘筌"，而"簨"字在书面上几乎已经消失了，没有组成常用词。所以，第

8.30　筌塘村口的水塘

一个写这个村名的人用了训读字代替。在写不出本字的情况下，人们往往会找个同义字来替代，用来代替本字的这个字就是"训读字"（同义词）。因此，"筌"是个训读字，"簩"才是本字。

虽然"簩"字在大桂林乃至全国的书面语言上几乎已经消失了，但是，实际上，在大桂林各地方言里头，"簩"这个词在民众口头语言上还常用，这种捕鱼工具在公元 2000 年以前，在农村、河边地区还是很常见，只是大家会说不会写，写不出本字罢了。

簩是捕鱼的类似竹笼的工具，在古代，类似的工具还有"筌"，还有"笱"（读狗）等。在柳城农村，大桂林人讲的簩，柳城人就讲笱，柳城人的讲法比桂林人还古老，因为《诗经》里面就有讲到"笱"的。

簩基本上是大大小小、长长短短的喇叭形的，有点像葫芦或圆锥体（锥桶）。设计了倒向的竹刺，鱼进得去，出不来。有的有两个进口，有的是一个进口。出口一个，在尾部，用来把捕获的鱼倒出来，用时要绑住。使用时，在鱼虾最常出入的地方，一般是进口逆水朝向，周边用泥巴和草堵住，让水流只能够通过簩的进口流入。这样，如果有鱼顺水流而下，基本上逃不出被簩住的命运。簩就是守株待兔式地捕鱼。一般头天晚上装好，第二天一大早去起簩收鱼。涨大水时，鱼较多，大白天也装簩捕鱼，人守在附近，过一段时间就起一次。有时，不小心也会捕到毒蛇。

根据作用，簩有专门捕泥鳅的泥鳅簩，有专门捕鱼的鱼簩，有专门捕黄鳝的黄鳝簩，有专门捕虾子的虾子簩等，还有专门捕大鱼的簩（竹篾之间缝隙大，簩形也大。造型上有所谓"柳尾簩"。小的簩大约 40 厘米，其喇叭口也就 10 厘米左右。大的簩可以达到 160 厘米，和大人一样高，其喇叭口直径可以达到 100 厘米左右，可以把一条小溪、水渠、水沟拦断，把经过的大小鱼等一"簩"打尽。

可惜，簩这种工具正在逐步消失，一是因为野生的鱼少了，二是年轻人都外出打工了，三是养鱼产业化了，吃的鱼都是养的了。（见图 8.31、8.32、8.33、8.34）

8.31　黄鳝篓　　　　　　　8.32　柳尾篓　　　　　　　8.33　泥鳅篓

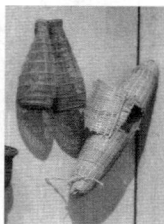

8.34　鱼篓

285

汉语有个特点，有时候，读音相同或者相近，意思也相近。比如，篹、纂、纂、籑、攥、揝、钻、赚等字，它们的声母、韵母都近似"zuan"，虽然声调不同，可是都有"集中"的意思。

"篹"是把散在水里的鱼集中到篹里。"纂"是把散落在各种文献中的资料集中起来，编书，所以喊做"编纂"。"纂"读 zuǎn，意思同"纂"。"籑"读 zhuàn 和 zuàn，是编辑和著述的意思，就是把文字集中在一起，形成著作。"攥"是集中五指把东西紧紧抓在手掌心。"揝"读 zǎn 时同"攒"，意思是积聚；读 zuàn 的时候同"攥"，意思是抓、握，就是手指要集中。"钻"是集中力量在一个目标上，往里头进去，钻木取火、钻孔、钻井……"赚"是把散在别人手里的钱，通过合法经营集中到你口袋里头，这喊做赚钱。

罾

这个字读"增"，是一种捕鱼的网，城里的小把爷和 1990 年以后出生的农村娃崽都很少见到了。

这种网不是用来撒的，是放在静止或者流动不大的水流中的。它类似个大网兜，用两根或者四根木棍、竹竿，弯成固化的半圆的弧形，中心点垂直交叉起来固定，四个下垂的顶端固定大网兜的四个角，中心点用绳子连着一根长木棍或者长竹竿，用时像杠杆那样把网放下或者从水里搬起，再用三根长木棍或者长竹竿做成三角支架，或两根也行，架起方形的罾。类似传统做豆腐时滤豆浆的设备。所以，用罾捕鱼，有的地方喊"搬罾"，不是撒罾，拖罾。涨大水了，或者鱼塘起鱼了，都可以揭搬罾搞点鱼崽。（见图 8.35）

8.35　罾（来自网络）

刮网（拖网）

刮网就是拖网，是长方形的网，网线较粗，

网眼较大，长到可以有十几米，宽一米多到两米多，像一幅长长的布。两头各用一根竹竿固定网，网的下缘缀上一些石头当网坠。使用时，两个人各在网的一头，把竹竿垂直于地面竖起，网面也垂直于水面，两人各在水域的一边，拿着竹竿奋力往同一个方向向前拖，网的下缘刮着水底走，所以喊刮网，也喊拖网。用这样的网捕鱼，方言也喊"刮鱼"。如果不是水底地面不平，或者拖网时网的下缘有空隙，或者有些鱼奋力越过网逃走，那么比网眼大的鱼真可以一网打尽。这种工具一般用于捕鱼塘的大鱼。

丝网

丝网样子有点像刮网，但是下面有网坠子（网子），上面有浮标，是塑料或者尼龙丝线编的，网眼一般较小。白天晚上都可以用。常常晚上放，清早起网。（见图 8.36）使用时一般放到流动的水里头，鱼游动时，被挂着鱼鳃，自投罗网，进退不得，渔翁得利。

撒网

撒网在大桂林方言里，既是动词指把网撒出去，也是名词，指用于撒的网，通常也喊"网"。这种网很常见，比较大，撑开来像个圆锥体的帐篷。下缘有金属的网坠，方言喊"网子"，下缘又向里拐（桂林话读月的第一声）起约五寸长，像一圈长长的口袋。（见图 8.37）

拉起整个网的是一根较粗的绳子，很重要，古代把这根绳子叫做"纲"，

8.36　丝网捕鱼

8.37　撒网

那些网眼叫做"目"，有个成语喊做"纲举目张"。本来意思是拉起这根大绳子（纲），把网的一个边边挂在肩膀上，嘴巴咬倒网的一个角的网子，双手把网分开各拿网的一部分，奋力做弧形运动，把网充分地做圆形撒开，使网眼全部最大地张开，尽量覆盖最大的水面，罩到更多的鱼。这是本来意思的"纲举目张"，后来引申出另外的意思，是做工作抓住最重要的一条，做好了这条，其他的事情都罩住了，就迎刃而解了，这个喊做引申和比喻。

刚才讲到网尽量撒圆了，然后感受网的震动，判断鱼的大小和多少，小心翼翼起网，防止网到的鱼逃跑。有时还要踩到水里头，检查网的外围，防止网被石头撑起有漏洞，使鱼逃走。

撒网是个体力活，更是个技术活。不是什么人都会撒，也不是什么人都吃得消。

捞缴（网缴）

大桂林不少地方讲的捞缴（南片桂北平话讲"网缴"），是这样一种网，就是钓鱼的人，鱼上钩了，把鱼拉进来，然后拿来把鱼捞上来的那种网，一头是一个柄，另外一头是一个圆圈，下面是网兜。也就是扑蝴蝶用的网的造型。（见图 8.38）

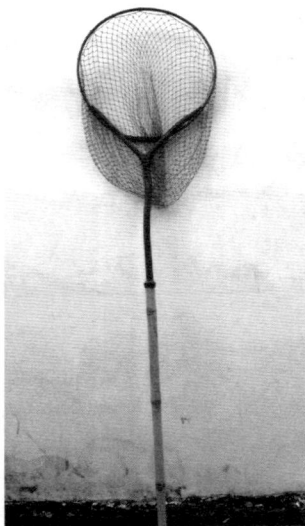

8.38 捞缴

以前，这种网有大有小，大的直径超过一米，用整蔸的树来做网架。找一蔸上面有对称性的向反方向长的大小几乎一样的树枝的一棵树，砍回家，对称性的两根树枝留下，其他的树枝和这两根树枝以上部分的树梢都砍了，把两根树枝以下部分的树干留足长度，做捞缴的柄。把两根树枝用火烤热，趁热弯成圆形，古代这个工序喊"煣"。像荀子《劝学》里面讲的："木直中绳，犹以为轮，其曲中规，虽有槁曝不复挺者，煣使之然也。"

树枝弯成圆圈后，固定一段时间，等树枝

干了圆圈固化以后，就可以用竹篾套上大网兜，再固定在网框上，一个捞缴即大功告成。为了使用时不给已经进网的鱼跑出来成为漏网之鱼，有时还加一层无兜底的内网，南片桂北平话喊"网须"。

小的捞缴拿来钓鱼、钓蚂蚁，大的捞缴既可以在鱼塘里，由人向前推着在运动中捕鱼，也可以放在鱼出没的水域或者流水中静待鱼自投罗网。

捞缴中有一种"虾公捞缴（即虾公网缴）"，就是它的网眼很小、很密，专门用来在河里、塘里捞虾子（有的地方喊虾米或者虾公）。

以前各种各样的网，因为在水里用，网线主要是大桂林的特产青麻（学名苎麻）纺线织的（桂北平话也叫"绩㖒"），见水容易朽，怎么办？大桂林人的办法一是用猪血抹搓网，再晒干，网线有一层凝固的猪血，变硬了，不容易朽。还有就是用还没有成熟就落地的大量生柿子，剁碎，拿来揉搓渔网，也有同样的效果。以前还专门有一种野生柿子，叫"椑（读杯）柿"，吃不得，只拿来加工渔网使网耐用。

地笼

地笼现在在漓江是禁止使用的渔具，它是长长的像一条龙一样的渔具，不过不是圆筒状的，而是方形的。可以在流动水域使用，也可以在静止水域使用。它是由十几个甚至几十个正方形的钢筋框架蒙上、固定渔网做成，从几米到十几米都有，每一段距离有个口子，鱼能够进，不能出。鱼以为笼中可以安全藏身，谁知自投罗网，有进无出。鱼笼对于鱼类大小通吃，是毁灭性的渔具。（见图 8.39）

虾糖

"糖"读"躺"，普通话读 tǎng。虾

8.39　地笼

8.40 虾艚

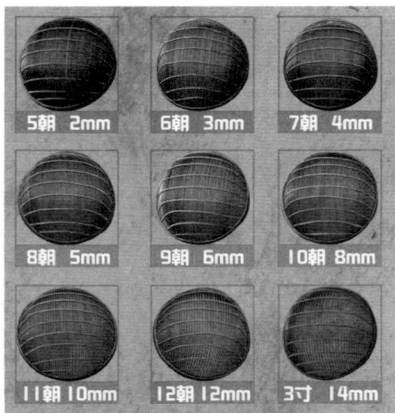

8.41 鱼筛（来自网络）

艚用于捕虾和小鱼，是竹编的，有点点像不封顶的长圆形鸡鸭笼子，尾部紧缩上翘，又有些像虾子。虾艚装上竹竿，人在岸上或者浅水里推着走，以此捞捕虾类和小鱼、泥鳅、黄鳝等。"艚"又是动词，有推、在水中前后移动等意思。（见图8.40）

鱼筛

很多人不晓得世界上还有鱼筛这种渔具，更没有见过。不过，这种渔具一般不是拿来捕鱼的，而是拿来筛选鱼苗的。养鱼苗的人，买卖鱼苗的时候，都要用到鱼筛。鱼苗有大小，买卖鱼苗是根据鱼苗的大小论价钱的，鱼苗越大就卖得越贵，但是又不是按斤两算的。（见图8.41）

在大桂林方言里头，鱼苗大小的单位是"朝（读招）"，讲一朝、二朝、三朝等等，实际上就是按尺寸论大小。鱼筛用刮得很滑溜的细竹条编成（如果是不光滑的竹篾就伤到鱼苗），根据需要，量好"朝"的尺寸，编成筛眼（筛目）大小合乎一定"朝"数的鱼筛，然后拿鱼筛来筛选鱼苗。现在与时俱进，有塑料和不锈钢的鱼筛了。

那么，1朝是好大？1朝的宽度只有约0.10毫米，1朝的鱼筛是最密的。根据鱼筛的筛眼（筛目）大小，可把鱼花分出20来种规格。

只要把鱼塘里头的鱼苗围到一个大密网里头，再拿鱼筛筛选，就可以选出你要的尺寸的鱼苗。比如讲，人家要5朝的鱼苗，就先拿6朝的鱼筛过筛（即筛选），把大于5朝的鱼筛走，再拿5朝的鱼筛过筛，那么，小于5朝的鱼就漏出鱼筛底下去了，自然留下了5朝的鱼苗在鱼筛里头。先

8.42　鱼鼎装鱼

讲好，几朝的鱼一条多少钱，按条算钱就是了。

鱼筛也可以拿来捕鱼，在浅水的塘边、河沟边，在水里放下鱼筛，筛子里头放上诱饵，等鱼进到鱼筛子来吃，快速把筛子提起，就能捕到小鱼虾，大鱼就不要想了，大塘、大湖、大江、大河的深水区，鱼筛就没得办法了。

鱼鼎

装捕获的鱼类的竹篓，模样像古代的鼎，大桂林多数地方叫鱼鼎。这个方言词语把最高大上的礼器和最草根的渔具结合在一起,可见大桂林人对"鼎"还是有认识的。当然也可以装辣椒、水果、花生等东西，城市已经很少见了，乡村也慢慢减少了。（见图8.42）

大桂林的渔具还有很多有方言特色的讲法，我们不一一列举了。

六、两个逐渐消失的大桂林方言词：穜和穇

"穜"（桂林话读童，普通话读 tóng）和"穇"（桂林话读惨，普通话读 cǎn）是两个渐已失传的大桂林方言词，因为它们作为粮食作物，在大桂林已经是濒危作物，很少有人种了。本来人们还晓得讲，只是写不出字，现在连讲的人都少了，只有老人家晓得了。

穜，是一种水稻，喊做"穜禾"，又叫大糯，米粒近乎圆形（小糯米粒细

8.43　收割大糯

8.44　穤禾

长）。穤禾米很好吃的，产量不高。这种水稻植株很高，150厘米左右，禾秆很粗壮。一般种在水沟里、浅水池塘里、池塘边，分蘖强劲，一株亩可分蘖几十枝。现在很少见了。新历5月底插秧，10月中下旬才收割。收割时仅抽取或用禾刀割取稻穗。有人说是冷水高杆稻，耐寒。稿秆最宜捆扎东西，如包粽子，扎稻秧，卖肉时捆肉等。把它烧灰兑热水用于洗头，灰擦于皮肤，易于拔除汗毛而不疼。穤禾口感较小糯柔韧，是大糯的一种。（见图8.43、8.44）

穇，即穇子，是粟的一种，穗分出多股，像手掌。南片桂北平话讲"穇粟"。大桂林人为它造了个字"𪎭"，有人干脆写成产、铲。（见图8.45、8.46）

在彩调和老人家记忆中，大桂林各地流行一首山歌：

8.45　穄子

8.46　穄子粑粑

妹莫忧,

吃了红薯有芋头。

红薯芋头吃完了,

高粱穄子又出头。

　　这首山歌在大桂林流行很广,应该是传统民歌,笔者几十年前在阳朔就听过。几年前揭永福县参加福寿文化节,广场上演彩调,有演员就唱了这首山歌。

　　原来桂林彩调团秦志平、唐丽英演的彩调《三看亲》里头,唐丽英演的媒婆,有句台词也讲:"高粱穄子喷喷香。"

　　穄子煎饼很是不错的,做窝窝头、粑粑味道也可以。可惜只有兴安、全州、灌阳、资源等地的山区还有少量栽种。所以,连同词都渐渐消失了。

七、讲一讲"聊校"

　　"聊校",这两个字读普通话和桂林话都读"聊淆"。

　　"聊"有依赖、寄托的意思。

　　"校"是多音字,在《辞源》的注音中有一个读音是 xiáo,读"淆",意

293

甲骨文　　金文　　小篆

8.47

思是几（读茶几的"几"）类和"豆"类的足（脚）。

"豆"是个象形字。（见图 8.47）

"豆"字本来的意思是指古代的一种高脚的碗、盘、碟，是古代拿来盛肉或其他食品的器皿，常常用来祭祀时装祭品。

古代有"俎豆"这个词。俎和豆是古代祭祀、宴会时盛肉类等食品的两种器皿，也泛指各种礼器，引申为祭祀。"俎"还指切肉或切菜时垫在下面的砧板，所以古代有"刀俎"（刀和砧板）这个词，又有"人为刀俎，我为鱼肉"的成语。

"豆"的本义不是指吃的黄豆、绿豆、红豆、竹豆、蚕豆等豆类杂粮。在古代，豆类杂粮是讲"菽"。"豆"字后来假借为指"菽"，即豆类植物的总称。再由此引申出比喻小的东西，比如"一灯如豆"，桂林人讲的小把爷也喊"（小）豆把鬼""（小）豆子鬼""小豆豆"等，都有小的意思。

前面讲了，"聊"有依赖、寄托的意思，"聊赖"一词是同义复词，就是意思相同的两个（或两个以上）词素合成一个表示同一个意思的词。所以"聊"也是"赖"，"赖"也是"聊"。"赖"是依赖、依靠。所谓"百无聊赖"今天的意思是指思想感情无所寄托，感到很无聊、精神空虚；古代的意思则不同，是无依无靠、生活无着等意思。

"校"是茶几、几案类用具及"豆"类容器的脚。这些家具、容器的脚是它们赖以站立、支撑的部分。如果没有"校"（脚），茶几、几案类用具和"豆"类容器，都没有办法"立"起来发挥作用。

因此，"聊校"两个字合起来有"依靠的脚"的意思。在大桂林话里头，根据不同语境，"聊校"比喻意思是：搞手、做法、做头、意思、味道、本事等，其中都包含可靠、靠得住的意思。"有聊校"就是有搞手、有意思、有做头等。

再比如讲，否定的：

1. 这件事情做起来没得什么聊校。

2. 这个人莫理他了，再理也没得什么聊校嘛。

否定的说法就是没有搞手、做法、做头、意思、味道等意思，其中都确实包含不可靠、靠不住的意思。

也有人认为桂林话"聊淆"这个音，写字不是"聊校"，应该是"辽峭（淆）"，有遥远的意思。如果是遥远的意思，那就是形容词。而笔者认为聊校是名词。如果是形容词在语法上是讲不通的，不信你看："没得辽峭（淆）"意思是"没得遥远"，"有辽峭（淆）"意思是"有遥远"，讲不通啊。

所以，笔者认为写成"聊校"更科学。

（梁福根）

桂林童谣、山歌里的方言词

一、桂林童谣中的方言词

奔头

《奔头》："奔头奔头，下雨不愁，人家有伞，我有奔头。"要读懂桂林的这首童谣，首先必须了解"奔头"的意思。在普通话中，"奔头"表达的是"可追求的前途或希望"之意。在桂林话里头，"奔头"是指额头奇高，也讲额头"頪"（普通话读 zhuài，桂林话读 zuǎi 第四声，拽）。长着奔头的人不用伞，因为頪頪而奇高、圆润饱满的额头可以为自己遮风挡雨，因此就有了这首幽默调侃的童谣。

（张秀珍）

月亮巴巴

《月亮巴巴》："月亮巴巴，踩着瓦渣，一跤跌倒，怪我打他，我没打着他，回朅告诉妈妈，妈妈不在屋，躲到（读倒）门背哭。"在这首桂林童谣中，"巴巴"其实应是"粑粑"，"月亮粑粑"要表达的是"像粑粑一样的月亮"，简言之，"月亮巴巴"就是"月亮"的代称；"瓦渣"是"碎瓦片"之意；桂林话里头往往用"屋"指家，如"屋（里）头"即家里，"朅我屋里"就是"到我家里"，所以"在屋"就是"在家"之意，"巴巴"这个音在灌阳及湖南等地有太公太婆、公公婆婆等意思，所以月亮巴巴有月亮婆婆等意思。

留级生

留级生，吃馄饨，打烂碗，赔调羹。

注：烂：破。调羹：勺子。

星期天

星期天的早上白茫茫，拣废纸的老头排成行，队长一指挥，冲向垃圾堆。一堆一堆又一堆，卖了废纸买油䭔。

注："䭔"读堆，也常常误写成堆。油䭔是一种油炸团子的食物。

咪咪羊

咪咪羊过塞（读 sei），塞呀塞红枪，枪枪个厾（读做毒），厾厾个枪。

注：咪咪羊是一种小飞虫。厾：用指头、棍棒等点击、戳、捅的意思。这是冬天用脚跳的方式玩"石头剪刀布"时唱的歌。双足并拢为拳，双足向肩膀两侧打开为布，一足前一足后为剪刀。这种游戏可以让身体暖和起来。

（彭强民）

二、桂林童谣和游戏中的特色方言词语

在很多老桂林人的记忆中，除了各种香喷喷的街头小吃和各种好玩的小游戏，可能印象最深刻的就是小时候经常念的各种各样的童谣和民谣了。桂林传统的童谣和民谣涉及的内容很多，有一些传唱度非常高，是我们都耳熟能详的。在这些童谣和民谣当中，既有很多桂林人之前生活场景的反映，也有很多是桂林方言中的特色词语，因为一方歌谣总是和一方语言二位一体的。比如这一首：

点点窝窝，淘米下锅，
猫儿（读咿）吃饭，
耗子唱歌（音同锅）。

唱个什么歌，

唱个南门李大哥（音同锅）。

你在南门干什么（读死马）？

我在南门讨老婆。

有钱讨个红花女，

无钱讨个赖哭婆。

　　这首童谣当中"点点窝窝"是很多地方童谣的开头，我们桂林话当中这个"点点窝窝"的意思有的桂林人讲是筛箩的眼眼，有的人讲是小坑。其实，"窝窝"在桂林话里就是凹进去的小坑，比如我们说"那里有个凹进去的坑"就会说成"那垱有个窝坑"。另一词"猫咿"在桂林话里就是小猫的意思，"咿"本字是"儿"，但是老桂林话是把"儿"读成"咿"的音，所以桂林人把小猫都喊成"猫咿"。另外一首童谣也有这个词："烟烟，莫烟我，我是天上的梅花朵。狗砍柴，鸡烧火，猫咿吃饭笑死我。"前一首童谣最后一句里面的"红花女"在桂林话里的意思就是没出阁的处女。桂林话里"赖哭"的意思就是爱哭，这个"赖"字有耍赖的意思，所以"赖哭"就是喜欢耍赖乱哭闹的人，"赖哭婆"指的就是那些喜欢撒泼哭闹的女人，这种女人自然哪家都不想娶进门当媳妇了。

　　还有一首童谣：

跸（音同掰）子跸，跸上街（音同该）。

量筒米，养奶奶。

奶奶吃得多，

跸子回来刮鼎锅。

　　这首童谣当中，"跸子"就是典型的桂林方言词语，指的就是瘸子、跛子。"鼎锅"就是煮饭的铁锅，不是炒菜的锅，因为煮饭的铁锅比较深，容积比较大，样子有点像古代的"鼎"，所以我们桂林人把煮饭的锅喊作"鼎锅"。而炒菜的锅比较浅比较宽，桂林话喊作"扒锅"。

另外一首童谣：

> 摇啊摇，摇到外婆桥。
> 鸡崽吃白米，
> 鸭崽吃浮（读 fou 第二声）藻（读瓢）。
> 大人吃了揭做工，
> 小把爷吃了又来摇。

这里面有个东西"浮藻"，其实就是"浮萍"，漂浮水面的水生植物。因为桂林有很多河塘，所以很多浮萍，鸭子饿的时候也吃浮藻。

像这一首童谣就有一些有意思的方言词，形容了鸡毛鸭毛飞起的样子：

> 鸡毛鸡毛乖乖，鸭毛鸭毛乖乖。
> 叫你东歪就东歪，叫你西歪就西歪。
> 叫你磕头就磕头，叫你闪背就闪背。
> 叫你跑马就跑马，叫你贴墙就贴墙。
> 叫你上天就上天。飞呀飞呀飞——！

"闪背""跑马"都是用来形容鸡鸭毛飞的形态，用的都是桂林方言，"闪背"的意思就是转过背，"跑马"的意思就是跑起来很快。

如果大家仔细观察就会发现，这些桂林童谣和民谣还有一个共同点，就是用本地方言反映出本地人对于生活的一种追求。

在桂林的童谣中有一种食物的出现很有意思，那就是芋头。记得在 1996年，曾经热播过这样一部电视连续剧，叫《宰相刘罗锅》，其中有两集剧情，就提到了桂林的荔浦芋，说是每年广西上贡给皇宫的贡品，最后乾隆吃了香甜软糯的荔浦芋后，更是赞不绝口。这部电视剧使得荔浦芋当时在全国家喻户晓，身价扶摇直上。可见，芋头是我们桂林一个很有名的食物，它在桂林方言当中也是经常出现的。比如刚出生的婴儿，我们一般喊作"毛芋头"。毛芋头就是一种个头很小的芋头，桂林话用来称呼婴儿，就有个小的意思。除此之外，桂林童谣中也有芋头的身影：

> 光板头，擂酱油，擂给妈妈炒芋头。

这首童谣里"光板头"就是光头的意思。我们桂林话一般把光头喊作"光板"，光板有"磨掉了毛的皮衣服或皮裤子"的意思，桂林话就借用了这个意思。

> 排排坐，吃果果。
> 果果香，请姑娘。
> 姑娘来得早，吃块芋头宝。
> 姑娘来得晏（音同岸），吃口芋头饭。
> 姑娘来得迟（音同七），吃碗芋头皮。

这首童谣是桂林以前的小女把爷扮"酒酒娘（音同靓）"的时候经常念的。扮"酒酒娘"就是扮"家家酒"，过家家。几个女把爷在一起捡几块石头当灶台，再撊（桂林话读 dia 第二声，拿）几块瓦片放上竭当锅，搞点小花小草（比如酸咪咪、地萝卜、一串红）和碎石头当菜，就可以围坐在一起炒菜吃饭了。一边扮"酒酒娘"一边就念这样的童谣，感觉特别好耍。在这首童谣里有一个字"晏（读暗）"，相信桂林人都不陌生，我们经常说"来晏了""起床起晏了""天好晏了"，这个"晏"就是晚的意思。这是比较古老的讲法。

桂林方言中其实有很多这样的童谣，是跟小把爷耍的游戏相关的。有一种翻绳的游戏，桂林话喊作"解股"，就是两个人拿一根绳子，小时候一般是拿毛线绳，先由一个人在手上编成一个花样，再由另一个人从其手上接过，变成另外一种花样。因为这个过程很像把绳子解开又拧成股，所以桂林话就把这个游戏喊作"解股"。关于"解股"有这样一句童谣："解股解股，三年受苦。"意思就是大人劝小把爷不要沉迷于这种翻绳的游戏，要好好学习，不然将来就要过苦日子。以前，很多桂林的女把爷都喜欢跳皮筋，我们桂林人一般喊作"跳牛筋"，有一种花样搭配的是这样的童谣："一二三四五六七，马兰开花二十一，二五六二五七，二八二九三十一……"

笔者记得小时候有三种集体游戏最受欢迎，第一是老鹰捉小鸡，第二是蒙蒙凉枪，第三是一网不捞鱼。老鹰捉小鸡就是一个小把爷当母鸡，后面跟到（读倒）一群小把爷当小鸡，扯到（读倒）衣服排成一列，另一个小把爷当老鹰，要揭抓排在最后的小鸡，排在最前面的母鸡就要负责保护后面的小鸡。要这个游戏的时候也有一首童谣：

> 卖龙卖龙车车，还龙还龙愿愿。
> 买个猪头还大愿，大愿不吃猪头肉，买个狗崽来看屋。
> 狗崽狗崽你看家，我揭后园摘（读择）红花。
> 红花摘完了，抓到一串大蚂蚱。

这个本来是向龙王请愿还愿的童谣，后来就变成了老鹰捉小鸡时念的歌谣了（桂林话把老鹰喊作"岩鹰"）。"卖龙车车""还龙愿愿"和"还大愿"是什么意思咧？根据 2006 年版《桂林老板路》里面的《桂林岁时风俗记》一文（魏继昌撰，覃静改写）介绍：农历十二月二十三或二十四日，"小年前后，民间还有一通行习俗，即还'大愿'，又名'还太平愿'。迷信认为一年四季过着太平安乐的生活，都是由诸神所赐予的，一年将终，应该酬谢神恩，还此心愿。有钱的人杀一全猪，无钱的人至少也需买一猪头，选择吉日，配以香烛鞭炮，向各街庙宇，酬神还愿。"小把爷在要这个游戏的时候一个扯着另一个小把爷的上衣后摆，好像是连接成一条有头有尾的长龙车一样向庙宇前进，表示长龙还愿，而在"还大愿"里"猪头"是最有分量的供品之一。当然，"还龙愿"也很有可能是端午扒龙船的仪式之一。

老鹰捉小鸡、蒙蒙凉枪和一网不捞鱼都是桂林那些厂区、大院、街巷里面的小把爷经常耍的游戏。住到（读倒）河边哪些船上人家的小把爷，则经常耍另外一个游戏，喊作"破莲子破莲花"。几个小把爷围坐成一圈，小手合掌举在胸前，好像一朵莲花苞。一个小把爷带头在手心里夹一颗小石子当莲子，站在圈中间，一个一个双手合十地从别个小把爷合着的手掌心里划过，唱一句破一朵。你喜欢给谁就把莲子放在谁手心里，这样一个接到（读倒）一个地"破"下去，有点类似于击鼓传花。这个游戏里唱的童谣也很好耍：

> 破莲子，破莲花，
> 莲子莲花在哪家？
> 家家都有籽，
> 籽籽不开花。
> 冷粽子，热（读桂林话的"爷"）糍粑，
> 咬（音同袄）一口，叫喳喳。

"冷粽子，热糍粑"是桂林饮食谚语，二者都是好吃的东西，吃了一口就会"叫喳喳"。"叫喳喳"也是桂林话，意思就是顶呱呱。当然，"叫喳喳"也有大呼小叫、叽叽喳喳的意思，桂林话也讲成"叫吗喳"或者"喊喳喳"，比如"莫吵了，叫喳喳的，烦死人"。

上面那些游戏都需要道具和场地，以前我们桂林的小把爷还有一些游戏是不需要道具的，比如手指游戏，也是好好耍的，而且这些游戏随时随地都可以耍，不受时间和空间的限制。里头也有蛮多桂林话的特别讲法。

一个很普遍的手指游戏喊作"点卯点卯官官"，几个小把爷一起，大指妈竖起，其余四个指妈握住另一个人的大指妈，每个人的手互相交错握住，首尾相接，由一个小把爷腾出一只手依次揭数每一个手指妈，一边数大家一边念：

"点卯点卯官官，点着谁人谁做官。点卯点卯贼贼，点着谁人谁做贼。点卯点卯盐盐，点着谁人谁卖盐。点卯点卯油油，点着谁人谁卖油。点卯点卯布布，点着谁人谁卖布。点卯点卯酱酱，点着谁人谁卖酱。点卯点卯抓抓，点着谁人谁挨抓。"点到手指妈是官的就可以做官，点到手指妈是贼的就只能当贼。

在桂林话里，"点卯"这个词有另外一种意思，就是打小报告和背后告状的意思，比如："老张偷懒挨领导讲了一通，没是你点卯的吧。"

另外一个手指游戏就比较复杂，需要用到一些手指的技巧。先是右手的大指妈和中指妈、四指妈捏在一起，左手的这三个指妈穿过右手的三个指妈也捏在一起，然后把小指妈藏在右手的手心里，外面只留食指，这样做好以后就可以开始游戏了。手指一边动的时候，一边要配合歌谣，先是左手穿在右手的大指妈和中指妈、无名指动一动，口中念"三个将军在喝酒"；然后在外面的右手大指妈和中指妈、无名指动一动，口中念"三个告花子守门口"（告花子是桂林话，意思就是叫花子、乞丐）；接着左手的食指和右手的小指妈相对，口中念"高子和矮子打一架"（"高子""矮子"就是高个子、矮个子，因为食指长，小指短，所以叫高子和矮子）；接下来右手的食指勾一勾，口中念"黄妈妈出来骂一骂"（"黄妈妈"在桂林话里有喜欢管闲事的老太婆的意思）；最后左手的小指妈在右手的手心里划动，口中念"屋里有个小娃娃，嗯啊嗯啊嗯啊（模仿小把爷哭的声音）"。

你看看嘛，桂林地方童谣和游戏要是没得桂林话，那就不懂得哪样子搞了，可能就根本不存在了，所以，桂林童谣和游戏是靠桂林话活到（读倒）的。反过来讲，讲桂林童谣和游戏的板路，就是讲桂林方言的板路。

（刘　萍）

三、谣子里面用的方言词语

谣子，什么喊做谣子？按临桂两江、渡头、茶洞、五通、保宁、宛田、中庸等地区的方言的讲法，有一种方言歌谣，喊做谣子。谣子，完全用土话唱出来，形式简朴，旋律优美，唱词通俗，押韵顺口，是融叙事抒情于一体的地方短小"曲艺"。

谣子长短不一，短的四句，长的二十多句，甚至上百句。内容多是有关女子生活的反映，但也有歌唱男人的。一般都是独唱、齐唱，也有领唱、伴唱等，伴唱多是唱衬词。旧时女子出嫁前一天晚上，在女家屋里举行仪式，村里男女老少齐聚一堂，请能唱的"谣子奶"（已婚妇女，年龄不论，有年轻有年长的统称"谣子奶"）和将要出嫁的女子的女伴，有些是认的"十姊妹"，一起唱谣子。

"十姊妹"有地方叫"十姐妹"，是临桂旧时农村流行的一种结拜习俗，性格、喜好、年龄相仿的十个女青年结拜为十姊妹，每年固定凑钱聚餐两次。她们当中无论哪个出嫁，其余姐妹都前往送亲。等到都结婚生子之后，固定的聚餐、交往形式终止。

新娘出嫁前夜一起演唱谣子的这一夜，有的称为"谣子夜"。谣子夜从天黑唱到深夜，有些也有唱过夜到天亮的，所唱的歌不重复。谣子里面蛮多有特色的方言词语，兹选录几段方言谣子如后（用土话唱完全押韵，翻译成桂林话后有些不押韵），并且注释里面的特色方言词语。

姊妹齐

姊妹齐嘛哩哩（姊妹，姐妹；嘛哩哩和下面的嘛摇摇，是衬词，唱的时候众人伴唱），

姊妹齐嘛摇摇，

姊妹齐来在一起嘛哩哩，

唱起谣子到鸡啼嘛摇摇。

想听鸡啼鸡不叫嘛哩哩，

听着大山野鸟啼嘛摇摇（听着：听见），

鸡啼三声妹就起嘛哩哩，

气坏人家不养鸡嘛摇摇；

养着鸡公着狸咬嘛哩哩（养着：正在养；鸡公：公鸡；着狸咬，被狸咬），

养着鸡娘不会啼嘛摇摇（鸡娘：母鸡）；

有米撒把金鸡吃嘛哩哩（金鸡：好看的公鸡），

金鸡吃饱满街啼嘛摇摇；

归朅喊爷买一对嘛哩哩（归朅：归去、回去；爷：父亲），

金鸡出笼喔喔啼嘛摇摇。

这首谣子一般在开始起歌的时候唱，类似于戏剧的序幕，但也可以在其他时段唱。

　　　　　十二岭头有垄葱

十二岭头有垄葱（垄：宽约一米、长视地形而定的长方块菜地，畦），

半垄开花半垄浓（浓：茂盛的样子）。

去时摘支头上戴，

归时摘支衫袖笼（衫袖：衣袖；笼：托着、罩住）。

姊妹问我哪蒙得（哪蒙得：从哪里得来），

石榴山水推来蒙（石榴山：地名；推：水流动；蒙：这里、那里）。

清水推来爷洗面（爷：父亲；面：脸），

浊水推来兄插田。

兄插上田妹下朅（下朅：下去），

兄插下田妹送茶。

送到基头着兄骂（基头：田基头；着：被、挨），

擦干眼泪又酾茶（酾茶：倒茶）。

好久酾到茶叶底，

㧬起篮儿摘茶芽（㧬：提、拿；篮儿：小篮子），

摘得嫩茶三江卖（三江，泛指很多地方），

摘得老茶灶头熏（灶头：灶的上方），

大秤称来有七两（旧制十六两为一斤，下同），

小秤称来有半斤。

这是一首村姑自述日常生活的谣子，反映了朴实的审美行为（摘葱花扮靓），宣扬了温顺的贤淑孝道（想到父亲洗脸、接受哥哥训斥），歌颂了勤劳和智慧（摘茶、制茶、算账）。

有个妹崽个嘴尖

有个妹崽个嘴尖（个嘴：嘴。尖：贪吃、挑食），

会吃槟榔会吃烟（吃烟：吸烟）。

槟榔放在衫袖里（衫袖：衣袖），

烟筒挂在膊头边（烟筒：烟斗；膊头：肩膊）。

这首谣子反映的是那种好吃懒做的女人的形象。

爷娘富贵女抵钱

柑子黄黄心又甜，

爷娘富贵女抵钱（抵钱：值钱，引申为受呵护、有尊严）。

爷打金簪头上戴，

娘打银花坠两边（银花：银饰）；

兄打手镯手上戴（手镯：手镯，这里指的是金银做的手镯），

嫂针花鞋脚上穿（针：用针缝制，整句指嫂嫂做绣花鞋给小姑穿）。

这首谣子反映有钱人家的女子出嫁时穿金戴银很荣耀。

你要做媒选好村

你要剥笋选大根（剥笋：到竹林挖笋），

你要做媒选好村。

选个家婆没零碎（零碎：经常指责人、啰嗦的意思），

选个老公没打人。

嫁餉三年没挨骂（嫁餉：嫁去），

若还挨骂找媒人。

媒人有女拿女比（比：将嫁人的女孩当作自己的女儿来设想处
境，换位思考的意思，下同），

媒人没女比自身。

这是提醒、劝告媒人做媒要将心比心、设身处地为出嫁女着想的谣子。

（李生英）

四、临桂山歌里的方言土语

临桂山歌（特别是情歌）有唱词通俗、比喻形象的特点，其中有很多方
言土语，让本地听众倍感亲切。下面选几首欣赏：

小小鸡公尾索索，

三岁娃崽会唱歌。

唱得人熊纵滚斗，

唱得马骝打陀螺。

鸡公，即公鸡。临桂很多地方的构词与普通话正好相反，例如茶洞话把
牛肉讲作肉牛等。娃崽，男孩；人熊，传说有一种动物很像人，叫人熊，体
型比人大，动作比较沉稳，不轻易做剧烈运动。滚斗，跟斗；纵滚斗，翻跟

斗。马骝，猴子。山歌用"人熊纵滚斗""马骝打陀螺"的比喻，刻画了三岁孩子唱歌的水平，连沉稳（笨拙）的人熊都做了翻跟斗的动作、顽皮的猴子都耍了陀螺。语言通俗、形象鲜明、夸张合理。

> 没曾下雨先动雷，
> 没曾吃酒先摆杯，
> 没曾见哥先睡梦，
> 一夜梦见两三回。

没曾，还没有；动雷：打雷；睡梦，做梦。

> 哥讲到过妹屋门，
> 又讲定过妹的根，
> 妹不信，
> 妹是哪年哪月生？

根，花根，算命讲的生辰八字（花，看花，一种骗人钱财的迷信活动，巫婆神汉帮人算命叫看花）。定，就是过定，过定是旧时男方定亲（定婚）的一种讲法，一般是男方托媒人或者订亲对象到女方家里送上聘礼（钱或者布及其他礼物），顺便把自己的生辰八字用红纸写上一并交给女方。同时，女方也将生辰八字用红纸写好回送男方。

> 妹歌多，
> 妹是山中老麻雀，
> 妹是山中麻雀鸟，
> 会叮谷子会捋壳。

捋壳，鸟（含鸡鸭等禽类）用尖嘴将食物外壳弄开的动作。

火烧茅棚哥难救，

妹要回家哥难留。

听见妹屋鼓手响，

手拿灯草勒得喉。

　　鼓手，唢呐，这里指女子出嫁，男方迎亲吹唢呐。灯草，草本植物，其茎去皮后里面如泡沫状，非常轻，吸收液体力强，旧时用来吸收茶油，因便于燃烧而作灯芯使用；勒喉，临桂俗称吊颈死，即自缢。而实际上灯草质脆易断，但就是灯草这样的"工具"都可以让自己死啊。可见这首情歌利用通俗的方言，表达了"失恋"者无奈和悲痛的心情。

　　在临桂的山歌里面，有很多方言词汇，言简意赅、妙趣横生。

（李生英）

桂北平话板路

一、大桂林方言的一块活化石——桂北平话

桂北平话是中国方言学界对大桂林地区一种方言的命名，是近 20 年来国内方言界研究的热点，远到中国社科院语言研究所和各大名牌高校的专家，近在本土研究者，都多有研究的。

桂北平话名称的得来，主要因为讲这些方言的人多半自称这些话为"平话""平声"等。再一个是因为南宁也有自称"平话"的方言，南宁等地带的平话则被学界称为"桂南平话"。

平话之名和白话（广东粤语）在命名上实质上一样。平和白，本来意思相近。平，有一般的、普通的、平常的意思。如：平民、平头百姓、平日、平时、平昔、平凡、平直、平实、平素、平白、平易等。而白字总和平民百姓相关联，如：白丁、白衣素士、白衣女婿，白丁指没有取得功名的平民，也叫白民。唐代刘禹锡《陋室铭》说："谈笑有鸿儒，往来无白丁。"再如：白衣，古时未做官的人穿着用原色（即白色）的布料做成的未染色的衣服，后用来称无功名的人为白民或平民。白衣素士是无官职的读书人，唐代宰相多由进士出身，所以，人们很看重进士，称进士为白衣卿相，也引称尚未发迹的读书人为白衣卿相。

白衣女婿是无官职的女婿。《西厢记》里崔莺莺的老娘相国夫人苦逼张生说:"如今将莺莺与你为妻。则是俺三辈儿不招白衣女婿,你明日便上朝取应去,我与你养着媳妇,得官呵,来见我;驳落呵,休来见我。"这"白衣女婿"就是平民女婿。可见,所谓平话,就是平民百姓讲的大白话。

有人说,从"白"字的甲骨文字形看,有太阳初升、东方发白的意思。太阳出来亮堂堂,因此,引申出语言表达的清楚、明白、透彻、到底等意思。例如讲"说白了"意思就是说穿了、说明白了。

"白"字还有语言的意思,如:苏白,指苏州话,也指昆曲中用苏州话的道白。京白,指北京话,也指京剧中用北京话念的道白。所以,"白话"本来就是指平民百姓讲的、一听就清楚明白的话,后来在方言分类上也专指粤语。最有意思的是白话文,它是和文言文对应的,也就是平民百姓讲的话。

"白"字又引申出说、讲的意思,如:道白、说白、白口、独白、对白。中国传统戏曲在语言形式上有曲词和宾白(或者说道白)两种。曲词是配乐演唱的词。而宾白是人物说的话,分独白、对白。相对来说,曲词典雅、文言文成分多一些。而宾白则口语化,甚至是大白话。所以,我怀疑,传统戏曲中人物说的话叫"白",和它的口语化有密切的关系。

而我国宋元以后流传于民间的一种文学形式,类似以后的说书,叫做平话,也叫评话。例如有名的《五代史平话》《三国志平话》(也叫《三国志评话》)。为什么这种说唱艺术叫做平话?因为它作为我国古代的口头文学形式,主要采用说唱的方式演说故事。而采用的语言主要就是当时平民百姓讲的话,即"古白话"。

这样一说,我们就很容易理解,其他一些类似的方言的名称的由来了。比如,恭城、灌阳、资源延东有一种方言,操这种话的老百姓称其为"直话",也就是直白的话,大白话。宜州有一种方言干脆就叫"百姓话"。

不管什么地方方言,无论其名称多么不同,大抵都有个地域性相对性的"全民"共同语的存在,既是当地操持各种方言或者操少数民族语言的居民之间交流的工具,又作为命名时的参照。比如,作为北方方言西南官话的桂柳官话。官和民、官和土历来相对照而存在。因此各种方言、土语都是相对官话而言的。哪怕是桂柳官话，相当于普通话来说，也是方言土语，而普通话才是当下中华民族的共同语、中国的法定官方语言，即今天的全民族的"官话"。

以上啰啰唆唆的话，一直是在"正名"，名不正则言不顺。下面才是"顺言"。

桂北平话是泛漓江流域的一种古老的方言，堪称汉语方言的一块活化石，大抵在大桂林各县及城区使用。事实上，本人参与调查过和了解到的，桂林市秀峰区甲山的筌塘、叠彩区大河的蔡家渡、雁山区的柘木、七星区的朝阳西村，以及桂林理工大学建干路校区东侧的城中村，还有穿山一带、漓江船家话（疍家话）等，原来老辈人大多讲的都是桂北平话。

桂北平话在古代也曾经是城内的官话，后来北方方言不断南下，城里慢慢演变成北方方言，而桂北平话只在农村保留了。据笔者的调查，其实灵川县城内在 20 世纪 70 年代之前绝大部分的人是讲平话的，只有外来干部等讲官话。

但是，桂北平话内部差异很大。有时隔条路的不同村子就不同话，同一个村子的村头村尾也同话不同音。当然，这和住家移民的时间、原籍，以及相邻方言的交互影响有关。

总体情况是，桂北平话的核心区域在桂林及近郊，以及阳朔、临桂、灵川、永福、雁山区、平乐、贺州等地。灵川往北的兴安、全州、灌阳、资源、龙胜，则受湘语的影响，逐步带上湘方言的特点，比如有浊音等。往南的平乐、荔浦等地，有的方言则带上粤语、柳州话的色彩，比如平乐张家榕津的一些方言。桂北平话地理分布上可能延伸到桂江流域的贺州、钟山等地。

说桂北平话古老，这既体现在语音方面，也体现在词汇和语法方面。比如，桂北平话有和普通话差异很大的语音体系。就说声调吧，普通话是 4 个调，而桂北平话都不止 4 个调，阳朔葡萄"平声"、临桂两江平话、永福塘堡平话有 6 个调，临桂义宁话、兴安高尚软土话有 7 个调。而且桂北平话普遍保留了入声调类，这在普通话里是消失了的，整个北方方言体系几乎都没有了完整的入声调类。当然，桂北平话的入声调和粤语不一样，粤语还有完整的塞尾

[p][t][k]，而桂北平话基本没有了塞尾，部分地方还有轻微的喉塞尾。

语音和语法方面太专业，本文也说不清，目前国内外也没有哪个专家能够彻底说清。笔者谨就词汇方面略说一二，让大家了解一下桂北平话的古老。

曾经在公元1174—1178年做过桂林通判的南宋人周去非，在《岭外代答·风土门·方言》讲桂林："至城郭居民，语乃平易，自福建、湖湘，皆不及也。其间所言，意义颇善，有非中州所可及也。早曰'朝时'，晚曰'晡时'……以瓦瓶盛水曰'罂'，相交曰'契交'……长于我称之曰'老兄'，少于我称之曰'老弟'……泛呼孩提曰细子。"

这段文字记载了800多年前的桂林人使用的一些词汇，这些词汇在南片桂北平话中仍然在使用。比如讲，早晨讲"早朝"，黄昏讲"高晡夜"，除夕喊做"三十晡夜"，一些陶罐、坛子讲"罂"，结拜非同年生的兄弟讲"伙契"，称呼哥哥为"兄"（平话中和"分"同音），称呼弟弟为"老弟"，喊小把爷"细囝崽"等。

《岭外代答·风土门·俗字》还说："广西俗字甚多……奀，音倦，言瘦弱也……音腊，言不能举足也……氽，音泅，言人在水上也；音魅，言没人在水下也……"

这些字词在桂北平话里头还在用，南片桂北平话把瘦骨伶仃喊做"瘦奀奀"。大桂林不少地方的平话、官话都把脚残疾喊做"腊"，写字是"乔"，是个会意字：上面是"不"字，下面是"行"字，即不能行动。在南片桂北平话里讲潜水是"氿氽"（读秘求），"音魅，言没人在水下也"，周去非没有写字，只记音是"魅"，其实写字就是"氿"（桂林话读秘），大桂林不少地方的平话、官话都把潜水（即"没人在水下"）喊做"氿水"，在平话里头语音更接近"魅"。韵母"ei"和"i"，是古今音的变化。

这可见桂北平话的活化石特点。再举一些例子。

比如"走"，桂北平话普遍保留古汉语"奔跑"的意思。通常速度的步行桂北平话多讲"行"。筷子在桂北平话中大多说"箸"。临桂六塘道村不讲"踩"，讲"践"。全州有些话，不讲"红"，讲"赤"。桂北平话讲"好"多讲"媁"（普通话读"韦"，桂北平话读音近似"威"）。讲遗失、遗漏、走失为"攭"。讲同辈中排行最小的为"挩"，音满；这个写法是方言字，即俗字。在《汉语大字典》里为"屘"，是会意字，尾子当然是末尾的子女，音义完全相同。讲"去"多半讲"朅"，母鸡孵小鸡的孵叫"菢"，皱讲"翍"（桂林话读如"遛狗"的遛，第四声；或者读妞的第四声），形容尘土飞扬，芋头类的食物面的口感叫"蓬"（朋的第一声）。

阳朔葡萄、杨堤、白沙、临桂六塘、南边山、雁山区大埠等地，把自己讲的方言讲做"平声"。笔者以其中阳朔葡萄镇的"平声"为例，说说平话的古老，像下面这些古语词都是葡萄人的日常用词：

毈 duàn：蛋孵不出雏，寡了。

使：用。"使火烧"指用火烧。"有什么使"，即有什么用。

立：站。"立在地上。"

狭：窄。"马路好狭。"

阔：宽。"大桥好阔。"

了：结束、完结、了结。"事情做了啯"，指事情做完了。

亦：也。"他亦朅"，指他也去。

朝：早上、早饭。早朝：早饭。

踣 bó：跌倒。"他踣啯一跤"，指他摔了一跤。

焮 xìn：用文火加热或者保温，"焮爁腊饭"，指加热冷饭，"腊"有"冷"的意思；又指发炎红肿，如说："头上焮起疖子。"

鐺 chēng：煮菜的锅。"管它生不生，肚里有个鐺"，是说管它生不生，肚里有个锅。

曈 tóng：新年曈曈，意思是大过年时阳光灿烂。王安石诗《元日》云："千门万户曈曈日，总把新桃换旧符。"

比甲：背心。《金瓶梅》第三回："上穿白夏布衫儿，桃红裙子蓝比甲，正在房里做衣服。见西门庆过来，便把头低了。"

如果把桂柳话拿来比较，可以发现，桂柳话少有这些词，或者有其中一些词，但是不再用它们的古义。桂林话中保留了其中一些，有可能是受桂北平话的影响。

桂北平话大概也是中古以后，随着移民从北方流传到桂林的。应该曾经是时髦的官话。但是，随着时代的发展，城镇的语言不断发展，乡村则更多地将平话保留下来了。当新的官话传到城镇以后，这些曾经的官话就成了民话。但是，随着普通话的推广，一代一代的小孩子以讲本地话为耻，父母为了孩子读书学习好，也跟孩子说学校普遍使用的桂林话。到了20世纪90年代以后，学校普及了普通话教学，家长和孩子也干脆在家里讲起普通话来。如此一来，平话就逐步在城镇式微了。

尽管如此，平话的影响还保存着，甚至体现在桂林话的词汇中，学术界把这种不容易被人注意的痕迹，叫做历史沉积的底层词汇。

比如说，桂林话中有"阶"（桂林话读"盖"的第二声）这一语素，可以组成老阶、母阶、踄（读掰）阶、胖阶、歪阶、菀阶（头儿；排名第一者）等词语。老阶是老爸的背称，母阶指女的，踄阶指足残疾者，歪阶指一种一节拇指大小的贝类。其时，"阶"说穿了是"的"的意思。所以，老阶、母阶、踄阶、歪阶、胖阶字面意思是老的、母的（女的）、踄的、歪的、胖的。阶的功能在这些词里是"的"字。因此，除了老阶，其他母阶、踄阶、歪阶、胖阶都含有不恭的意思，甚至有贬义、歧视。此外，老桂林人还讲帽阶、鸭阶、包阶，里头的"阶"相对于"子"，就是帽子、鸭子、包子等。

桂林话里的"老阶"的"阶"其实应是桂北平话的词汇的历史沉积。因为在桂北平话中普遍存在读音相近、意思和功能一致的"阶"这个词。甚至客家话、粤语、湖南一些方言、昆明话等方言都有读音相近、意思和功能一致的"阶"这个词。因为平话的历史远比桂林话悠久，所以，我们有理由相信"阶"是平话的历史沉积。

当然，桂北平话又分出不少的小分支，内部差异较大，我所讲的情况，也许在您所知的桂北平话分支中不存在，那也不奇怪。

长远看来，桂北平话会最终消失，只是时间的问题。不过，相对而言，桂南平话更罕用，尤其是原来南宁城里的平话，由于城市的大发展，原有平话居民区的变迁、城中村的改造、拆迁，居民早已分散，而年轻人逐步趋向说南宁白话和普通话，除了一些老者，已经很少有人能够使用了。

事实上，处在桂林市区城中村、近郊村落及县城、城乡、城关、附城等地区的桂北平话同样到了渐渐消失的地步。方言土语被认为有失身份，所以，往往自生自灭。曾经有人提出"保卫上海话""保卫宁波话"，到了广西，就有人提出"保卫南宁话"。其实，这些所谓"保卫"是纯属无谓的，最终就是方言的消失，语言向民族共同语的趋同，这样也是"国标"。

这里顺便介绍桂北平话研究部分书目，以方便想更深入、更专业地了解的读者。

"桂北平话与推广普通话研究丛书"，本丛书包括 12 种，对全州、兴安、资源、灌阳、临桂义宁、临桂两江、永福、阳朔葡萄镇、钟山、贺州、富川等地的方言点进行调查研究。广西民族出版社 2005 年版：

刘村汉著：《桂北平话与农村推广普通话研究》

林亦著：《兴安高尚软土话研究》

白云著：《灌阳观音阁土话研究》

梁金荣著：《临桂两江平话研究》

邓玉荣著：《钟山方言研究》

周本良著：《临桂义宁话研究》

张秀珍著：《贺州九都声研究》

梁福根著：《阳朔葡萄平声话研究》

肖万萍著：《永福塘堡平话研究》

唐昌曼著：《全州文桥土话研究》

张桂权著：《资源延东直话研究》

邓玉荣著：《富川秀水九都话研究》

此外尚有：

李连进著：《平话音韵研究》，广西人民出版社，2000 年版。

散见的论文近百篇，可以从知网阅读。

（梁福根）

二、桂北平话的称谓词

（一）南片桂北平话对父母的有趣称谓

阳朔、临桂、雁山区等地的南片桂北平话，对父母的称谓有一些特殊的喊法，讲起来真是蛮有意思的。

爸爸哪样子喊？南片桂北平话的老一辈有蛮多的喊法啵。

例如，有的人喊叔，有的人喊爷。把父亲喊做"爷"你莫以为老土啵，这是很古老的喊法啵。古代就是喊父母喊做"爷娘"的。你看看初中语文课本里头的《木兰诗》就有一句："不闻爷娘唤女声，但闻燕山胡骑鸣啾啾。"这是南北朝时代的乐府诗，离现在有 1400—1600 年了啵。再看看唐朝杜甫的《兵车行》里头讲："车辚辚，马萧萧，行人弓箭各在腰。爷娘妻子走相送，尘埃不见咸阳桥。"这首诗离现在也有 1200 多年了。所以讲喊父母喊做"爷娘"是好传统的喊法。

但是，光是喊"爷"，由于保留不同年代的读音，分别读成类似桂林话的"呀"和"哟（yo，调值 44）"。小把爷喊起来是"呀呀"和"哟哟"，其实写字都是"爷"。

为什么讲"爷"读为"呀"？你看看明代的一个笑话《三笑之事》就晓得了。这个笑话讲，明代嘉靖年间，杭州有个稳婆（接生婆）去帮人家接生，结果反而在产妇家里生下了个仔；有个医生去别人家帮抢救病人，结果突发疾病死在了患者家；更有可笑的巡捕去追捕犯人，反而给强盗绑架了。当时巡捕十分害怕，称呼强盗为"爷爷"。有好事者写了一首打油诗讽刺他们：

> 稳婆生子收生处，
>
> 医士医人死病家；

更有一般堪笑者，

捕官被盗叫爷爷。

古代的人喊接生婆喊"稳婆"，"病家"就是患者（病人）家里，"巡捕"和"捕官"差不多相对于现在的警察，"捕官被盗"就是捕官遭遇强盗的意思。

打油诗是要顺口（即押韵）的，可见，在明代的时候，"家"和"呀"是押韵的。这首打油诗只有把"爷爷"读为"呀呀"才押韵。

那为什么南片桂北平话把"爷"读做"哟"咧？因为桂北平话保留了不少古代的读音。那在这首打油诗里头，要是把"爷"读做"哟"，是不是还押韵咧？是押韵！但是，必须都拿南片桂北平话来读。在南片桂北平话里头，"家"读起来很像桂林话的"锅"。你看看嘛，"锅"和"哟"不是押韵了吗？

稳婆生子收生处，

医生医人死病家（音近似"锅"，guo，调值 44）

更有一般堪笑者，

捕官被盗叫爷爷（音近似"哟"，yo，调值 44）。

把"爷"分别读为桂林话的"呀"和"哟"，除了因为要保留不同年代的读音外，还有民俗意义上的区别。在南片桂北平话里头，把"爷"读为桂林话的"呀"时，是亲生父亲的意思。把"爷"读为桂林话的"哟"时，是叔叔的意思。把父亲喊做叔，或者把"爷"读为桂林话的"哟"时，都是为了喊得不那么亲，好像不是自己亲生的那样，这样子把爷崽才好养大。把母亲喊做"婶"也是这个用意。

因为桂北平话里头，有的地方喊叔叔喊"厾"（桂林话读"满"），喊爸爸时为了喊得不那么亲，把爷崽好养大，所以也有喊爸爸喊"厾厾"的。

"父亲"还有一个讲法，是讲"老子"。但是，不能当面喊，只能背后讲。当面喊叫做"面称"，只能背后讲叫做"背称"。老子只能背称。大桂林各地的话背称父母大多数都可以讲"爷娘老子""娘老子""老子娘"。

蛮有意思吧?

再讲妈妈。

在南片桂北平话里头,喊妈妈有几个喊法,有的喊做"奶"(读音像普通话的"捏",调值55),有的喊做婶,有的喊做"媞"(读音像普通话的"支",调值44)。

把妈妈喊做"奶",背称"奶奶"。另外,他们把祖母喊做"奶"(nai),背称"奶奶",这个时候"奶"的读音变了,喊起来和官话一个音。

把母亲喊做婶,好像不是自己亲亲的老娘,是为了喊得不那么亲,把爷崽才好养大。这和把父亲喊做"叔"是一样的民俗用意。

但是咧,老人家讲,到了最后父母亲去世时,如果原来是喊"哟"(叔)和"婶"的,哭丧时,必须言归正传喊"呀"和"媞"(读音像普通话的"支"),表示是亲生父母。

最有特色的是,在南片桂北平话里头,喊妈妈喊做"媞"。这个喊法好古老。汉代学者、作家扬雄著的《方言》解释"媞"是母亲。《说文解字》解释"媞"也有母亲的意思。《集韵》:"章移切,音'支'。"

在阳朔葡萄镇有的地方的官话喊妈妈做"姐"。噫?为什么做喊妈妈做"姐"呢?其实写字是"妲(普通话读姐)",不过,这个字真的和"姐"读音相同。你看看这个字的构成,它是个"会意字",就像"不正"是"歪","不好"是"孬"那样。由"母"和"也"两个字构成,"母也"就是"母亲大人也"的意思。那他们喊姐姐又喊什么呢?喊"大"。结果呢,在附近又有人喊爸爸喊"大",灌阳、兴安等地也有人喊爸爸喊"大"。

其实中国蛮多地方喊爸爸喊做"大",陕西就是这样的。笔者问过在阳朔县街上开面馆的几个陕西人,"大大"是什么意思,他们讲是"伯伯"的意思。陕西人称呼父亲,或父辈的男性(如叔叔、伯父等)时,都可以叫"大大"。你看看,同一个字拿来称呼不同的人。

(梁福根)

（二）南片桂北平话的几个特别的亲属称谓

亲属称谓就是对亲属、亲戚的喊法。

讲南片桂北平话的人主要住在阳朔、临桂、雁山区等地。他们在喊亲属时，有几个喊法讲起来是蛮特别的。

1. 家里不同辈分上的一些特色词

喊祖父喊公，不少人喊父亲反而喊爷或者爷爷。

喊曾祖父母喊太公、太婆，或者太太。

喊高祖父、曾祖母喊白公、白婆，或者太太公、太太婆。

喊曾孙喊"息崽"，但是"息"字读音是"色"。为什么这个字又读"锡"，又读"色"？主要是语音的古今变化造成的。在普通话里头，"息"和"膝"是同音字。在南片桂北平话里头也是如此。所以，"息"读"色"是有道理的。

不过雁山、灵川等地的桂北平话中代表重孙的字写成"瘜"，读色。50 岁以上的人里有人用来起名字。因为铅字和电脑里无此字，所以常用"息"字代替。兴安有人写成"孀"，是个形声字，笔者在兴安县漠川乡张家崎自然村对面的大境山的清代乾隆四十九年墓碑上发现有这样的情况。（见图 10.01）

10.01　重孙意思的方言字

"息"字上面的"自"本义是鼻子，是个象形字，看甲骨文：

"息"字是会意字，下面是心，上面是鼻子，古人认为从心里向上通过鼻子呼吸出来的是气息。所以才产生这样的词：鼻息、喘息、叹息、窒息。"瞬息万变"里头的"瞬"是眨眼的意思，"瞬息万变"就是眨眼工夫、呼吸之间就发生无数的变化。

人有呼吸时进出的气息才有生命，断气了就没命了。而呼吸是连续不断的、"生生不息"的，所以"息"字引申出繁殖、滋生的意思，所以又产生这样的词：休养生息、子息等。把钱存到银行，会不断地生出钱，就像钱会生崽，因此，"息"字又引申出利钱的意思，就因此有了这些词：利息、月息、年息、息率。

其实，整个广西的桂柳官话重孙都讲"息崽"，只是一般晓不得字是"息"，以为是"色"。

2. 家里同辈分上的一些特色词

哥哥喊做"兄"，不过"兄"的读音和"分"一样。面称和背称一样。

弟弟面称"弟"，背称一般叫"老弟"。对晚辈和同辈中比自己小的男的，不论他年龄多老，都可以面称"弟"和"老弟"。

姐姐称"姊"。妹妹面称"妹"，背称"老妹"。面称"妹"和背称"老妹"的"妹"读音还不一样。对晚辈和同辈中比自己小的女的，不论她年龄多老，都可以面称"妹"。

老公的哥哥面称"兄"，背称"大伯佬"。老公的弟弟面称"弟"或者喊名字，背称"细税（音满，细税就是小叔子的意思）"。

老公的姐姐称"姊"。老公的妹妹面称"妹"或者喊名字，背称"细姑"（就是小姑的意思）。老公的弟媳称"税婶"。

招上门女婿喊做"招郎"，上门女婿喊做"招郎崽"，拿来招郎的女儿喊做"招郎女"。姐姐的招郎女婿面称背称都喊"兄"。

3. 外家方面的几个特色词

讲南片桂北平话的人对外婆家的亲戚称呼上也有几个特别的词：妗、大妗、小妗、妗婆、妗婆太。妗的普通话读音是"近"，jìn，南片桂北平话读音也是"近"。

和"妗"这个词有关的亲戚是哪些？

"妗"就是舅母，即舅娘。直接喊"妗"是很亲的喊法，一般要按排序喊。

大妗是母亲的哥哥的妻子，也就是母亲的嫂子。小妗是母亲的弟弟的妻子，也就是母亲的弟媳。要是大妗有好几个，那就按大小顺序再分出大妗、二大妗、三大妗……要是小妗有好几个，也是如此类推：大小妗、二小妗、三小妗……有几个大妗时可以简称：大妗、二妗、三妗……有几个小妗时，除了大小妗不能简称，其他小妗可以简称二妗、三妗……当然，除了"大小妗"不能简称，其他妗，不管是大妗和小妗都可以直接喊二妗、三妗、四妗……

妗婆是什么样的亲戚？妗婆是父亲或者母亲的妗们，也就是父亲或者母亲的舅舅的妻子。妗婆太，那就是更高的一辈人，是父亲或者母亲的妗婆们，也就是父亲或者母亲的舅公的妻子。

在北方不少地方，都把舅母（即舅娘、舅妈）叫做"妗"，老婆的哥子（就是大舅子）的妻子、老婆的弟弟（就是小舅子）的妻子，分别背称大妗子、小妗子。

那为什么南片桂北平话的喊法和北方人有类似的地方呢？因为讲桂北平话的人，本来就是从北方移民到桂林的。他们多半是打仗来的军队的后代，或者是逃难来的难民。

大舅子在南片桂北平话里头喊做"妻兄"。大姨子喊做"妻姊"，小姨子喊做"妻妹"，大妗子、小妗子都喊"妻嫂"。

岳父佬喊"丈人佬"、岳母娘喊"丈人婆"。

招郎女婿面称妻子的父母和老婆的喊法一样，但是背称就讲老婆的父亲为"丈人佬"、讲老婆的母亲为"丈人婆"。招郎女的子女喊招郎女本人的亲生父母喊公公、奶奶,招郎女婿的子女喊招郎女婿本人的亲生父母喊公公、奶奶,所以,招郎女婿的子女没有外公外婆。

(梁福根)

(三)"厬(兑)字带来的亲属称谓

厬,读为"满",在大桂林地区都写成"兑",这是桂林特有的方言字,也喊做俗字,厬在造字法里头它是个"会意字",由尾、子两个独体字构成,"尾子"就是落尾的子女嘛。所以,桂林人讲兄弟姐妹中最小的那个喊"老厬""厬崽""厬女"。

大桂林人的名字里头好多都有个"厬"字,主要是因为父母把他们当作最小的崽女起名字的。但是,在以前的农村总是生到不能生为止,所以,往往好多名字里头有个"厬"字的人,还有弟妹。因为绝大多数的人不懂得写"厬"字,所以就写成桂林方言特色的"兑"字。后来,有了电脑,电脑的字库里头没有"兑"字,结果,好多人只好改为"满"字,或者干脆改名字。那些叫"满姣""保满""满发""满旺""满妹"什么的,要是你有机会问他们的长辈,那八九不离十意思上就是"厬"。

湖南南部和桂林是邻居,他们也把兄弟姐妹中排行最小的那个喊"厬崽""厬女"。不同的是,他们没有桂林人仔细,桂林人专门为此造了个"兑"字,他们多半写成"满"字。笔者问过一个湖南的学者,他说生到最小那个子女,子女也就是生满了,所以,用"满"字,最小那个就是"老厬""厬崽""厬女"。

因为有这个认识和"厬"这个字,就产生了一系列的大桂林特色的方言亲属称谓。

在大桂林民间,为了使把爷崽好养大,有意把父母喊得不那么亲,有的地方干脆把父亲喊做叔、叔叔。因为叔叔喊"厬厬",既然把父亲喊做叔、叔叔,所以,有些地方就把父亲喊做"厬""厬厬"了。如果把父亲喊

323

做"厾""厾厾"的人，还有叔叔（即真正的厾厾），那哪样子办？好办，一是把叔叔的名字加在"厾厾"的前头，喊做"某某厾厾"。比如讲，叔叔的名字是"旺桂"，就喊"旺桂厾厾"，这样来区别父亲这个"厾厾"。另外一种做法是按排行来喊，叔叔排行老几就在他前门加上几来称呼他，比如"二厾""三厾""五厾"等。

因为叔叔喊"厾厾"，婶婶就是"厾婶"了，或者按照排行喊第几婶。不过呢，在南片桂北平话中，老公的弟媳面称和背称也喊"厾婶"，也有喊"厾嫂"的。

往上推，到了祖父辈，叔公自然就喊"厾公"，叔奶喊"厾奶"。再往上一代就是"厾太公""厾太婆"，简称"厾太"。

父亲最小的妹妹喊"厾姑""厾娘"。

母亲的姐姐喊"姨娘""姨妈"，母亲的妹妹喊"厾姨""厾娘"。母亲有两个妹妹，就分别喊"大厾姨""小厾姨"（或者"细厾姨"）"大厾娘""小厾娘"。母亲的妹妹超过两个时，就按排行，在"厾姨"前面加上排序。

因为"厾"字指排行小的，总比上面的小，所以"厾"字再引申出"年轻"的意思。这样子，在大桂林又产生了一个由"厾"组成的词："厾姑娘"，这是指年轻漂亮的女把爷，也指彩调、桂戏中的年轻漂亮的旦角。

你看看，这么一个"厾"字，竟然在大桂林方言里头产生了这么多称谓方面的特色词语，蛮好耍吧。

（梁福根）

三、桂北平话的特殊量词

桂北平话有一些的量词，在普通话里头是不能这样用的，但是，在桂北平话里头就可以用。还有桂北平话的一些量词，在普通话里头根本没得的。我们在这垱讲几个。

粒

作为量词，在普通话里头多半指颗粒状的小东西：一粒米，一粒珍珠等。但是，在桂北平话里头用得就好广泛，既可以指颗粒状的小东西，也可以拿来指大的东西，比如讲人、鱼、猪等。例如：

我家有三粒囝（普通话读 nān）崽家。（我家有三个小把爷。这崆有小的意思。）

养都养到（读倒）几粒猪崽咯。（养是养倒几头猪崽咯。有小的意思。）

那粒人当真出奇！（那个人真是不合常理！有贬义。）

她在塘里头捉到（读倒）三粒鱼。（她在塘里头捕获了三尾鱼。）

条

在普通话里头是条形的东西的量词。比如讲：一条蛇、一条扁担、一条河等。在桂北平话里头还可以用做抽象的东西的量词，也可以用在普通话不用的具体事物身上。

两条事情他都办清楚啯。（两件事情他都办清楚了。）

讨罢亲得条事情，好过日子。（讨了老婆完成件事情，好过日子。）

在普通话里头用量词"根"的，在桂北平话里头用"条"：

使几条草来绸起。（拿几根草来绑起。绸和桃同音。）

人家十几条柴就煮熟一餐饭。（人家拿十几根柴就煮熟了一餐饭。）

在普通话里头用量词"张"的，在桂北平话里头用"条"：

你喊他开条飞粒。（你喊他开张收据［或者发票］。）

他捡得几条纸票。（他捡得几张纸币。）

一条桌粒配八条板凳就正合数。（一张桌子配八条板凳就正合适。）

在普通话里头用量词"个、座"的，在桂北平话里头用"条"：

兴坪是条大圩，有好多条圩蓬厂。（兴坪是个大集市，有好多座圩蓬厂。）

眼

在普通话里头用做量词的"眼"字，只能用在眼睛的动作和窟窿型的东西上面，比如：看了他两眼、一眼泉水、一眼井水等。在桂北平话里头，"眼"

不能用做窟窿型的东西的量词，可以用来做眼睛的动作和车船、飞机的量词（相当于辆、艘、列、架等。代字）：

他望出两眼就行路嗰。（他望了两眼就走了。）

他家要嗰一眼汽车。（他家买了一辆汽车。）

江里头有几眼火船。（江里头有几艘轮船。）

铁路上开来一眼火车（或者铁车）。（铁路上开来一列火车。）

一眼飞机搭一眼火车比，哪个开得快？（一架飞机和一辆火车比，哪个开得快？）

广义量词"个"

"个"这个量词在普通话里用得比较广泛，在桂北平话里头那是更加用得广泛，所以，可以称得上是个广义量词。很多在普通话里头不要"个"来计量的东西，在桂北平话里头都可以用。

在普通话里头用量词"只"的地方，在桂北平话里头用"个"。例如：

一个鸡、两个鸭、三个鸟、四个鹅、六个燕粒（即燕子）等等，禽类都可以用"个"做量词。

猪、狗、猫、兔子、老虎、黄鼠狼、竹鼠等兽类，不管野生的还是驯养的，都可以用"个"做量词。

青蛙、蝗虫、蜻蜓、灶鸡（蟋蟀）、骚甲（蟑螂）等虫类，绝大多数都可以用"个"做量词。

大多数农具都可以用"个"做量词。如：锄头、洋锄（即丁字锄）、镰铲、犁、耙等。

大多数炊具、餐具都可以用"个"做量词。如：铫锅（即官话话讲的鼎锅。铫音同调头的调）、鐣（即官话讲的扒锅。鐣音同称呼的称）、铲粒（即铲子）、瓢羹、碗柜、灶等。

"个"做量词在桂北平话里头还有很多，远远不止这些。

边

在普通话里头"边"是不用做量词的，但是"边"字在桂北平话里头可以用做量词，不过，多半用在计量成双成对、成担的东西。比如讲：

一边鞋（一只鞋）、一边袜（一只袜子）、一边手（一只手）、一边脚（一只脚）、一边肩膊（一只肩膀）、一边屁股（一瓣屁股）、一边大腿（一只大腿）、一边桶（一只桶）、一边担粒（担子的一头）、一边箩筐（一头箩筐或者一只箩筐）、一边饭篮（一头饭篮或者一只饭篮）、一边粟篮（一头粟篮或者一只粟篮）、一边菜篮（一头菜篮或者一只菜篮）……

轿

轿子的"轿"字，在普通话里头是不用做量词的，但是它在桂北平话里头用做量词，只用在成担的东西的一半（一担东西的一头）。比如讲：

一轿水（一担水中的一桶水）、一轿担粒（一担子东西的一半）、一轿糍粑（一担糍粑的一半，一担糍粑是 100 个，一轿糍粑即 50 个）、一轿饭篮（一担饭篮的一半或者一只饭篮）、一轿米（一担米的一半）、一轿菜篮（一担菜篮的一半或者一只菜篮）……

这个"轿"的量词，在大桂林官话里头往往用"头"，表示一担的一半，即半担。

桂北平话里头用特别的量词不少，上面只是举了几个例子，读者就可以看出桂北平话的特别之处。

（梁福根）

四、临桂两江平话

（一）有趣的歇后语
临桂两江平话（土话）有蛮多歇后语，随着时代的变迁和普通话的普及，逐步退出了人们的"口语交际"领域，很多年轻人，连两江话都不懂讲了，更不用说用两江平话讲歇后语。现选录几则有趣的讲讲。

哑子吃着苦瓜——讲不出口

意思即"哑巴吃黄连，有苦讲不出"。

三十夜晚的砧板——没有空

大年三十夜晚（专指除夕夜晚，这里的夜晚是指傍晚）家家要砍肉切菜，都要用砧板，没有闲着的，无法借出。往往也引申为特殊的时段无法抽空出来做别的。比如讲："你硬是有点醒（意思是傻），国庆节喊人家借车给你，人家那是三十夜晚的砧板，哪有空哦。"

捉个虱娘放头上——多余的路子

虱娘，虱子；路子，事情。本来头上干干净净，好好的，故意捉个虱子放到头上去，多余让虱子咬，使得头痒，没事找事的意思。好比讲某人历来本本分分的做点小生意，够吃够用，生活安逸。突然听人唆使，花几千块钱参加了传销组织，成天为了拉下线绞尽脑汁，搞得原本的生意没心事（指心情）做了，亏了钱还不算，结果还挨警方传讯。我们就讲他好好生意不做，参加搞传销，真是捉个虱娘放头上——多余的路子。

边眼射鸟——刚刚合数

这条歇后语有点对眼睛残疾同胞的不尊重。边眼，指只有一只眼睛能看东西的人。射鸟，打鸟。"刚刚"两江话读"姜姜"，刚刚、刚好；合数，合适。人们在用鸟枪打鸟的时候，闭住一只眼，用一只眼瞄准。你只有一只眼睛，打鸟刚好合适，不用闭另一只眼了。引申做某件事，恰巧适合，和"瞌睡遇着枕头——正合适"近义。比如讲："选小刘为这次野炊掌勺，这真是边眼射鸟——刚刚合适，就他一个人以前做过大厨师。"

屁股生瘌——坐不到（读倒）

这句歇后语，一般是有点点带贬义，讲一个人没能安心地坐下来做完要做的事情。瘌读辣，疮；坐不到（读倒），坐不住。比如讲："你这个人哪样子搞的，写个作业一下子又东跑西跑，屁股生瘌啊，坐不到（读倒）。"

下村杀猪佬——枉起早

这里有个典故。讲下村（村名）有个杀猪佬帮人家杀猪，每天都是天还没亮就到主家屋里了，杀好猪，褪了毛，破起，样样弄妥，天亮就到圩上去卖。杀猪佬有个褡裢袋，褡裢袋两头是口袋，中间搭在肩上。去时，褡裢袋放的是杀猪刀。回时，一边是放杀猪刀，另一边放主家给的人工钱（铜钱）和一挂一两斤重的猪肉。某天，有个主家屋里也是杀猪的，只是缺个帮手，就请下村的杀猪佬去，头天交代好不用带刀具，空手去就可以了。第二天天没亮，杀猪佬就起床抓起褡裢袋往肩上一搭出门了。因为不用带刀具，走路也轻松，很快就差不多到主家村边了，杀猪佬一摸，觉得有点没对，褡裢袋怎么没有口袋。趁着天边的"鱼白肚"（日出前的霞光），仔细一看，发现不是褡裢袋，是老婆的大短裤。这怎么可以哦，回来还要装铜钱和猪肉啊，于是又匆匆打转回家换了褡裢袋，等到了主家屋里，比往时晚了很多。这事后来当作笑话传了出去，讲"下村杀猪佬枉起早"。久而久之，"下村杀猪佬——枉起早"就成为了人们的一句歇后语，专门讲那种做无效劳动的事的。好比讲："某人，你真是下村杀猪佬枉起早哦，恁早就到了，现在还没弄起（做好某事）。"

（李生英）

（二）日常用语特色词

两江平话有不少特色词汇，现在少用了。现选录一些常用语，分享给读者。

一铳三斗药

铳：读音和"这酒好冲"的"冲"相同，是老式的枪，这里指鸟枪，砂枪；斗：容器，表示装很多；药：火药。一支枪放三斗火药，引爆剧烈。形容性情很急躁，讲话很冲。如"有话好好讲嘛，你这样一铳三斗药的，连不想理你"。

死蛇烂蚂蚴

蚂蚴：青蛙、蛙类。蛇和蚂蚴死后腐烂奇臭，一般用来形容极端难闻的臭味。如"你这袜子几天没洗了，比死蛇烂蚂蚴还臭。"

充手指公

充：（要）充当；手指公：大拇指。指爱出风头，要争第一。如："他那个人就是爱充手指公，自己又没得两下子。"

妇人家格

妇人家：女人家、女人；格：性格、做派。一般用于评论男人没有男子汉风范。如"某人啊，你哪子妇人家格样，拿不起放不下，逼死个人揭"。（哪子：怎么；逼：受逼、着急。逼死个人，让我着急到了极点。死：极点的意思。）

没有眼水

眼水：眼光。没有眼水，指审视事物的能力较低。如："表叔，你也太没有眼水了嘛，那个妇人家你也看得上。"

屙尿淘得饭

屙：拉、排。淘：拌匀。全句说（两人）可以解小便放入饭里拌匀（吃），形容两人的关系非常亲密融洽，与另一句常用语"同个裤筒穿"的意思相似。如："小宝捞（即和、与）小胖两人好得活（活：活像，就像）个什么一样，他们屙尿淘得饭（吃）。"

同个裤筒穿

个裤筒：一条裤筒。与"屙尿淘得饭"意思相似，同穿一条裤子，形容两人的观点一样，联合起来共同对付对手，有"同一个鼻孔出气"的贬义形容。如："你讲不过他们的，他们是同个裤筒穿。"

没得窿钻

窿：窟窿。形容遇到某事无法解决，着急、烦恼，郁闷。如："我揭哪借恁多钱，那天真是逼起没得窿钻揭"（揭：去；恁多：那么多；逼起：被逼得）。全句大意：我到哪里借那么多钱，那天被逼得真是不知如何是好。

又做师公又做鬼

师公：驱鬼神的男巫。又做师公又做鬼，比喻又做好事又做坏事，好事坏事一人做，两面派。如："王五那个人我还不看透了他，又做师公又做鬼，这种人莫揭惹。"

头搋得响

搋：晃动、摇动，一般指手拿装有物体的容器晃动，如筒盒里或者瓷碗等容器里放了东西，用手拿起容器摇晃。如："你的盒子里真的有东西？你给我搋一下看。"头搋得响，形容爱打小算盘的人，像有算盘子在头脑里。如："算了算了，我没和老五搭伙，那个人头搋得响，我难和他淘气。"（淘气即受气的意思）

灶门底强

灶门底：灶门前、自己的小范围；强：强硬、争强。全句的意思是只会在自己的地盘上争强。如："老弟，我还不晓得你，灶门底强罢了，有本事你去参加一次擂台赛我看看。"在阳朔葡萄镇讲成"灶门烂"。灶门是厨房，烂是烂崽的烂的意思。灶门烂就是只会在本地、本村、本家耍横。

（李生英）

（三）特色熟语

临桂谚语受本地方言的影响，用本地话讲押韵优美、易懂、易记，翻译成官话后虽然不一定押韵，但含义不变，现选择一组展示如后。

老鼠吃够三斗六，总有一日着捉到（读倒）

三斗六，即三斗六升，是数量多的意思。大桂林通常讲1斗等于10升。着，被、挨；捉到（读倒），抓住。是讲老鼠偷吃谷（米），天天偷吃，偷吃多了就总要被抓住。劝人不要做坏事，做坏事总会被发现受惩罚的。

三两螺蛳得个壳，三两麻喳得个嘴

螺蛳的壳蛮大，但肉很少，麻喳（麻雀）嘴巴看见大，但身上肉也很少。比喻华而不实的事物，有讽刺只讲大话不做实事的行为。比如讲："见得多了，那还不是三两螺蛳得个壳，三两麻喳得个嘴。""老三那个人信不得，三两麻喳得个嘴罢。"

肚饥莫吃生萝卜，饿死莫做贼

肚饥，肚饿。生萝卜性辛寒味辣，属于寒性食品，如胃寒的人空腹（肚饿）吃了会胃痛。因此告诫肚饿不要吃生萝卜。做贼是大家痛恨的，所以，要像肚饿不吃生萝卜一样，宁愿饿死，都不要去做偷盗的事。

看牛没见牛鞭子，看马没见马笼头

讲虚构的事吹嘘自己，或指设局骗人的行为。比如讲："什么投资一百万搞开发，看牛没见牛鞭子，看马没见马笼头，钱咧？成天东游西荡，那个混混的话你揭信，两公婆都要离婚。"

过水田没瘦，大概人没穷

大度（即大方）让人家的水从自己的田里流过，自家的田不会因让人家的水流过而变得贫瘠。大概，大方，不小气。大方的人即使用钱财帮助别人，自己也不会穷，财富可以创造，而且帮了人，总有某个方面的回馈，或者是精神的或者是物质的。这则谚语告诉我们为人应该胸怀宽阔、钱财大方、乐于助人。与"送人玫瑰手留余香"意思相似。

轮到姑来轮到嫂，轮到后生轮到老

小姑以后会变嫂嫂，后生（年轻人）以后会变老。告诉我们做人要换位思考，为人家着想。年轻人将来也会变成老人，老人也曾经年轻过。

先出不赛后出，柴头不赛木兜

不赛，赛不过、不如、比不上；柴头，一节木头，树根露出地面的部分，即"守株待兔"的"株"。木兜，从土里挖出的连须树根。先出生的人不如后出生的人接受新事物快知识面广，有"长江后浪推前浪"的意思。一节木头，没有挖出的树兜结实经得烧，有"姜还是老的辣"的意思。这条谚语告诉我们，要看到人家的长处，认识自己的不足。

六十学鼓手，学来吹不久

鼓手，吹唢呐的人旧时称为"鼓手佬"。以前人的平均寿命短，七十古来稀，说六十岁了才去学吹唢呐，学会也没什么用了。又有批评早不勤奋学习的含义，"你这人硬是，现在才去学，六十学鼓手，学来吹不久"。现在人们寿命增长了，活到九十、一百岁的人越来越多，再用这个谚语就不合适了。从另一个角度讲，学习永远不晚，任何时候都应该学习，只要有益，"活到老学到老"。

独柴难烧，独崽难教

独柴，一根柴。独崽，就一个孩子，即独生子女和独龙子。一根柴火，没有助燃物，很难烧火。一个孩子，没有比较、竞争，不容易教育。告诫家长要引起注意，不要溺爱，要花多一些精力来教好独生子女。

（李生英）

大桂林方言字、词一览表

一、大桂林方言的特殊读音字、独特字和不容易写出来的字

　　各地的方言总有自己的特点，这其中就包括特殊的读音字、独特方言用字和不容易写出来的字。大桂林方言也不例外，也有一些特殊的读音字、用字，其中有些字不容易写出来，甚至到目前为止都没有考证出本字。

　　所谓本字，就是老祖宗在表达一个意思时所创造的那个一对一的、原本的字，它必须是个音义统一体。仅仅是读音相同或者意思相同都不能判断是本字，只有音义相同才算本字。在写不出本字的情况下，人们往往会找个同音字（或近音字）或者同义字来替代。用同音字或者近音字代替，就是同音替代字，用同义字来替代的字就是"训读字"。比如，桂林小把爷讲吃的"肉"，读音是gaga（第三声和第二声），人们写不出本字时，用"嘎嘎"做同音替代字。又如，我们常常见书籍、报章、网络上面用桂林话写文章时，会写到"克哪凯"（去哪里），这是用同音替代字，如果写本字应该是"揭哪垲"。

　　再比如，桂林市秀峰区甲山街委会、芦笛岩附近有个叫"筌塘"的自然村，但是，按照当地的读音，"筌"是读攇，而"筌"普通话读音是"quán"（全），读音不匹配。"筌"是捕鱼的竹器，而村名的得来和捕鱼的竹器有关。这样，官方第一个写这个村名的人，写不出本字，就用了个同义字来写。实际

上读音是"zuan"（钻的第三声），意思是捕鱼的竹器，这个词其本字是"簎"，所以，"筌塘"本来的正确写法是"簎塘"。但是，因为"筌"字用得多，有个比较常用的成语"得鱼忘筌"，而"簎"字在书面上几乎已经消失了，没有组成常用词。所以，第一个写这个村名的人用了训读字代替。但是实际上在大桂林各地方言里头，"簎"这个词还是民众的常用词，这种工具在农村、河边地区还是很常见，只是大家写不出本字罢了。

大桂林各地方言中有很多这样的类似情况，有其音，有其词，而难以写出其字，要么采用同音替代字，要么采用训读字，遇上根本找不到同音字或者近音字的时候，就连找字来代替都没有办法。

这里集中了250多个这样的字，目的主要是力图写出本字，免得大家各找各的同音字、训读字，莫衷一是，以讹传讹。下面是分列的《大桂林方言特殊读音字表》《大桂林方言独特字表》《大桂林方言不容易写出来的字简表》三个表格。

表格里每个字注普通话读音，注桂林话音，解释其在大桂林方言中的字义（和普通话意思相同的义项就不多解释了），再用例句或者组词印证说明字义。注音时，为了照顾到读者的广泛面，也同时配同音字注音。

大桂林方言特殊读音字表

桂林话的语音和普通话有几点不同：

1. 没得翘舌音，比如讲：枝资同音、尺词同音、诗思同音、日益同音。

2. n、l 不分，女侣同音、牛刘同音、农龙同音、腻利同音。

3. 没有 hu 这个音节，普通话读 hu 的字桂林话读 fu，所以：呼夫同音、湖福同音、虎斧同音、户父同音。

4. 没有 ing、eng 两个后鼻音韵母，像"鹰哼"等字合并到了前鼻音"音恩"，痕衡同音、恩鞥（ēng）同音。

5. 普通话 j、q、x 和零声母的一些字桂林话读 g、k、h 和 ng，而且韵头 i 没有了。如：角、跤、窖、街、届、解、皆、阶、介、戒、芥、疥、解、诫、械、间、舰、鉴、减，确、敲，鞋、谐、蟹、解、咸、衔、限、馅、陷、苋、项、巷，咬、岩、雁、晏、硬。

6."对、碓、推、退、堆、醉、催、岁、蹲、吞、尊、遵、村、孙"等字没有 u 韵头，读开口呼了。所以：村参（参差的参）同音、孙森同音。

7."安、烟、弯、冤"四个韵母的韵尾不落实，韵腹是鼻化音。

8.有一个特殊的韵母 üu，是这个韵母的字有：肉、辱、褥、育、毓、欲、浴、役、疫、狱、域、郁、煜、玉、旧、读。（以上据 1997 版《桂林市志》）

以上 8 点是规律性的语音特点，还有一些字是在规律性的特点之外有特别的读音，它们或者是保留古音，或者是受桂北平话、湖南话、客家话、白话的影响，或者是老桂林人和 30 岁以下的年轻人的语音差异。

下面这个表格是一些在规律性的特点之外有特别的读音的字。

桂林方言字	普通话读音	在大桂林话的读音	字义／例句
儿	ér	"儿"字老桂林话读咡（衣），猫儿读猫咡。	在这里是多用作名词后缀，有可爱的感情色彩。受桂北平话影响。 1.桂林市七星区有座"猫咡山"，所以，那个社区喊做"猫儿山社区"。 2.小把爷的歌谣唱：耗子耗子莫出来，猫咡来了。
傻	shǎ	so 第四声，读"所"的第四声。白话中有类似讲法。	傻、笨。有人用"奿"字代替，而本字是"傻"。 1.这个崽好傻，傻得出屎。 2.莫傻了，你又不是傻崽！
哈	hā、hǎ	hɑ，第三声。	傻、笨。 1.你做什么都可以，就莫做哈事。 2."哈崽、哈女人家、哈卵、哈脓包"等都是骂人的话。
简单	jiǎndān	读"赶丹"。	听起来是"赶丹"，实际上是"简单"。
颜色	yánsè	ɑn/ŋanse，读桂林话的"俺色"，都读第二声。	听起来是"俺色"，实际上是"颜色"。
眼鼓	yǎn'gǔ	an'gu/ŋan'gu，都读第三声	眼睛；坑、洞、口儿。听起来是"俺鼓"，实际上是"眼鼓"。

衰	shuāi	shuai 第二声； sui 第一声。	读 suái 多半指傻；读 suī 多指倒霉。 1. 衰头衰脑的人，考试总总要尾巴龙，莫跟他耍。 2. 你这发子好衰（你这阵子好倒霉）。
爷	yé	读呀或者牙。明代爷字就读呀。现在客家话、湖南一些话和桂北平话都读呀。可能受桂北平话和湖南话影响，保留古音。	父亲的意思 1. 老人家讲的话：崽打爷，没得法。 2. 崽打爷，还了得？
间	jiàn	读"干部"的"干"。	隔开 1. 桂林话讲间开就是间隔开。 2. 把大房子中间用墙间开，做两个小房。
啱	yán	读岩，an 第二声。	恰巧、刚好 1. 岩伯娘遇见岩伯伯——啱啱合适。 2. 我到的时候，他啱啱到。
夹	gá	嘎，ga 第二声，接近古音。	从两旁钳住 老桂林人保留古音，有时"夹"讲成"嘎"，比如："眉毛嘎嘎起的"，是眉头紧锁的意思。
麇	mí	读梅的第一声。《说文解字》："麇，烂也。"《玉篇·火部》："烂熟也。"《灌云》麇为切。折合今音读"梅"，桂林习惯读阴平。	软、烂、朽 1. 这南瓜焖得好麇了。 2. 炖了好久了，老母鸡都炖得麇麇的。 3. 这段木头麇了。
觉	jiào	读告。	睡觉、睡觉觉 桂林话读"睡觉"读成"睡告"，"睡觉觉"讲成"睡告告"。这个和桂林话讲"地窖"讲成"地告"，讲"叫花子"讲成"告花子"是一样的道理，接近中古音。
搅	jiǎo	读搞。	搅屎：搞破坏、捣鬼。 1. 又是那个短命鬼在搅屎。 2. 你莫搅屎啵，要不然我撩你！
晏	yàn	读暗。	迟、晚 1. 来早点啵，等下晏了就没得你的份了。 2. 我揭晏了，迟到了。

雁	yàn	老桂林人读暗。	大雁、雁山 雁山为什么喊做雁山？因为有几座山在挨破坏前合起来看像只大雁。
囊	nāng	nang，第一声，曩。	本来是指猪的肚皮部分肥而松软的肉，也开玩笑地用于人，再引申出软的意思。 1. 囊囊肉不好吃的，莫要买。 2. 你有肚囊了啵，小心点。 3. 天花板软囊囊的，踩上揭好可怕。
哝	nóng	读农的第一声。	嘟哝、啰嗦、嘀咕、咕哝、批评 1. 少拿钱回家了，给老婆恘哝他。 2. 他这个人一点不像个男人家，好哝得。 3. 整天哝哝呱呱的，好像欠了她钱没还。
钢	gàng	读杠，gang 第四声。	锻造工艺，在刃上加点儿钢，重新打造，使其更锋利。 1. 这把刀钢了以后更加利了。 2. 这把镰铲可以拿揭钢一下。
糠	kāng	读康的第三声。	稻、麦、谷子食物制品等变质的霉、霉味。萝卜等空心，喻人笨。 1. 这袋米（面粉、玉米、粑粑等）放久了，有一股糠味。 2. 这批萝卜留久了，都糠了。 3. 你问他也想不出办法，他就是个糠菜头。 （糠菜头：笨家伙、笨蛋、傻瓜）
秀	xiù	读朽。	秀、秀秀，植物长出的嫩茎，蔬菜类的菜芯、嫩茎，通称"菜秀、秀秀"。 1. 萝卜要开花要先长出"萝卜秀"。 2. 刺蓬长出的嫩茎喊"刺秀"，有些刺秀是可以吃的。
潝	lǎng	lang，第三声，读朗。	用水或液体轻微摇晃涮洗。 1. 用开水潝一下碗，消下毒。 2. 潝不干净的，只是"见水为干净"罢了，其实是"两眼不见为干净"。
呖	lì	lia 第四声。	液体缓慢地滴落或者细细地流下。 1. 宝宝呖口水了，在长牙齿。 2. 你看看你真是个饿牢鬼，口水呖呖的。

啃	jì	读挤。	油啃啃：油乎乎。 1. 这个菜煮得油啃啃的。 2. 昨天炸的油炸粑粑油啃啃的。
芫	yán	读盐。	桂林人讲的芫须即芫荽，现在蛮多人称"香菜"。 1. 小把爷不爱吃芫须。 2. 芫须是个好东西啵，配菜蛮好的。
抿	mǐn	读敏。	1. 收敛，合拢：抿缝。2. 收敛嘴唇，小口饮。 ① 这家卖的门好抿缝。 ② 莫在小口地抿了，下半杯！
碾	niǎn	读炼。	睡，躺，（在地上）打滚。 1. 这个小把爷哭起来俫碾地（碾地：滚地）。 2. 天气凉了，莫碾（即躺）在地上，冷的啵。
瞅	chǒu	读"秋"的第四声。	看。 1. 从门缝里头瞅了两瞅。 2. 莫到处乱瞅！
窿	lóng	读聋，龙的第一声。和"垱"（读泵的第三声）字组成"垱窿"时，"窿"读拢，窟窿的意思。	洞、坑、孔、破口。 1. 这垱有个窿窿，你小心点。 2. 这个窿鼓蛮大啵，难补啵。 3. 地上挖出了个垱窿。
绷	běng	读笨的第二声；或者读笨。	拉扯、绷拉。 1. 你佟绷那根绳子，等下就断了。 2. 牛索都给那头牛绷断了。

大桂林方言独特字表

大桂林方言有一些独特的字（词），这些字在大桂林之外是不使用或者极少使用的，少数字在《汉语大字典》里头收了，大部分是没有收录的，即使收入了，意思、读音、用法也有差异。这些字大多数在电脑上也无法打出来，它们有的纯属大桂林人的独创，有的则保留了古语词。

下面这个表格是目前所调查到的，应该还有没有调查到的，待日后补充完善。表中"~"代表字头（要解释、举例的字）。

桂林方言字	普通话读音	在大桂林话的读音	字义／例句
㦬	chǎn	cuan，第四声，窜（篡）。	有生长的意思。人名用字。《汉语大字典》解释："假子。"引清代徐珂《清稗类钞·经术类》："广西人所用者如下……，音近产，假子也。"因为铅字和电脑里无此字，所以有人常常用"串"字代替。 1.春天来了，桂花树～出芽了。 2.桂北阳朔、临桂、灵川等地常见这样的名字，尤其是农村:～弟、～妹、～发、木～、金～等。
姘		读掰。	女性和雌性动物的生殖器。《汉语大字典》无此字。 1.你莫吹牛～，山外有山，人外有人。 2.你走狗～运了!
蹁	bāi掰	bai 第一声，掰。	脚残疾，瘸。《汉语大字典》有此字。西南官话多用此字。 1.他的脚～了，走路慢，你等一下他。 2.比酒量莫打～脚老虎（指趁人喝得差不多了，才和人拼酒），老实点。
晾	làng	读朗的第一声。	晾晒。《汉语大字典》有此字。其中有一个意思是晾晒。 老人家讲"六月六，晒红绿"，就是农六月六这天把衣服、被子～出去晒。
趼		读抖。常写为抖。	踢。《汉语大字典》无此字。 1.我一脚～死你! 2.～着块石头，脚趾妈出血了。
塝		读 bong 第三声。	破、缺、裂开。《汉语大字典》无此字。在大桂林常常用"泵"代替。 1.手挨刀搞～了。 2.地上出了个～眼（坑、洞、窟窿）。 3.1997版《灵川县志》第四章《乡镇》第十四节《自然村》载公平乡有"地～石"的地名。 4.1996版《荔浦县志》第二章《行政区划》第三节《解放后行政区划》载青山镇满垌村公所有个"泵窿"自然村，"泵"是代字，实际上是塝，当地官话读"泵窿"二字都是第三声。在大桂林坑、穴、破口、窟窿都可以喊做"～窿"，该村边原有个周长约50米的水塘。

馬		临桂五通话读音近似普通话读"列"。	会意字，马无足，比喻人的脚残疾，蹁了、瘫了。《汉语大字典》无此字。 在南片桂北平话中有读音为"腊"的词，意思是腿脚不灵便而拖着脚走路，甚至完全走不了路。意思和读音即王竹溪编的《新部首大字典》（电子工业出版社 1988 年出版）收的荞字，会意字。
屠		临桂五通话读音有点像普通话读"送"。	会意字。本义指屁股（臀部）和肛门，引申指半山梁的地方，或者在高处的背后的地方。《汉语大字典》无此字。
宋		临桂五通话和"拈"同音。	会意字。是指两头大中间小的东西。《汉语大字典》无此字。 一种打草鞋的工具。
旭		五通话里头和普通话的"内"声母韵母都接近。	指同辈中年龄偏小的人。《汉语大字典》无此字。 如："老~"，还有~弟、~妹、~叔、~婶、~舅等。
枬	xiǎn，险	读浪。	会意字。有树林的田野。也有人解释为高而平的地方，水淹不到，较高的山地而非山。 在临桂县两江镇有木脚~、霍家~、龙石~、~头等地名。
嬢		读色。	重孙。 1. ~崽女就是她的孙崽的崽女。 2. 他有两个~崽了。
瘜		桂北平话中读音近息、锡。	意思是重孙。桂北平话中常为名字用字。《汉语大字典》无此字。因为铅字和电脑里无此字，所以有人常常用"息"字代替而读息。 1.《桂北文献资料选编（解放战争时期）·告三二九师、独立团、自卫团、及县、乡保安队士兵兄弟们》第 366 页："阳绿瘜同志系广西省灵川县人，现年十九岁……"（中共桂林地委党史办公室编，准印证 0231） 2. 灵川大圩等地，雁山区江口三村等地，50 岁以上的人多有用瘜来起名字，如富~、代~等。

字	音	说明	释义
蚄	gǎi	读拐，常常误写为拐。	肚~：肚子。肚子较大的某些动物：蚂~、鲶~鱼、蓝刀~。鲶~肚（读第三声）：阳朔话指小腿。因为铅字和电脑里无此字，所以有人常常用"拐"字代替。 1. 蚂~上树——巴不得。 2. 鲶~鱼有的地方喊鲶鱼~。 3. 蛇有蛇路，~有~路。（各有门道、各显神通）
吤		读歹。常常有人写啖代替。	吃的意思。《汉语大字典》无此字。 1. 这家米粉店的锅烧好好~。 2. 难怪他那么肥，他好~得的，一餐~得斤把肉！
燩	lǔ	读鲁。其实应该是"卤"字。	卤水，在桂林是桂林米粉必配的调味汤料。《汉语大字典》无此字。 1. 桂林米粉做得正不正宗，就看~水。 2. 这家米粉店的~水蛮好啵。
岜		读额。	这是个大桂林的方言字，意思是山坳，两山连接处的马鞍形的地方，也就是像张开的五指之间的指缝处，或者山的一侧的坡道形的地方。古字是厄，后来写做阸，在大桂林写成岜。《汉语大字典》无此字。因为铅字和电脑里无此字，所以有人常常用"厄"字代替。 1. 阳朔县城文化古迹山水园有个地方喊"南山~"。阳朔县城还有一个地方喊做"丁~"。 2. 临桂、阳朔、雁山很多地名都有个~字。
坄		读额。	山坳，意思和岜接近。《汉语大字典》无此字。因为铅字和电脑里无此字，所以有人常常用"厄"字代替。 1997版《灵川县志》第四章《乡镇》第十四节《自然村》载海洋乡有油榨~、~底、水牛~等自然村。此外当地还有坛子~等地名。
嵅	hán	读胆。	四周高中间低的地形，或者四周是山（山峰），中间是平地、谷地、山窝的地方，类似电饭锅或者水壶的内胆。 阳朔、平乐、临桂、灵川、雁山都有很多喊什么嵅的地名。

341

字		读音	释义
㟖		ong 第四声，在荔浦官话里和"瓮、蕹"等同音。	山弄、山窝。《汉语大字典》无此字。1996 版《荔浦县志》第二章《行政区划》第三节《解放后行政区划》载蒲芦乡有人～，茶城乡有寨～、古～等自然村。
岭		按灵川平话可以对折读"拎"，或者"伦"的第一声。	山槽、山冲、山沟等意思。造字法上是会意兼形声。《汉语大字典》无此字。因为铅字和电脑里无此字，现在常常有人用"岭"字代替。本字可能是"崘"字，音 lún，《广韵》解释是："山阜陷也。"1997 版《灵川县志》第四章《乡镇》第十四节《自然村》载九屋镇、三街镇、青狮潭、蓝田乡等地多有包含这个字的地名。如：～冲、季～、泥竹～、紫～门、金子～等。
碄		读锁。	造字法上是形声字。《汉语大字典》无此字。阳朔县地名用字，有可能本来是"碟"或者"硕"（都读锁），是"小石"的意思。因为铅字和电脑里无此字，所以现在常常用"锁"字代替。阳朔县福利镇有关"～石"村公所。
挮		读"派"的第三声。	意思和普通话的"庹"（读拓）类似，臂展的长度，但是在大桂林还用作动词，双臂伸展以及伸开双臂丈量。所以，是会意字。因为扁担长度差不多是一～，挑担时常常伸开双臂扶住担子的两头，所以，引申出用扁担"挑"。《汉语大字典》无此字。正字写作"挲"。因为铅字和电脑里无此字，所以有人常常用"派"字代替。1.1996 版《荔浦县志》第二章《行政区划》第三节《解放后行政区划》载茶城乡有关"九～"自然村。2. 这根竹子有几～长？3. 她拿箩筐～起一担糠去街上卖。
痉		读嫩的第一声。	被咯吱的感觉；恶心；肉麻；吃肥肉过多后喉咙的感觉。《汉语大字典》无此字。1. 被子好脏，盖起来～～的。2. 大街上亲嘴，你讲～不～？3. 过年吃得喉咙都～了。

圹	kuàng	读唐。（见图7.08）	本指墓穴、坟墓、旷野。如：～穴、打～。在大桂林普遍被当作"塘"的简体字。 1. 临桂县六～镇曾经是个古老的驿站，在那驿路上依次有一～到九～。 2. 鱼～了里头养的是草鱼和鲢鱼。
圩	wéi/xū	xū。	普通话读wéi时，本指江淮低洼地区周围防水的堤：～垸、～子、筑；有圩围住的地区：～田、盐；围绕村落四周的障碍物（亦称"围子"）：土～子。在大桂林普遍只用于指集市：赶～、～日。可能是起源于对"墟"的简化。 1. 以前的错误观点讲："送崽读书不如养崽赶～"。 2. 赶～在阳朔官话里头又喊赶闹子，因为圩日子在阳朔也喊闹日子。 3. ～蓬厂就是～上供大家摆卖东西的厂子。

大桂林方言不容易写出来的字简表

大桂林方言有一些较为常用的词语，但是却不容易准确写出字来，经常看到用同音字、近音字来代替。我们在这里列出一些来，供读者参考。表中"～"代表字头（要解释、举例的字）。

不易写的字	普通话读音	大桂林读音	字义／举例
篡	zuǎn	桂林话读"钻研"的"钻"的第三声。	聚拢。 1. 发出嘴巴～起吹口哨那样的声音。 2. 眼睛小才～火。
簪	zuǎn	桂林话读"钻研"的"钻"的第三声。	竹编捕鱼笼子。 鱼～、泥鳅～、黄鳝～、虾公～、柳尾～
揭	qiè 窃	"咳"的第四声。	去、到。 1. ～阳朔耍。 2. ～尧山看杜鹃花。
垲	kǎi 凯	读凯。	地方；相当于这里、那里的"里"。 1. ～哪垲？ 2. 这～、那～、哪～。

挎	kuà	读垮。	量词：把、嘟噜、挂 一~柿子、一~枇杷、一~桃子
掞	wǎ	读瓦。	舀。 1.快点~起饭吃，不然就冷了的。 2.~三筒米来煮饭。
磉	sǎng	读嗓。	柱下的石磴。（见图11.01） 1.~鼓墩就是柱子底下的石磴。 2.~鼓墩是石头凿的，可以防潮，防止木柱子朽。
悛	sào	sao，扫的第二声。	快悛指"快速"。 1.做这个事情容易，比吃水豆腐还快~。 2.等下就好了，快~得很。
綯	táo	读桃（淘）。	捆、绑。 1.把鸡的脚~起，要不然它跑了。 2.给日本鬼~起丢去河里沕（读秘）死了。
煠	zhá	读"扎"。	用油炸、用水煮。现在通用的是炸。 1.小个的芋头不用刮皮，洗干净用水~熟就蛮好吃了。 2.阳朔油~粑粑蛮有味道的啵。
劖	chán 缠	读馋。	刺、插。 1.~两片酸给我吃！ 2.天气好沤热，痱子~人得很。

11.01　磉鼓墩

撆	piě	读撆的第三声。撆是多音字。	用手剥开、掰开。 1. 帮我把那个破好的柚子～成两半。 2. 筷子给他～断了。
溢	pén 盆	读盆。	容器满了，东西装不下，溢出。 1. 这个碗小了，装点饭就～出来了。 2. 满了满了！莫倒了，酒杯～出来了！
焮	xìn	读信。	小火温热食物；发炎红肿。 1. 把冷的饭菜～一下，吃饭了。 2. 头上～起了个疖子。（南片桂北平话）
甑	zèng	赠，增的第四声。	蒸松糕、蒸饭用的木制桶状物，无底，配甑箅使用。 1. 借个～子蒸一对大松糕。 2. 这个～用了几十年了。
箅	bì	读币。	蒸食物的炊具。 1. 蒸松糕一定要有甑～。 2. 街边路面像百叶窗那样的拿来漏水进下水道的东西叫雨～。
罾	zēng	读增。	一种用木棍或竹竿做支架的方形鱼网。类似传统做豆腐时滤豆浆的设备。 1. 涨大水了，可以去搬～搞点鱼崽。 2. 明天过八月十五，拿～去鱼塘起点鱼来过节。
吤	gě	盖的第二声。	助词，相当于普通话的"的"；相当于名词后缀"子"。 "老～（父亲）、母～、胖～、歪～、跛～"，相当于普通话的"的"；"帽～、鸭～、包～"里头的"吤"相对于"子"，就是"帽子、鸭子、包子"。
鬥	dòu	读豆。	对接、凑集、拼合、汇总。 ～榫头、～钱买房子，开个会把意见～起来。
伦侎	lúnzhēng	伦读轮，侎读争的第二声。	顽皮多事、啰嗦。 1. 这个小把爷好～。 2. 你再～就撩你！

字	音	读音说明	释义及例句
鰪（揭）	yà	读二，或者读"厄二"的合音。	割。 1. 拿刀~断索子。 2. 这把刀~卵都不出血。
捪	tùn	读藤的第四声。	推诿，比，较劲，顺延，让。 1. 莫要一做事情就给~别个。 2. 论功夫，你~不过他的。 3. 明天没得空，~到后天再做嘛。 4. 这边坐不下了，往那边~一点。
扷	ào	读傲。	用秤、斗、尺子、米筒、容器等称、量。 1. 伸开两边手，~一下有好长。 2. 拿米筒~一下有几斤豆子。
抈	yuè	读子曰的曰。	折、折叠、卷。 1. 下雨了，把裤脚~起来，要不然搞邋遢了。 2. 把被子~起点，拖地了。
攋	lài	读赖。	读赖是遗漏、遗失、丢的意思。 1. 她不小心把毛衣~在公园了。 2. 你带小把爷上街，要看好点，莫要~脱他哦。
㧬	sǒng	读耸。	推。 1. 再~就把他~下沟里头了。 2. 等下~下楼看你哪样子办。
扡	kuǎi	读块。	从地里拔出；抓捕、捆绑。 1. 这个花生刚从地里~起来的。 2. 赌钱给公安局~起来了。
撍	tàng	读烫。	推开、推平。 1. 把腻子批~到墙上。 2. 把在晒的米~开点才晒得透。
㨫	áo	读敖（鳌）。	打，揍。 1. 你再牛屎，老子就~你！ 2. 你讲~就~啊，没得王法了咯！
扽	dèn	读顿。	用力快速拽（扯）拉、猛拉，使事物伸直或平整、移动。 1. 拿到索子一~就~断了。 2. 上山挨藤缠到脚，~都~不断。

圝	luán	读鸾（栾、銮）。	圆；引申语音准确；圝圆：周围；讨好、哄。 1. 十五的月亮好～好亮。 2. 话都讲不～，还逞能。 3. 火车站～围都是商店。 4. 这个老师把家长～得好舒服！
沓	mì	读灭。	凹陷，缺（口儿），口感棉而不实。 1. 牙齿掉了，嘴巴都～了。 2. 锑锅跌下来跌～了。 3. 稦（读猫）萝卜吃起来～～的。
塳	péng	朋的第一声，砰、嘭。	1. 尘土，塳尘。 2. 尘土随风扬起。 3. 食物像荔浦芋那样的面的、粉的口感。 例如： ① 扫一下地，好多～尘了。 ② 好灰的路，车子一过就好～。 ③ 粽子里头的板栗、芋头好～。
巃嵸	lóngsǒng	读龙耸，嵸读松的第三声，耸。	本义是：1. 峻拔高耸；2. 云气蒸腾的样子；3. 聚集的样子。 在桂林话里是臃肿、鼓鼓囊囊不整齐的意思。 看你穿的衣服，好～。这个人，身上巃巃嵸嵸的。 巃嵸和巃㞂意思一样，不过读音不同，"巃㞂"读lóngzōng（龙宗）。明代董传策在桂林写的《游桂林诸岩洞记》说道："复为指点桂山（指叠彩山）三峰，巃㞂宛转，悉入瞩畀，盖竟日酣眺焉。"
㧻	zhú/zhù	ju第二声，聚的第二声，菊。	塞入、插入。 1. 把钥匙～进钥匙孔里头好开门。 2. 把排骨～进嘴巴里头吃。
菢	bào	读抱。	禽类孵蛋。 赖～鸡，～鸡崽、～鸭崽
脷	lì	读利。	动物的舌头。 ～因为和利同音，所以，猪牛等的舌子常常喊做"利钱"。

汋	mì	读秘。	汋子：潜水；淹没；谜语。 1. 你会~水没有？ 2. 不会~水下河挨~死难搞。 3. 喊他讲个~子给你猜。
潽	pū	读扑。	沸水溢出。 1. 看好在煮的稀饭，莫给它~出。 2. 牛奶~出来了。
滗	bì	读闭。	挡住渣滓或泡着的东西，把液体倒出；慢速把液体倒出。 1. 把汤~出来，骨头留在锅里。 2. 砂锅开坼了，把水~到碗里。
齇	zhā	读渣。	酒糟鼻。同䴋、皻、皶。 大桂林不少地方讲酒糟鼻是讲酒~鼻的。
匏	páo	读袍（刨、咆）。	桂林话讲的"匏颈"是因为缺碘造成的甲状腺肿大，就是大脖子病。 这个老人家是~颈的。
咆恘	páoxù	读袍序。	"恘"有狂和怒的意思。咆恘指生气、发火。 1. 你莫~，冤家宜解不宜结嘛。 2. 挨领导屌杠了，回家就~。
清	qìng	读青的第四声，读桂林话"亲家"的"亲"（沁）。	清凉，寒冷。 1. 有霜的早晨头好~。 2. "吃了端午粽，才把寒衣送"，端午没过，水还好~。
簟	diàn	读垫（店）。	本来是一种竹子，引申出竹编的来拿垫或者盖东西的像席子那样的竹器。 1. 快下雨了，拿谷~盖到谷堆。 2. 铺上谷~，把花生倒出来拣种子。
蕈	xùn	读迅。	香菇。 香~是菌子的伞盖开了的，香菇是伞盖没曾开的。
騲	cǎo	读草。	雌性的猪牛羊狗等。 ~猪要劁过才好养大。
牸	zì	读字。	雌性未生育的牲畜。 我家养了两头~牛（或者牛~），两匹~马（或者马~）。

镰	xiàn	读线。	割去牲畜、禽类的睾丸或卵巢。 1. 过年要吃大～鸡。 2. ～鸡病人也可以吃。
劁	qiāo	读悄（锹）。	割去牲畜、禽类的睾丸或卵巢。 1. 这个凉亭原来住到个～猪佬。 2. 劁过的公羊肉不骚。
栈	zhàn	读战。	桂林人讲的"栈鸡"是没有下过蛋的雌性鸡。《汉语大词典》"养牲畜的竹、木栅栏：马～｜羊～……"在栈内加料精养，宋代陶榖《清异录·玉尖面》："熊之极肥者曰消，鹿以倍料精养者曰栈。" 1. ～鸡嫩和，比老母鸡好吃。 2. 这个～鸡脸有点红了，可能快要生蛋了。
峒	dòng	读洞。	田地：田～。周边少山。多半用于地名。现在多半写成了山洞的"洞"。 1. 荔浦非常多的地名用～字。 2. 大桂林蛮多地方用～字做地名的。
峝（峝）	dòng	读洞。	周边有山，中间有田地。多半用于地名。意思类似"峒"。 1. 大桂林也有用～字做地名的。 2. 用"峝、峒、洞"做地名往往是有稻田的地方。
槅	gé	读隔。	窗子，大桂林不少地方喊"亮槅"。 1. 这间屋子的亮～蛮大哦。 2. 下大雨了，就把亮～关起来。
睏	kùn	读困。	打瞌睡，睡觉。 1. 眼～，好想睡觉。 2. 关灯后，司机去房间眼～去了！
矇	méng	读萌。	眼睛模糊。 昨晚上网久了，眼睛好～。
眍	kōu	读抠。	眼睛深陷的样子。 1. 他眼睛好～的，像外国人。 2. 你看你，瘦得眼睛都～了。
眬	chòng	读水粘冲的"冲"。	打瞌睡，睡觉。 1. 他佬在这垯～瞌睡。 2. ～觉去，明天要起得早。

躴躿	lángkāng	读郎扛，langkang 均第二声。	清瘦的样子。 1. 瘦古~的，饭都吃到哪垯去了？ 2. 躴躴躿躿的，像个告花子。
齈	nòng	读农的第四声。	一种鼻病，不通气，讲话鼻音重。引申出声音不清晰、饭不干爽等。 1. 鼻子这么~还唱歌！ 2. 这把琴声音好~，不响亮。 3. 饭放水多了，煮得~~的。
齈	nòng	nang 第二声，囊、馕。	桂北平话中指鼻子不通气，发音不清：~鼻孔。 1. 他鼻孔好~。 2. 他是个~鼻孔，香臭都嗅不出。
鲊	zhǎ	读扎的第三声。	1. 用盐和其他作料拌制半干的、腌制的菜。如：茄子~、豆角~。 2. 用酒、米饭、糯米饭等腌制的酸肉、酸鱼。 ① 点一盘豆角~好送饭。 ② 肉~炒辣椒，好好呀（吃）。
把（繁体字欛）	bà	读霸。	多半用于指鸡鸭等禽类的腿部，偶尔用于指人，有玩笑意思。 1. 以前我们小把爷爱吃鸡鸭~腿。 2. 你要减肥了，看你的~腿，大得像大象腿。
苶	nié	nia/lia 第二声，尼牙合音。	疲乏、累、泄气。 1. 好~了，歇口气先。 2. 看到提拔没得他的名字，他就~完了。
挼	ruó	nuo 第一声，读糯的第一声。	搓、揉搓。 1. 拿麻线~根索子来用。 2. 那朵花给他一~就融了。
撮	chuāi	chuai 第一声，揣的第一声。	用手掌压、揉，使搀入的东西和匀：~面；揉，类似和面的动作。 1. 把面粉~一下，等下做包子。 2. 崽崽，不要佬在妈妈身上~，去外面和小朋友要好不好？
膪	chuài	读揣的第四声，或者读菜。	牛腩，牛的乳部肥、韧而松软的肉。 1. 牛~就是牛的囊囊肉。 2. 有汤粉、牛~粉，你要什么粉？

觘	chào	读抄。	牛羊等用角顶、攻击。 1. 挨牛用角~着了肚皮。 2. 两头疯牛牯在~架。
牚	chèng	读秤。	1. 斜柱。2. 桌椅等腿中间的横木。3. 动词，支撑。 ① 门板后面的横起的木条就是戗戗，也就是~~。 ② 晚上睡觉拿根木头~到门。 ③ 南片桂北平话把上门女婿喊做"~门棍"，这样不好。
戗	qiàng	读呛，枪的第四声。	家具、门板等木制品的梁，起支撑作用的木头。 1. 木板门要有几根~~才扎实。 2. 椅子的~~松了，要修一下。
趄	qiè	读"窃"的第四声。	让（开）、走（开）；倾斜。 1. 你~开! 2. 喊他快点，他就索性~开了! 3. 山壁好险，要~起身才走得过。
趔趄	lièqiè	读"列窃"的第四声。	跟跄，身体摇晃，站立不稳的样子。 1. 踢到块石头，打了个趔趄。 2. 你看，喝了几杯马尿走起路来就趔趔趄趄的。
趭	biāo	读标。	人、动物快跑；速度快。《集韵·宵韵》：卑遥切，"趭，轻行也。" 1. 他撵起那条狗~起好快! 2. 这架电瓶车好~。
熛	biāo	读标。	飞迸的火焰和炭屑。 1. 烧炭火放点盐，不给火星子~到人。 2. 不要在阳台放炮仗，要不火星~到人家衣服上。
穮	biāo	读标。	植物窜苗。《集韵·宵韵》："卑遥切，穮，稻苗秀出者。" 1. 下了雨以后，菜花~好快。 2. 肥料下得足，禾苗~得起。

瓒	zàn	读赞。	液体溅。 1. 炸油条，油~到你身上。 2. 水~得到处都是。
瀌	biāo	读标。	液体溅起。也写成滮。 1. 水龙头开大了，水~得到处是。 2. 炸"锅烧"油~到身上。
瓱	dū	读独。	用指头、棍棒等点击、戳；也写成殺、拣。 1. 莫给小把爷耍棍子~到眼睛。 2. ~到拐杖走路——稳当！ 3. 你莫在别个面前~我腰眼（~腰眼：戳脊梁骨）。
抻	chēn	读琛。	伸。 1. 你的脚~不直啊？ 2. 把手~起讨钱。
抻敆	chēntǒu	读透的第三声。	衣物整齐、挺括；人长得舒展、挺拔、好看。 1. 箱子里的衣服不~了。 2. 那个女把爷长得蛮~的。
劙	lóu	读楼的第一声。	挖、抠。 1. 以前剃头要帮~耳朵的。 2. 拿锄头~出个大洞了。
移	nǎ	尼鸦合音。lia 或者 nia 第一声。	粘，形容词、动词。对人的依恋、黏乎。 1. 柚子好甜，吃完手~~巴巴的。 2. 你侭~到人家女把爷做什么？
黐	chī	ci 第一声，词的第一声。	黏、黏乎，形容词、动词。 1. 糯米粑粑没有蒸熟~牙齿的。 2. 刚吃完糖好~手的。
挐	ná	lia 或者 nia、ŋia，第二声。	~火：发火。 1. 八百搞出一吊二，你~不~火！ 2. 我就是~火！就是卵火烫！
稴	máo	读猫。	萝卜、菜帮、冬瓜等因失掉水分而中心呈蜂窝状，即稴心。引申为虚浮、不实、笨、傻。 1. 这些红薯、茭笋~心了。 2. 他这个人虚胖，好~，不结实。 3. 那个崽就是~（傻），还有什么讲的？

箳	pīng	读乒（拼音的拼）。	竹编的洗菜用的浅筐，竹编扁平的晒东西用的竹器。 1. 把~~给我，我洗菜了。 2. 晒烟叶的烟~少见到了。（见图11.02）
鹛	méi	读梅。	用来引诱其他鸟上当便于捕捉的"托儿"鸟；销售等时的"托儿"。 1. 这只斑鸠~子，是拿来引公斑鸠过来好抓的。 2. 其实蛮多是~子在买，哄人的。
冡	měng	读"蒙人"的蒙，第一声。	覆盖。 1. 拿塑料布~到，灰尘太大了。 2. 要下雨了，快拿谷簟冡红薯片。
皳	chè	读册。	皮肤开裂。 冬天衣服不够暖，手脚都开~。
嗉	zuō	读昨。	用嘴吸，即聚缩嘴唇而吸取；吸附。 1. 把奶瓶的奶给宝宝~干净了。 2. 拔罐把背后~得到处红红的。

11.02　烟箳

燂	tán	读谈（坛）。	焚烧，燎。 1. 老人家讲的话"杀狗~毛""杀狗不行~毛行"，就得把嘴。 2. "~毛"是拔完毛以后，还有绒毛、寒毛是拔不去的，最好要烧稻草在火上~一下。
爁	làn	读览。	在火苗上烤、烧。 昨天拿铁笼子装到个老鼠，给我在火上~死了。
熰	òu	读沤，欧的第四声。同义。	闷热。 1. 端午下雨以前，天气好~。 2. ~热的天最难过，痱子好剐人。
箧	qiè	读怯的第四声。	歪斜。 1. 墙都砌~了。 2. 排队都排不直，排得~~的。
搇	qìn	读顷。	用手按、压。 1. ~到牛头喝水，强迫他学没得用。 2. 把衣服~下水泡到。
拊	fǔ	读斧（腐、府、抚）。	打、揍。 1. 我一脚~死你！ 2. 他乱骂人，给别个~了几巴掌！
嫽	liáo	读辽的第一声。通常写作"撩"。	戏弄，开玩笑，逗引。 1. 莫~小把爷，哭了就麻烦了。 2. 乱~女把爷，人家拊死你。
蓼	liǎo	读"了断"的"了"。	一种草，花小，白色或浅红色，生长在水边或水中。茎叶味辛辣，可用以入药。桂林一般喊"辣蓼"。 1. 辣~大片的开起花来也蛮好看。 2. 辣~可以做药的。
纇	zhuài	读拽第四声。	额头鼻子凸出，额额头，额鼻子；或者山石等其他东西凸出垂直面。 1. 传说苏小妹额头~~的。 2. 绝壁那块石头~出来，好险。
拽	zhuāi, zhuài	zhuai 第三声。	用力扔；扔弃。 1. 把球~过来给我。 2. 箱子烂完了，~它去算了。

荸荠	bíqi	读扑齐。	马蹄。在 1985 年前,大桂林基本上讲荸荠。改革开发后,广东游客多了,带来了"马蹄"的讲法。 1. 卫家渡的~——没得渣(最消渣)。 2. ~做菜也好吃。
薸	piáo	读瓢。	浮萍。 摇啊摇,摇到外婆桥。鸡崽吃白米,鸭崽吃浮~。大人吃了去做工,小把爷吃了又来摇。
笆	pá	读爬。	用于勾取地面的松针、落叶、茅草的竹制工具,常常误写为"耙"。(见图 11.03) 1. 拿个~把松毛~回去烧。 2. 这个~很好用。
钯	pá	读爬。	木质兵器。桂北舞狮子常用。也叫钯头。也写成耙。 1. 猪八戒用的是九齿钉~。 2. 狮子班里头一般少不了~头。
漦	chí	读缠。	鲇鱼、泥鳅、塘角鱼等身上的黏液;痰。 1. 泥鳅滑是因为它身上的~。 2. 不要到处乱吐口~。

11.03 笆

菟	dōu	dou 第一声，兜。	1.名词，指一些植物的根和靠近根的茎：禾~、树~、柴~、甘蔗~。 2.量词，相当于"株""丛"或"棵"。 ①以前冬天爬上山挖柴~烧来烤火。 ②一菟禾苗，两菟白菜，三~树。
餜	guǒ	读果。	属油炸食品：油餜子。 1.过年一般总要炸油~子的。 2.油~子油多，不要多吃。
馓	sǎn	读伞。	馓子：一种油炸的食品，呈栅状，有点像篱笆，又叫排馓。 ~子是恭城油茶必备的食品。
孖	mā	读妈。	成对的、双生子（孪生子女）。 1.他们生了对双~崽。 2.两个芭蕉连在一起，是双~的。
碓	duì	读对。	木石做成的捣米、舂米粉、辣椒粉等的农具，配套有碓坎（臼，石质的）、碓身（木制）、碓桠（石质的）、碓嘴（石头制或者铁铸）。有人工用脚踩的碓，有用水力冲刷推动的水碓。有舂米粉、辣椒粉的小碓，有专门舂稻谷的大碓。 1.1985年以前，舂糯米粑绝大多数还是用碓来舂的。 2.1960年以前，还有一种"大~"，是把糙米（稻米）舂成熟米的,~嘴是石头制的。
罐	gǔ	读古。	陶制炊具，如瓦罐，主要是炖汤；陶瓷的大碗，汤婆子。 1.点了一~子牛骨汤。 2.再来一~子米饭嘛。
黢	qū	读蛆（蛆）。	形容颜色和光线黑。 1.你莫摸炭，摸得你的手~黑的。 2.农历二十几，夜晚黑~~的。
焌	qū	读趣。	把燃烧着的东西用水弄灭；把热东西用冷水浇冷；拉（尿）、喷射（液体）。 1.把香火用水~黑了。 2.先~脬尿再讲。 3.往扒锅里~点冷水。

鏃	zhuì	读抓的第二声。	挖，劈，啄；农具、扁担等器具上的钉状物。 1. 扁担无~两头刷。 2. 闷头鸡~米颗颗~到底。 3. 农具有花生~、粪~、老鸦~。
閜	xiǎ	读啊或者ŋɑ，第一声。	嘴巴张（开）。 1. 你莫在这垱乱~腮（胡说）！ 2. 就晓得~开嘴巴吃喝！
鐅	jiè	读盖。	动词：锯（开）。名词：鐅锯，专门用于把木头锯成木板的大锯子。（见图11.04） 1. 用锯子~开木头。 2. 用~锯~橡皮板。橡皮板：屋顶用于承载瓦片的木板）
襻	pàn	读判（盼）。	1. 扣住纽扣的套：扣~。 2. 功用或形状像襻的东西：鞋~儿。 3. 扣住、绑住、绷住，使分开的东西连在一起。 ① 把新布鞋的~做好就可以穿了。 ② 拿索子~到，要不然散了。

11.04 鐅锯

357

続表

跍	māo	mou，读谋的第一声，又读 bou 第一声。	蹲、呆、蹲守。有人写作踩。 1.有板凳不坐，就喜欢～到。 2.冬天～到在家。
踩		mou，读谋的第一声。	蹲、呆、蹲守。有人写作跍。
瞴	hóu	读候的第一声。	瞴本义是半盲之意。桂林儿童游戏"蒙蒙凉枪"（躲迷藏）中找人者，先是要蒙住眼睛。做蒙的人要通过"瞴跍（bou 第一声）瞴"的形式找出来。 "瞴跍瞴"就是参加游戏的所有人同时伸开手心或手背，同时伸出其中一种（手心或手背），多的那些人躲，而人少那些再继续"瞴跍瞴"，直到最后"瞴"到剩下一个人或两个人。如果是一个人，那么他（她）就是蒙的人。
饐（糙）	duī	读堆，老桂林读 dei，年轻人读 dui，第一声。	油饐：一种油炸裹芝麻的甜点，圆形。 1.早上吃油～加豆浆。 2.挤油～也喊挤老米，是一种桂林儿童游戏。
沲	tuó	读夺。	坨的意思，用于形容疙瘩状、圆形的小物件。 漓江里面的小鱼崽"哈巴狗"名字蛮多，有的喊"肉～～"。
藠	jiào	读叫。	薤（音谢）的别称，桂林人喊步葱，有人喊野韭菜。桂北平话多讲藠。 1.～头和葱头有点像，拿坛子腌成泡菜蛮香的。 2.清明前野～长得最好。
汆	cuān	读撺，第一声。常常误写成川、穿、串。	烹调方法，把食物放在开水里稍微煮一煮，如"汆汤鸡" 1.～汤鸡在桂林民间误写为"川汤鸡"。 2.新鲜松树菌拿来～汤好味道！
潮	lǎng	lang，第三声，读朗。	用水或其他液体轻微摇晃涮洗。 1.用开水～一下碗，消下毒。 2.～不干净的，只是"见水为干净"罢了。

呖	lì	lia 第四声。	液体缓慢地滴落或者细细地流下。 1. 宝宝～口水了，在长牙齿。 2. 你看看你，口水～～的。
唧	jì	读挤。	油：油乎乎。 1. 这个菜煮得油～～的。 2. 昨天炒的喝螺油～～的。
斟	tiǎo	tiao 第三声，条的第三声。	调换、交换。 1. 你俩～个座位，他矮，坐前面。 2. 这两个人好得可以～衣服穿。
皴	cūn	读村的第三声。	皮肤上起的皮刺，尤其是手指甲、脚趾甲后面起的皮刺，脚后跟底部起的倒刺；竹木料起的刺状东西。 1. 冬天脚后跟底部起的倒刺，在阳朔喊做冬瓜～。 2. 这个筲箕旧了，起了有好多～。
侭	jǐn	读进的第三声。	无休止地，任由、随。 1. 有好处就～天天来。 2. ～你想哪样子就哪样子！
鐾	bèi	读币。	在布、皮、石头、砂轮、陶器、磨刀石等物上把刀反复摩擦几下，使锋利：鐾刀。 1. 剃头佬在他那块油光发亮的布子上～了几下刀。 2. 把菜刀在磨刀石上～一下了。
鳜	guì	读桂。常常写作"桂"。	鳜鱼是漓江的一种特产。体侧扁，性凶猛。亦作"桂鱼、桂花鱼"。 1. 桃花流水～鱼肥。 2. ～鱼在漓江越来越少了。
蒜	sī	读丝（思）。	蒜草；桂林水域常见的水草。 1. 漓江水浅，看到好多～草。 2. 游水莫给～草缠到脚啵，危险！
搛	jiān	读兼。	（用筷子）夹：～菜。 1. 莫客气哦，自己～菜吃啊。 2. 这双筷子不整齐，不好～菜。

魛	dāo	读刀。	魛鳅：鱼类。 1.～鳅样子像泥鳅，背上有锯齿。 2.～鳅现在也不常见了。
绰	chuò	读戳。	嫩绰绰：好嫩和。 1.这把青菜嫩～～的。 2.这个小把爷的脸嫩～～的。
舅	niù	读妞的第四声；或者读"顺溜"的"溜"，第四声。	皱。 1.人老了，脸皮都～了。 2.老的好，老的是个宝；不信你看大红枣，外面起～～，里面是个宝。
軌	qiú	读"秋"的第四声。	本指鼻孔堵塞，桂林把打喷嚏喊做"打喷軌"。 1.冷着了，感冒了尽打喷～。 2.狗打喷（桂林话读"奋"）軌大天晴，好给弟妹晒尿瓶。
怄	òu	读沤。	怄气：闹别扭，生闷气。 1.莫要和自己～气。 2.自己～气有什么好的？
恁	nèn	读嫩。	那么，那样。 1.你们莫～子搞嘞嘛！ 2.不是～子做的，自己动手才得。
董	dǒng	读懂。	阳朔、临桂话指段、节。 一～甘蔗，两～木薯，几～木头
雷堆	léiduī	leidei，第二声。	"雷"的异体字很多，都有堆起来的样子："畾、靁"。而"堆"就是东西很多放在一起，堆积给人的感觉很繁杂，桂林话就借用了这层意思,把它引申为"罗嗦"，"麻烦"，"不干脆"。古代有累赘、笨重的意思。《西游记》第三十回"你这嘴脸生得各样，相貌有些雷堆，定是别处来的妖魔。" 1.你哪么那么雷堆嘞？ 2.他做事情雷里雷堆的，不好要。

倮	luǒ	读裸。	讲话舌头不利索，不清不楚。 1. 吃得舌头打～～了。 2. 舌头打～～，讲话不清不楚的。
瞀	mào	读“谋”的第四声。	有目眩、眼花、心绪紊乱、愚昧的意思。桂林话意思为糊涂、傻、笨。永福等地官话、永福堡里平话也讲。 1. 这个人好～的，有钱不赚。 2. 莫那样子～嘛，给你你就要。
壅	yōng	读 ong 第一声，翁。	用土或肥料培在植物的根部：～土、～肥。 1. 给柑子～点粪。 2. 给花～点肥料。
椪	pèng	读碰。	～柑：一种柑子。 ～柑蛮好吃的。
饈	yàng	读恙、酿。yang/niang/ŋiang，均为第四声。	动词：做有馅儿的菜品；名词：有馅儿的菜品。 1. 可以～苦瓜、～螺蛳、～香菇、～笋子等。 2. 喊做～的菜品有：豆腐～、苦瓜～、螺蛳～……等。
篢(笼)	lǒng	读拢（垅、垄）。	是笼箱（箱笼）的“笼”的异体字，在荔浦的几个有关地名中都写成“篢”，如“花篢”，广东有地名就喊织篢。 花～是荔浦的一个乡。
襶	nàng	读 nang 第一声，囔。	本义是宽松，在大桂林讲“裤～”是裤裆是意思，以前没有紧身裤时，裤裆都是最宽松的地方。在桂北平话里头还有怀孕的意思。 1. 裤～紧了不舒服。 2. 他家媳妇～起崽三个月了。
杪	miǎo	读秒（渺）。	植物的细梢。 桂林城北一带，把菜花、菜芯喊做“菜～～”。

撽	dì	dia 第二声,滴牙合音,嗲的第二声。	提,拿、带,抓。《汉语大词典》解释:《廣韻》徒结切。撮取;捎取。《说文·手部》:"撽,撮取也。"《仪礼·有司彻》"乃撽于鱼腊俎"汉郑玄注:"古文撽爲撽。"《文选·张衡〈西京赋〉》:"抄木末,攫猕猴,超殊榛,撽飞鼯。"薛综注:"撽,捎取之也。"有人写成掺。 1. ~起你的包包走了! 2. 不要忘记~你的东西哦。 3. ~起那袋苹果去给你公公(外公)吃。 4. 上街你~了钱没有?
扠	chā	读茶的第三声。	张开;撑开;追求(恋爱对象,低俗的表达)。 1. ~开五个手指妈抓东西。 2. 男把爷要~五(追女的),女把爷要~六(追男的)。
厊厏	yǎzhǎ	读啊杂,均为第二声。	本指不干净。桂林话中的"厊厏",有"难缠""罗嗦"和"不讲规矩"的意思。 1. 这个人做事情厊里厏厏的。 2. 莫厊厏了,听到就烦。
瘰	luǒ	读裸。	"瘰"和"疬"构成一个词"瘰疬",中医指疾病名。多发生在颈部,由于结核杆菌侵入颈部或腋窝的淋巴结而引起的。症状是患处发生硬块,溃烂后流脓,不易愈合。俗称"疬子颈",有些地区也称"老鼠疮"。而桂林话中,"水"具有"平庸、一般、低贱、调侃、讥讽"之意。"瘰水"本意是老鼠疮流脓水,因此,在桂林话中,"瘰水"就表达了"不整洁、邋遢、难堪、不雅观、穿着打扮不讲究,为人有问题"等意思。 1. 她穿得好~水。(她穿着不整洁、不讲究打扮) 2. 这个人好~水的。 3. 你看看,这个人做事情~里~水的。
簰	pái	读排。	竹筏子,现在一般写成"排":鸟排、竹排。 1. 鸟(读屌)~好少了,以后就会没得了。 2. 坐竹~游遇龙河也蛮好耍的。

胮	pāng	读胖的第一声。	形容多，宽大、肿大。 1. 这双皮鞋做得~了点，不跟脚。 2. 脚趾妈到石头了，~起好大。 3. 这个屁，~臭的，哼，臭~~的。
媁	wéi	读音近威。	本义是美貌，桂北平话指好、佳、美、善良。 1. 她家嘅孙女生得好~。 2. 他人是~得不耐烦。
鐺	chēng	桂北平话各地音不同，一般读称呼的称。	桂北平话指老式煮菜的扒锅（铸铁炒菜锅）。 1. 管它生不生，肚里有个~（食物不管生熟，肚里自有锅头）。 2. 大~熬潲，细~煮菜。
銚	diào	桂北平话各地音不同，一般读"调"（调头的调）。	銚锅：桂北平话指老式煮饭的鼎锅（铸铁煮饭锅）。 1. ~锅煮饭比电饭锅煮饭媁吃（好吃）。 2. 铜~锅，铁~盖（锅盖），里头装到媁媁菜。 （谜语，谜底是冻柿或者螺蛳）
搮	bó, 博	读音近报的第二声。	在南片桂北平话里头是指用钝器敲击。 1. 搦（拿）棍棍~死个日本鬼！ 2. 挨他使（拿）竹竿~着个头。
暴	báo	读音近报的第二声。	在南片桂北平话里头是指疙瘩状、坡状的东西及蛋类。 1. 鸡卵~比鸭卵~大个。 2. 头上撞起个~~（包儿）。 3. 过个~~就到村上。（过个坡就到村上。）
媞	shì	南片桂北平话各地音不同，一般读音近"知"。	本义是指美好、母亲。在南片桂北平话老辈人中指母亲。 1. 讲平话的好多六十岁以上的人，喊妈妈喊~。 2. 在平话里头，爷娘喊做~爷。
毈	duàn, 段	读段。	南片桂北平话指蛋孵坏了，孵不出雏。 1. 菢十个鸡卵腸（鸡蛋），有三个~啯（啯：了）。 2. ~卵腸（寡蛋、毛胚蛋）使（拿）菜腸芽（香椿芽）炒，蛮媁（媁：好）吃，就是细团崽（小把爷）吃不得，吃啯要戆（戆：傻）嘅（嘅：的）。

嘅	gě	平话的读音近似桂林话的"格"。	这是临桂、阳朔、雁山区的桂北平话常用的方言字，助词，相当于普通话的"的"。你~、我~、他~，即你的、我的、他的。
哋	diè，dì	桂北平话各地音不同，音近桂林话的"碟"。	桂北平话用于人称代词后，相当于"们"。 1.我~（我们）不要钱，要饭吃就可以嘓（嘓：了）。 2.你~（你们）到底讲答不答应？
薅	hāo	hao第一声，蒿。	拔除；拿。 1."~田"就是给稻田拔草、松泥。 2.他手里~到一把扇子。
箸	zhù	读住。	在桂北平话中指筷子。 1.~在~瓴（筷筒）里头。 2.竹~比木头~经得使（用）。
趵	bào	桂北平话各地音不同，一般读"爆"。	在桂北平话里头是指液体涌出，趵水窟指泉眼。 1.山根底有个趵水窟。 2.汗水佮~出来。
耩	jiǎng	南桂北平话音近桂林话的"急"。	桂北平话指用锹翻地。 1.~开地好种菜。 2.荒地好难~得开。
晡	bū	读步的第一声。	下午3—5点钟；晚上。 1.在桂北平话里头除夕叫"三日~夜""年~夜""三十~夜"。 2.高~夜指接近黄昏时。
曈	tóng，童	读童。	本指日出很明亮的样子和目光闪烁的样子。桂北平话指大过年的。 1.新年~~嘅（大过年的），不要乱讲话。 2.新年~~嘅还做什么事情？
攮	nǎng	桂北平话各地音不同，一般读嚷，阳朔官话读"农"。	用刀或者锐器刺、捅。 1.他拿刀~死了一个日本鬼。 2.杀猪是搦（拿）刀~死，杀狗是搦（拿）棒棒棒死。

罂	yīng	读英。	罂是桂北平话保留的古代词语，指大腹小口的陶器，属于缸、坛等。 阳朔、临桂等地的平话把酸坛喊做"咸~"，把米缸喊做"米~"。
更	gèng	读更加的更。	同音代字。凉、冷。 1. 癞（读赖）天日子拿~水（冷水）洗凉好舒服。 2. 立秋以后河里的水好~。
腊	là，辣	读辣。	桂北平话意思是凉、冷、剩下的。可能因为腊月是寒冷的引申出来的意思。 1. ~肉吃~（腊肉可以吃冷的）。 2. ~饭~菜要癞过咽慢着吃。（冷的剩饭菜要热过了才吃。）
餚	shào	读"扫"的第二声，读韶。	吃。代字。 1. 80岁还~得两碗饭，半斤酒。 2. ~大贰是打桂林字牌的意思。
震	zhèn	读振。	代字。热、烫、热力辐射强。 1. 暑假时候天气癞，好~人。 2. 马路都晒烫了，~脚板的。
戆	gàng	读盎，ang/ŋang 第四声。	代字。傻、笨、哈。 1. 他是个~崽来的。 2. 好~哦，连晓不得向领导争取。

（梁福根）

二、桂林话的民间版四六级词汇

（一）桂林话的民间版四六级词汇（上）

所谓"桂林话的民间版四六级词汇"是仿照英语考级的词汇分级说法。所谓"民间版"，因为没有官方认证，而实际上目前也没有官方认证这种事情。

晓得这些词汇，并且语音是桂林话标准语音，那么就是一口正宗的桂林话了。但是，因为四级和六级词汇实在难以区别，所以，笼统讲四六级词汇。六级词汇大概就是 70 岁以上的老桂林人都少用的词汇，基本上是罕用词语，即将淹没在语言发展大潮的滚滚洪流中，并且最后消失，只存在于文献之中。

每个词条都解释意思，其中有歧义或者太难理解的，还举例句。难认得的适当注音。

1. 一般动作行为

骴：音缺上声，第三声。拗折。

挏：音抽。系，打结；端，抱持。

蹒：音满阴平，第一声。攀；扶。

挄：读光阳平，第二声。打，揍。

摊手摊脚：说话时做手势，贬词。

韶：音韶，第二声。打，击。

撞：音铳，第四声，撞黄即搞垮；破坏。相当于某些方言的"搅黄"。

打眼梭：斜眼偷看。

踩：默欧合音，mou，读谋的第一声。踩墩，打扑克牌轮空；失业，无事可做。等待、停留、居住。也写做跍。也有写作"猫"的，说是猫的音变。

打嘣：亲嘴，多用于幼儿也。也讲打啵、打啵啵。

挈：音派上声，第三声。张开，分开；摆开、陈列；平伸双臂进行量度；量词，平伸双臂的长度为一挈；动词，挑（担）。荔浦写成择。

捋：勒娃合音，第二声。捋鸡毛，杀鸡时，成片地抹下鸡毛。

朏：音月上声，第三声。弯曲；折褶，不平展。也写作拐。

撳：音敦阳平，第二声。突然出力扯：撳胡子。

夯：音查上声，第三声。张开；撑开。

揉：音栾，阴平，第一声。挤，往里头钻。

扩：读广去声，第四声。阻碍；绊住。

拢：拢堆，合拢；弄到一起。

逻：音裸，哄骗；逗弄（小孩）。

2. 人事交往

夹刀：关系亲密；亲密朋友，关系好的合作伙伴。

承头／押头：出面；领头儿。

搭赖：跟在别人后面靠别人提供的条件获得利益。

搭傍：搭在人家一起得到好处；感谢提携。

做磨心：喻指处在为难境地。

局气：用激将法进行怂恿。有人写做：堲气。堲，读局。

贴错门神：两人合不来，互不理睬。

没尿：不理睬，不打交道，表示极端鄙视。

懒迤：懒得理睬。

打顶板：故意唱反调，对着干。

折抵：折音蛇，吃亏上当。有人写做：折底。有说折脱了底。

搏乱：趁浑水摸鱼。

嗾狗打架：唆使别人闹纠纷。

过硬：来硬的，彻底清算；禁得起严格的考验或检查。

哆（读歹）马老板：钻空子，占便宜，让对方吃亏。

耍五花：使小心眼儿，耍手段，来花哨的。

摆乌龙：无中生有，制造混乱。

放蛊：传说集百虫之毒来害人，引申为在背后捣鬼，散布流言；吹牛皮，说假话骗人。也讲"放瑶山蛊"。

扒烂船：自己得不到就搞破坏，不让别人得到；破罐子破摔。

酦（音弄）搞：水把水搅浑，制造混乱，喻指瞎搅合把事情搞坏。

癫进没癫出：装疯，在疯癫状态的掩饰下捞取利益。

戆进不戆出：装傻，在装傻状态的掩饰下捞取利益。"戆"为训读字，普通话读 gàng（杠），桂林话读盎，ang/ŋang 第四声。也讲"屄（读松的第二声）进不屄出"。屄：傻。

点腰眼：打要害，点到痛处。

琢（音督）腰脊骨/捅腰脊骨/腰眼，背后议论，咒骂，相当于"戳脊梁骨"。有人写做：玊或者戮，读音一样。

周身牙齿印：遭人唾骂；招人痛恨。

下苦瓜子：背后破坏别人的好事。

挖痛脚/抓脚痛：找茬儿，抓辫子。

搂（酸坛）：揭老底，使人出丑。搂，读第一声。

惹麻风：惹麻烦，惹祸上身。

充駒：音猴阴平/充大头（菜），充好汉，出风头。有讲充花头鸭子的。

嘣箍/穿煲：露馅儿，暴露真相。嘣字临桂、灵川写成㗊。

浮头：出头露面；出现。

抖风：出风头，有意在人前显示。

吊瘾：勾起别人的希望又不尽快兑现。也讲吊寡瘾，寡读噶第三声。

搞好耍：寻开心，开玩笑，玩儿。

小耍：略加取笑；略加戏弄。

烂盆：撒野。

赌赖：耍赖皮；抵赖。

打麻赖/耍麻赖/打赖死/赖死/打赖豪：推卸责任，不认账。

头难剃：难缠，难打交道。

捧大脚/捧卵脬/拍马屁：奉承，谄媚。

亮臊：卖弄风情；炫耀，显示。

亏难：难为，使人为难；亏得，反用表示讥讽。

有宝：表示轻蔑的用语，意为"有宝也不稀罕，有什么了不起"。

劁三八：宰冤大头。

劁卵哥：以青年女性引诱男客来进行敲诈。

捱剃：上当，受骗。

吃包子：吃暗亏，吃了亏说不出口，自己还得包起来。

顶档：顶替，充数。

顶火：临时顶替。

码不来：谈不来，脾气不对。反义是码得来。

难码：不好合作，难打交道。

拵：特摁合音，藤的第四声，攀比，相配。

横点头："摇头"的谐趣说法，指不同意，否定。

做客：当客人，接受别人的招待；客气，谦让。

礼信：礼节；礼貌；客气。

吵烦：打扰。

纳慰：谢谢。

扯是捌非：捌音辣，挖，刨；非。拨弄是非。

有偏（了）/ 偏了：礼貌用语，对人表示吃过了。

吃桌面：吃酒席。

割马草：为豁拳的人斟酒。也叫养马。

3．心理和语言

算死：对人的品质或能力看透，看死，也说"断死"，谅死。

起心：动了念头。

恨：讨厌，不喜欢；憎恶，仇恨；贪图。

阴思六道：爱在背后搞鬼。

话里有骨：话中有话，话里有刺儿。

舌头打人：尖嘴利牙，爱挖苦人。

顿伞把：因讲客气失掉机会而深感后悔。

没晓得死：不知厉害，不考虑后果。

冷到手尾：凉透了；失望。

巴望：盼望，多用于诅咒。

睡进点：别妄想，没你的份儿。

醒水：省悟；警觉。

醒龙：察觉；省悟。

心水：心意，头脑，思想，心眼。

咸水话：不纯正的话，南腔北调，下流话。

搭头（话）：口头禅。

夹嫩：说话带儿童腔，包括用词、发音和语调。桂北平话讲"学嫩"。

明打明讲：习惯语，明白地摆出来说，挑明了说，相当于"打开窗子说亮话"；明明。桂北平话讲"明倒明（讲）"。

捡口水尾：吃别人吃残的食物；人云亦云，拾人牙慧。

折口水：折音蛇，说多余的话。

聒聊天：聊天儿。

点嗙：嗙音蹦，上声，读泵的第三声。点穿，说明白。嗙又写成啙。

莫讲嗙：别说穿。嗙又写成啙。

犟嘴：顶嘴；强辩。

挨口水浸：被众人唾骂；遭口诛笔伐。

4. 性质状态

眼浅：气量小，看不开，不能宽容。

爱得：自找，自讨。指对不该或不必的事硬要出头，结果吃了苦头，用于责备。

脸大：面子大。

夹手：协作配合得好；关系亲密。

哆（音歹）得咸 / 吃得咸：贪心，要价高。

蹒（读满的第一声，阴平）牛角：把牛角扳直，喻指不可能，不自量力，吃力不讨好。

打乱仗：茫无头绪地干。

扎硬：勉强支撑。

乱走山场：瞎搞一气；不守规矩。

走单边：做事冒险，不考虑退路。"单边"指"单边路"。

熟（行）档：操作熟练。

老行：内行，能干；少年老成。

好心机：耐心，细心。

毛跳：毛躁，不沉着。

惯忕（读时）：娇惯。

死鸡撑硬颈：坚持错误，无理强辩。

挨遭（读糟的阳平，第二声），倒霉。

名头：名义；名声。

打得粗：在穿衣、吃饭、干活等方面能吃苦耐劳，不讲究条件。

有风有雨：热热闹闹。

老稳：稳当；稳重。

老定：镇定，沉得住气。

硬戗（读枪）：坚挺；强硬；硬朗。

硬寸：硬而有韧性；硬朗，结实。"寸"有人写做"掌"。

合心水：合心意。

撇脱：简便省事；爽快，洒脱。

倒嗉（音绪）子：倒胃口；败兴。

撞鬼：撞音铳，普通话音 chòng，倒霉；见鬼。

乌焦八焦：形容烧糊的程度极深。

乌焦巴弓：《百家姓》现成句子的套用，借"乌焦"的字面意思，指黑、糊。

攋（读辣）杂：拉杂、杂乱、复杂。

古董攋杂：乱七八糟的东西。又讲五虎攋杂。

低低掉掉：形容衣摆、带子等收拾得不整齐。有写作低低吊吊的。

披披派派：散乱，不整齐。

咪吗烂臭：臭的生动说法，极臭。

吵事：小孩吵闹，干扰大人做事；也指成人生事，闹事。

讲蛮：不讲道理，无理取闹。

讲蛮话：说蛮不讲理的话。

哑（读额哪合音，ya/ŋa，第三声）蛮/把蛮：拼力气蛮干。

牛蠢马羣：形容又蠢又倔。

滥水：无所顾忌，无赖。

放滥：撒泼；破罐子破摔。

无数无目：不认识数儿，说话没有分寸。

鼠头公：心理阴暗的人。

人头马面：人面兽心；品行不端。

鬼马鬼名堂：心计；狡猾。

鬼马六道/鬼五六马："鬼马"的加重说法。

鬼鬼鼠鼠：偷偷摸摸的，鬼鬼祟祟的。

尖巧利滑：形容人很狡猾。

直肠直肚：直性子；性情爽直。

就手：顺手，顺便。

乱笼：乱套儿，乱七八糟。

癫癫废废：傻里傻气。

通气：通情达理，善解人意；知趣，不妨碍别人。

胡哩吗叉：稀里糊涂。

套印板：死板硬套。

脓包：笨蛋，无能的人；窝囊废；懦弱无能。

够胆：有胆量，敢。

卵大皮粗：形容大模大样，无所顾忌，顽固不化。

寡水：寒酸，绝情，小气。

小眉小眼：小家子气。

沙屁股：吝啬鬼。

圃个整：完整。

摇/伊夭：摇晃，不稳；不稳重，轻浮；靠不住，无把握；"伊夭"现在也有漂亮的意思，有人写做"伊妖"。

活摇活甩：器物的零件，接头等处松动；整体动摇。

老劲：少年老成，善解人意。

老娘：妇女骂人时的自称；女孩有成人的派头。

一乍齐：一斩齐。

咪咪摸摸：摸摸索索，形容动作不利索，慢慢吞吞，磨磨蹭蹭。

5．时间情态等

闯马时：有时、偶然、碰时候。

无时马候：无论何时。

啱（额南合音）啱：刚才；刚好；恰好。歇后语：岩伯爷遇倒岩伯娘——啱啱合适。

不拘时：不一定。桂北平话也讲"不据实"。

亏得：幸亏。

好彩：走运，幸运；幸亏，好在。

好得：好在；幸亏。

搏命：拼命；玩命。

莫过：难道，莫非。

红总：总共，全部；横竖，反正。

捞拢：一共，总共。

行邦啷：全部，所有的。也讲行邦啷嘡。

（以上大多出自《桂林市志》）

373

11.05 鸟簰

（二）桂林话的民间版四六级词汇（中）

1. 名词

鸟（读屌 diǎo）簰（读排）：是漓江流域渔民捕鱼撑的竹簰（通常写作"竹排"）。因为竹簰上面都有用于捕鱼的鱼鹰（鸬鹚、鹭鸶），渔民把它们喊做鸟，所以竹簰喊鸟簰（见图 11.05）。鸟读屌是中古音，大概和船家话有关。大概在大桂林所见的鸟类大都不是大型的，所以，"鸟"在大桂林还有"小"的意思，有一种小小的野梨子（即豆梨），喊鸟（读屌）梨，有一种小小的野柿子，喊鸟（读屌）柿。桂北平话都把鸟读做屌，在阳朔葡萄镇，民国时，有一种小的犁，喊做"鸟犁"，给十几岁力气不大的少年犁田犁地用。鸟梨，荔浦青山镇则喊鸟梨果，形容人矮小讲"像鸟梨果恁大"。荔浦的茶城到蒲芦之间有个"鸟梨坳"，在这两个词里"鸟"都读"屌"。

码子：尺码；后台、靠山；情妇、女友（低俗讲法，荔浦话讲情妇为"露子"，有露水夫妻的意思）。

檐耗子：飞鼠（蝙蝠）。

波丝：指蜘蛛。

莽蛄（读鼓）：蚱蜢、蝗虫、草蜢。

牛角冲：即昆虫天牛。

铜匠：指蜻蜓。又讲羊咩咩。

尖嘴：鸡。

扁嘴：鸭。

东南西北：昆虫的活性蛹。因为尾巴转动，像是指南针，故名。

毫子：小面值银币；钢镚，镍币。

盐糖：白糖（白砂糖）。

黄糖：红糖（成块蔗糖、砖糖）。

对脸：对面、对过；面对面。

笼子：笼子；牢房。踩笼子：蹲监狱。

料子：材料；佐料；本事、能耐；棺材。"竭料子"即死。引申为：完蛋，失败，完了。"竭料子"也讲"竭菜""歇菜"。也讲"捡摊子"。还讲"捡屌"（可能是"捡摊子"加"卵屌了"的简称），也引申为完蛋，失败，完了。

炮子壳：子弹壳。

飞铜：子弹头。

口子：菜，吃的，口福。

搞手：搞头，奔头。

花红：旧时的启事、广告、标语、文告。

内码：内裤。

解股：女孩在手指上翻绳子的游戏。

矛（读秒）子：长矛。

痞话：下流、色情的话。

倭（窝，同音替代字）姅（读掰）：缺口，凹下去的地方。

贼（老桂林音读 zei 第二声）话：粗痞话，男的直露，女性以谐音字词婉转表达。

屋里头：家里、房子里。

狗屎账：混账。

角角（头）：角落、旮旯，喻偏僻地方。也讲"角角头""角落""角落头"。

旮旯角：角落。

指妈地：迷信讲的很好的风水宝地，尤其是做生意，容易兴旺发达。传说灵川县大圩镇的泗瀛街就是指妈地，发得快。指妈：拇指。

鸡痱（子）：鸡皮疙瘩。起鸡痱（子）：因为冷、受惊、恶心、肉麻等起鸡皮疙瘩。"鸡痱（子）跌一地"：起的鸡痱（子）多到掉落一地，表示肉麻得很。

月包肚：小腿肚子。

面骨：胫骨。

屌崽：多指男孩的小鸡鸡，偶指大人的。

左拐（子）：左撇子。

行口：铺子、店铺。

铺口：铺子、店铺。

馆铺：铺子、店铺。

站口：旧时运输线上设有住宿的伙铺和吃饭场所的地方。

粑粑头：旧时女子出嫁时和婚后在脑后盘的一种发髻。

迷迷转：儿童玩具，即纸扎加小竹枝或者高粱秆的小风车。

摔箍板：摔跤。

癞头蚂蜗：癞蛤蟆。

水鸡崽：一种水鸟；落汤鸡。

油嘴：巧舌，能说会道的嘴巴。

一号飞马：小孩游戏。一个人单脚跳跃，在规定的范围内抓住另一个后，再由被抓住的人去抓人。如此循环。

独门生意：独家生意。

洋杂：旧时指洋杂货、洋百货，如洋钉、洋油、洋火（火柴）、洋碱（肥皂）等。

刨（读爆）秧：刨木头产生的刨花。

铲马：一种跳水的姿势，即扎猛子。蟋蟀的一种，善斗。

天时：时间、时候，天气。

廊坡：楼梯，尤其指木板楼的坡式楼梯。

开边：江河中间。

拢边：江河旁边。

阳子：淋巴结。

连贴：猪牛的脾脏（胰腺）；也讲蚂蟥肝。有人写作连田。

长脷（读利）钱：长舌妇和传播是非者。脷钱：动物舌头。

卤钱：也讲酾（读筛）卤：赚钱。卤：动词，制作食品过程。

跳猫：烟花的一种。

扳（读板）扳炮：摔炮。

嘴经：口才。

品碗：大碗。

牛鬼：流氓、二流子、痞崽等。引申为形容词：厉害、有能耐、强大等，是广义的好、优秀，褒义形容词。如：这件衣服好牛鬼。

耍家：戏曲玩友、票友，玩家。

财神：财神爷；老婆（因为老婆通常管钱）。

书名：大名，正是姓名，和诨名、外号相对。

嫩崽：婴幼儿。

郎崽：女婿。

女崽：女儿。

鬼崽：小孩的昵称。也讲鬼崽崽。"死鬼崽"，褒贬兼用。

崽崽女女：子女、子女们。

独龙（崽）女：单个（儿子）女儿。

小橄榄：小孩子、小家伙，有喜爱的意思，尤其对小女孩。

毛猴：小男把爷。

小女把爷崽崽：小女孩，有喜爱的意思。

老考米：指小孩老成，也指老练者，自负者。

红花崽：未婚男。红花女：未婚女。老红花崽、老红花女，即未婚大龄男女。

哝（读龙/农）奶：本指唠叨的老太太，引申为指话多或者唠叨的人。

㕛㕛（读满蛮）：师傅。以前戏曲名流可以用其名字加"㕛"字表示对他的尊敬，如：桂剧名家苏飞麟，人称飞麟㕛。司鼓是戏曲乐队总指挥，人称打鼓㕛㕛，他不打"下场鼓"演员不能下场，所以，以前演员上场会给他三作揖，要不，他可以给演员真正下不来台，或者没有"好下场"。

篾食（同音替代字）：指最小的。

六子：女子恋爱的男朋友。低俗讲法。

臭张：不正经女人，包括"婊子""烂麻包""卯妹"等。

险险货：重点保护对象；珍爱、怜惜的人或者物；特别珍爱生命的人。

急老怪（怪读第二声）：性格急躁者。

翻嘴皮：说话不算数，说话喜欢变卦的人。

冇乃吉：穷困者，一事无成者。冇读毛。常写为毛乃吉。

竖牌人：品牌创立者。

老卡：老朋友。卡是同音替代字。

二老板：旧时的职业经理人。

哈棒棒：即哈崽、哈子、哈卯、傻瓜。

嘣嘣（依次读 bong 的第三第二声）：达人、牛人、翘楚、领军人物、高手等。

吗胡子：混账，白拿白要的人。

挑脚：挑夫。

人客：客人、来人。

大伯伯：大人物，大世面，大场面。如：这个人没有见过什么大伯伯的！

老杆子：老头、老东西。也讲"老薨巴""老屁眼"等。意思不恭。

白字老先生：写白字的人。

码头夫：以前在码头做挑脚（挑夫）的。

腊板鸭：板鸭；喻干豆角般的瘦子。

筋骨人：精瘦而结实的人。

闲事狗：没事找事、惹是生非者，多半用于小孩。

大眼牯：大眼而眼珠突出的男性。大眼牯（也写做大眼鼓）本是漓江的一种小鱼类。

火头军：厨师。

解（读改）佬：解放军、解放军战士。也讲"老解"，有歧视之意。

首事：旧时举办集体性活动的主要负责人。

劁鸡佬：专门阉割鸡的人。

巴麻油：本指沥青；喻很缠人的人，对人黏黏糊糊的人。

吹鼓手：大桂林传统的"鼓手班"，也指其中吹唢呐的人。鼓手班一般由两支唢呐、一个鼓、一面锣、一副镲组成，黑白事情都用，曲子不一。鼓手班的量词是"堂""班"。

饿蚂蝗：贪婪者。如：饿蚂蝗听不得水响。

麦子：面子，面相。倒麦子：丢面子。

拱屎虫：本指屎壳郎，喻捣蛋鬼。

船帮：船运民间组织，船队。

水客：旧时通过漓江水路来往在沿岸各地做生意的船上客商。

人熊妈妈：南片桂北平话讲"人熊婆"（还有人熊公），河池讲"牙变奶"（牙变是同音替代字）。有不少有关民间故事，说是人熊妈妈能够说人话，装外婆抓小孩吃，尤其是晚上。故事情节母题类似德国童话作家格林的童话《小红帽》，堪称广西版《小红帽》。

蒜（读丝）草鬼：有喊"水猴""水狮鬼""水鬼"，迷信中讲河流湖塘深水处有此物，能够使人溺水亡命。"蒜草"是一种水草，可以长达 2 米，在水中密密麻麻，对水中活动来说是一种危险植物，能够缠住游泳者的手脚，越是蹬腿、划臂，越是缠得多而乱。（见图 11.06）

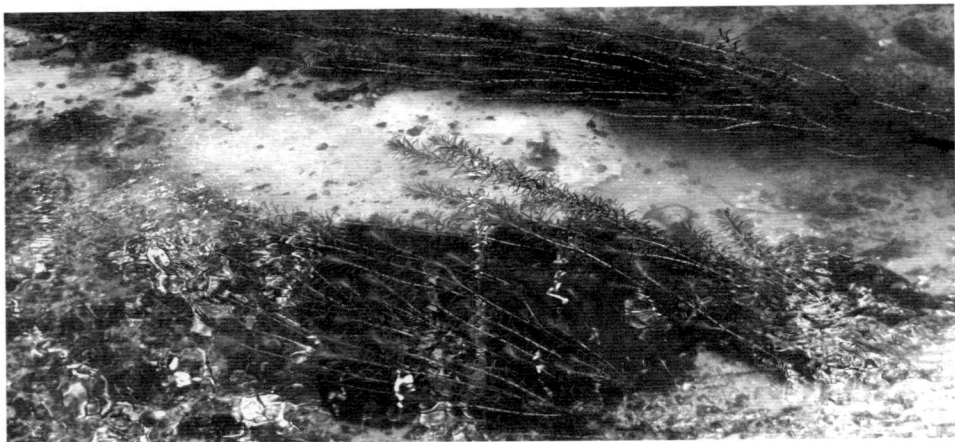

11.06　蒜草

2. 动词

甩：扔，搭理，如：不甩我；谈论，如：甩古。夸张式的表达"有"，如：1. 一个班甩起你 60 个小学生，那喊我哪样子教？ 2. 一条街甩起你几十个卖米粉的铺子，生意实在不好做。

刷：抽打。如：挨他刷了几巴掌。突然脱落，如：扁担无錣（读抓的第二声）两头刷。

汩（读胆）：把蔬菜等放在开水里稍煮一下，义近焯。

撩（读辽）：打、揍，也讲撩菜，也讲"燎"。

搞（读高的第二声）：打。如：就搞了一个电话。

攋：读喇。收集，集中，拢。如：全部攋起来（意思是全部集中起来）。

擂（读雷）：撞击、敲击、拳打、揍等。

猫（读谋的第一声）：蹲、蹲守、守候。也写成踩，粤语写作"踎"。桂林话有时把韵母 ao 读成 ou，比如讲：贸易的贸读 mou 第四声，茂盛的茂读 mou 第四声。

叼（读歹）錣（读抓的第二声）：赚、捡到便宜等。

晾（读郎的第一声）：晾晒。

潵（读朗）：在容器中放入水，晃动容器略微洗洗。引申为喝、饮，如：晚上潵几杯茅台。

㔸：读 pia/pie 第三声，形容词，歪斜，如讲"㔸头"就是头歪斜。

嚗（读包的第二声）：本是象声词，是形容吸烟时嘴唇张合发出的吧嗒声。引申为动词，抽（烟）、吸（烟）。如：嚗几口烟。嚗夜：吸毒。这个字普通话读 bó 和 bào，象声词。

戕（读枪）：欺负。

拽（zhuai 读第三声）：扔、甩。

薅（读蒿）：抓、拿、握。

崴（读歪的第三声，也写成揓）甩：搭理、理睬。不崴甩即不搭理。也讲迟、迟食。不迟（食）：不理睬，也粗痞地讲：卵屌、卵杵（读取）、卵食。

瀌（读标）油：跑路；离开。

码：偷窃。如：把别个的手机码走了。码是同音替代字。

撮（读搓的第二声）火：挑拨、挑动。

挨：磨蹭。也讲"摸"。

堠（桂林话读駒，hou 第一声，借字）：普通话读 hòu（后），本指古代瞭望敌情的土堡。桂林话意思是埋伏、守候，和"步"是近义词。也可以写成"眸"，眸普通话读侯，桂林话读侯的第一声，是半盲之意。桂林小把爷玩"蒙蒙凉枪"（躲迷藏）时，由哪个来找人，要通过"眸踞眸"的形式找出来。（见本书《桂林儿童游戏中的方言词汇》一文）

默（读第三声）神：沉思、想。

锚（同音替代字）：用钝器击打。拿棍子锚它。

杵：桂林话读"取"，意思是伸、递送、矗立。如：他杵起个手。她把笔杵给我。

屌杠：批评、责骂、训斥等。

坏水：破坏别人好事。

走野：恋爱者移情别恋或者已婚者搞婚外情。

打野：走神、分心。

搏底：拼命地、彻底地（捞取好处）。多用于贬义。也讲搏老底。

拶妙（拶读包扎的扎，第一声，两字为同音替代字）：询问、拷问、审讯中的"诈"取。

得吃：获得吃了；下棋获得吃子；成功。

敲单：敲诈。

卯单：守候生意。卯或作铆。

亮骚：显摆、炫耀、耍派头。

撞彩：走运。

跌摊（同音替代）：人生不如意，遭遇不幸。

卵屌：算了、拉倒。

毛骚："没是噢"的合音词，意思即"不是哦"。

拿搪：瞧架、为难、摆谱。

打捂（读藤的第三声）：犹豫、迟疑；讲话结巴。

丁丁：性行为；也讲丁拐。丁丁虫即老嫖客。也讲：扳（读板）火、鋣（读拽）火。

发蒙：旧时小孩开蒙读书。

出师：出道，学徒期满，可以独当一面了。

篡（读钻的第三声）火：聚光。这个电筒好篡火。眼睛小才篡火啊！

讲嘴：聊天；说空话。

眼胀：嫉妒；看不惯，如看眼中钉的感觉。

架势：开始、动手。

吊颈：上吊。

忌脚：因为迷信忌讳走动，忌讳到某些地方。

3．形容词（含部分重叠式）

彴：桂林话读辣，《新部首大字典》（王竹溪编，北京：电子工业出版社，

1988 年出版）收了此字。意思是足残疾，行动不便，甚至双足瘫痪。乔子：类似跛子、踔（读掰）子。

脍：读能。肉类、果类等软、烂。

趤：普通话读 dàng，有"逸游"的意思。借字，桂林话读"daŋŋ 第二声，"荡"的第二声。桂林话讲"慢趤慢趤"地走，就是慢悠悠地走。或者借"宕"字，普通话读 dàng，有"拖延"的意思。

屎：普通话读 sóng，桂林话是"松"的第二声。本来是精液的俗称，指傻、笨、人软弱无能。桂林人通常讲的"槽裳裳"，可能就是"槽屎屎"。可能受桂北平话影响，在桂北平话里头 ong 这个韵母读 ang。

痊（读能的第一声，len/nen 第一声）：咯吱的动作；被咯吱的感觉；恶心；肉麻；引申为做事不决断，行为怪异，心胸狭窄，不磊落，黏黏糊糊等。

饿：贪图、贪恋，不值得做而去做。如：饿钱、饿吃。"就是个老杆子，她也饿嫁。""你跟他有什么好处？真是饿跟。"

震：热辐射强，热，地面烫人。借字。

糯：本为名词，糯米；形容词，软糯、柔软；形容词，喻磨蹭等。

菜：傻、笨。也讲"菜头""糠（或作糩，读康的第三声）菜头"。糠是空心、稨（读猫）心的意思。

屌：狡猾。

丑：羞，怕丑，即害羞；坏、劣、不好，脾气丑，即脾气坏。

恨：怨恨；贪图，如：她好恨钱！（她好贪图钱！）

活翻：活跃、丰富。如：把文艺晚会的节目搞得活翻一点。

出众：大方，不怕生，出得场面。

险抛：小心。

痞贱：死皮赖脸、下流低俗。

差火：糟糕、不好、劣。

醇（读 sun 第二声）和：酒味醇厚。

甩嗦（读絮）：不搭理、高傲。

冒夹（同音替代字）：难讲话，不好处。“夹”有涩、夹生的意思。

恶（读鹅）扎：凶、凶狠、粗暴、态度恶劣。也讲恶扎扎。

行火：行、能干、要得。

老火：过气、过头。

爽神：生理、精神、味觉等方面好的感觉；舒服、美味、快乐；优质、美、优秀。如：你的汤蛮爽神啵！

乐（读勒的第四声）然：安乐、悠闲。也讲：安然。

该威（威同音替代字）：不得了，形容程度高、深。如：天气冷得该威。那天开张仪式闹热得该威。

嘻哈（读喝）：不正经，不认真，马马虎虎。也讲嘻嘻哈哈。

攋（读赖的第三声）蚓：不好的、劣等的、不洁的、不整齐的。

喇差（差读第三声）：不好的、劣等的。

海福：快乐、好耍（好玩）。海糊，海里海糊则指糊涂、昏糊。

松敨（读偷的第三声）：财物宽裕，衣物宽松，空间宽大，心情轻松等。

敨气：透气（休息），休憩，让热的食物自然变凉。

抻（读称呼的称）敨：衣物舒展、挺括、整齐；人长得舒展、大方、漂亮。

裸劣（同音替代字）：啰嗦、耍赖，尤其指小孩子。也可以用“瘰孽”代替。

造孽：遭殃、受苦受难、遭罪、可怜等。

雅气：文雅、高雅。

哑（读啊第三声，或者 ŋɑ 第三声）蛮：强行、野蛮、霸蛮。如：哑蛮做就是霸王硬上弓。

堂（读汤）亮：亮堂堂。

肥水：丰满、丰腴、胖乎。

经扎：扎实、结实、耐用。

稀丑：很丑。

喜气：高兴、快乐。

别（同音替代字）淡：（味觉）很淡。也讲淡别别。

陋野（读楼夜）：差火、低档次、劣等。来自粤语词，读音也模仿粤语音。

酸骚：酸馊。如：这个饭酸骚酸骚的了。

摸俎（读蛆）：磨蹭。俎意思是笨拙，迟钝，也指笨拙的人。

合数：合适，正好，恰如其分，（做事）有分寸。

过于：过分、过头。

拃白（读榨菜的榨，杂的第三声）：苍白、惨白。也讲白拃拃。

贡黄：（颜色）很黄。也讲黄贡贡。

把（同音替代字）黄：（颜色）很黄。

狗屎：形容词，自负、傲慢，也讲"老卵屎""狗卵屎""狗臭"。名词，狗便。

老卵屎：贬义，指自负、自以为是；褒义的指老劲、老成。与"老鸟"是近义词。

鸡屎堆：喻脏乱差。

下三滥：指低俗、低级、下流、不上档次的。

精打光：精光。

活跳跳：活生生。

嫩秧秧：非常嫩。

白墶墶（读朋的第一声）：人的白白胖胖；食物等白白的、松软的，或者白白的、面面的。

麻麻亮：蒙蒙亮。

苦哈哈：很苦。既指味觉的，也喻穷苦和精神之痛苦。

瘾曝曝（读包的第二声）：兴致盎然、兴致勃勃、技痒。

肥噜噜：肥哒哒。有讲"肥露露"，露是同音替代字。也讲肥咚咚（读冬栋）。

矮糯糯（读罗摆）：很矮。也讲"矮炮""短火""矮捯捯（音 daodao 第二声，刀的第二声）""矮冬瓜""三脖牛屎"等。

寡撇撇：因为缺荤腥而感到肚子很寡。

满咚咚（读"冬"的第二声）：满当当。

醒咚咚（读"冬"的第二声）：傻里傻气。

4. 其他类别

拃（普通话音 zhǎ，桂林话读扎的第三声）：量词，大姆指和中指（或食指）张开的长度；扎，小把。

掐（同音替代字）：量词，（走路的）步；大姆指和中指（或食指）张开的长度。

沰：读"夺"，量词，团、块。

斗：吸的烟的量词，本是烟斗的"锅"，引申香烟的枝。

头：量词，一副担子的一边。

挑：量词，担。

板：量词，个、篇。如：这板故事；这板板路……

醮（读叫）火：量词，家伙、枪。如：一醮火就打断了日本鬼的腿。

一餐：一阵、一顿。喊人撩（打）他一餐。

一大啪（读 pia 第三声）：一大片、一大堆、一大串等。也讲"一大啪（读 pia 第三声）喇"。

一党人：一伙人、一帮人。也讲一党子。

点点嘎嘎：一点儿。

乜：同音替代字，疑问语气词，吗。如：房地产还会涨价乜？

哔嘣（读必泵）：象声词，水声、摔倒声，吧唧、叭唧。

嘣啊（bong'a 均第二声）：爆炸声、枪声。

嘎嘎（gaga 第三声）：开心的大笑声。也讲嘎喇。嘎喇也是蛐蛐等昆虫的叫声。

噫（读以）嘿（读 hei 第四声）：叹词，表示吃惊、赞叹等。也讲"噫嘻"。

哦嚯（读我货或者我后）：叹词，表示吃惊、惊叹等。

哔哩嘣咙（哔读必，哩读利，嘣读第二声，咙读第四声弄）：象声词；引申为很多。如：一翻口袋，哦嚯，哗哩嘣咙掉出来好多钱。

死：绝对、肯定，（如："这个生意死发！"（绝对发财））；到了极点、极了。如：那个烂崽死坏的！

死卵：极其、特别。如：这个人死卵坏！这碗饭死卵难吃。

最一：最、特别、最是。如：这个菜最一难吃。

论时：任何时候、分分钟。

外带：何况。

一二三：表示果断、快速、马上。如：一二三，队长马上喊人把日本鬼打退竭了。

先不先：预先，首先，一开始、一起手。

劳：副词，根本、全然。如：劳用不着想（意思：根本用不着想）。也讲连。

不完：不止、不下。如：这头猪300斤称不完。那天球场里头我看900人都数不完。

捞捞：形容词前缀，表示非常、极其。如：捞捞轻、捞捞松、捞捞空。也讲捞。

A数A：A代表的是量词，这个格式表示成一定单位的。如："她把烧饼块数块地吃。"意思是成块成块地吃。

B数A（名词）：B代表的是数词，A代表的是量词，这种格式后面可以加名词，有"多"的意思。如：千数块（钱），意思是千多块钱、上千块钱。再如：万数个（人）、百数驾（车子）、十数个（戒指）等。

B数BA（名词）：B代表的是数词，A代表的是量词，这种格式后面可以加名词，有"多"的意思。如：千数千块（钱），意思是千多块钱、上千块钱。再如：万数万个（人）、百数百驾（车子）、十数十个（戒指）等。

5．熟语（惯用语、成语、谚语等固定格式）

有瘾：有兴致，有味道，上瘾，有意思。

补火：返工，完善。

喊声：万一。也讲喊一声。

颇到（读倒）：豁出去。

过礼：过彩礼。

水人：讽刺、戏弄、嘲笑、挖苦人，拿人开涮。

不消：不需要、不必要。如：不消讲、不消吃等。是"不需要"的合音词。

牙痒：喻恨得咬牙切齿。

死硬：硬是，坚持。

搞毛：闹出矛盾冲突。

抿缝：合缝。

抢青：春节耍狮子的仪式，在高处挂封包加青菜或者万年青叶子，狮子班"搭人山"（叠罗汉）去取，喻义迎春。"青"与"春"在大桂林各地方言中音近。"青"象征春天。平时耍狮子则是"抢封包"。

卯钓：本指等着鱼上钩，引申不想努力而想坐享其成，不劳而获。卯也作铆。

空档：喻没穿内衣或者内裤，或者内衣裤都没穿。汽车档位。

点揢（读泵的第三声）：戳穿、点明。也写做点嘣。

劳神：费神、头疼、伤脑筋。

讲古：讲故事，尤其是过往故事。

甩古：摆龙门阵，吹牛皮。也讲"呱（读刮）聊天""谈板路"。

我蚴：也讲"我蚴蚴"，叹词，我的天、妈呀等。也讲我吼。

嘘蚴：找女性谈恋爱，低俗讲法，也讲"钓蚴"，蚴：引申为女朋友。

钓菜：找女友，泡妞。低俗讲法。

放羊：揭谜底、说答案。

捡药：到中药铺买中草药（非中成药）。

打屁：胡说、瞎说。也低俗地讲打姝（读掰）屁、打狗屁、放屁、放姝屁等。

起肩：挑担者或肩扛东西者把担子挑上肩、把东西扛上肩。

扯布：买布。

扯脸：女子出嫁时开脸，一种婚俗仪式。

砍路：走长途。

过龙：在时间、空间、分寸、尺度、标准方面，超出预定的标准点。

要不完：足够、满足、不错；饱，厌恶。如："人家看到（读倒）你这个样子都要不完了，还跟你谈什么恋爱？"意思是：人家看到你这个样子都饱了，还跟你谈什么恋爱？

讲猛话：讲豪言壮语、大话、冒失话。

打手铳（读水牯冲的冲）：男性手淫。

搞板路：来月经。

死得成：死定了、（事情）完蛋了。

捡摊子：收摊子；收拾、死，如：一刀砍起，那个日本鬼就捡摊子了。

捧卵脬：阿谀奉承，巴结、拍马。

脸都剐（读刘或者牛的第四声，liu/niu 第四声）：难堪、尴尬、赧颜、痛苦、难过。剐：皱。

怪鸟叫:（感到）奇怪。

鸡啄（读 zua 第二声，抓的第二声，也作鋷）米：点头，频频叩头，喻叩头如鸡叮米。

坎马时：有时、偶然、久不时。也讲"闯马时"。"坎"是同音替代字。

没得挡：挡都挡不住，喻厉害、有能耐、强大等，是广义的好、优秀的意思，形容词。

没得事：没问题、没关系、没事儿、别担心等。

来味道：来名堂；来兴致；来劲儿；制造麻烦等。

闯造化：走好运、碰运气。

当队长：做东请客；做队长。

翻卤锅：是做米粉配料的工序，因为要把食材、佐料全部翻过来，喻人全体翻身，全翻上来。一种说法，卤锅重新洗过，另外起新卤锅。有洗牌、翻牌、翻身等意思。

抛蛐蛐：鼓励、鼓动、表扬。桂林旧俗，斗蛐蛐时，蛐蛐斗输了以后，主人把蛐蛐放在掌中抛几下，说是将其抛昏就会忘记失败，又能够继续斗志昂扬地打。

摇鸟（读屌，diao 第三声）簰（读排，通常写作"排"）：是"抛蛐蛐"的近义词。鼓动、催促。本指漓江流域渔民撑鸟簰（竹簰）捕鱼时，顿足驱使、催促鸟簰上的鸟（鱼鹰、鸬鹚）下水捕鱼。

搞不朅：做不去、没奔头、没希望等。

早不早：一早。

打酱油：老桂林话指小孩约六至八岁。这时可以帮大人去商店买酱油了。也可以当做说者对孩子已长大可改用分担而感到自豪，不拘岁数。

扯不对：说得文不对题。

搞得拢：做得妥当；关系合得来。

打标枪：拉肚子。

柔默点：一般的。

跟尾巴：即"跟屁虫"的跟屁，跟在别人屁股后面。人云亦云、追随。

拜山头：旧时各行各业拜老大。

压马路：在街上或者马路上散步；逛街。

姘（读掰）屁脓：走狗屎运。

两头黑：起早贪黑。

押担子：旧时押运货物。

落伙铺：旧时住小客店。

讲嘴经：聊天、谈板路、摆龙门阵、侃大山。

伙大龙：大集体一起（做什么）。也讲滚大龙。滚龙：舞龙，也讲耍龙灯。

乐（le 第四声）乜了：乐坏了、乐歪了。也讲"乐癫了"。

哆（读歹）老哈：占便宜。也讲哆马老板。

晓得信：晓得、明代、了解。没晓得信：不知道、不觉得。

过晌午：午间便餐。

鬼板路：鬼花招、鬼点子。

熬码头：指做生意打品牌的初始阶段。生意正常后，说：熬出了码头。也引申为工作之初的打基础。

倒招牌：品牌垮塌、崩溃。

久占为业：长期非法侵占，久而久之成为自己的产业。

充大头鬼：充大、充大头。

乱来一卯：胡来一气。

小眯小眼：本指小眼睛，喻小里小气、目光短浅。

没得名堂：没有本事、没有办法；没有迷信中的鬼怪或怪异的事等。

各师各教：各人师出有门，各有各的做法。

蚂蚂跳塘：桂林民间小吃，面疙瘩汤。

哈吃哈胀：胡吃海喝。

醒里醒捯（dao第二声，读到的第二声；捯是同音替代字）：傻里傻气，很蠢。

母里母气：指男性的娘娘腔。

水过鸭背：像耳边风，记不住。鸭毛不沾水，故有此说。

二五二五：糊里糊涂、傻里傻气。如：你那天喝起二五二五的，什么都晓不得了。

跳（读条）反隆天：打闹、嬉戏喧哗成一片。

前世不修：不知羞；感叹自己遭遇不好、命不好；骂人做坏事。

接不到龙：本指舞龙中接不上，喻做事接不上，衔接不好等。

喊卯抓天：大呼小叫、歇斯底里。

牛娚（读掰）乎乎（桂林读斧斧）：特别牛、特别傲慢、非常自负等。

闹反隆天：吵翻天，闹翻天，闹腾的喧天声浪沸腾翻滚，人声喧哗，乱成一片。即沸反盈天。

含着老卵：叹词意思，完了、遭了。也讲挨（着）老卵。

豩豩（读 lia/nia 第一声）巴巴：黏黏糊糊，指物，也指人。

鳅鱼下面：拿鸡毛掸或扫把揍孩子。

落地生根：（事情）落地，确定下来。

三天六夜：喻时间长。如：这个故事三天六夜都扯不完。

蛆蛆拱拱：指不光明正大的小动作。

眉高眼低：不相上下。

花猫鹩嘴：花言巧语。也讲花麻鹩嘴。

狗乘人哄：火上浇油，唯恐天下不乱，瞎起哄、凑热闹。

讲不出嘴：说不出的苦；说不出口。

坑坑洼洼：坎坷不平；讲话结巴。

粗布烂衫：简朴、朴素，也表示贫穷。也讲粗布蓝衫。

七痨五伤：遍体鳞伤。

看菜吃饭：具体问题具体分析，视具体情况采取相应做法。

生葱熟蒜：生吃葱，熟吃蒜。即葱可以生吃，蒜要熟吃。

屌巴拉撒（撒读第一声）：自由散漫、不务正业、吊儿郎当等。

拍胸打肚：拍胸脯（保证）。

臭虫吃客：客套话，意思是不该、不敢、受不起。是尊长给相对地位低、年纪轻的倒茶、让座等"服务"时，接受服务者讲的。

游吃浪荡：游手好闲、好吃懒做。

指鸡骂狗：指桑骂槐。

喇里喇拃（拃 za 第三声，读扎第三声）：穿着等不好，差劲。是"喇拃"的重叠式。

稀蓉八烂：粉碎性的烂、碎。

你看子看：你看看。

抵不到（读倒）火：扛不住、抵挡不住、忍受不住、承受不住。

有得一捂（疼的第四声）：有的一比。

哄崽吃肉：骗人。

涎（读闲）皮滑脸：油滑、淘气。

死痞烂贱：死不要脸、死皮赖脸、下流低俗。

咬起卵脬讲：胡说、瞎说。

担轻路不轻：担子轻松，路途不轻松。

饿得眼都绿：饿得要命。

穷寡公，富寡婆：穷鳏夫，富寡妇。老光棍往往穷，寡妇往往情况好些。

六月六，晒红绿：农历六月六，桂林雨季结束，晾晒衣物。此风俗很古老。

红配绿，死牛肉：衣着红色配绿色，死难看。

杨柳春，放风筝：春风扬扬的时候，正是放风筝季节。

蔑过来，蔑过揭：忽悠来，忽悠去；讲过来，讲过去。蔑，同音替代字。

七月半，鬼上岸：旧俗以为七月半时祖宗神灵及孤魂野鬼自水上岸，所以，在水边祭祀。

学坏三天，学好三年。

狗屎不出的死野崽：狗杂种、野种。

半桶水，一潮一潮：有半桶水而自负。

容崽害崽，容女生干崽：娇惯、纵容孩子害了孩子、害自己。

火要空心，人要忠心：烧火时火堆中心要有空间透气输氧，为人要忠诚。

死守黄沙河：顽强坚持到底，严防死守。黄沙河是全州县古镇，南距县城约 26 千米，北距湖南永州市约 53 千米，湘桂铁路贯穿这里，是湖南进广西的重要门户，自古为兵家必争之地。1944 年 9 月中旬，日军第十一军从湖南南下进攻黄沙河，镇守广西全县的国军九十三军奉命死守黄沙河。经过激战，丢失黄沙河。另外的说法是：1949 年 10 月底，解放军南下至全县，白崇禧下令死守黄沙河。最终还是被解放军攻下。

不死也要脱层皮：比喻结局悲惨，损害严重。

见了石头能讲三句话：善言辞、喜欢讲话、善交际。

吃米粉找不到（读倒）头：喻做事找不到头绪。也讲桂林米粉找不到头。

砍起不够一碗，炒起不足一碟：喻人瘦小。

做酒点豆腐，没有老师傅：喻自己摸索自学成才。也指这两个行当做好要靠自己。

想要富，烧酒卖豆腐：是说烧酒和卖豆腐较易致富。

拿他没得法：对他没有办法、无可奈何、无可救药、无法应对等。

夜崽不离娘：婴幼儿夜间离不开妈妈。

斜（读抖，踢的意思）着肺了：占便宜了，捡便宜了。

砍树从根起：做事从头起，釜底抽薪、斩草除根等。

好手不提四两：手提东西累，而且不能腾出手干活，最好是挑担，或者背负东西。

鹭鸶不给过河：旧时礼节，吃饭筷子不能伸到别人面前夹菜。

捧卵脬，没得牛膪（chuai 第四声，读揣的第四声）吃：阿谀奉承、溜须拍马往往会因小失大。

乡里狮子乡里耍：具体情况具体分析；事情有局限。

兔子急了也咬人：弱者逼急了也反抗。

狗肉滚三滚，神仙坐不稳：狗肉诱人。

棒狗打缲簰（读锹牌）：杀狗 AA 制会餐。"缲簰"本来是指拼合大竹子做竹簰（通常写作"竹排"）。

闻倒狗肉香，朋友来帮忙：有酒有肉皆朋友，患难何曾见一人。

酒肉朋友，柴米夫妻：有酒有肉皆朋友，无钱无米友不亲，只有夫妻是柴米油盐酱醋茶的终身伴侣。

给火葬场爬烟通：死。

人吃五谷生百病：人没有不病的。

端午吃五子：桂林旧俗端午吃粽子、李子、桃子、蒜子、蛋子（咸蛋）。

端午吃咸蛋，石头踩得烂：桂林旧俗端午吃咸蛋，传说吃了咸蛋健康有力。

肚饿莫吃生萝卜，饿死莫做贼。生萝卜辣，吃了胃疼。

蜻蜓低飞蛇过道，大雨马上就来到：农谚，大雨前常见蜻蜓低飞，蛇出没于路。

东虹（读杠，gang第四声）日头西虹雨："虹"多音字，有一个音是读酱，jiang第四声，在桂林话读成"杠"。这句谚语的意思是，彩虹在立足点的东边则立足点往往是太阳，彩虹在立足点的西边则立足点是雨。

会馆有舞台，无戏不成墟：旧俗会馆有会期，祭神，演戏娱乐，成庙会集市。

三年不开张，开张吃三年：指一些大生意，一笔生意就大发其财。

重打锣鼓另开张：东山再起、从头再来、卷土重来。

茅厕里的石头也有三翻：喻处卑微、低谷之境者，也有出头之日。

三天五天无生意，伙计吃伙计：喻竞争激烈。

生意好做，伙计难找：说好的伙计难遇上。

打空心跟斗：本指翻空心跟斗，喻白手起家、艰难创业。

螺蛳有肉在心头：不显山不露水，真人不露相。

叫唤的麻雀没得二两肉：和"螺蛳有肉在心头"反义，露相不真人。意思近"半桶水晃荡得很"，外表诈唬，没有真才实学。

顾吃不顾吹：本指吹鼓手只顾吃，误了吹奏，引申比喻办事不周全，顾此失彼。

好日多同，吹鼓手命穷：吉日大多一样，但是吹鼓手穷苦。旧时吹鼓手地位低下，不能上正堂，只能在下堂屋或者门外演奏。

男人头上三把火：旧时类似"男人膝下有黄金"，不轻易给人摸头，20世纪40年代以前不给女性帮理发。

九月十月乱穿衣：农历九月十月乍寒还暖，各人体质不同，穿衣厚薄不一。

云往东，一场空（指无雨）；云往南，漂起船（指大到暴雨）；云往西，雨凄凄；云往北，一阵黑。

十个指妈都数不过来：数不胜数、不胜枚举。

六十不管余来事：60岁后不管闲事。也讲六十不管闲余事。

宁量白头翁，莫量鼻涕虫：后生可畏。鼻涕虫指孩童。

好马不把双鞍配，节女不事二丈夫：旧道德。

家有一老，如有一宝：家中有老人是好事。

婊子重钱，戏子重义：说娼妓看重利益，戏剧演员看情义。

房子起得高，就怕火来烧：防火重于泰山。

假充董二叔：滥竽充数。

黄皮果吃熟不吃生：宰熟人、熟客。南片桂北平话说："熟人吃熟肉"。"黄皮果"也成了损熟人以利己者的代名词。如：他是个黄皮果来的，莫和他耍。

饥吃红荔枝，饱吃黄皮果：饮食谚语。荔枝肉多可以充饥，黄皮果肉少，饭饱还可以吃。

6. 歇后语

豆腐盘成肉价钱——亏了：偷鸡不成蚀把米，想占便宜，结果更贵，弄巧成拙等。

八百搞出一吊二——亏了：偷鸡不成蚀把米，想便宜，结果更贵，弄巧成拙等。

"黄昌典"买笔——不用选：喻商品质量过硬。"黄昌典"曾经是民国到解放初桂林毛笔的第一品牌。

人死饭门开——不喊自己来：桂林旧习俗，老人去世，不一定沾亲带故，都可以去吊唁。南片桂北平话讲"记生不记死"，意思是记恨、记仇不记死人恨、仇，平时是有恨，是仇家，但是仇家有丧事还应该礼节性去吊丧。

一笑夹得死蚊子：喻皱纹多而深。

桂林米粉大圩面：桂林的米粉和大圩的面条，都是特色优质产品。

连狗屎干都把你吃干净：喻饮食不拘，能吃且不计精粗。

打狗不行燂（读谈，燎）狗行：会说不会做，大事做不来，小事不会做。燂谐音谈。

踩了人家肩膀上揭还吐口水：忘恩负义、过河拆桥、恩将仇报等。

打死人都晓不得什么意思：糊涂、没有脑子等。

树上的鸟崽都哄得下来：花言巧语、油嘴滑舌。也讲树上的鸟崽都哄得落。

在家靠父母，出门靠朋友：说人里外都得靠别人帮助。

一年不忙忙三十：大年三十主要是吃和做祭祀之类的事情，一般不干活了。喻时间安排不当，不该忙时却忙。

砧板上捡腊肉：不劳而获、捡现成便宜、免费午餐。

丝线遇着绣花针——正合适。

三十晚上的砧板——没得歇（没得空）。

过了黄河就丢拐——过河拆桥。

挑起屎桶进城——找死（屎）。大致在 20 世纪 90 年代以前，还有郊区农民挑起屎桶进城掏大粪做农家肥。

饿狗进茅司——找死（屎）。

背起棺材竭找盖——想死。

七月半打出来的——饿牢鬼。

瞎子上坟——估堆（估摸着）。瞎蒙，瞎猜。

脚盆洗脸——面子大。

隔山摘李子——差得远。

骚甲子披蓑衣——不像样子；捞捞（读第一声）松（很宽松）。骚甲子即蟑螂。

老虎吃螺蛳——不晓得哪样子下手。喻无从下手。

吃灯草放屁——捞捞松（很轻松）。

吃多了鸭下巴（读爬）——爱答嘴（喜欢插话）。大桂林习俗，认为小孩不该吃鸡鸭下巴，吃了嘴巴多、话多、喜欢插嘴。

半斤鸭子四两嘴——得把嘴。意思是会说不会做，言语的巨人，行动的矮子。

丫头抱崽——人家的。也讲"丫头婆抱崽"。

告化子耍酱油碟——穷讲究。要排场，舍得吃等。

告化子炼油渣——厉害。乞讨来的油渣还能够炼出油，厉害。

蚂蚁跳塘——晓不得深浅。喻不知事情的"水深"，做事不计后果等。一种小食，面疙瘩。

隔夜米汤——醒水了。"醒水"指明白、清醒、醒悟。有时候也说成"醒龙""醒瞌"。醒瞌有人写成"醒壳""醒觉"。

掐头苍蝇——不晓得去向。喻茫然，摸不着头脑，找不着北等。

"张永（老桂林音"远"）发"的染水——没得解。喻质量过硬，没说的。"张永发"是民国桂林染布行的第一品牌，"染水"好，不褪色。桂林话"染水"与"眼水"同音。喻有眼力、眼光、远见。眼水，眼光、眼力。

鼎锅煎鱼——难得翻身。

竹筒里的耗子——勇者胜。

大热天喝凉粉——爽神。

二姨妈的早饭——没得望（没希望）。

你才晓得锅耳子是铁打的——晏了（晚了）。

（梁福根）

（三）桂林话的民间版四六级词汇（下）

以下的四六级词汇（广义）更草根，更市井，更接地气。当然不乏低俗的，作为客观语言现象适当收录，可供文献保存和研究。有些词在不同意思方面属于不同词性的词，为了简便，只归到其中一类，并且加以说明。

1. 名词

桂林阔子：指桂林一些虚荣心强、好面子、讲排场、讲体面、虚张声势，而实际上一般的、死要面子活受罪的人。

菟崽：老大、领导，为头的，优秀的，第一的，榜首。也讲兑兑（读满），常常误写为"满满"。

头吤（读盖的第二声）：头目、领导、老大。

四眼人：孕妇。

四眼狗：戴眼镜的人，贬义。

牛牯眼：贬义，指眼睛大。

螺蛳壳：贬义，调侃讲的眼睛。

枣子：谐趣的或者贬义的喻眼睛。如：你那对枣子有问题啊？

天老爷：老天爷。

爷娘老子：父母的背称。也讲"娘老子"，娘老则是母亲。

老豆：父亲背称，还称老吖、爷老子、老杆子、老蔸巴等。

老妈子：母亲的背称。

光子：和瞎子相反，指眼睛正常的人，往往在和瞎子相对而言的情况下使用。

高子：和矮子相反，高个子，往往在和矮子相对而言的情况下使用。

斗子：量粮食的器具；量词，只用于"一斗子的劲"，指浑身是劲儿，一身力气；桂林人骂人的俚俗词，指女阴。

肚：肚子，腹部。

哈棒棒：傻子。

齉把子（齉读蕹菜的蕹，桂林话音 ong 第四声，"把"读"把握"的"把"）：傻瓜，齉有傻的意思。

哈崽：傻子。

耍崽：游手好闲的的男青年。

痞崽：痞子。

贱崽：喜欢恶作剧、嘴巴贱的男青年。

烂崽：流氓无赖。

癫崽：疯疯癫癫的男青年。

醒崽：傻而三八。

蠢崽：傻仔、傻子。也讲蠢子。

傻（读"所"的第四声）崽：傻子、笨蛋。

衰崽：笨蛋。"衰"读第二声。

死崽：不顾自己和他人性命的亡命徒。

报应崽：迷信讲法，父母做了坏事，从子女体现报应，是现世报。报应、惩罚父母的子女即报应崽。也可以用于昵称。

哈狗：傻子。

哈脓包：傻子。

老哈：很傻的傻子。

水冬瓜：笨瓜、傻瓜。也讲稖（读猫）冬瓜。

土狗：本地狗种；土老帽。

野崽：野种。骂人的话，多用于骂男的，被骂的不一定是野种。

崽牯：调侃语气的儿子。牯是公牛。

吃素的：孬种，窝囊废，没有本事的人。

死打靶鬼：被枪毙的犯人。打靶：桂林话有枪毙的意思，打靶场，刑场。

鬼老二：何许人。如：哪个认得他鬼老二？鬼（没有人），如：鬼老二才相信他！

拐子：小偷、扒窃者、三只手。也讲拐子手。老拐子即老贼。

赤膊公鸡崽：身无分文的人。

长脚撂：大长腿，手足长。

二赖子：混世者、赖皮者。

皇帝老子：皇帝。

老考米：名词，牛人、行家、老道的意思，与"老鸟"是近义词；用作动词、形容词有信心满满、自负，充大头者等意思。

老鸟：老手、行家里手、高手，老劲。

好（读号）吃婶（读掰）：吃货。

寡水婶：绝情、小气的人。寡水指绝情、小气。

饿吃婶：贪吃货、嘴馋货。

挂角亲：转弯抹角的亲戚。

兵古佬：小兵、士兵。也讲兵崽。

脚色：人物，角色。如：他在本地算得上是个脚色。

短命鬼：骂人的话，也可以用于昵称。对年纪大的则用"老短命鬼"。"做短命鬼事"，即做折寿的坏事。

砍头鬼：杀千刀的。本指被杀或者斩首的。不好对付的人。

挨刀鬼：杀千刀的。本指被杀或者斩首的。不好对付的人。

骚公鸡：色鬼。指男性。

骚包包：风骚的人，色鬼。自鸣得意的人。贬义。

烂麻包：失足妇女、破鞋、烂货。

花头鸭子：公鸭；喻爱出头者，本不是头儿，却喜欢出头、揽事、多事。如：他就是喜欢充花头鸭子。（见图 11.07）

公耗子：男人的谐趣或者贬义称呼。

秋丝瓜：没有见过世面的人，头脑简单者。

麻风：麻风病（恶性传染病）；喻惹不得、惹不起的人。

神仙尿脬（读抛）：神人、达人、厉害者。也讲神仙卵脬。

公仔：画中人物，小型人物塑像。也讲人公仔。

糖丝公仔：糖人儿。也讲糖人公仔。

玻璃公仔：喻脆弱、危险。

鬼脸壳：跳神的木面具；人物上半身画像，贬义。

葱头萝卜：喻人笨。

11.07　花头鸭子

蛐蛐眼：近视眼。

焦燎食：以炸、烤、炒方式加工的易上火的食物。

活路：工作。

干蚂蚁：喻一文不名。

手板心：掌心。

火色：水平、能耐。

沕（读秘）子：潜水，如讲"打个沕子"。谜语，如"打个沕子给你猜。"

蔸蔸：植物的根和靠近根的茎。如：菜蔸蔸、禾蔸蔸、树蔸蔸。也讲蔸巴、蔸子。"蔸子"还引申出家庭、家族等意思，有贬义，如：这一蔸子人，意思是这一家人。

小马菜：很容易做的事情。

日头火：太阳，太阳光。

天时：天气，时候，时间。

底功：功底。

耍心：玩兴，贪玩的心。如：你莫要耍心重！

洞眼：窟窿、孔儿、洞。

腻漆：身上的污垢、油腻。也讲腻漆膏。

伙铺：旅店、旅社、客栈。

莽朗牯：鹅卵石，也讲马卵股（石）。

土谈：方言土语。

发：时间、时间段。前发时：前段时间。发是代字。也讲发子。

老华：同姓氏者之间互称。华是代字。

脚底：脚下；底下。如：大树脚底。

落尾：后来；落在后面。

背皮：后背、背部。

短火：手枪。

架势：名词，姿态，样子；动词，开始，动手。

鬼扯闪：闪电。喻极速。

火屎：木柴等燃烧后的炭。

命水：命、命运、运气。

光板（头）：光头，完败，零分，队员全部被打败或者淘汰。

号：种、类、些。如：这号人。

起：种、类、些。如：这号人、那起东西。

眼角子：眼角。也讲眼角。

夜饭：晚饭。

晌午：午饭。

屋里（头）：家里、房子里。

五花：花样。耍五花：使小心眼儿，耍手段、耍花样。

竹筒鼓：竹筒。

密密：名词，陀螺；旋转的玩意儿；频繁，形容词。

2．动词

甜水：拥戴、喜欢，欣赏等。如：这个班的学生好甜水他们的班主任。可以简单讲"甜"，如：这个女把爷硬是甜完他揭。也是形容词。

点水：在泄密、告密的意思方面是"嘣（读泵的第三声）箍"（或者写做耪箍）的近义词。也指诬陷。

翻：读反，就像"五通街"的"通"读"桶"。某种行为的严重，如："讲翻了揭"，指到处都在议论纷纷；"闹翻隆天"，意思是闹翻天。

估堆：估计。

罕抵：限定、非什么不可。也讲"限（读汗）定。"

扯呼：打鼾。

旋：读炫，xuan 第四声。转、旋转，转悠；走动、奔波。如：整天在外头旋。

搞（读扁）：玩，玩弄、把玩。搞为代字。

抛：路颠簸；除了有普通话的投、扔、舍弃、丢下等意思之外，还有"比标准多出"的意思。如：抛到3斤，抛到200块钱等。

嗍：读朔，吸吮。如：嗍粉、嗍米粉、嗍螺蛳。常常误写为啰嗦、哆嗦的"嗦"。

纲：同音代字。苍蝇附着：苍蝇纲在鸡蛋上；人成群在一处：这么多人纲到在柜台上。

搂：读第一声，掏取；逗弄人。

戗：读枪，代字。欺负。

盘：负担，如：盘三个崽女读书蛮困难啵。顶、租，如：盘下一个铺子做生意。

醒瞌：明白、清醒、醒悟。有时候也说成"醒龙""醒水"。醒瞌有人写成"醒壳"。

拉生：绑票。南片桂北平话说"捉生"。

扯：拉扯；胡扯；闲聊。扯得拢：谈得拢。

耍耍：玩儿。如：给你几颗糖吃耍耍。

默谱：估计、猜测。默读第三声。

火烫：发火、生气。也讲卵火烫、卵火毛、卵火燥（读操第四声）、心火燥。也讲"火淌"（淌是同音替代字）。

搭伙：动词，结伴、结队；跟着，伙同；竟然、居然，如：人家讲竭发财，他也搭伙讲竭发财，他有什么本事嘛。

3.形容词

内粹：内行、在行、精于此道。

雄：厉害、水平高、有气势、身体棒、精神好等。也讲"雄头"。"彪（读丢，代字）雄"是非常雄，和"狠"是近义词。

灵跳：灵光、灵活、聪明。

灵水：灵光、灵活、聪明。

靓水：漂亮、美丽。人、物和事情都可以形容。

净扮：漂亮。如：这个女把爷长得蛮净扮的。

实落：确实，确切，实在，不虚。桂北平话还指结实，瓷实，踏实，食物有嚼劲。

烂排：放纵、无赖、胡来、痞、坏。"排"代字。

裸连：啰嗦，厉斥（音阿杂）。

恶：凶、狠、厉害。

醒：傻、笨、三八。如：醒水、醒瞎、醒橄榄、醒冬菜、醒嘎喇、醒戆（训读字，读盎）醒戆、哈醒哈醒、醒里醒气、醒人、醒崽等。

稻（读猫）：傻、笨。如：稻冬瓜、稻红薯、稻太（读第三声）等都是傻瓜的意思。也有大的意思。

郎当：郎当，是吊儿郎当、郎郎当当的简写，游手好闲、不务正业，自由散漫，彩调有"郎当师傅"刘大荐。打郎当：裸体，童谣说："一二一，一二一，打起个郎当揭买米……"

海糊：昏昏糊糊，糊涂。也讲海里海糊。如：喝起海里海糊的，不像话！

哈里哈咚（读冬的第二声）：很傻、傻里傻气。

鬼：迷信中的鬼；奸巧、奸猾；精明等。

贼：强盗；偷窃者；奸巧、奸猾；精明等。

真灼：清楚、清晰。如：那条事情我记得不真灼了。

易为：容易。

妄谅（量读亮）：妄想，枉费、白费、没用、无望。

合搞：对路，合适。

冰清（读亲家的亲）：冰冷。

堂（读汤）亮：亮堂堂。

亮爽：明亮、亮堂、敞亮。

黢吗黑，四川话也讲。也讲"吗吗黑""黢吗嗒黑""黑黢吗嗒""黑黢吗冬""黑里吗黢"。

乏气：没有意思，无精打采等。

闹热：热闹。

否（桂林话读"蔑"）：凹陷；口感棉而不实。如：吃起来否否的，意思是瓜果等果实中间空了，吃上去干瘪没有水分，不水嫩了。

4.其他类别语词

总总：总是、老是、永远。如："红屁股，老子总总死在你手里！从今天开始，老子总总不和他耍了。""清明前后总总是下雨的。"

盖：特别、非常、极其。也讲"盖了"。如：油炸鳅鱼盖好吃。

几：多、好。如：你晓不得他几有才啵。

没曾：还没有、未曾。

下（子）：一下。如：换下子口味。也讲一下子、一下下。

（一）下下：一会儿。也讲一下子。

约莫：大约、稍微。对李鸿章我约莫懂点。

更及：更加。

千急：千万、万万、切。如：千急莫打架。

赶急：赶紧。

就：都。如：1.发癫了就晓不得信！ 2.你不讲，我就晓不得。3.大火隆咚的太平天国运动后头就失败了。

点点崽：一点儿。

点屎嘎嘎：一点儿。

点屎崽：一点儿。也讲点屎。

一丢丢：一点儿

一伙子：一伙儿。

百十百：上百、百多、百十。如：百十百座房子，座座是新的。

一餐：一会儿，也讲一餐餐、一餐崽。一餐也指一顿饭。

样行：样样、什么。如：1.他样行都会。2.过年的时候吃的、耍的，样行都有。

哪门（子）：哪样、怎么。"门"也写作"闷"。

这门（子）：这样、这么。"门"也写作"闷"。

呜呼（读五户）：叹词，表示惊叹。如：1.呜呼，桂林这么漂亮啵！2.呜呼，来了这么多明星啊！

伙起：连同、跟、和。如：猪肝伙起辣椒炒，来味道！

两看：一分为二，不一定，不觉得。

没：副词，桂林话读"妹"，表示"不"。桂林多用"没"，少用"不"。如：不走讲没走，不吃讲没吃，不好讲没好等。

5．熟语（成语、谚语、惯用语等固定格式）

骂起你头灌脓：最高程度的骂，骂得狗血淋头。

啦咪发说：是音乐简谱"6345"的唱音，这是"音阶"，桂林话谐音"啰嗦"，多事、雷堆。

找死不翻老黄历：做事也不看看时间，做事也不选择时间，不看场合。

磨麦子面：团团转。如：急得佽（桂林话读井）磨麦子面。

试（下子）水响：试水深（试探着做、尝试着做）。

急得手扯鸡爪疯：急得抽风。

鼻子冒火烟：发怒，七窍生烟。

心急吃燃（读赖）饭：喻心急做不成事情。

閙（读啊 a 第一声，或者 ŋa 第一声）腮："说"，贬义，如胡说、乱说、胡诌。

屎少屁多：华而不实、话多而做实事少，啰嗦，厣斥（音阿杂）。

捡口水：人云亦云，拾牙慧。

倒麦子：丢面子。

衬底子：撑门面。

整驼子：折磨、戏弄、捉弄、教训、调侃人，找茬。

抓倒粑粑饿死崽：活人被尿憋死，有条件却自我困死。"抓"有讲"榨"

（紧握）的。

买盐不咸，买醋不酸：喻钱少。

耍尾巴龙：表示末位的、落后的、差的，和"扛龙头""舞龙头""跳龙头"正好相反，因为舞龙时，龙尾巴最轻，舞龙尾巴技术含量最低。打比讲："这个学生在班上是耍尾巴龙的，考试总总不及格。"（见图11.08）

扛龙头：为首、领导、领头、优秀、居前列等。

扫草：剃头的谐趣或者贬义讲法。

花麻鹩（读廖）嘴：花言巧语。

喊天：也讲喊老天、喊老子。

11.08　耍尾巴龙

受不起补：本指瘦体虚弱，受不了补药，比喻受不起抬举、表扬、肯定，或者不接受阿谀奉承。

管它死人倒屋：不管三七二十一，管它死活。

嘘蚓：是找女朋友的低俗讲法。

撩（读撩）蚓：是逗弄女把爷的低俗讲法。

搞拐了：做偏了，失误了。也讲搞刷了。

搞左了：做偏了，失误了，错了。左，在汉语里有错误、不正的意思，如"旁门左道"。桂林话"听左了耳"就是听错了。

饿得鬼跳：饿极了。在动词、形容词后加"得鬼跳"，表示形容词、动词的最高程度。如"吓得你鬼跳"。

饿得肠子打绞绞：饿极了。

狗踩溯（读绍）瓢：形容小把爷穿的鞋不合脚，长而大、太宽松；装模作样；虚张声势；充大，意思类似阳朔讲的"蚂蚁戴螺蛳壳"。

饿狗抢屎：形容人争抢，贬义。也形容人向前扑倒的样子，贬义。

狗啃硬筒屎，记了一辈子：贬义，记忆深刻。

嫌事狗，吃完就走：习惯讲法，不爱管事的，只吃不做。

打狗（都）不出门：喻天寒地冻。

蠢得出屎：极其蠢笨。"蠢"可以替换为：哈、戆（代字，读"昂"的第四声，益）、薯（读勺）等。凡是负面的事情，在动词和形容词后加"得出屎"，表示最高程度。如：挤（得）出屎：极其拥挤；怕（得）出屎：极其害怕；吵（得）出屎：极其吵闹等。

吃屎的：废物、窝囊废、孬种。

捡到（读倒）：拾得；自讨的。大白天偷东西，不是捡到挨抓。

头顶生疮，脚底流脓：喻人品极其恶劣；也用于诅咒人。

晓不得信：不知道。如：发财了就晓不得信！

请错了箍桶匠：表示让别人做的事情的结果不满意。

算你一淬（读脆）：算你对了一次，算你赢了一次，准你一次，饶过一次。

泥巴埋到了下巴底：大半截入土，喻老迈。

米粉的汤，桂戏的腔：关键的、核心的。

对门火烧山，与我不相干：各人自扫门前雪。

你屁股还青：你还嫩着呢。"青"指小孩屁股上的深蓝胎记。在大桂林好多地方讲老大不小："你还红！""你以为你还红！"婴儿就是"赤子"，肤色透红。

喝井水不分你我，吃米粉各自开钱：该咋样就咋样。开钱：付账、埋单。

打死会拳的，淹死会水的：人栽在自己的自负和长处。

踩着了你的尾巴：得罪了你。

咬卵咬头截，咬到后头尽是毛：做事要有方法，分清主次、先后。

卤水点豆腐，一行服一行：行行出状元。

得了一福想二福，吃了豆腐想猪肉：贪心不足、得寸进尺、得陇望蜀。

豆腐硬出血：抬杠，嘴硬，强硬，认死理，不认账。

性急吃不得烂（或者讲热，读赖）火饭：心急吃不得热豆腐。烂火饭：烫的饭。

天光：天亮。

清早八晨：大清早，也讲清早八早、清晨八早。

气鼓鼓：气呼呼、气哼哼。

哈头哈脑：傻里傻气，笨头笨脑。

讲鬼是他，讲怪也是他：什么都是他讲的。

有你的好果子吃：有你好看的，有你好受的等。

这点钱，买墨卵就染不黑：钱少，夸张的说法。

谅你虾子没得血：谅你没有什么本事、钱财。

七七八八：啰里啰唆、指手画脚、多嘴多舌等。

一色（读赛的第三声）阶：半斤八两，彼此彼此；一样的。根据《现代汉语词典》（第5版），"色"是多音字，普通话有个读音是 shǎi，有"一色"这个词，意思是：一样的。也可以写成"一殺阶"（杀），根据《辞源》"殺"是多音字，有个读音是 shài（晒），有个义项是"等差"，即等次、级差、等级等意思。"一殺阶"意思就是一个等级的，一样的。

一旋过：读炫，xuan 第四声。指很溜，很熟练。

眼睛一眨，老母鸡变鸭：指变化极快。多用于贬义。如，变脸快。

火烧屁股：即火烧眉毛，十万火急。

崽是自己的好，老婆是别个的香。别个，即别人。

有娘养没得娘教：无教养，野种。也讲有娘生没得爷教。

喊觥觥（读满，觥字典里为冕。常常误写为满满）：喊爹娘，喊老天。

狗扯羊肠，越扯越长：无边瞎扯。

掲起你：反攻你；去你的；胜过你。

掲起他：反攻他；去他的；胜过（超过、压过）他。

掲（了）货：死；引申为：完蛋，失败，完了。

掲米：死。也讲掲菜。也讲捡屈（同音替代字）。

骨头打鼓：死。也讲打鼓。

堂麻：死亡。

搋（读块）起：逮捕，抓起，绑起，拔起。

筛糠：1. 把米里的糠用糠筛筛掉；2. 喻打抖，如冷得筛糠，吓得筛糠。

斟起你没得药诊：踢死你。

卖龙卖龙车车，还龙还龙愿愿：本是桂林童谣，因为广为传播，妇孺皆知，引申出人云亦云的意思。如：领导都这门子讲了，大家不是个个都“卖龙卖龙车车，还龙还龙愿愿”。

眯起眼睛：闭起眼睛，不管三七二十一。如：你眯起眼睛做就得了，莫管他。喻盲目，容易，睁一眼闭一眼。

皮子痒：欠揍，也讲“骨头痒”。

麻雀飞过分得出公母：喻能力超强。

箩筐大的字认不得几个：斗大的字不识一个。

丁丁吊吊：零零星星、细细碎碎。

木里木杵：呆板、麻木、傻、笨。也讲木里木犽（读独）。讲“木蔸蔸”则是傻子的意思。

满裤裆摸不到（读倒）：喻到处找不着（主要指人）。

气得你胡子往两边分：气得吹胡子瞪眼。

猫尾巴越摸越翘：说胖就喘；听好话就翘尾巴。

懒人屎尿多，吃了就要屙：比喻事多，扯由头不好好干活。

舍得（下）老米：舍得尽力发奋，极尽努力。下米：努力。

扯大炮：吹牛；侃大山、摆龙门阵、扯板路。

抬轿子：喻支持、拥戴。民国时官商一家，双方互相抬轿子。也指阿谀奉承。

过早：吃早点。

过午：吃午饭。现在讲得少了。

看西洋镜：看西洋镜，即看拉洋片；看稀奇。

上床看西洋镜：同房。有讲“碰丁拐”的，低俗。

年轻人火气旺，读书人面子薄。火气旺指阳气足，热力足；也指脾气急、脾气大。

背街背巷：偏僻的街巷后。

大火隆咚，烧着外公：比喻火灾严重。比喻事情很旺、势力强大、声势浩大等。如：大火隆咚的太平天国运动后头失败了。

火烧一世穷：火灾使人财富上一蹶不振。

死痞烂贱：低俗不堪，卑鄙下流。

三个女人成条墟：三个女人一条街。

讲你是根葱，你又是颗蒜：以为你聪明，谁知你笨蛋。

你才晓得马王爷三只眼：你才晓得厉害。

顺嘴打哇哇：顺口开玩笑，顺嘴说说，不担责的。

六个手指（妈）抓痒：阿谀奉承、捧卵脬都怕不够。如：他的崽当官以后，原来懒迹（迹：搭理）他们的，现在个个来六个手指抓痒。

捧卵脬：阿谀、奉承、拍马。也讲捧尿脬。

早八百年：很早。

捞早：很早。

走火：1.（枪）走火；2.话题跑偏，脱题。如：你看下子看，讲到讲到又走火了。

打旋旋：打转转，转圈。

悔得肠子肝肺都烂了：极其后悔。也讲悔得肠子都青了。

博吃：混吃。

伸长鸭颈子望：期望、等望、张望、围观。

讲点过年话：讲好话，讲歌功颂德的话。

等得筷子等弯，调羹等直：夸张讲开饭时间的延迟。

好着了：便宜了、成全了、运气了（某人）。

好着了自家两个外头人：合作双赢。

来钱来米：讲钱讲米、要钱要米。如：今晚打牌是好要的，又没来钱来米，怕什么？

充鬼：干吗。如：没有人信的，你信他充鬼！

赶斋：贬义，对催促者讲的话，类似"奔丧"。如：催什么？赶斋是哪门的？也讲"赶褐投胎啊"。

牙巴骨咬断：喻恨得咬牙切齿；喻吃力，咬牙关。也讲咬紧牙巴骨。

喊破鸭嗓子：喊破嗓子。

船上打死人，岸上干着急：干着急，没用。

炒虾子等不得皮子红：喻急躁。

光捋捋（读吕的第一声）：一文不名；一丝不苟，干净彻底等。

夺打夺：彩调木乐器打节奏的声音。

皮条打人，软收拾：巧妙或者阴险的收拾。

好事不过三：好花不常开，好景不常在。

三姨妈五舅娘的板路：老生常谈。三姨妈五舅娘：七大姑八大姨。

酒醉英雄汉，饭胀哈胲包：英雄难过美酒关，笨蛋胡吃又海喝。

喊山的脚色：呼风唤雨、颐指气使、发号施令的脚色。喊山也指虎啸山中。

拍起屁股大笑：喻哈哈哈大笑。

喜欢乜了：爱极了、喜欢极了。

跳跸跸脚：单足跳，像跛脚的跳。也是一种儿童游戏。

喝酒哄菜吃：吃酒无非想多吃菜。

大吃如小赌：大吃大喝相当于赌博。

屁股夹算盘：会算计、抠门。

讲大话用小钱：华而不实、讲的比做得好。

大，大不过尧山，高，高不过侯山，长，长不过蛇山：桂林人认为，周边地面最大的山是尧山，最高的山是侯山，最长的山是蛇山。

尧山戴帽要下雨：尧山山顶云山雾罩时桂林要下雨。

侯山扯旗要下雨：侯山方向的天空闪电时桂林要下雨。扯旗：闪电。

蛇山围领要下雨：蛇山接近山顶部分（山的颈子部位）被雾环绕时桂林要下雨。

如事如贴：满意、妥帖、停当，有条不紊，井井有条。如：他把一党子人打点得如事如贴，个个喜欢他。

累不死的牛：老黄牛、任劳任怨者。

发海水：短话长说，脱离主题，海阔天空地说话。

姨妈还不是外婆的女：一回事、一个德行、真相。也讲姨妈是外婆的女。

三虎一豹，三女一孝：以前桂林民间说，母老虎一胎生三只虎仔，会有一只变种为豹子。三个女儿一定会有一个是孝顺的。

老虎动不动就喊山：动不动就发威。

老虎不发威，你来当猫耍：喻不自量力欺负强者的人，贬义。类似螳臂当车。

屙尿唬拇指：小气、抠门。

赶尾墟：落后，赶末班车，（到了）末期。

漫山遍野蚂蚁子爬：喻多。

恨得出板油：恨极了。"出板油"用在动词、形容词后面，加"得"字，表示"极度"。如气得出板油，指气极了，乐得出板油，指乐极了。

吓得尿（或屎）都（或者就）漓（读标）：吓得屁滚尿流。

笑得你考考（都、就）跌：喻大笑。考考桂林话指睾丸。

恨得你考考（都、就）痛：喻恨极了。

气得眼睛都睁出血：气愤已极。

吓得黄胆水都出来了：极度惊吓。

黄胆水都吐出来了：严重呕吐。

舌头打揉揉（揉读裸）：讲话舌头不利索，不清不楚。

吐舌子：喻吃惊、惊异，目瞪口呆等。

臭上天：极其自负。

松针遮天：一叶障目。

哝哝刮刮：嘟囔、唠叨、咕哝。

癞子头难剃：喻人难缠，难打交道。因为癞子头满是疮疤，凹凹坑坑的。

黑神板脸：黑起脸、板起脸。

搅（读搞）屎：搞破坏、捣鬼。

闹架搅（读搞）屎：吵架捣乱。闹架即吵架。

喊死连天：叫苦连天，叫感不止。

死犟：犟得要死。

搞五鬼搞六鬼：恶作剧，胡作非为。

不死也脱层皮：表示结果很惨。

不晓得天有好高，地有几宽：不知天高地厚。

公讲公有理，婆讲理又长：公说公有理。也讲公讲公有理，婆说理又长。

好生：好好地、小心地、煞有介事的。也讲好好生生。

硬骨骨：硬生生、实打实、足足的、生生的；僵硬的、硬梆梆的。也讲硬砍砍。

又臭又硬：自以为是，傲慢。也讲又硬又臭。茅屎坑里的马卵股：又臭又硬。

乏瘪乏瘪：无精打采、有气无力。

悄悄眯眯：悄悄地、偷偷地、无声无息地。也讲眯眯摸摸。

还有渣：一般用于反问，意思是渣都没有了。喻彻底完了，啥都没有了，什么都没有剩；彻底完蛋了。也讲没得渣。

裸火麻鸡：窝囊、无能。

屎臭八臭：臭气熏天；喻极其恶劣、糟糕，遗臭万年。

乐嗬嗨：很快乐。来自彩调唱词的衬字。乐桂林话读"勒"的第四声。嗬桂林话读"活"，嗨桂林话读"孩"的第一声。

得吃：得手、得逞、成功。如：这一手果然得吃，捞了官来当。

扁担不离油笋：意思和"公不离婆，秤不离砣"类似。关系密切，互相离不开。

眼睛长在屁股上：有眼无珠，视而不见，熟视无睹。

穷得鼎锅当钟敲：赤贫。

吃不穷，穿不穷，不会打算一世穷。

五老爷认不得六老爷：一个不认识一个；糊涂；烂醉；昏头昏脑等。

扁挑（扁担）不到两头刷：两方面都失手（失败），左支右绌；人财两空等。

来味道：有意思，有味道；来兴致；来劲儿。

吊寡瘾：故弄玄虚，吊胃口，诱惑等。也讲吊胴（读嘎的第三声）瘾。实际上是把"寡"读成"胴"，南方一些方言，如客家话会把"瓜"读成"旮"，即把 gua 读成 ga。吊胴（寡）瘾也可能受客家话影响。

鬼喊鬼叫：大喊大叫，大呼小叫，歇斯底里地叫。也讲嚇吗鬼叫。

讲鬼讲怪：讲鬼怪的事情；引申为贬义，说三道四，胡说八道，搬弄是非，讲七讲八等。

鸡老皮粗：本指人老珠黄，也引申为自以为是，老油条，顽固不化等，粗俗的也讲卵大皮粗。

遇着道路鬼：遇上麻烦，摊上事儿，见鬼。

搞五鬼，搞六鬼：搞鬼，胡来。

小字吗吗黑，大字认不得：文盲。也讲大字吗吗黑，小字认不得。

穿连裆裤：喻友情之牢固；同穿一条裤子，一路货色，贬义。

屙尿泡得饭吃：喻友情之牢固，关系铁。

没得尿屙：没有办法，没有结果，没有能耐的。

发屁眼疯：发疯，极其贬义。

唱戏的是疯子，看戏的是哈子：指舞台故事是虚构的；喻信邪、信虚妄。

"鸡呀鸡，你莫怪，你是人间一棵菜。天杀你，地杀你，不是我杀你。"一些老桂林人以前杀鸡前念的祷词。

什么大蛇屙屎没见过：无所不知，见识广博，少见多怪。

干巴十热：食物干巴巴而易上火。

莫名其"沙"：莫名其妙，因为妙和沙形似，有人故意读错，成为一句调侃的话。

踩狗屎运：走狗屎运。又讲走狗娉（读掰）运，粗俗。

摸顺毛：察言观色，见风使舵，投其所好。

万事留一线，日后好相见：凡事留条后路。

水牛牯身上一根毫毛：九牛一毛。

因生忘：健忘。

转个背：喻迅速。

斛（读挑的第三声）个脸：转个脸。喻迅速。如：斛个脸他就发财了。

拢边：靠边。

拢堆：归拢成堆；结成团队，团伙。俗话讲："吃得亏，拢得堆。"

够瘾：过瘾，满足。

够（尼鸦合音。lia 和 nia 第一声）靶：沾边，靠谱，合格。

我崽：搭头话，有我的天、天啊、妈呀等意思。

抵死：拼死。

抵得：值得，等于，相对于。

你好耍：搭头话，你以为，你不知道。如：贩毒 50 克要枪毙的，你好耍！

你怕：你以为。如：以前的人你怕是现在的人啊，不同的。

你默（读墨的第三声）起：搭头话，你以为。

十大九不输：只要个子大、势力大，和个子小、势力小的比拼，十个大的有九个不会输。

东扯葫芦西扯瓜：东拉西扯。

哪边天：爪哇国，不知哪里。如：人贩子早逃到哪边天了！

蚂蚓过田基：喧闹，贬义；闹热，褒义。也讲蚂蚓闹塘。

满街扫起：多如牛毛，俯拾即是。也讲扫把扫得起。

有钱不抓，不是行家：有钱不赚，不是行家。

夜晚想起千条路，早晨起来磨豆腐：理想很丰满，现实很骨感。

脸红起和猴子屁股一样：喻因为惭愧、酒醉、愤怒等原因而脸红的样子。

耗子吃够了三斗六：伸手必被捉的意思。也讲老鼠吃够了三斗六，总有一天遇到猫。也讲老鼠吃不过三斗六。

哪个认得他（她、它）耗子没得尾巴：不认得他（她、它）。

卖嘴巴皮：耍嘴皮子；靠嘴皮子为生。

瞎子会弹琴，聋子会安名：习惯讲法，八仙过海，各有所长；胡说，瞎来。或者反过来讲：聋子会安名，瞎子会弹琴。

还在吃溏（读唐）鸡屎：还在娘胎未出生，喻别人还嫩着。

掺糠喂鸡哄下蛋：喻哄骗。

斗嘴经：吵架；斗嘴。

扣到：恰好、正好、恰遇。也讲扣好、扣、扣扣。如：煮完饭扣合适十点钟。

好过：1.时间、空间、障碍、坎儿、困难等容易度过；2.比什么好，炒股好过炒期货。

树老根多，人老话多：喻老人话多。

放毫光：本指神、佛、菩萨放出的金色光芒，喻人走红运，鸿运当头。

唱花脸：扮黑脸做恶人。

吃生鱼片：喻千刀万剐，因为生鱼片是把鱼片成无数的极薄的片鱼。

气喘八哈：气喘吁吁。

揿到牛头喝水：赶鸭子上架，勉强不得。

鼻子朝天：喻傲慢。

鼻子不通气：想不通。

甩文:咬文嚼字，掉书袋，炫耀书本知识，贬义。也讲"马卵甩蚊（文）"，也讲耍文。

甩嗦：摇头，表示不干、否定等。

讲话人轻，过话人重：三人成虎，传话变味等意思。

挨着大伯伯：遭遇困难、遭遇不顺等。

打快活摆子：过舒服、享乐的日子。

翻卤锅：有东山再起、起死回生、时来运转等意思。

翻（后）艄：东山再起、咸鱼翻身、后发制人等意思。

和尚拜堂，全是外行：指无经验。

成龙飞上天，成虫草里钻：喻选择不同，前途不一样。

偷师：偷偷跟着别人学习、取经。

6.歇后语

蚂蚁抬虫子——一起来。喻团结协作。

半云天里打算盘——算得高。高招；高，实在是高。

七月半烧香——哄鬼（哄人、骗人）。

嘴巴擦石灰——白吃。

高射炮打蚊子——没有用。

癞子头济公和尚的脸——一边一个样。不一样、不同。

戏台上喝彩——自吹自擂。

凤凰头上戴牡丹——锦上添花。

棺材头上画牡丹——讨好鬼。贬义，讨好人。

乌鸦屁股插鸡毛——假装孔雀。引申为装傻、假装。也讲黄狗插角——装羊。

死乌鸦讲成活凤凰：喻巧舌如簧、花言巧语、油嘴滑舌。

老龙归旧窝：回到原地（故土、旧地、故地）；叶落归根。

王蹄（读掰）子弹棉花：你也是个角色。

蹄子对屁股：歪门邪道。

染坊门口的捶布石——经过大家伙（指大棒槌）。喻经过大世面、大场面。

黄鼠狼菢崽——一窝不如一窝。喻一代不如一代、一批（拨）不如一批（拨），每况愈下。

一碗水泼下地：难收拾，难办，覆水难收。

丢了金子不见颜色：不见效果等。表示对事情的结果不满意。

砧板上的腊肉：跑不脱、铁板钉钉、确切无疑等。

牛屎图大脬——贪心。

狗咬尿脬——空欢喜。

狗撵兔子——跑得块。喻发展得快、进步快等。

瞎猫闯着死老鼠——走狗屎运。贬义，碰巧。

老鼠给猫刮胡子——死巴结。

银锤敲金鼓——响当当。当当响。

嚼烂舌头当肉吃——自己哄自己。自欺欺人。

鸭子喊崽——呱呱叫，意思是顶呱呱。也讲狗撵鸭子呱呱叫。

歪嘴喝螺蛳——以歪就歪。喻因利乘便、将错就错、因势利导等。

拿狗斟（读条的第三声）猪——以小换大赚别人。即"戆（代字，读"昂"的第四声，盎）进不戆出"。

瞎子扯二弦——跟人（你）学的。

瞎子的二弦——有得扯。意思是有得说。

瞎子穿针——摸不着门道。

瞎子望天窗——没有用。白望。

瞎子打老婆——打死不放手。抓到不放手。不放过。

瞎子看西洋镜——白费工夫。类似瞎子点灯白费蜡。

茄子倒开花——不可能。反了；开眼界了。类似黄河向西流。

屁股高头背熨斗——好烙（读乐、落）。"烙"和"乐"桂林话都读"落"。好乐：好快乐。

哈狗望月——没有办法。没奈何，傻了眼，发呆。

罗汉菩萨——个个都是笑脸。喻皆大欢喜。

羊群里的大象——突出。鹤立鸡群。

崽打爷（读呀，父亲的意思）——没得法。没有办法。

长毛贼里头的光板头——显眼。长毛贼：清政府对太平军的称呼，因为他们留长发，不像清军理光前面半个头。

张飞扮新娘——装模作样。

床单盖牛背——露了头角。崭露头角。

老鼠见了猫——害怕。

蜈蚣吃萤火虫——肚里亮（明白）。

蚂蚁鼓气装老虎——假的。喻狐假虎威、装腔作势、虚张声势等。

一只手遮脸——独当一面。

捉个虱（读色）子头上来抓——多此一举。没事找事。也讲捉个虱子把头上放。

冬瓜藤缠到茄子地里——东攀西牵。东拉西扯、攀亲道故牵扯面宽、攀附者众。

鞭刷陀螺——团团转。喻急。

老和尚点天灯——清吉平安。

大哥莫讲二哥——彼此彼此。半斤八两。

姑娘怀胎——肚子里有货。喻有知识、有主意等。

狗吃粽子——不吭声。不懂解（绳），喻无知。没得改（桂林话解与改同音）：改不了。

狗等骨头——急得很。

花子留不得隔夜食——等不及。急不可待。

吃猪血屙黑屎——见效。立竿见影。

八十岁还来尿（来尿——尿床、尿裤子）——搞惯了脾气。惯忕（读世，成习惯）了、习惯了。

肥屎烂肉——行尸走肉。

屎尿不通——一窍不通。

粪篓上的洞眼——都是屎（死）。

何家女嫁郑家崽——正合适（郑何氏）。旧习惯是出嫁的妇女以夫姓加娘家姓合成"某某氏"。港澳地区至今仍然保留类似称呼。

哥的岳母嫂的娘——一回事。

五更天出门——越走越亮。喻前景越来越光明，事情越来越明白。

酒醒不见牛肉巴——晚了。悔之晚矣。也讲酒醒不见牛腊巴。

五更天敲五下梆子——没有错。没错的。

八字只写了一撇——才得一半。

一家什——一下子。一家伙。喻疾速。

吃了葱花——聪明。桂林旧俗，正月初七"人日"，吃葱花等七种食物，寓意聪明。兴安等地，小把爷"长尾巴"（生日）吃葱花等食物，寓意聪明。

豆腐葱花——一清二楚。

抬饭桌上树——宴枝有礼（言之有理）。

洞庭湖里涨春水——一浪更比一浪高。一浪高过一浪。

蜗牛爬缸——慢慢来。慢慢做、慢慢讲。

坛子里捉乌龟——稳拿。十拿九稳；跑不掉了。类似阳朔讲的："瓦（读独，意思是挂）到棍子走路：稳当。""船上人打老婆：跑竭舵上。"跑竭舵上，无处可逃，十拿九稳。

猴子吃辣椒——抓耳搔腮。喻百思不得其解、苦闷等。

猴子解结巴——解不脱。没得解。结巴：绳结。

雕花匠的行头——动手就是错（锉）。喻一开口、一做事就是错误的。

铁匠女儿嫁石匠——硬碰硬。

布袋里的锥子——露了头。喻脱颖而出、崭露头角。

瞌睡遇着枕头——求之不得。正合适，正中下怀。

耗子掉进米缸——求之不得。正合适，正中下怀。

癞蛤蟆垫床脚——鼓起一肚子气。喻气愤，气哼哼。

瓦背上的黄豆——十有九跑。喻绝大部分开溜了。

吃咸鱼蘸酱油——多余。多此一举，画蛇添足。

坟头耍大刀——吓鬼。能吓哪个？

扯二叔下水——哄人。骗人。也讲哄二叔下水，醒二叔下水。

哑巴哭娘——搞不清楚。莫名其妙。

老牛遇嫩草——一身酥。喻老男遇年轻女子心动。也讲"骚甲子下油锅：一身酥"。骚甲子是蟑螂。

吃了夹生饭——胀气。喻生气，气愤。

搭戏台卖虾子——（买卖不大）架子大。

三月寡婆子哭老公——伤心。也指清明寡妇上坟场景。

砒霜里拌辣椒粉——毒辣。

吃了辣椒烤火——里外发烧。喻急躁、燥热、火气大、脾气大等。

王麻子卖剪刀——不用夸。

黄瓜打狗——揭了一大节。比喻大减了量。

叫花子炼油渣——多此一举。啰嗦、能耐大，也喻努力找资源等。

对着坛子放屁——憋气。

阎王的蒲扇——扇阴风。喻策划阴谋、损招等。

茄子炒冬瓜——不分青红皂白。

矮子爬楼梯——越爬越高。喻步步高。类似"芝麻开花节节高"。

大年初一见人——侭（桂林话读井）讲过年话。喻讲好话，阿谀奉承。

腊月的萝卜——冻（动）了心。

三月的芥菜——起了芯（心）。起心：即起心动念。

打烂坛子做瓦片——不合算。不划算。

和尚开狗肉店——看在钱的分上。为了钱。

甘蔗当吹火筒——一节不通。一窍不通，两头都不通。

楼上屙尿——扯得长。喻扯得远，扯远了，说来话长，离题。

鹿头灌水两头啄——精明。

李子砸鲤鱼——正巧。碰巧。

豆腐堆里一块铁——不声不响。

四两鸭头得把嘴——只会说。

（梁福根）

423

参考文献

1. 郑作广，林奕，刘村汉著.桂北平话与推广普通话研究丛书，南宁：广西民族出版社，2005。包括以下书籍：

林亦著.兴安高尚软士话研究

白云著.灌阳观音阁土话研究

梁金荣著.临桂两江平话研究

周本良著.临桂义宁话研究

梁福根著.阳朔葡萄平声话研究

肖万萍著.永福塘堡平话研究

唐昌曼著.全州文桥土话研究

张桂权著.资源延东直话研究

2. 刘村汉.柳州方言词典，南京：江苏教育出版社，1995。

3. 颜邦英等.桂林市志，北京：中华书局，1997。

4. 朱盟芳.桂林老板路，桂林：广西师范大学出版社，2006。

5. 姚古，秦一.桂林板路十不料，桂林：广西师范大学出版社，2009。

6. 阳朔县地方志编纂委员会编.阳朔县志，南宁：广西人民出版社，1988。

7. 灵川县地方志编纂委员会编.灵川县志，南宁：广西人民出版社，1997。

8. 临桂县志编纂委员会编.临桂县志，北京：方志出版社，1996。

9. 兴安县志编纂委员会编.兴安县志，南宁：广西人民出版社，2002。

10. 灌阳县志编委办公室编.灌阳县志，北京：新华出版社，1995。

11. 刘祥友.广西灌阳方言音系特点及其归属，硕士论文。

后 记

想在一本书中谈完大桂林方言板路，聪明的读者诸君也是知道的：根本不可能！所以，写作团队的用意，只是抛砖引玉。无法求全豹，只是"可见一斑"。希望读者诸君理解为盼。

广西籍语言学大师王力先生说，广西是汉语方言的富矿区。地处广西北部的大桂林当然也不例外。但是，随着全球化大潮的冲击，社会生活的急剧变化，各行各业的标准化和推普工作的深入，方言趋同于共同语，既是国家统一和谐和经济社会发展的主观需要，也是经济社会、文化发展的客观规律和现实存在。

这一系列的需要和巨变，使得方言的独特性正在逐步淡化。聪明的读者诸君当然明白，随着推普工作的开展，无论你的母语是什么方言，少年一辈人的语音，特别是词汇，和60岁以上的老辈人，差别越来越多、越来越大。可以肯定的是，再过几十年，当现在的少年人又成为60岁以上的人时，他们和子孙辈的差别，也会越来越多、越来越大。

对于方言来说，有着更紧迫的抢救性的调查研究的任务。方言和物种的消失具有同样的学理意义。联合国教科文组织有"口头的非物质的文化遗产"的保护项目，方言也属于"非遗"。中国的方言很丰富，方言也可能是中国最大的一宗"口头的非物质的文化遗产"。大桂林方言也是一宗"口头的非物质的文化遗产"。大桂林方言保留了非常丰富的语言史信息，尤其是桂北平话，堪称中国语言的活化石，是研究汉语史的重要的原生态语料。

而且，方言不仅仅是方言，它是文化，是历史。各地方言里面包含了特有的民间文学、民俗、礼仪、历史、经济等文化信息。所以，方言也承载着文化人类学、民俗学、民间文学、各分支史学等的信息。

在一定的时空背景下，假如世界上有一种非遗和所有其他非遗都有关系的话，那一定就是该时空背景下的方言，因为该时空背景下的所有其他非遗都必须依靠方言来言说、传承。可以说，一定的时空背景下的方言以及相关非遗，是最大众化、最草根、最深远而力量强大的一种人文。因此方言是涉及全学科的全息缩影。

桂林市文新广局策划的这个大桂林方言"非遗"调查、研究、写作的项目，是非常有价值的。写作团队也在写方言的时候，有意识地结合大桂林的民间文学、民俗、礼仪等学科门类，希望让本书传达更多的大桂林文化的信息。因此，本书尝试将大桂林方言和大桂林其他非遗内容做一种结合、融合的解释。

当然，哪怕是当下的任何方言，都存在"代际"差异。这个"代"既指时代、年代，也指人群的辈分。比如讲桂林话，有民国时候的桂林话，有20世纪50—60年代的桂林话，有70—80年代的桂林话，有90年代的桂林话，有21世纪的桂林话。从人群的辈分上讲，有70岁以上的人讲的桂林话，有50—60岁的人讲的桂林话，有40—50岁的人讲的桂林话，有20—40岁的人讲的桂林话，有20岁以下的人讲的桂林话。不同年代和不同年龄讲的桂林话是有差别的。再一个，人群差异中，还有市井的桂林话，有机关学校人群讲的桂林话。就像北京话，胡同里的和机关学校的北京话是有差别的。桂林话还有城区的差别，市中心老城区的桂林话和新城区、城市边缘地带的桂林话也是存在差异的。

所以，读者诸君在读此书时，可能觉得一些词句不是正宗的桂林话，这个关系不大。实际上，哪怕是一个在民国时代生活过的、耳聪目明的硬戗（硬朗，戗读呛或枪）百岁老人，也不见得懂得桂林话所有的字、词、句。因此，要写完桂林话所有的"正宗"字词句，要让所有的读者满意是件很困难的事情。

本书的写作，得到桂林市文新广局各位领导的大力支持和帮助，"非遗"科的两届领导也大力帮助。桂林师范高等专科学校中文系主任石群山教授一直参与组织、策划、业务指导和联络工作。在此一并表示衷心感谢！

特别感谢刘村汉教授允许采用《桂林市志》的部分内容，特别感谢中国社科院语言研究所方言研究室覃远雄教授提供《说"崴"》一文。

本书参考、借鉴了前人的研究成果，除了《主要参考文献》中列出的以外，还有其他一些文献以及网络材料，这里不再一一列出。书中图片未标摄影者，均为梁福根所摄。

出于内容和体例的需要，梁福根对所有文稿作了修改，也可能修改后不一定完全合乎作者的原意。所以，对修改多的章节，署了梁福根为第二作者，以示承担相应文责。统稿工作也由梁福根完成。张秀珍参加了书稿编排的部分工作。

由于我们水平有限，而大桂林方言资源丰富，不是我们的能力所能全面、准确地表达出来的。错误和不当之处在所难免，希望获得读者诸君的批评指正，以便以后把工作做得更好。

如果本书能够引起人们对大桂林方言的注意和进一步研究，能够激发大家对本土文化的重视，那么，我们微小的希望也算是实现了。

梁福根